U0835967

高级会计学

ADVANCED ACCOUNTING

耿建新　杜美杰　续芹　编著

北京大学出版社
PEKING UNIVERSITY PRESS

图书在版编目(CIP)数据

高级会计学/耿建新,杜美杰,续芹编著. —北京:北京大学出版社,2009.5
(21 世纪经济与管理规划教材 · 会计学系列)
ISBN 978-7-301-15225-6

Ⅰ.高… Ⅱ.①耿… ②杜… ③续… Ⅲ.会计学-高等学校-教材
Ⅳ.F230

中国版本图书馆 CIP 数据核字(2009)第 075469 号

书　　　名:高级会计学
著作责任者:耿建新　杜美杰　续　芹　编著
责 任 编 辑:朱启兵
标 准 书 号:ISBN 978-7-301-15225-6/F·2194
出 版 发 行:北京大学出版社
地　　　址:北京市海淀区成府路 205 号　100871
网　　　址:http://www.pup.cn
电　　　话:邮购部 62752015　发行部 62750672　编辑部 62752926
　　　　　　出版部 62754962
电 子 邮 箱:em@pup.pku.edu.cn
印　刷　者:北京宏伟双华印刷有限公司
经　销　者:新华书店
　　　　　　730 毫米×980 毫米　16 开本　31.5 印张　532 千字
　　　　　　2009 年 5 月第 1 版　2011 年 6 月第 2 次印刷
印　　　数:4001—7000 册
定　　　价:47.00 元

未经许可,不得以任何方式复制或抄袭本书之部分或全部内容。
版权所有,侵权必究
举报电话:010-62752024　电子邮箱:fd@pup.pku.edu.cn

会计学系列编委会

（按姓氏拼音顺序）

耿建新	（中国人民大学）
郝振平	（清华大学）
刘　星	（重庆大学）
刘志远	（南开大学）
王立彦	（北京大学）
杨有红	（北京工商大学）

总　序

北京大学出版社规划的《21世纪经济与管理规划教材》,邀请在各个学科有影响的资深教授组成编委会,力求推出一套"能够反映当前学科发展前沿水平,并能够结合中国实际的精品教材系列"。教材由若干系列组成,定位为经济与管理类专业的本科生和研究生教材。会计学是组成系列之一。

我们几位来自不同院校的教师,组成了会计学系列的编审委员会。

怎样完成一套会计学精品教材系列呢?作为多年从教的教师,虽然日常在一般议论中大家都很有想法,但真正落实起来,还是一项很不容易的任务。因为,编写教材毕竟不同于写学术论文那样着重强调学术观点的独特、新颖和原创性,也不同于完成研究报告那样具有专题性,更不同于为报刊撰写时评那样随意和洒脱。

我们经过多次讨论形成的基本认识是:第一,教材内容要与时俱进,适应我国经济发展迈向全球化和企业管理趋于现代化的要求;第二,教材要方便教师教学和学生阅读,所以规范性是其核心准则;第三,不在课程名称和体系线索方面标新立异,而把创新重心放在内容和形式两方面。

至于全套教材形成相对一致的风格和体例、规范教材编写要求、电子课件和教案的制作,以方便教师教学和学生自学,这些都是作为教材系列的当然技术要求。

基于上述认识，在教材系列的组成方面，还是经典基本要素，包括：会计学原理、中级财务会计、高级会计学、审计学、财务管理学、管理会计学等课程教材。

这样一来，本教材系列的新颖性何在？

我们的设想是，在内容和形式两方面下工夫。在内容方面，力求既吸收国内外同类教材的优点，尽量体现教材的科学性、权威性和前瞻性，能够反映当前学科发展前沿水平，又结合中国的经济发展实际，适合师生的教、学需要；在形式方面，注重可读性，避免枯燥。在阐释清楚会计、财务、审计专业知识的同时，尽可能多地引用中国上市公司及非营利机构的现实案例，链接相关经济政策、财经现象、热点和焦点问题，以利于学生联系实际和拓宽思路。

为此，在具体编写时，每门教材实行主持人负责制，由一位主持教授负责，再联合一位或几位合作者共同完成。由主持教授先行拟订教材的编写体例和大纲，几位作者参加讨论并确定后，参照其展开编写工作。

理想的设计要变成现实，总会有一定的“变现差异”。本系列教材也不例外。我们期望有更多的大学教师采用这套教材，并且欢迎提出批评和建议，以利于持续改进。

会计学系列编委会

2005 年 11 月于北京

前言

从我国各院校会计学专业的课程体系来看，高级会计学已经成了各学校普遍设置的重要课程之一。本书适应会计学专业高级会计学课程的要求而编写，目的是为会计学、财务管理学、审计学等专业高年级学生，以及会计学专业硕士生（含 MPAcc）提供一部适合于我国实际情况的教材。

本书由十四章组成，从内容构架上考虑，可分为六个基本部分。即：第一章总论，是全书的基础理论部分；第二章外币业务会计与第三章物价变动会计，既是有自身内容的高级会计实务，又是在本书中起铺垫作用的业务基础部分；第四章分支机构会计，第五章企业合并，第六、七、八章的合并财务报表，主要是多个会计主体业务集中的部分；第九章商品期货会计、第十章衍生金融工具会计、第十一章租赁会计则是重点阐述金融工具，特别是衍生工具业务的部分；第十二、十三章的上市公司信息披露则是着眼于我国现阶段的特殊经济环境而设置的信息披露专门部分；第十四章是全书的收尾，属于企业重组与清算会计部分。上述各部分内容之间，既能在本书的逻辑结构上相互呼应，又有知识层次的顺次渐进关系，属于本书作者对本书内容的精心安排。

在本书的撰写过程，恰值我国新会计准则体系颁布之际。本书紧密结合我国新会计准则的贯彻执行，充分体现了新会计准则的原则要求，对新的会计业务类型进行了深入、全面、有特色的探讨。除此之外，本书还着眼于我国会计准则国际趋同的长远任务，对国际财务报告准则进行了介绍和探讨。为了使读者能够更好地接受本书，本书在各章之后编排了主要名词、思考题、练习题、小资料和参考资料，希望这样的内容能够给读者起到对本书各章总结和提高的作用。

本书的第一章、第二章、第三章、第四章、第十一章、第十四章由中国人民大学耿建新博士编写；第五章、第六章、第七章、第八章由北京语言大学杜美杰博士编写；第九章、第十章、第十二章、第十三章由对外经贸大学续芹博士编写；全书由耿建新博士总纂并定稿。由于我们的水平有限，加之时间仓促，书中难免存在错误和不足之处，恳请读者批评指正。

作　者

2009 年 5 月

目 录

第一章

总　论

本章教学目的和要求

本章从理论框架的角度，对高级会计学的定义、与财务会计之间的关系、各章节的体系构成及高级会计学的理论基础进行了探索性说明。

本章的教学目的，是使读者对高级会计的框架及其理论基础有一个基本认识，从而提高对会计理论的认识程度，理解高级会计学的基本特征，有方向地学好这门难度较大的课程。

本章的教学要求，主要是在理论上深化、拓展探讨问题的视角。具体来说，相对于本章在全书的基础地位，也着眼于对一些会计理论的深入讨论，同学们要认真阅读相关的参考资料并适时开展对教材中所述问题的讨论。

第一节　高级会计的定义与属性

一、高级会计的定义

简言之,高级会计是基本上利用财务会计的框架和方法,对一些新出现、有特殊性、打破一般财务会计观念且必须处理的业务,进行反映和控制的会计。

为了进一步解释这一定义,作以下几点补充说明:

1. 对定义中"财务会计的框架和方法"的说明

定义中的财务会计的框架,是指我们一般认为的会计要素,亦即资产、负债、所有者权益、收入、费用、利润;定义中财务会计的方法,则指财务会计记账、算账、报账所采用的基本方法。但我们还要说明,定义中强调了"基本上利用",亦即在大的方向上一致,但是不排除在具体表现或实际内容等方面会存有差别。

2. 对定义中"新出现、有特殊性、打破一般财务会计观念且必须处理的业务"的说明

事物是不断发展、变化的,会计也是如此。比如,复式记账的出现,使会计有了严谨的记账结构;由于加强核算和管理、决策的要求,使会计形成了财务会计与管理会计两大阵营;随着计算机技术的发展,又有了非常强烈的信息共享趋势。但是,由于上述高级会计与财务会计之间的关系,我们只将冲破传统财务会计躯壳的事项,亦即发生了较大变化、但尚未全部改变财务会计的框架和方法的业务,定义为高级会计反映和控制的内容。

3. 对定义中"反映和控制"的说明

这表明,高级会计具有与财务会计共同的职能,亦即对一些新出现、有特殊性业务进行对外部的信息披露,亦即反映;并在反映的过程中对这类业务进行管理,亦即控制。

二、高级会计的属性

属性是指一事物所具有的性质、特点。高级会计的属性主要是指作为一门会计课程所具有的学科属性。

从上面的高级会计定义可以看出,高级会计仍然没有脱离传统财务会计的框架与方法,具有与一般财务会计相同的职能,因此它与本教材系列中《中级财务会计》之间的关系最为紧密。可以这样认为:

1. 高级会计是广义财务会计的分支

高级会计的单独成科，使原有的财务会计形成了两个较为清晰的脉络，即着眼于一般业务的财务会计和着眼于一些特殊业务的高级会计。因此，在高级会计的定义中，我们只是按照逻辑定义的方式列示高级会计与传统财务会计的差异，即展示同属于财务会计体系中的高级会计与传统财务会计的区别。

2. 高级会计与一般财务会计又有较为鲜明的区别

众所周知，在财务会计的整体构成中，最为重要、最为普遍的仍是传统财务会计，亦即本系列教材中《中级财务会计》所阐述的内容。但是，之所以将高级会计的内容专门从财务会计中单列出来，就表明二者间的差异也是明显的。在我们的高级会计定义里，揭示的不仅仅是二者在反映和控制的对象方面的区别，还特别提出了“打破一般财务会计观念”，这就又进一步说明，高级会计与一般财务会计仍存在理论上的差异。

3. 高级会计和一般财务会计共同构成了广义财务会计的完整体系

高级会计的出现使一些新出现的、用原有会计理论难以解释的问题得到了解决，从而有力地促进了会计实务向更为广泛的范围拓展，将广义财务会计推进到了一个新的阶段。

第二节 高级会计与财务会计的关系

如何区分高级会计与一般财务会计，亦即本教材系列中的《中级财务会计》，对于深入理解高级会计的内容至关重要。

我们认为，将会计学区分为会计学原理、中级财务会计和高级会计学，是由于教学的需要，而不是业务实践的要求。因此，三者应当同为广义财务会计学的教学范围。但是，将三者进行比较可看出，三者无论在体系编排，还是在内容阐述上，都存在明显的区别。应当说，会计学原理主要阐述的是财务会计的基本概念、基本理论和基本方法，是会计的入门学问；中级财务会计主要阐述企业经常发生和普遍存在的各项业务的处理要求和具体的操作方式，体现的是财务会计的普遍性和更具有共性的业务事项；而高级会计学阐述的则是中级财务会计难以容纳，且在理论基础、操作方法都与一般财务会计学存在差别的业务事项。由于高级会计与财务会计相关最为紧密，因此此处主要分析二者之间的联系与区别。

一、二者间的联系

如上所述,高级会计与财务会计都是广义财务会计的构成内容。这是二者间联系的最集中概括。这是因为:

1. 高级会计的主要作用是以财务报表的形式对企业、单位的外部关系人输出会计信息,应属企业对外报告会计的构成内容。

2. 高级会计也是以货币为主要计量单位进行核算,以合法的会计凭证作为记录经济业务的依据,并通过登记账簿而取得有总括意义会计信息的。

3. 从本质上看,它的主要职能也是对企业经营活动过程的反映和控制,也是以记录经济业务为手段而全面介入企业经营的一种管理活动。

因此,它与财务会计的本质特征一致,采用的方法也有较多的相同之处。

二、二者间的区别

高级会计与财务会计的区别也是显而易见的。表现为以下几点:

1. 高级会计与财务会计在业务范围方面存在明显的区别

即财务会计存在于所有企业之中,构成了广义财务会计共有的业务内容;而高级会计要处理一般企业会计不见得遇到,或者是不经常发生的业务事项,亦即一些新出现、有特殊性的业务。这样,我们即可把企业普遍存在、发生,有规律性的业务划为财务会计,而将新出现、有特殊性的业务归为高级会计的内容。

2. 高级会计与财务会计在理论基础上也存有差别

进一步分析,高级会计与财务会计的分野,主要是一些新出现的业务已打破原有财务会计观念,并构成了其特定的体系。具体来说,虽然有的业务有其新内容,但并没有冲出传统财务会计理论的制约范围;可是,一些业务不仅在反映内容和反映方法上与一般财务会计存有差别,而且用一般财务会计观念难以解释。后者是本书认为的高级会计的内容。

三、对相关概念的进一步分析

从当前的情况来看,国内在引进国外的 *Advanced Accounting* 教材时,有的将其命名为“高级财务会计”,有的则命名为“特种业务会计”。这样命名都有道理,本书不加评论。但我们认为,对相关概念的分析有助于对高级会计的进一步理解,因此,此处也对如何对本书进行命名谈谈看法。

如何认识高级会计,从表面上看只是是否明确高级会计的学科属性问题。本书并不否认高级会计属于广义财务会计的范围,也不想仅对术语进行机械翻译,我们要指出的是,书名应当既与成套的教材融为一体,又体现出在理论层次上的差别。比如,若将高级会计定名为“高级财务会计”,就要有“初级财务会计”、“中级财务会计”和“高级财务会计”之分;而即便是这样做了,又很难处理在各教材中的理论衔接问题。因此,着眼于教材之间的相互关系,也考虑各教材之间的理论衔接,我们更倾向于直接用“高级会计学”来定名本书。

如何认识特种业务会计,对于理解高级会计也有帮助。有的同事提出:应将新出现的会计业务,或者是财务会计难以容纳的业务都归为特种业务会计,但是,只应将用一般财务会计观念难以解释的会计业务归为高级会计。这样,特种业务会计即为以高级会计为主,兼有用传统财务会计观念可解释的新业务会计。比如,并不违反传统会计理论的分期收款业务、寄销承销业务、遗产和信托会计、退休金会计以及非营利组织会计等虽都为特种业务会计的内容,但不应包括在高级会计的范围中。我们认为:随着客观经济环境的变化和科学技术的发展,一些业务已经融入到了一般财务会计之中,比如分期收款业务和寄销承销业务,而有的业务则有必要单独成科,如非营利组织会计;但是,有着高级会计理论特征的业务事项(如本书所述内容)则在短期内尚无法实现这样的融合或单列;因此,无论从教材体系的完整,还是从理论层次的衔接,都应当按照本书所述内容将本书定名为“高级会计学”。

第三节　高级会计的理论基础

一、我国现阶段财务会计的基础理论及其相关问题

按照我国原《企业会计制度》的规定,会计应首先明确会计主体、持续经营、会计分期、货币计量四项基本前提(或称会计假设、会计假定)和真实性、相关性、一致性、可比性、及时性、清晰性、权责发生制、配比、历史成本、划分收益性支出与资本性支出、谨慎、重要性和实质重于形式十三项一般原则。其次才是与会计假设、会计原则密切相关的会计要素和财务报告等的具体要求。

就我国新近出台的《企业会计准则——基本准则》来看,虽然进一步明确了财务会计报告的目标,将权责发生制“提升”至会计基础的地位,将会计

核算的一般原则改称为会计信息质量要求，并对原有的会计原则进行了调整（如将可比性和一致性进行了合并，略去了划分两类支出、历史成本和配比等），但是其基本格调与《企业会计制度》的规定仍有很大的近似之处。

再就是，我国《企业会计准则第30号——财务报表列报》的第四条虽然规定“企业应当以持续经营为基础，根据实际发生的交易和事项，按照《企业会计准则——基本准则》和其他各项会计准则的规定进行确认和计量，在此基础上编制财务报表”。可同时也指出：“以持续经营为基础编制财务报表不再合理的，企业应当采用其他基础编制财务报表，并在附注中披露这一事实”。那么，什么样的业务事项将会有悖于我们一般提及的、作为会计核算基本前提的持续经营呢？进一步，若存在不符合会计核算基本前提的业务事项，是否也会对会计核算的一般原则，或者是说会计信息的质量要求带来影响呢？这样的问题存在于哪些方面？需要怎样进行处理呢？要说明这样的问题难度很大，但所有这些恰恰与本书所述内容密切相关。

二、国际财务报告准则的理论基础和相关问题

众所周知的另一事实是：自20世纪中叶以后，国际会计界放弃了以会计假设为会计理论最高层次的研究方式，代之以财务会计目标为会计理论研究的逻辑起点，并在短时期内建立了以财务会计目标、财务报表的构成要素、会计信息质量特征、会计确认、会计计量、资本保全为核心的会计理论框架结构。

从具体内容来看，国际会计准则委员会编制的“编报财务报表的框架”对会计基础理论进行了以下几点的概括：

（1）基础假设：权责发生制、持续经营。

（2）财务报表的质量特征：① 可理解性；② 相关性，包括重要性；③ 可靠性，包括真实反映、实质重于形式、中立性、审慎、完整性；④ 可比性；⑤ 相关和可靠信息的制约因素，包括及时性、收益和成本之间的平衡、各质量特征之间的平衡；⑥ 真实和公允观点/公允表述。

我们可以看到的是：最新版本的国际财务报告准则承认的基本假设只是权责发生制和持续经营，而公认为会计假设之首的“会计主体”则没有出现在“编报财务报表的框架”的文字中。为了表达问题方便，我们仍将我国现阶段的会计理论体系称为以会计假设为核心的会计理论，将国际财务报告准则的理论体系称为以会计目标为导向的会计理论。

由此应考虑的问题是：以会计假设为核心与以会计目标为导向的会计理论体系之间是一种什么样的关系？会计假设、会计原则在会计理论体系中处于什么样的地位？进而，高级会计学的理论基础应建立于何处，具有什么样的特征？我们认为：高级会计学的理论基础不能用原有的基本会计假设和十三项会计原则的理论体系予全面解释，而应当进一步，从以会计假设为核心与以会计目标为导向的两种理论体系之间探讨其特殊之处。

三、两种理论体系之间的关系及其对现状的影响

将我们的看法从以下几个方面说明。

(一) 二者有着不同的外延、体现着发展过程的渐进关系

以会计假设为核心的会计理论体系由于以一定的前提条件为支撑，其范围必然要受其制约，很难容纳超越前提条件的内容。这样，当会计环境发生变化、一些新的经济业务超越了前提条件的限定后，以会计假设为核心的会计理论体系就很难支撑下去了。但是，以会计目标为导向的理论体系没有给自身设定约束条件，因此也就能在多变的会计环境中有更强的适应性。这说明，以会计目标为导向的会计理论体系在外延上要更广阔一些。从实际结果来看，西方发达国家会计界从研究会计假设起步，而在财务会计的外在环境发生变化后随即转向了以会计目标为导向的会计理论体系，体现的正是这两种理论体系之间的渐进关系。

我们要提示：在国际财务报告准则理论框架中只将权责发生制和持续经营作为基础性假定，但该文告同时说明，如果企业要实施清算或者大大减小经营规模，财务报表就必须按照不同的基础编制；在 2004 年公布的《国际会计准则第 1 号——财务报表的列报》中，承认的会计假设为持续经营、一致性和权责发生制，强调“在编制财务报表时，管理层应对主体是否仍能坚持持续经营进行评估”，但同时又要求，“如果财务报表不是以持续经营为基础编制的，则应披露这个事实，并披露财务报表编制的基础和主体不被认为是持续经营的原因”。

(二) 二者同时并存、都为会计实际业务所需要

由于受会计假设限定范围的制约，在此基础上的理论体系清楚明了，业务实践范围鲜明具体，可谓外延小、内涵丰富。以会计目标为导向的理论体系虽然外延范围大，适应性强，但其内涵也有待于逐步增加，难度较大。我们知道，将财务会计学划分为一般财务会计和高级会计是适应会计教育的

要求而进行的人为界定，二者既在外延上不等，又在内涵上存在差别。因此，我们可推断：以会计假设为基本前提的会计理论体系只适应于较早成型且在企业界普遍存在的一般会计业务，是一般财务会计学（本教材体系中的《中级财务会计》）的理论基础；而以会计目标为导向的理论体系有更大的适应范围，可被视为包括新形成的高级会计学在内的整体财务会计学的基础。但是，从实践的结果看，以会计目标为导向的会计理论体系并没有将以会计假设为核心的理论体系全盘否定，究其原因，是它们都能够适应不同会计业务的要求而存在，都在指导实践中发挥着重要作用。

（三）二者的结合、转化，对会计理论提出了新的要求

在我国会计理论研究的过程中，承认并认真探讨基本会计假设、十三项一般原则，亦即以基本会计假设为核心的理论体系是十分必要的。它可以使我们从会计理论的原始性、基础性环节上更为全面地认识会计理论，在完成会计工作的初步转轨、建立以会计准则为指导的财务会计体系中发挥作用。但是，当客观经济环境发生了变化，各种超越会计基本前提的经济业务大量涌现以后，还完全依据这样的理论，其作用就难以保证了。这就要求我们随着会计环境的变化而对会计理论进行更深层次的探讨，以满足指导会计实践的需要。因此，探讨两种理论体系之间的异同，分析二者之间的结合、转化关系，正是这种环境变化的客观要求。由此产生的结果，必然是会计理论研究更加深入，财务会计学体系更加完整、健全。

综合以上各点，我们想结合我国会计理论研究的转化过程，即从以会计假设为核心的理论体系和以会计目标为导向的理论体系之间相互结合、相互转化的角度来探讨高级会计学的理论基础。

我们认为：介于两种理论体系之间的衔接部有着非常丰富的内容，充分体现了高级会计学理论基础的特征，应成为进行高级会计学理论研究的基本线索；从具体内容上来看，深入理解这方面的内容，也是我们全面理解我国新的会计准则体系的一个重要方面，可以使我们更加清楚地认识到我国会计准则发展变化的内在原因。

四、会计假设的松动使高级会计与一般财务会计分道扬镳

这里所指会计假设的“松动”有两层含义，一是指设立的假设难以支撑后续理论，从而使假设的含义改变；二是指设立的假设与后续理论形成了对立的矛盾，从而被彻底否定。会计假设的松动只是会计理论发生变化的表

现,其根本原因是客观经济环境的变化和由此形成的原有会计前提与新的环境不相适应的结果。我们可将高级会计诸项业务的形成与会计假设的松动结合起来一起说明。

(一) 企业解体清算,表现为与持续经营假设的对立

持续经营假设设定了企业在未来的一定时期内不会解体清算的前提条件,企业要在此基础上进行会计确认、计量和报告。但是,企业在未来时期内能否持续经营取决于多种因素,即现代经济中的很多不确定因素可能随时导致企业解体、重组或者破产。显而易见,企业因各种原因而形成的解体、重组、破产都是对持续经营假设的否定。综观国内外的高级会计学教材,有很多都将企业解体、重组、破产作为必述内容,其道理也在于此。持续经营假设为一般财务会计业务限定了前提条件,而这一假设的松动,亦即非持续经营而形成的会计业务就理所当然地成了高级会计学要阐述的内容。就此而论,我国新的会计准则体系既承认持续经营假设,又要在这一假设不存在时改用其他会计核算基础,正是这一道理的鲜明体现。

(二) 外币交易和物价变动,表现为与货币计量假设的对立或使其改变了含义

众所周知,货币计量假设已在现实经济活动中受到了极大的震撼。会计要以货币为具体计量单位的含义已由同一企业拥有不同货币而转化为"记账本位币假设";货币币值不变的含义也由持续的物价变动而否定,陆续出现了物价变动会计的几种模式。在这种情况下,记账本位币制度中的一种货币被另一种货币所计量的事实,已很难再用货币计量假设说明;而物价变动对社会经济带来的影响又强烈地冲击着建立在货币计量假设基础上的历史成本原则,使会计界不得不在痛定思痛之时寻求新的会计计量方式。很明显,货币计量假设的松动,使外币业务会计和物价变动会计成了现实的会计业务并归于高级会计之下,而建立在原有货币计量假设基础上的会计业务只能是一般财务会计学阐述的内容。进一步分析又可知道,公允价值概念的出现及其历史成本作用的减弱,都与这一情况的存在有关。

(三) 多层次、多方位会计主体的出现,使会计主体假设改变了含义

会计主体假设主要是设定会计为之服务的对象,即限定会计核算的空间范围。但是,现代经济的发展和由此出现的会计业务已向这项假设提出了挑战。比如,已构成母子公司关系的企业集团出现后,会计为之服务的主体已具有了双重性乃至多重性,会计核算的空间范围已处于一种模糊状态。如果企业集团的母公司本身是一个大企业,下设若干个表现为相对独立会

计主体的分支机构，若干个负责不同地区、不同行业的事业部，若干个有法人地位的子公司时，母公司的会计部门就无法明确其核算、报告的空间范围；进而会使会计主体假设陷入无法解释的自相矛盾之中。还有，近期出现并快速发展的以基金为主体的单位和以各种基金为主体的会计核算（如西方的基金单位会计和非营利组织会计），也很难用传统的会计主体理论予以说明。在此种情况下，只是一般地说会计主体与企业法人主体不是同一概念，说会计主体会随情况的变化而有不同的层次、不同的表现是难以令人信服的。应当明确的是，客观经济环境的变化已松动了会计主体这一假设，在此基础上形成了超越该假设前提条件的分支机构会计、企业合并、合并财务报表、分部报告、基金会计等新的会计业务。我们应将这样的会计业务归为高级会计的内容。

（四）非以年度为核心的会计期间和其他期间的设定，使会计分期假设改变了含义

会计分期假设将企业持续不断的经营活动人为地划分为等距的会计期间，它是权责发生制的基础，也是会计确认、计量和报告的依据。但是，随着客观经济环境变化而出现的一些新的经济业务也波及了这一假设，形成了一些依赖这一假设不能解决的会计事项。比如企业按投资者要求的中期报告事项（中报和季报），以企业清算期为特殊报告期的特有报告事项，对企业期货、期汇业务设定的确认交易损益的专门期间等。由此可知，超越常规的分期（包括短于或长于一个会计年度的分期和不等距分期），亦即等距期间前提的松动，也形成了一些一般财务会计难以容纳的会计业务，它们也是高级会计的内容。

（五）一些特定业务的综合反映

除上述内容之外，还有一些与上述事项交错并生的会计业务。如会计主体、货币计量假设变化而形成的外币报表折算；会计主体、持续经营假设变化而形成的企业合并、分立；会计分期、货币计量假设变化而形成的以套期保值为核心的期货、期汇会计，等等。

有必要说明：对一般财务会计业务的解释还应依赖于基本会计假设，我们是在承认基本会计假设的前提下探讨高级会计学的理论基础的。我们由此而得出的结论是，划分一般财务会计与高级会计的最基本标志在于其是否在基本会计假设的限定范围内，若在此范围，属于一般财务会计的内容，反之则应将其视为高级会计的内容。

由上述内容可以看出：是否使用会计假设，使用哪些会计假设，是有条

件的；如果全面承认基本会计假设，会计核算的范围将会在很大程度上被限定，只能适用于一般财务会计；而由于高级会计超越了基本会计假设全面限定的范围，因此也就需要单设课程，将它们专门阐述了。

五、会计原则的变化促使高级会计单独成科

我们应当首先认清的是：虽然我国新的《企业会计准则——基本准则》将原来会计核算的一般原则改为了"会计信息质量要求"，但在本质上与变化后的内容仍然是相通的，这种变动只是为了适应财务会计报告目标而做出的调整。囿于本章的内容，也为了阐述问题方便，本书仍以会计原则的角度说明。

会计原则的变化也有两个方面的内容，一是指一些与原基本假设无直接关系原则的强化和延伸；二是指直接依附于基本假设的会计原则又有了新的独立形态。这样的变化使会计原则在面临新的经济业务之时进一步发挥了它原有的作用，将其指导思想式的信条贯穿于新的经济业务之中，从而又在指导业务实践方面产生了新的效能。

（一）基本会计假设与会计原则的关系

我们必须首先指出，从英文的含义上看，假设（Assumption）与原则（Principle）都有认定、论断等含义，二者间有很大的共用性，可以说只有一步之遥。这也是为什么在一些英文版的会计著作中二者常常被混用的原因。但是，当我们以基本会计假设为中心论述理论问题时，也会找出它们之间的一些关系。比如，会计学者们曾经探讨过哪些会计原则与哪些会计假设相关，哪些会计假设派生了哪些会计原则，等等。现在需要探讨的问题是，以原有会计假设为基础，哪些会计原则必须依赖于会计假设；在会计假设发生变化后（亦即因客观环境的变化而松动后），与之相关的会计原则是否仍在发挥作用等。我们的看法是：在新的经济环境下，虽然提出了以会计目标为导向的会计理论体系，但有的会计原则的作用不仅没有随之而减弱，而是得到了进一步的加强；当然，也有的会计原则采取了新的形态，弥补了会计假设变动后出现的理论空缺；这样的变化是促成高级会计业务真正成为新的会计处理惯例的理论依据。

（二）与基本会计假设无直接关系的会计原则的强化和延伸

我们认为，我国现阶段会计规范中强调的基本原则有的与基本会计假设并无直接关系，即不依赖基本会计假设而存在，独立发挥其作用。我们称其为与基本会计假设无直接关系的会计原则。比如，真实性、实质重于形

式、相关性、可比性、及时性、明晰性、重要性。它们的强化和延伸在促进高级会计单独成科方面发挥了重大的作用。分别说明如下：

1. 相关性原则

当会计资料对报表使用者有用时，会计资料就有了相关性，因此也就要求会计将有用的信息进行处理并对外报出。这样，伴随一些新的会计业务的出现，即产生了对其进行适当处理并对外报出的要求，比如，企业合并与破产清算方面的资料，新出现的期货业务、衍生金融工具业务带来的利益与风险，企业融资租入资产（未取得实际产权）的利益与风险的转移，企业集团内法人实体和非法人实体的结合状况及其经营成果，企业用两种以上货币进行经营时发生的外币业务，等等。可以说，在新的经济环境下，相关性原则得到了进一步的强化，成了对新的经济业务进行处理并报出的重要信条。也正因为如此，高级会计的形成有了坚实的外在促进力。

2. 重要性原则

如果某种会计资料的省略或发生差错会影响报表使用者进行正确的经济决策，则该种会计资料就具有重要性。据此可知，企业集团的综合会计资料是重要的，期货、衍生金融工具等风险较大业务的信息是重要的，租赁资产的特有利益、风险转移信息是重要的，披露企业的中期信息、分部信息也是重要的，等等。所以，对外报出合并财务报表、中期报告、分部报告，报告有关期货、衍生金融工具业务，对融资租赁业务采用特殊原则记录和报告，以及以特有方式报告企业有关合并、解体清算的会计信息就成了企业要认真、严格处理的业务事项。所有这些，都在促使会计在新的经济环境下采取积极措施、运用新的方法而满足报表使用者的需要。这就使高级会计的形成和进一步发展有了内在的动力。

3. 真实性原则

这一原则要求会计如实反映理当反映的经济事项。在国际财务报告准则中，它要求在财务资料遇到不足以如实反映所拟反映的风险时采用两种方法处理：对有的事项可以不予反映（如企业内部产生的商誉）；对一些事项则应确认，同时还要揭示其确认和计量方面存在着差错的风险。这条原则要求企业即使面对确认、计量方面的风险，也必须反映一些新出现的经济业务。这就使高级会计需反映的业务事项有了不同的角度和不同的侧面，从而促使高级会计在处理方法和披露方式上不断创新。

4. 可比性原则

可比性原则不仅要求同一时期不同企业之间的财务报表可以相互比

较，也要求企业不同时期的财务报表能具有可比性。因此，它要求企业之间、企业内部采用相对稳定的会计政策，并在会计政策变化时揭示出变化的原因和对当期会计资料的影响。但从当前的实际情况来看，相关性原则、重要性原则、实质重于形式原则还要求企业在会计计量方面进行历史成本与市场价格的比较。我们认为，这应当是可比性原则在新的经济环境下强化和延伸的最突出表现。成本与市价的比较不仅存在于对企业期末存货计价方面，而且还是企业兼并、资产评估账项调整等会计处理的基础。从高级会计的角度来看，物价变动会计的形成与发展，企业兼并时商誉的确认与计量，外币业务汇兑损益的确认与计量，期货、期汇交易的盈亏确认等等，都和这一原则的延伸有关。从另一角度看，会计处理方法在不同企业、不同时期的一致性，要求会计界逐步统一已有的会计处理方法；而正是在这种要求和制约之下，才逐步形成了一些新的会计处理惯例，构成了高级会计的基本内容和现有体系。

5. 实质重于形式原则

这条原则要求，会计若要如实反映所拟反映的经济事项，就必须根据它们的实质和经济现实，而不是仅仅考虑它们的法律形式来进行记录和报告。也就是说，如果实质性的内容超过了外在形式的限制，会计就应以实质性内容为依据进行记录和报告。从现有的高级会计学的各版本来看，很多内容与这条原则有关。这样的事项诸如合并财务报表报出的销售收入额与法律认可的集团各企业的销售收入汇总额不一致；融资租赁资产被承租方确认为资产有悖于资产所有权转移的要求；一般提及的衍生金融工具的金融资产和金融负债，及与其相近的期货合约价值，并不符合传统资产、负债的条件，却也要作为表内事项反映；等等。这些事项都是当前会计界最棘手的问题，而对这些问题处理的原则是实质重于形式，由此形成的系列会计业务同样构成了高级会计的重要内容。

正是这种变化，亦即上述各会计原则的强化和延伸，使会计原则成了对新出现的经济业务进行处理的基本信条，使各项新的处理方式逐步形成，并以新的准则、惯例的方式相对独立地存在于广义财务会计体系之中。

（三）与基本会计假设有相关关系的会计原则的新形态

与上述会计原则不同的是，一些会计原则完全依赖于会计假设而存在，我们称这样的会计原则为与基本会计假设有相关关系的会计原则。比如，只有明确了持续经营假设和会计分期假设，才会有划分两类支出原则；只有明确了货币计量的币值不变假设，才会有历史成本原则和与之相连的谨慎原则;而上述情况的变化又都会间接影响到会计主体假设。但是,若从高级会计的既有惯例角度分析问题,可以明确地看出这些会计原则在变化后环境下的新形态。

1. 划分两类支出原则

失去了持续经营、失去了权责发生制,各种支出也就失去了划分的基础,此原则的意义肯定会荡然无存,致使会计一些最常见的术语,如折旧、摊销、预提也无法再现。不再划分两类支出的会计事项不仅存在于破产清算会计,也会表现在企业合并以及一些特有的衍生金融工具会计之中。

2. 历史成本原则

除与持续经营假设的关系之外,如果发生了较大的物价变动(既可指通货膨胀,也可指通货紧缩),或者是经过一段有物价变动事项的时期之后,企业往往要重新估定资产的价值并进行账项调整;甚至要即时按照现行市场价值对资产计价,从而彻底否定历史成本原则。这样的会计事项既有国外的物价变动会计,又可包括我国的公允价值计量方式以及资产评估、清产核资及其账项调整,还会表现在国外、国内合并财务报表对商誉的确定等方面。我们不得不说,否定了历史成本原则的会计处理方法,是高级会计的一大特色;与此相呼应的、对公允价值此起彼伏的呼唤,又是高级会计不可回避的具体内容。

3. 谨慎原则

该原则的核心是财务报表的编制者必须考虑到许多事件和情况下必然会有的不确定因素,在对外输出信息时,不抬高资产和收益,不压低负债和费用。应当说,新的经济环境对这条原则又提出了新的要求,主要是这条原则要与中立性和可靠性原则相结合,不仅要合理核算可能发生的损失和费用,还要按照审慎原则的要求合理核算可能形成的利得和收益。这就要求会计面对一些高收益、高风险的经济业务,或者是另外一些重要的经济业务,采用特殊的确认、计量方法,即交易尚未最终完成,但却要提前确认、计量损益。比如外币业务的汇兑损益,期货、期汇交易损益,物价变动时期的特殊报表,等等。事实上,国际会计界通行的以市价(而不是成本与市价孰低)作为外币项目的计量标准,及时确认外币交易的汇兑损益就是这条原则延伸和修正的体现。

从上述内容也可看出,在很多高级会计业务中,实际上在执行着与一般财务会计有着显著差别的会计原则。会计原则的这种变化与会计假设的松动直接相关,其实质是客观经济环境变化在会计原则方面的体现。

进一步,我们由此又可推论:会计原则的变化与会计目标配合,弥补了基本会计假设松动产生的理论空缺,形成了一种新的理论环境;而这样的变化打破了原有财务会计的固有观念,适应了以会计目标为导向的会计理论体系,与高级会计业务的形成、高级会计学的单独成科有着极为密切的关系,是高级会计学的又一理论基础。

第四节　高级会计的体系构成

着眼于会计学专业大学本科的学习要求,本书将高级会计学的范围和内容定位于一般财务会计学不涉及或者需要深入论述的业务处理方面。具体来说,为总论、外币业务会计、物价变动会计、分支机构会计、企业合并、合并财务报表(控制权取得日、控制权取得日后和集团内部往来业务及特殊问题)、商品期货会计、衍生金融工具会计、租赁会计、上市公司的信息披露(首次披露、持续披露和临时披露)、公司清算与重组会计十四章的内容。此处根据前面所述的高级会计定义及其理论基础,对本书除本章之外的体系构成进行解释。本书的体系构成可以解释为,按照最相近的内容,将本书分为五个部分,即外币业务会计与物价变动会计、分支机构与企业合并会计、商品期货与衍生金融工具会计、上市公司的信息披露、企业破产清算会计。

一、外币业务会计与物价变动会计

按照前述的高级会计的理论基础,与货币计量假设松动相关的业务主要有外币业务会计和物价变动会计。也就是说,这样的会计业务以一种特殊的、非"成本与市价孰低"的计量方式(交易价格,或者是反映现行价格的非交易价格,统称为公允价值)取代了历史成本会计。进一步看,这是贯穿整个高级会计学始终的一条主要线索,其结果还会显现在以后的各章节中。我们就是按照这样的思路将这两章放在了本书的最前面。相对而言,外币业务会计只是按照汇率的变动进行会计处理,要相对简单一些;而物价变动会计则有较多的物价变动标准,会计处理方法也有更多的可选择性,内容相对要更难一些。因此,我们又将外币业务会计作为第一层次的内容阐述,而将物价变动会计作为更深层次的内容解释。

但是,与物价变动相关、与外币业务相关,要严格按照物价变动和汇率变动进行记录与报告的业务事项尚应包括企业的期货、期汇以及其他衍生金融工具业务。这样的业务由货币计量假设的松动所产生,又是可比性原则延伸的结果,因此应在高级会计学中占有一席之地。但考虑与其他章节之间的关系，也考虑均衡本书各章之间的难度，我们将这样的事项在专门列示的部分阐述。

从国外的情况来看，外币业务会计、物价变动会计一般多见于国际会计学的教材之中，而期货、衍生金融工具会计则因为正处于发展过程之中，在高级会计学中涉及甚少。我们认为，国外高级会计学与国际会计学有很多相互穿插、互相重复的内容，而我们在引进国外的有关教材时，应当做深入的分析研究，使之更好地适合我国的情况。根据我国会计教育的特点，将国外高级会计学与国际会计学的部分内容按一定的理论基础（即本书提及的高级会计的理论基础）联在一起，在会计学专业大学本科高年级集中讲授，应是我国会计教育的较好选择。

二、分支机构与企业合并会计

这部分将由分支机构会计、企业合并、合并财务报表：股权取得日、合并财务报表：股权取得日后、合并财务报表：与国外的情况比较，共五章组成。在本书占有较大的比重。

在财务会计学中，一般只论述以一个企业为主体的会计业务，即有着会计主体单一化的特点。而在高级会计学中，则要侧重论述与会计主体假设松动相关的业务，即由此而形成的多层次、多系列的会计主体及其业务，或者说是超越单一会计主体的业务和超越法人地位的会计主体的会计业务。本部分的各章都具有这样的内容：分支机构会计体现的是以总公司为核心、统驭各有相对独立性内部单位的分支机构，并在期末编制联合财务报表的会计业务；企业合并则为会计主体处于变动过程，即原有主体消失（或者是不消失），新的主体（核算主体或者只是报告主体）出现的业务事项；而合并财务报表则是在母子公司格局下，专以报告主体出现的特殊会计主体，对各个原有会计主体的财务报表进行合并反映的会计业务。

我们在编排内容体系时对各章之间的关系也有所考虑。由于分支机构会计的内容相对简单一些，将其在前面阐述；企业合并置于中间，为合并财务报表打好基础；合并财务报表的内容较为宽泛，难度较大，在本部分的后面以三章的篇幅详细说明。

从理论上分析，与本部分内容相近的会计业务还会有：在以各自然人为主体基础上形成的另一个主体的合伙企业会计；在以各个基金为主体基础上再形成一个主体的国外非营利组织会计和基金会计；以及与此操作方式相近的，将企业经营按照不同业务或者不同地域进行划分的企业分部报告。但我们认为，合伙会计与一般财务会计在会计处理方面差距并不很大，不必在本书中单列章节；而非营利组织会计虽在会计主体方面有特殊之处，但这种特征尚未充分体现在我国现阶段的预算会计之中，着眼于我国会计学专业的大学本科阶段，预算会计还是单设课程为好；分部报告则归于上市公司信息披露部分专门说明。

三、商品期货与衍生金融工具会计

本部分的内容由商品期货会计、衍生金融工具会计和租赁会计三章组成。这样的内容编排是按照当前国际会计的基本要求进行的。细读国际财务报告准则有关金融工具会计的部分可知，国际财务报告准则已将很多有关租赁的内容包括在了金融工具的范围内，亦即“融资租赁被认为是一种金融工具”（见《国际会计准则第 32 号——金融工具：披露和列报》的附录第 9 条之中[①]），因此，本书将租赁会计纳入本部分讲授。再就是，我国现阶段的衍生金融工具业务虽处于刚刚起步阶段，但与之相近，或者说衍生金融工具的前期表现的商品期货，则在我国已有时日。就此而论，商品期货会计也该在这部分说明。

如果说前段时期国际会计界的三大难题是合并财务报表、外币业务会计和物价变动会计，那么，现阶段国际会计界的首要难题，恐怕要“当之无愧”地落在衍生金融工具会计头上。考虑到这一部分内容难度较大的事实，本部分实质上是以与金融期货会计处理基本相同的商品期货会计入手，以说明跨期交易的会计处理；在此基础上，再解释、分析几个简单且具有典型性的衍生金融工具的会计处理，以求点明衍生金融工具会计的基本内容；最后，再着力介绍在我国较为成型的租赁会计。

按照本书对高级会计的理论分析，本部分所阐述的内容是能够综合反映会计假设松动的相关业务。其中，期货、衍生金融工具会计的内容既是物价变动会计的延续，又有独具特色的跨期交易的特征，还有确认损益的特殊会计期间；而租赁会计（此处主要指融资租赁）将某类资产同时在两个有关联的会计主体中进行了记录和反映，且其核算的特有时间区间以租赁期而定。因此，这样的业务都应属高级会计学的内容。

四、上市公司的信息披露

本部分由两章组成：公司组建和年度财务报告、中期报告和分部报告。

---

① 《国际财务报告准则 2004》，中国财政经济出版社 2005 年 7 月版，第 1077 页。

众所周知，上市公司的信息披露是我国经济学界最热门的话题之一，而做好这项工作也是当前我国经济学界、会计学界必须承担的重任。

从理论上看，上市公司的信息披露及其相关的会计工作有其独到之处，我们不妨称其为以上市公司反映的会计假设松动的相关业务。比如，国有企业公司制改造时的资产评估及其账项调整就有着很强的国外物价变动会计的色彩；上市公司若采用可转换公司债券进行筹资又是衍生金融工具的重要表现；中期报告自然是改变传统年度会计期间的报告方式；分部报告则又是具有再次划分不同会计主体并将其合并报告的特殊会计业务。再就是，股票上市公司的信息披露阐述的重点是公司组建时的相关处理和信息披露，以及公司经营过程的信息披露，而非一般财务报表的编制与说明；将其作为本书的组成部分也可以突出我国企业改制时会计工作的特殊内容。因此，将这样的业务纳入高级会计的体系是不言而喻、顺理成章的。

五、企业破产清算会计

从前面的理论分析可以看到，企业在破产清算时，以会计假设表现的会计核算的基本前提绝大部分已经消失。即持续经营被否定，会计主体在经过一特定的期间，亦即清算期间之后将不复存在。由于在各假设的松动中持续经营首当其冲，因此，我们暂且将其归为与持续经营假设松动的相关业务。进一步推论，由于会计假设的松动，与此相关的会计核算的基础和基本原则，即权责发生制、历史成本、划分两类支出等也发生了很大的变化。我们说，破产清算期间的会计业务只能归属于高级会计的内容。

综合上述五个方面，本书并不认为只要一般财务会计学没有容纳的内容就自然应由高级会计学承担。比如，本书不包括有的高级会计学教材中阐述的非营利组织会计、基金会计、分期收款销售与寄销会计、人力资源会计、资产评估会计、遗产和信托会计、所得税会计、外币业务会计、退休金会计、房地产会计，等等。这样做的原因除了尽可能使高级会计学有一个较为合理、与其实务内容基本相符的理论体系之外，还考虑以下两点：一是要划分好高级会计学与一般财务会计学的界限，协调好二者之间的关系；二是充分考虑会计学专业大学本科阶段高年级学生在学习时间、学习内容上的实际承受能力。有感于此，本书用十四章的篇幅，集中阐述了包括理论基础在内的六部分内容，分别反映以上各种分类的会计业务。我们真切希望，我们所做的划分能够有利于对高级会计学的深入研究，也能够有利于高级会计业务的顺利实施。

本章小结

作为总论，本章为全书提供了理论基础。

本章首先对高级会计进行了界定，并对高级会计学的学科属性进行了分析探讨。

在此基础上，本章对高级会计与一般财务会计（即本教材系列的《中级财务会计》）之间的相互关系进行了详细的论证，并对与高级会计相关的若干概念进行了比较。按照本书的观点，高级会计与一般财务会计之间既有密切的联系，又有明显的区别，二者互为补充、相得益彰，共同构成了财务会计学的完整体系。

作为本章乃至本书的重要内容之一，本章对高级会计的理论基础进行了较为深入的探讨。我们首先分析了以会计假设为核心的会计理论体系和以会计目标为导向的会计理论体系，并分析了两种理论体系之间的关系及其对现状的影响；进而，我们提出了我们认为的高级会计形成的理论基础，即，会计假设的松动是高级会计与财务会计分野的原因，会计原则的变化促使高级会计学单独成科。

在本章第四节，我们主要对本书的构成体系及我们在设计本书体系时的考虑进行了介绍。我们认为，按照本章对高级会计理论基础的介绍，本书的具体内容应当划分为六个部分，即基础理论、外币业务会计与物价变动会计、分支机构与企业合并会计、商品期货与衍生金融工具会计、上市公司信息披露、企业破产清算会计。除基础理论之外五个部分的实质性内容分别为与货币计量假设松动相关的业务，与会计主体假设松动相关的业务，能够综合反映会计假设松动的相关业务，以上市公司反映的会计假设松动的相关业务和与持续经营假设松动的相关业务。

本章主要名词

高级会计　财务会计的框架和方法　会计假设的“松动”　与基本会计假设无直接关系的会计原则　与基本会计假设有相关关系的会计原则

本章思考题

1．高级会计与一般财务会计的相同点和相异点主要表现在哪些方面？

2. 以会计假设为核心的会计理论体系与以会计目标为导向的会计理论体系之间的关系怎样?

3. 我国原《企业会计制度》中的会计核算的一般原则中,哪些与会计假设没有直接关系?哪些有?与高级会计学的理论基础关系怎样?

4.《国际财务报告准则》中的《关于编制和提供财务报表的框架》怎样认识和运用基础性假定?以什么样的标准判断财务报表的质量特征?与我国原《企业会计制度》的规定有何不同?

5. 相比较而言,我国新的会计准则体系在会计基础理论方面进行了哪些方面的改变?这样的变化有何重要意义?根据本章所述内容,您对我国新会计准则体系有哪些深入的认识?

本章参考资料

1.《国际会计准则 2002》(前言和框架部分),中国财政经济出版社 2002 年版。

2.《国际财务报告准则 2008》(前言和框架部分),中国财政经济出版社 2008 年版。

3.《企业会计制度 2001》(总则部分),经济科学出版社 2001 年版。

4. 谢诗芬,《高级财务会计问题研究》,西南财经大学出版社 2000 年版。

5.《企业会计准则——基本准则》,财政部,2006 年。

6.《企业会计准则第 30 号——财务报表列报》,财政部,2006 年。

第二章

外币业务会计

本章教学目的和要求

本章的教学目的,主要是在理解与外币业务有关理论的基础上,掌握我国现有的外币业务和国际上一般外币业务会计处理的基本要领,熟知我国外币业务会计与国际财务报告准则的趋同及其发展趋势,以使读者能够适应当前的情况,全面掌握外币业务会计的处理及其相关信息的披露要求,成为适应国际化经营企业要求的高层次会计人员和财务管理人员。从另一方面来看,本章的内容还是以后各章的基础,比如本章内容与合并财务报表部分结合的外币报表折算,与衍生金融工具部分结合的外汇远期合同等。

具体来说,学习本章要熟记与外币业务相关的各种概念,掌握我国现行法规对外币业务的各种规定及其业务处理的国际惯例;能够熟练地进行一般外币业务会计的账务处理,如一般外币交易事项、外币投资、外币兑换、期末财务报表的汇兑损益处理、递延汇兑损益的处理,以及企业清算期间汇兑损益的处理等,以全面认识和掌握外币业务会计。

第一节　外币业务及其会计准则

一、外币、记账本位币及其确定要求

相对于会计核算的货币计量要求，我们习惯上将企业、单位记账本位币以外的货币统称为外币。

从这样的解释不难看出，外币是相对于记账本位币而言的。所以，深入理解记账本位币的概念就显得非常重要。按照我国会计准则的解释，记账本位币是指企业经营所处的主要经济环境中的货币。我国《企业会计准则第 19 号——外币折算》规定：企业通常应选择人民币为记账本位币。业务收支以人民币以外的货币为主的企业，可以选定一种货币作为记账本位币，但是，编报的财务报告应当折算为人民币。

具体来说，由于企业经营所处的主要经济环境通常是其主要取得和支出现金的经济环境，所以企业在确定其记账本位币时，应考虑以下因素：

1. 该货币主要影响商品和劳务的销售价格，通常以该货币进行商品和劳务的计价和结算；

2. 该货币主要影响提供和劳务所需人工、材料和其他费用，通常以该货币进行上述费用的计价和结算；

3. 该货币是融资活动获得的货币以及保存从经营活动中收取款项所使用的货币。

由于我国企业已经有了大量的境外经营单位，亦即企业在境外的子公司、联营、合营或者分支机构，也就产生了上述的境外经营单位在选择、确定境外经营记账本位币的实际问题。企业在选择确定境外经营的记账本位币时，还应当考虑下列情况：

1. 境外经营对其所从事的活动是否拥有很强的自主性；

2. 境外经营活动中与企业的交易是否在境外活动中占有较大比重；

3. 境外经营活动产生的现金流量是否直接影响企业的现金流量、是否可以随时汇回；

4. 境外经营活动产生的现金流量是否足以偿还其现有债务和可预期的债务。

按照上述规定选择的记账本位币一经确定，除其经营所处的主要经济环境发生变化外，不得随意变更。企业因经营所处的主要经济环境发生重大变化，确需变更记账本位币的，应当采用变更当日的即期汇率将所有项目折算为变更后的记账本位币。

二、外币业务及其不同类型

(一)外币业务的构成

外币业务,亦称外币交易,主要指下列以外币计价或者结算的交易:

1. 买入或者卖出以外币计价的商品或者劳务;

2. 借入或者借出外币资金;

3. 其他以外币计价或者结算的交易。

一般来看,企业外币业务应发生于国际交往的经济业务中,但是,若本国内企业间的交易约定以某一非记账本位币结算,其相关的交易活动也属外币业务;而企业与境外的企业交易按照本企业的记账本位币结算时,则不为该企业的外币业务。

(二)外币业务的不同类型

从最基本的意义上看,外币业务可以按照其发生时的具体情况划分为:

1. 货币兑换

亦即以本企业的记账本位币购买某种外币,或者将手中的某种外币卖出、取得记账本位币,也包括通过外币市场将一种外币转换成另一种外币的业务活动。

2. 取得或者支付外币资金

这样的事项既包括取得以外币表现的权益、债务以及经营活动收入,也包括以外币对外支付的所有事项。

3. 通过结汇、购汇等方式销售或者采购以外币计价的商品、劳务等

这是我国企业现阶段有着特殊性的业务类型,亦即企业发生的通过金融机构进行人民币与外币结算的业务。

4. 外币折算

与上述的诸项外币业务相比,外币折算指并没有实际的外币收取、支付事项,但是却因为汇率变动、报表转换等原因,在会计账、表上对外币业务事项进行计算、调整,并将调整的差异计入损益等的业务活动。

本章主要介绍企业日常经营活动的外币业务会计处理与信息披露,而与财务报表折算的内容在合并财务报表部分介绍;涉及远期外汇合同的部分在衍生金融工具会计部分介绍。

三、外币业务的相关概念解释

（一）外汇与汇率

1. 外汇

外汇指一国持有的以外币表示的用以进行国际结算的支付手段。国际货币基金组织对外汇的定义为："外汇是货币行政当局（中央银行、货币管理机构、财政部门）以银行存款、财政部库券、长短期政府证券等形式，以确保在国际收支逆差时可以使用的债权"。我国《外汇管理条例》所称的外汇指下列以外币表示的可以用作国际清偿的支付手段和资产：(1) 外国货币，包括纸币、铸币；(2) 外币支付凭证，包括票据、银行存款凭证、邮政储蓄凭证等；(3) 外币有价证券，包括政府债券、公司债券、股票等；(4) 特别提款权、欧洲货币单位；(5) 其他外汇资产。

2. 汇率及其标价方法

汇率又称外汇汇价，指两个国家的货币在指定时间相互交换的比价。汇率有直接标价法和间接标价法两种形式。直接标价法，又称应付标价法，是以一定单位的外国货币为标准，折算为一定数额的本国货币的标价方法。这种方法被包括我国在内的大多数国家所采用。在这种方法下，外国货币的数额固定不变，本国货币的数额随外币或本国货币价值的变化而变化。例如，以我国人民币为记账本位币，美元为外币，则 1 美元 =6.96 元人民币。间接标价法，也称收进标价法，是以一定的本国货币为标准，折算为若干单位外币的标价方法。在间接标价法下，本国货币的数额固定不变，外币的数额随本国货币和外国货币的币值变动而变化。例如，直接标价法下的 1 美元 =6.96 元人民币，用间接标价法则表示为：1 元人民币 =0.1437 美元。采用直接标价法时，外汇汇率的升降与本国货币币值的升降呈反比例变化；而用间接标价法时，外汇汇率的升降则与本国货币币值的升降呈正比例变化。

3. 汇率的分类

汇率的分类可按照不同的标准进行，有如下分类：

(1) 市场汇率和法定汇率。这是按照汇率的制定和使用方式进行的分类。市场汇率指外汇市场上由交易双方供求关系形成的汇率，这种汇率经常随市场行情的变化而上下波动；法定汇率又称官方汇率，是由各国政府根据发展经济的政策和交易性质而制定的汇率。

(2) 现行汇率和历史汇率。这是按照汇率记入账中的时间对汇率进行的分类。现行汇率是指企业将外汇款项记入账中，或者是编制财务报表时采用的汇率，因此又被称为记账汇率；历史汇率是相对于现行汇率而言的，指最初取得外币资产、承担外币负债时记入账中的汇率,因此又被称为账面汇率。从上述内容可以看出,现行汇率与历史汇率是整个外币业务核算的重要内容,是形成汇兑损益的基础,会出现在与汇率变动有关的任何方面。

(3) 买入汇率和卖出汇率。这是按照从事外汇经营的银行和经纪人的角度对汇率进行的分类。我国前一阶段的实际情况是:人民币汇率实行以市场供求为基础的、单一的、有管理的浮动汇率制度,中国人民银行根据银行间外汇市场形成的价格,公布人民币对主要外币的汇率;外汇指定银行和经营外汇业务的其他金融机构是银行间外汇市场的交易者,应当根据中国人民银行公布的汇率和规定的浮动范围,确定对客户的外汇买卖价格,办理外汇买卖业务。因此,买入汇率是指银行等在买进外汇时使用的汇率;而卖出汇率则是银行等在卖出外汇时使用的汇率。从具体内容来看,买入汇率与卖出汇率是进行货币兑换会计处理的关键,也是企业外币业务会计的重要事项之一。

(4) 即期汇率、近似汇率和远期汇率。由于外汇交易市场一般都可以进行现汇交易和期汇交易,因此这是按照外汇交易的交割期限对汇率进行的分类。一般来说,即期汇率是指外汇买卖的双方在成交后即期(原则上不超过两个工作日)办理交割业务时采用的汇率;在我国,通常是指中国人民银行公布的当日人民币外汇牌价的中间价。企业发生的外币兑换业务或涉及外币兑换的交易事项,应当按照交易实际采用的汇率(即银行的买入汇率或卖出汇率)取付。在实际工作中,还有一种近似汇率,是指按照系统合理的方法确定的、与交易发生日即期汇率近似的汇率,通常采用当期平均汇率或加权平均汇率等。企业通常应当采用即期汇率进行折算,汇率变动不大的,也可以采用即期汇率的近似汇率进行折算。相对而言,远期汇率则特指外汇买卖双方在成交时只是订立合同,规定外汇买卖的数额、汇率、期限等条款,到合同约定日再办理外汇实际交割的远期外汇业务所使用的汇率,即在远期外汇交易订立合同时使用的约定汇率。即期汇率与远期汇率是理解和处理期汇合同业务的基础,非此难以真正理解期汇合同会计与一般外币业务会计之间的关系。其相关内容将在本书的第十章中具体说明。

(二) 外币折算与外币兑换

1. 外币折算

外币折算指在经济业务中将实际使用的外币转换为其他类型货币的折合换算过程。这种折算只是货币表述形式的改变。其主要表现有二:一是将在收支过程实际使用的外币折合为等值的记账本位币;二是将以外币表示的财务报表转换为由记账本位币表示。这样的转换业务没有相伴的货币转换，即不是真正的货币兑换，只是一种会计处理程序。

2. 外币兑换

外币兑换则指企业根据需要，并在规定允许的情况下，将一种货币兑换为另一种货币的实际交易活动。外币兑换主要发生在一些需要用外币结算的交易中，比如用本国货币换取外国货币，或将外国货币换为本国货币等。

3. 二者关系的分析

我们要说明的是：外币折算只是一种在账户和财务报表上利用特定的汇率对账户数据或者是报表数据的调整，不见得有实际的外币业务发生；而货币兑换则必定是将一种货币转换为另一种货币，是一种实际发生的外币交易事项。从另一个角度来分析，按照我国现阶段会计准则的规定，外币折算一般发生在会计期末，是在企业对外报出财务报表时对某些外币项目的必要调整以及对非以本国货币编制的财务报表的调整；而外币兑换则一般发生在会计期中，是对实际经济业务进行的会计处理。

（三）汇兑损益

汇兑损益是指将同一项目的外币资产或负债折合为记账本位币时，由于汇率变动而形成的差异额。这样的差异额要作为企业的利得或损失处理。在实际会计业务中，汇兑损益是由交易损益和报表折算损益两部分内容构成的。其中的交易损益可能来自于实际的外币兑换业务，也可能来自于存储外币以及记录外币交易事项所形成的折算差异；而报表折算损益则来自于财务报表各外币项目的折算。我们可用图 2-1 来表示汇兑损益的各种类型。

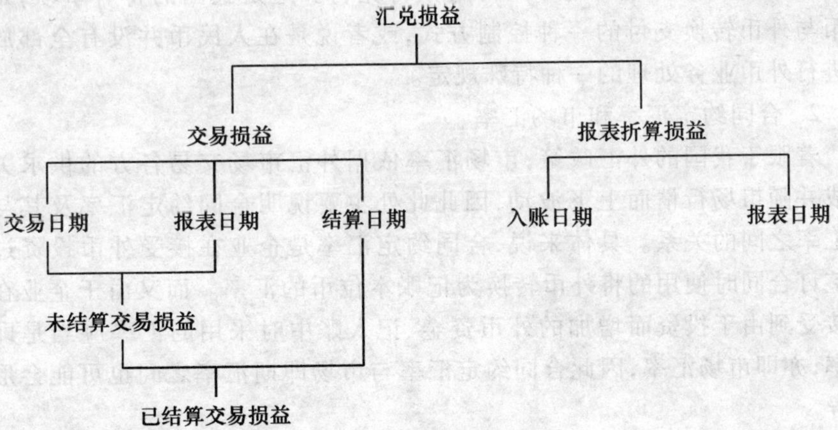

图 2-1　汇兑损益构成图

（四）货币性项目

货币性项目是指企业拥有的货币和应以货币结算的项目。其主要表现为企业的货币资金、应收账款、应收票据以及有固定利息收入的长期证券投资等货币性资产，也表现为企业的短期借款、应付账款、应付票据、应付职工薪酬、长期借款、应付债券、应付利息以及其他可由固定货币金额表现的货币性负债。相对而言，非上述项目的资产与负债等，如存货、长期股权投资、固定资产、无形资产，则为非货币性项目。将两者综合起来可知，货币性项目是企业持有的货币资金和将以固定或可确定金额的货币收取的资产或者偿付的负债。

在外币业务会计中，外币货币性项目还可以进一步划分为短期货币性项目和长期货币性项目。通常的处理方式是，短期货币性项目由于汇率变动而发生的转换为记账本位币的差额计入本期损益；而长期货币性项目由于汇率变动而发生的转换为记账本位币的差额则可视具体情况计入本期损益，作为资本性支出，或作为递延项目处理。

（五）其他相关概念

1．结汇和售汇

这是相对于我国现阶段实际业务的一组重要概念。结汇即企业或个人按照外汇牌价，将从业务经营收入、接受捐赠收入、罚没收入、转让资产收入等取得的外汇全部结售给外汇指定银行。而售汇则指企业或个人按照外汇牌价，将需要在进口产品、货物，购买无形资产，以及保证金及垫付款项、赔付款项等而支付的外汇到外汇指定银行兑付。这是我国的特有事项，是人民币与外币转换支付的一种控制方式，或者说是在人民币并没有全部放开时进行外币业务处理的一种特殊规定。

2．合同约定汇率和市场汇率

着眼于我国的外汇政策，市场汇率依据外汇市场交易各方的供求关系形成并随市场行情而上下波动，因此此处主要说明合同约定汇率及其与市场汇率之间的关系。具体来说，合同约定汇率是企业在接受外币投资过程中签订合同时使用的将外币转换为记账本位币的汇率。而又由于企业在实际接受到由于投资而增加的外币资金、记入账中时采用的汇率应当是即期汇率，亦即市场汇率，因此合同约定汇率与市场即期汇率之间也可能会形成差异。

3．现钞和现汇

这也是企业单位在进行外币业务交易时必须要了解的问题。在我国现行的外汇管理体制下，外币现钞指的是企业或个人手中直接持有的外币钞票；而外汇现汇则是以境外寄来后直接存储于银行的汇款。二者在银行中有着不同的汇价，在汇往境外时也有不同的汇率要求，即若将现钞汇往境外，就需要将现钞的汇率调整至现汇的汇率。现举我国前一时期的现钞和现汇所使用的不同汇率来说明问题，见表2-1。

表2-1　2008年2月25日人民币挂牌价(当日中国银行公布)

货币名称	现汇买入价	现钞买入价	卖出价	基准价
英镑	1 400.63	1 371.10	1 411.88	1 403.25
港币	91.39	90.66	91.74	91.63
美元	712.57	706.86	715.43	714.63
日圆	6.6073	6.4876	6.6805	6.6456
欧元	1 055.34	1 033.09	1 063.81	1 058.19

资料来源：中国银行(http://content.caixun.com/NF/00/ma/NE00map5.shtm)。

4. 经常性项目和资本性项目

这是一国货币全面实现可兑换过程的两个显著标志，或者说是两个必要环节。按照我国外汇管理规定的要求，经常性项目是指国际收支中经常发生的交易项目，包括贸易收支、劳务收支、单方面转移等；而资本性项目则是指国际收支中因资本输出和输入而产生的资产与负债的增减项目，包括直接投资、各类贷款、证券投资等。就我国目前的情况而言，我国企业和居民已经在结汇、售汇的条件下基本上实现了人民币经常性项目可兑换，尚未实现资本性项目可兑换。

四、有关外币业务的会计准则介绍

(一) 国际财务报告准则

《国际会计准则第21号——汇率变动的影响》，是专门关于外币业务的会计准则，该准则对外币业务的处理要求主要表现为以下几点：

1. 外币业务以记账本位币初次确认入账时，对外币金额应按交易发生日记账本位币与外币之间的即期汇率进行折算。

2. 在每一个资产负债表日对外披露会计信息时，外币项目应按期末汇率报告，以历史成本计价的外币非货币性项目应按交易发生日的汇率报告，以公允价值计价的外币非货币性项目应按确定价值时的汇率报告。

3. 对由于汇率变动形成的汇率差额，分别按照不同的情况计入本期损益、以后各期损益、所有者权益等项目中进行反映。

（二）美国财务会计准则

在美国的财务会计准则中有多项准则直接、间接与外币业务有关。比如：从《美国财务会计准则第1号——外币交易信息的披露》到《美国财务会计准则第8号——外币交易和外币报表折算的会计处理》（后者取代了前者），再到《美国财务会计准则第52号——外币折算》（又替代了第8号会计准则），就体现了其对外币业务会计处理的重视程度。

就美国财务会计准则规范的内容来看，应当说是与国际财务报告准则大同小异。但必须说明的是，美国会计界对此方面的研究起步较早，比如，《美国财务会计准则第1号——外币交易信息的披露》的公布日为1973年12月；《美国财务会计准则第8号——外币交易和外币报表折算的会计处理》的公布日为1975年10月；《美国财务会计准则第52号——外币折算》的公布日为1981年12月；而《国际会计准则第21号——汇率变动的影响》是于1983年7月公布的。

（三）我国会计准则

在我国最早的《中外合资经营企业会计制度》中，就对外币业务的会计处理及其报表信息披露有了较为明确的规定。而在此后期间的各次会计制度公布、修订中也都有关于外币业务会计处理的零散规定。所有这些，都是我国进行外币业务会计处理的依据。

在最近发布的《企业会计准则第19号——外币折算》中，分总则、记账本位币的确定、外币交易的会计处理、外币财务报表的折算、披露五个部分对不含外币套期、借款费用及其现金流量表的外币业务进行了全面、具体的规范，为我们更好地处理外币业务提供了详细、具体、与国际惯例基本一致的外币业务会计规范。

第二节　外币业务的会计处理要求

一、会计准则对外币业务处理的要求

根据我国最近颁布的《企业会计准则第19号——外币折算》，可将外币业务会计的具体处理要求概括如下：

1. 汇率的选用

企业发生外币交易，应当在初始确认时按照交易发生日记账本位币与外币之间的即期汇率将外币交易金额折算为记账本位币金额入账；汇率变动不大的，也可以采用即期汇率的近似汇率进行折算。具体来说，如果本期

汇率变化不大,可将其视为近似汇率,但是如果上月的汇率与交易发生日的汇率变动幅度较大,即应全部采用交易发生日的即期汇率。在实际应用上,若汇率波动导致企业采用近似汇率进行折算不适当时,企业应当采用交易发生日的即期汇率进行折算。

2. 外币货币性项目

对于外币货币性项目,因结算或采用资产负债表日的即期汇率折算而产生的汇兑差额,计入当期损益,同时调增或调减外币货币性项目的记账本位币金额。

3. 外币非货币性项目

以历史成本计量的外币非货币性项目,由于已在交易发生日按当时即期汇率折算,资产负债表日不应改变其原记账本位币金额,不产生汇兑差额。以公允价值计量的外币非货币性项目,如投资性房地产等,采用公允价值确定日的即期汇率折算,折算后的记账本位币金额与原记账本位币金额的差额,作为公允价值变动(含汇率变动)处理,计入当期损益。

4. 外币投入资本

企业收到投资者以外币投入的资本,应当采用交易发生日即期汇率折算,不得采用合同约定汇率和即期汇率的近似汇率折算,外币投入资本与相应的货币性项目的记账本位币金额之间不产生外币资本折算差额。

5. 实质上构成对境外经营净投资的外币货币性项目

企业编制合并财务报表涉及境外经营的,如有实质上构成对境外经营净投资的外币货币性项目,因汇率变动而产生的汇兑差额,应列入所有者权益“外币报表折算差额”项目;处置境外经营时,计入处置当期损益。

二、外币业务会计处理的基本方法

(一)“单一交易”观点和“两项交易”观点

一般来说,如果将企业的销售与收款业务视为一个整体,只在实际收到货币资金时才确认销售的实现,就是“单一交易”观点的体现;否则,若将销售实现和收取款项各视为一种业务,则为“两项交易”观点。由于后者的基础是权责发生制,已被广大会计界所公认。但是,这样的业务在外币业务会计中会有不同的体现,即外币金额的记账本位币折合额是随着汇率的变动而变化的,因此,在会计处理中,我们究竟采用哪一时点的汇率确认收入,就成了采用不同观点各自的理由。

（二）两种不同会计处理方式的展示

我们举例来比较一下两种不同的处理方法及其结果。

【例 2-1】 设我国某公司于 12 月 6 日向某境外公司赊销商品，账款约定按美元结算，收入额是 5 000 美元，双方约定于下一年度 1 月 15 日结算货款。我国公司以人民币为记账本位币。在销售和结算期间，汇率几经变动，发出货物日的汇率为 1 美元 = 7.01 元人民币；12 月 31 日的汇率为 1 美元 = 6.98 元人民币；1 月 15 日的汇率为 1 美元 = 6.99 元人民币。

将两种方法的处理过程及其结果列表，见表 2-2。

表 2-2　采用“单一交易”观点与“两项交易”观点的会计处理比较

业务内容	“单一交易”观点	“两项交易”观点
发出货物	借：应收账款 $5 000 × 7.01 = ¥35 050 贷：营业收入　35 050	借：应收账款 $5 000 × 7.01 = ¥35 050 贷：营业收入　35 050
会计期末	借：营业收入　150 贷：应收账款　150 （此时，应收账款的汇率已从 7.01 调整为 6.98）	借：财务费用——汇兑损益　150 贷：应收账款　150 （此时，应收账款的汇率已从 7.01 调整为 6.98）
收取货款	借：现金（美元） $5 000 × 6.99 = ¥34 950 贷：应收账款 $5 000 × 6.99 = ¥34 950 （此时，应收账款的汇率已从 6.98 调整为 6.99） 月末时： 借：应收账款　50 贷：营业收入　50	借：现金（美元） $5 000 × 6.99 = ¥34 950 贷：应收账款 $5 000 × 6.99 = ¥34 950 （此时，应收账款的汇率已从 6.98 调整为 6.99） 月末时： 借：应收账款　50 贷：财务费用——汇兑损益　50

（三）两种会计处理方法的比较与选择

我们可从上述会计处理的比较中看出：

1. 在采用“单一交易”观点时，最终确认的营业收入为 34 950 元人民币，是实际收到货款日汇率美元折合为记账本位币的数额。汇率变化形成的差额计入了营业收入，实际上遵循的是收付实现制原则。

2. 而在采用“两项交易”观点时，确认的营业收入为 35 050 元人民币，是发出货物日汇率美元折合为记账本位币的数额，汇率变化形成的差额计入了财务费用的汇兑损益，遵循的是权责发生制原则。

通过对比可知，“两项交易”观点不仅理论上更加严密，计算也更为清晰、简便，因此这种观点已被绝大多数的国家所采用，是国际惯例的主要方式。

再对比两种观点，我们还可以进一步看到：

1. 采用不同方法的焦点在于如何看待汇兑差额对本期损益的影响，进而对其他会计事项的处理造成影响。在这一点上，各国的做法不尽相同。美国财务会计准则委员会肯定“两项交易”观点，并特别倾向于在会计期末将未实现的汇兑损益全部计入本期损益，且其范围不仅是短期货币性项目，还包括长期货币性项目。英国会计标准委员会在此方面与美国的看法基本一致，只是另外提出若对一些货币性项目存有疑问，可视为例外情况，其未实现的汇兑损益可作为未实现损益处理。相对而言，加拿大特许会计师协会对此的要求更特殊一些，对长期性外币项目的未实现汇兑损益采用递延摊销法，其他项目则即期确认损益。如前面所述，国际会计准则委员会的态度是，除一些特例情况外，一般可以选择即期、递延确认损益两种方法，但首选方法是即期确认损益。从我国会计准则的规定来看，我国只是列明了货币性项目的汇兑差额应当确认为即期损益，而未对短期、长期的货币性项目如何处理再作划分，因此，应当说是也倾向于主要将外币货币性项目形成的汇兑差额作为即期损益处理，而非货币性项目的记录则没有这方面的要求。

2. 更为重要的是，我们应当明确，无论是“单一交易”观点还是“两项交易”观点，对外币货币性项目都有着不同于其他资产、负债等的特殊计价方式。即，我们应通过对这种业务的进一步分析看到，外币货币性项目的计价既不按照历史成本，也不按照成本与市价孰低，而是采用现行成本，且在我国现阶段资产计价中保持着与其他资产有着本质区别的特有属性。认清这一点，对于我们在本书以后各章节的学习，如物价变动会计、合并财务报表（外币报表折算部分）、商品期货会计、衍生金融工具会计乃至重组与清算会计都有较为重要的指导意义。

第三节　外币业务会计处理的相关内容

一、外币兑换的会计处理

这里的外币兑换主要是将本国货币兑换为外币或将外币转换为人民币，也包括将外币现钞转换为现汇等。

（一）以人民币兑换美元

【例 2-2】 某北京企业因业务需要，从经营外汇业务银行购入 1 000 美元。购入时的汇率，即当日中国人民银行的外汇牌价为 $100 = ￥711，北京银行的现钞买入价为 704.92，现钞卖出价为 712.22；现汇买入价为 709.78，现汇卖出价为 712.22。该公司对不同情况的会计处理如表 2-3 所示。

表 2-3　以人民币兑换美元时的会计处理比较

业务内容	购买现钞	购买现汇
买入外币	借：现金（美元） $1 000 × 7.11 = ￥7 110.00 财务费用（汇兑损益） 12.20 贷：银行存款（人民币） 7 122.20	借：银行存款（美元） $1 000 × 7.11 = ￥7 110.00 财务费用（汇兑损益） 12.20 贷：银行存款（人民币） 7 122.20
结果比较	外币按照市场汇率记录，记账本位币按照银行卖出汇率记录；由于银行在卖出外币时钞汇同价，二者支付记账本位币数额相等，因此记录的汇兑损益数额也相等	外币按照市场汇率记录，记账本位币按照银行卖出汇率记录；由于银行在卖出外币时钞汇同价，二者支付记账本位币数额相等，因此记录的汇兑损益数额也相等

由上述会计处理可以看出，在将人民币兑换成美元的过程中，会计处理过程及其结果都是一致的。究其原因，是由于银行在卖出外币时钞汇同价。

（二）以美元兑换人民币

【例 2-3】 仍以上述企业为例，但假设该企业向经营外汇业务银行卖出 1 000 美元。卖出时的汇率，即当日中国人民银行的外汇牌价为 $100 = ￥711，北京银行的现钞买入价为 704.92，现钞卖出价为 712.22；现汇买入价为 709.78，现汇卖出价为 712.22。该公司对不同情况的会计处理如表 2-4 所示。

表 2-4　卖出外币的会计分录比较

业务内容	卖出现钞	卖出现汇
卖出外币	借:银行存款(人民币) 7 049.20 财务费用(汇兑损益) 60.80 贷:现金(美元) \$1 000 ×7.11 = ¥7 110.00	借:银行存款(人民币) 7 097.80 财务费用(汇兑损益) 12.20 贷:银行存款(美元) \$1 000 ×7.11 = ¥7 110.00
结果比较	外币按照市场汇率记录,记账本位币按照银行买入汇率记录;由于银行在买入外币时钞汇不同价,二者得到的记账本位币数额不相等,因此记录的汇兑损益数额也不相等	外币按照市场汇率记录,记账本位币按照银行买入汇率记录;由于银行在买入外币时钞汇不同价,二者得到的记账本位币数额不相等,因此记录的汇兑损益数额也不相等

由上述会计处理又可以看出,在将美元兑换成人民币时,会计处理过程及其结果是存有差别的。究其原因,是由于银行在买入外币时对现钞、现汇采用不同的汇率。

(三) 外币兑换会计处理的进一步分析

在实际业务处理中,我们经常遇到这样的问题:当企业将持有的外币现汇直接汇到境外企业、单位时,不必再缴纳由于汇率差而形成的费用;但是,若要将手中持有的外币现钞汇到境外,则要另外缴纳一笔将外币现钞转换为外币现汇的费用。

【例 2-4】　仍设上述北京企业因业务需要对外汇出 1 000 美元,用来偿还以美元计价的应付账款。汇出时的汇率,即当日中国人民银行的外汇牌价为 \$100 = ¥711,北京银行的现钞买入价为 704.92,现钞卖出价为 712.22;现汇买入价为 709.78,现汇卖出价为 712.22。该公司对不同情况的会计处理如表 2-5 所示。

通过上述分析可以看出,由于我国外汇管理制度在现钞和现汇之间存在着差别,因此在会计处理方面也有所体现。这是结合我国实际情况在学习外币业务会计时要注意的问题。

表 2-5　买入外币时的会计分录比较

业务内容	汇出现钞	汇出现汇
汇出外币	借:应付账款(美元) $1 000 ×7.11 = ¥7 110.00 财务费用(汇兑损益) 73.00 贷:现金(美元) $1 000 ×7.11 = ¥7 110.00 银行存款(人民币)　73.00	借:应付账款(美元) $1 000 ×7.11 = ¥7 110.00 贷:银行存款(美元) $1 000 ×7.11 = ¥7 110.00
结果比较	外币账户均按照市场汇率记录,由于又缴纳了现钞和现汇的汇率差,将该数额之差用人民币弥补,并记录为财务费用的汇兑损益	外币账户均按照市场汇率记录,由于汇出时的汇率不需变动,因此也就没有需记入财务费用的汇兑损益的事项发生

（四）外币兑换会计处理的归纳说明

通过对上述的外币兑换会计处理的归纳,我们可以得到以下几点启示:

1. 要对外币资金进行现钞和现汇之分,并根据企业的实际需要灵活管理。其实,按照我们对会计处理的一般理解,外币现钞就如同是企业持有、不可直接对外汇兑结算的外币“现金”,而现汇则如同企业持有的、可直接对外汇兑结算的外币“银行存款”。由于既存在中国人民银行的市场汇率,又存在经营外汇银行的现钞、现汇的买入价、卖出价,也就有了由汇率决定的不同计价标准及其外币兑换业务在会计处理方面的上述差异。

2. 只要是专门设置的外币账户,就要采用交易日的即期汇率(或者是近似汇率)记账,而本币账户则一律采用实收实付的金额记账,若发生汇兑差异,直接计入财务费用的汇兑损益。这是外币货币性项目会计处理的特殊要求,即采用的是现行成本法,而不是历史成本法,不仅仅是成本与市价孰低,而是成本与市价孰高和孰低。

3. 从账户设置的形式来看,外币账户还有其特殊的内容。除对存货(采用“数量金额式”的账页格式)等特殊记账要求的业务之外,会计上一般的账户格式设置都是采用“大三栏(即“借”、“贷”、“余”)”的账页格式,但是外币账户在账页设置上还有其特殊性,即采用的是“小九栏”的账页格式,具体来说,就是在“借”、贷”、“余”三个栏目之下再有“外币金额”、“汇率”、“记账本位币折合额”三个栏目。只有这样,外币业务会计的处理过程才能被清晰地表达出来。

二、接收外币投资的会计处理

这种业务的会计处理也是我国会计准则规定的内容之一，现举例说明。

【例 2-5】 设我国某公司接受国外某公司的股权投资。投资合同约定，双方的总投资额为 1 000 万元人民币，国外公司所占股份为 21%，需用美元交付。签订合同时，美元对人民币的汇率为 1∶7.00，外商需要缴纳 30 万美元。在该合营企业实际收到对方汇来的美元时，美元对人民币的汇率为 1∶6.90。该合营企业应当在收到投入资本时进行会计处理，即：

借：银行存款——美元　　¥2 070 000（$300 000×6.90）

　贷：实收资本（或加入资本公积）　　2 070 000

上述会计处理反映的内容主要是："实收资本"（或需要时的"资本公积——资本溢价"）按照收到外币投入资本时的即期汇率折合计算，不得采用合同约定汇率和即期汇率的近似汇率，且货币性项目和非货币性项目均如此。

三、会计期末外币折算的会计处理

（一）会计处理的基本要求

前述需要在会计期末进行调整的外币项目账户既包括外币现金、外币存款，又包括外币结算债权的应收票据、应收账款、长期应收款等资产，以及短期借款、应付票据、应付账款、应付职工薪酬、长期借款、应付债券等负债。因此，在上述账户的期末即期汇率（即现行汇率）与期初的即期汇率（即历史汇率）不同时，必须按照期末的即期汇率（亦即现行汇率）对各账户的余额进行调整。

（二）会计处理的举例说明

【例 2-6】 设某公司会计期初各外币账户的余额，如表 2-6 所示。

表 2-6　某公司期初的外币账户数额

项目	外币期初数额	期初汇率	折合人民币数额
银行存款	$10 000	7.19	¥71 900
应收账款	$60 000	7.19	¥431 400
应付账款	$30 000	7.19	¥215 700
短期借款	$20 000	7.19	¥143 800

该企业本期支付 5 000 美元用于物资采购事项，支付时汇率为 7.16；收回应收账款 50 000 美元，收回时汇率为 7.15；归还了全部短期借款，归还时汇率为 7.13；应付账款未发生变化。会计期末时，中国人民银行公布的市场汇率为 7.12。

将本期发生外币业务的会计处理列示如下：

1. 支付美元，采购物资：

借：物资采购　　35 800

　贷：银行存款——美元　　\$5 000 × 7.16 = ¥35 800

请注意：由于物资采购为非外币货币性项目账户，使用记账本位币记录；而银行存款的美元户为外币现汇账户，因此要同时记录支付的美元数额、汇率及其折合为记账本位币的数额。

2. 收回应收账款：

借：银行存款——美元　　¥357 500（\$50 000 × 7.15）

　贷：应收账款——美元　　¥357 500（\$50 000 × 7.15）

请注意：由于这里的银行存款和应收账款都是外币货币性项目账户，因此在记录发生的经济业务时，都采用发生交易日的即期汇率。但是，若对外币项目采用实际成本法（如先进先出法等），则可按照既定的方法处理，处理的结果应当与此处所述方法完全一致。

3. 归还短期借款：

借：短期借款——美元　　¥142 600（\$20 000 × 7.13）

　贷：银行存款——美元　　¥142 600（\$20 000 × 7.13）

请注意：还由于这里的短期借款和银行存款都是外币货币性项目账户，因此在记录发生的经济业务时，都采用发生交易日的即期汇率；但是，若对外币项目采用实际成本法（如先进先出法等），则也可按照既定的方法处理，其处理的结果也应当与此处所述方法完全一致。

经过这样的处理之后，该企业的外币项目账户发生了如下的数额变化：

银行存款（美元额）= 10 000 − 5 000 + 50 000 − 20 000 = \$35 000

银行存款（折合人民币额）= 10 000 × 7.19 − 5 000 × 7.16

+ 50 000 × 7.15 − 20 000 × 7.13 = ¥251 000

即，未进行汇率调整之前的外币账户及其形成汇率变动差异的情况，见表 2-7。

表 2-7　某公司期末外币账户未调整前的情况

项目	期末外币账户数额	账面折合为人民币数额	期末的即期汇率	按期末汇率计算的折合额	汇率变动形成的差异
银行存款	\$35 000	￥251 000*	7.12	￥249 200	￥ -1 800
应收账款	\$10 000	￥73 900	7.12	￥71 200	￥ -2 700
应付账款	\$30 000	￥215 700	7.12	￥213 600	￥ -210
短期借款	\$0	￥1 200	7.12	￥0	￥ -1 200

* ￥251 000 = 71 900 - 35 800 + 357 500 - 142 600（其余数据按同样道理计算）。

因此，在会计期末，企业应作出根据市场汇率对外币项目调整的会计分录。

1. 对外币资产的调整分录为：

借：财务费用——汇兑损益　　4 500
　贷：银行存款（美元）　　1 800
　　　应收账款（美元）　　2 700

2. 对外币负债的调整分录为：

借：应付账款（美元）　　210
　　短期借款（美元）　　1 200
　贷：财务费用——汇兑损益　　1 410

或者是作复合会计分录：

借：应付账款（美元）　　210
　　短期借款（美元）　　1 200
　　财务费用——汇兑损益　　3 090
　贷：银行存款（美元）　　1 800
　　　应收账款（美元）　　2 700

这样处理后，企业各外币账户中的外币折合额才与市场汇率一致。调整后的期末（亦即下月期初）外币项目账户的数据如下，见表 2-8。

表 2-8　某公司期末调整后的外币账户数额

项目	外币期初数额	期初汇率	折合人民币数额
银行存款	\$35 000	7.12	￥249 200
应收账款	\$10 000	7.12	￥71 200
应付账款	\$30 000	7.12	￥213 600
合计	\$75 000	7.12	￥534 000

（三）对会计处理的进一步分析

对上述举例的进一步分析，我们应当看到：按照会计准则的要求，企业对平时发生的外币业务只是按照业务实际发生时的即期汇率进行登记，这样，当历史汇率与现行汇率不一致时，要在会计期末才将由此形成的汇兑损益计入本期损益。而按照这样的处理方式，有时会出现外币资产已经不存在，但却由于汇兑损益未能及时结转的原因，在非会计期末时的会计记录中出现“虚”的人民币折算数。比如，例题中的短期借款的偿还就是这样。在这种情况下，“短期借款——美元”实际上已经结清了，但是由于在月中记录两个外币账户时都采用了市场汇率，所以市场汇率与历史汇率之间的差额1 200 元就由于没有及时结转汇兑差额而仍留在账中，形成了一个未结清的“尾巴”。而这样的“尾巴”要在月末结转。

四、汇兑损益的其他处理方式

前面已述，企业的汇兑损益除发生于实际货币兑换之外，还会发生于会计期末由于汇率变动必须进行的调整方面。按照我国企业会计准则的一般要求，若发生的汇兑差额属于正常生产经营过程的，作为汇兑损益，计入当期损益；而若与购建固定资产有关，则要按照借款费用资本化的原则进行处理。

具体来说，汇兑损益的分配与企业借款费用的处理大致相似，不外乎以下几种情况：(1) 平时生产经营过程发生的汇兑损益，记入“财务费用”账户；(2) 固定资产购建期间发生的汇兑损益，记入“在建工程”账户；(3) 企业清算期间发生的汇兑损益，记入“清算费用”账户。

虽然上述分类看上去较为复杂，但从其具体情况来看是符合国际财务报告准则的基本要求的，即对由于汇率变动形成的汇率差额，分别按照不同的情况计入本期损益、以后各期损益，或者是所有者权益等项目中。

（一）平时生产经营过程发生汇兑损益的处理

【例 2-7】 某企业本期借入短期借款 10 000 美元用于生产经营，在月末调整时，原账面汇率由 1 美元 = 6.96 元人民币上升至 1 美元 = 6.98 元人民币。该企业应作的会计分录为：

借：财务费用——汇兑损益　　　　200

　贷：短期借款——美元　　　　　　200

我们应当由此看到一般借款的汇兑损益在会计处理上的特点，即，若发生汇兑损益，就应遵循外币项目按照现行价格计价的要求直接增加（或减少）外币借款的记账本位币折合数额。

（二）固定资产购建期间发生汇兑损益的处理

【例 2-8】 某企业本期借入长期借款 10 000 美元用于固定资产建造，在月末调整时，原账面汇率由 1 美元 = 6.98 元人民币下降至 1 美元 = 6.96 元人民币。该企业应作的会计分录为：

借：长期借款——美元	200	
贷：在建工程		200

其会计处理的道理与【例 2-7】基本一致。

（三）企业清算期间发生汇兑损益的处理

【例 2-9】 某企业本期借入短期借款 10 000 美元用于企业解体清算，在月末调整时，原账面汇率由 1 美元 = 6.96 元人民币上升至 1 美元 = 6.98 元人民币。该企业应作的会计分录为：

借：清算费用	200	
贷：长期借款——美元		200

其会计处理的道理与【例 2-7】基本一致。

第四节　外币业务的信息披露

一、会计准则对于信息披露的要求

会计信息披露一直是会计处理需要解决的问题之一。在我国上市公司成为社会经济活动的重要力量之后，这方面的工作显得尤为重要。

我国《企业会计准则第 19 号——外币折算》对外币业务的披露主要着重于与记账本位币有关的事项和汇兑损益差额在本期的变动情况。具体来说：

1. 对企业应当披露的与记账本位币有关事项的要求

主要为：(1) 企业及其境外经营选定的记账本位币及选定的原因，记账本位币发生变更的，说明变更理由。(2) 采用近似汇率的，近似汇率的确定方法。

2. 对企业应当披露的汇兑损益差额在本期变动情况的要求

即,企业应当披露包括在当期损益中的汇兑差额以及处置境外经营对外币报表折算差额的影响。

二、外币业务信息披露实际业务说明

按照我国会计准则的要求,公司应当在会计期末进行与外币业务相关信息的披露。此处以青岛啤酒股份有限公司为例,对这种情况予以说明。

(一) 关于记账本位币与外币交易情况的披露

在青岛啤酒股份有限公司 2007 年的年报中,对"记账本位币及外币交易"进行了如下说明:

本公司的记账本位币为人民币。

外币交易按交易发生日的即期汇率将外币金额折算为人民币入账。于资产负债表日,外币货币性项目采用资产负债表日的即期汇率折算为人民币,所产生的折算差额除为了构建或生产符合资本化条件的资产而借入的外币专门借款产生的汇兑差额按资本化的原则处理外,直接计入当期损益。以历史成本计量的外币非货币性项目,于资产负债表日采用交易发生日的即期汇率折算。

(二) 关于外币及汇兑损益情况的披露

在该公司 2007 年末的资产负债表数据中,外币资金是与整体的货币资金情况一起披露的,见表 2-9。

表 2-9 整体货币资金情况表 单位:元

资金项目	2007 年 12 月 31 日	2006 年 12 月 31 日
现金	1 022 905	845 845
银行存款	1 313 619 432	1 211 996 720
其他货币资金	20 266 251	19 924 111
合计	1 334 908 588	1 232 766 676

有关外币资金的数据情况见表 2-10。

表 2-10　外币资金情况表

外币	2007 年 12 月 31 日			2006 年 12 月 31 日		
项目	外币金额	汇率	折合人民币	外币金额	汇率	折合人民币
美元	2 288 540	7.3046	16 716 869	3 672 961	7.8087	28 681 051
港币	91 331 234	0.9364	85 522 568	66 481 860	1.0047	66 794 325
合计			102 239 437			95 475 376

在该公司利润表的有关数据中，有关财务费用中汇兑损益的数据，见表 2-11。

表 2-11　财务费用情况表

财务费用项目	2007 年度	2006 年度
利息支出——借款利息	36 317 440	38 303 027
——票据贴现利息	3 109 124	1 170 258
利息收入	(24 223 833)	(22 499 150)
汇兑收益	(24 417 425)	(1 2573 958)
其他	3 331 200	111 979
合计	(5 883 494)	11 127 736

我们可通过上述的实例看到，对于一个跨国经营，或者是持有外币资产、负债数额较大、外币交易数额较大的企业来说，对外披露有关外币业务的相关信息有着较为重要的意义。我们还应看到的是，随着经济全球化的扩展，随着我国外币业务会计准则的深入实施，随着我国在外币业务方面与国际化趋同程度的不断加深，这样的情况还要不断发生变化，还需要我们对这方面的业务有更透彻的了解。

本章小结

本章紧密结合国际财务报告准则和我国的企业会计准则，对外币业务的基本原理、会计处理要求、会计核算的具体方式及其会计信息披露的要求进行了较为细致、全面的解释。

在本章的第一节，我们主要结合外币的概念对记账本位币进行了重点说明，进而分析了外币业务的构成及其不同的业务类型。在此基础上，我们对外币业务相关的基础知识，如外汇与汇率、外币兑换与外币折算、汇兑损益、货币性项目等重要词汇进行了有针对性的解释。在此之后，又结合我国外币业务的实际情况，对一些有较强我国现阶段业务特色的概念进行了解释说明。

本章的第二节是会计理论分析部分。我们在这一节对会计准则规范的内容进行了全面说明,并结合“单一交易”观点和“两项交易”观点对全部业务会计处理的基础性问题进行了深入的分析。

本章的第三节是会计实际操作部分。在这一节,我们将外币业务会计的实际操作内容分为外币兑换、接受外币投资、会计期末外币折算、汇兑损益的其他处理方式,对会计实务中的问题以举例说明的方式进行了深入的介绍,在一些关键部位还进行了必要的理论分析。

本章的最后一节是外币业务的信息披露。在这一节,我们在解释会计准则规范内容的基础上,以我国上市公司年度报告的实际状况对披露的内容、方式进行了介绍。

本章主要名词

外币　记账本位币　境外经营　外币业务　货币兑换　外币折算　外汇　汇率及其标价　市场汇率和法定汇率　现行汇率和历史汇率　买入汇率和卖出汇率　即期汇率和远期汇率　汇兑损益　货币性项目和非货币性项目　经常性项目和资本性项目

本章思考题

1. 什么是外币？什么是记账本位币？二者的关系怎样？
2. 确定记账本位币时应当考虑哪些主要因素？
3. 什么样的交易可以构成外币业务？其具体类型怎样？
4. 什么是汇率？怎样标价？可怎样进行分类,分为哪些类别？
5. 什么是外币兑换？什么是外币折算？二者的关系怎样？
6. 什么是汇兑损益？它是怎样形成的？在外币业务核算中有何重要意义？
7. 什么是货币性项目？什么是非货币性项目？掌握这样的内容有何意义？
8. 什么是经常性项目？什么是资本性项目？了解这样的内容有何意义？
9. 国际财务报告准则对外币业务核算要求的主要内容是什么？

10. 我国会计准则对外币业务核算要求的主要内容是什么？与国际财务报告准则的关系怎样？

11. 什么是“单一交易”观点和“两项交易”观点？二者的区别何在？

12. 怎样进行外币兑换的会计处理？其与一般的货币收支在会计处理上有何异同？

13. 怎样理解期末外币折算的会计处理？会出现什么样的问题？怎样解决？

14. 我国会计准则对会计期末外币业务的信息披露是怎样规定的？实际业务中的状况怎样？

本章练习题

1. 某公司采用当日的市场汇率对外币业务进行核算,并按月计算汇兑损益。该公司期初的市场汇率为 1 美元 =7.02 元人民币。期初有关外币账户的数额如下：

外币账户情况表

项目	外币金额(美元)	汇率	人民币金额(元)
银行存款	50 000	7.02	351 000
应收账款	80 000	7.02	561 600
应付账款	60 000	7.02	421 200

该公司本期发生的有关经济业务如下：

(1) 用美元现汇归还应付账款 30 000 元,当日的市场汇率为 1∶7.01。

(2) 用人民币购买 20 000 美元,当日的市场汇率为 1∶7.01,经营外汇银行的美元买入价为 1∶6.99,美元卖出价为 1∶7.02。

(3) 用美元现汇买入原材料一批,价款为 10 000 美元,当日的市场汇率为 1∶6.98,价款尚未支付。

(4) 收回应收账款 50 000 元,当日的市场汇率为 1∶6.97。

(5) 用美元现汇兑换人民币,支付美元 20 000 元,当日的市场汇率为 1∶6.97,经营外汇银行的美元买入价为 1∶6.96,美元卖出价为 1∶6.98。

(6) 取得美元短期借款 50 000 元,取得日的市场汇率为 1∶6.98。

期末的美元市场汇率为 1∶6.96。

要求：据上述资料编制公司的外币账户情况表,计算应调整的汇兑损益数额，并编制所有业务的会计分录。

2. 某公司在第一年年初借入长期美元借款20 000美元，为期二年，年利率为10%。第一年全部美元借款用于固定资产的建造，固定资产也于第一年年末完工并投入使用。该公司于第二年末归还了全部美元借款。另，该公司还于第一年年初与外商签订合约，接受外商投资100 000美元；该笔款项于第一年年末收到。在第一年年末，该公司收到投资款项后即支付50 000美元用于原材料的购买。相关的汇率数据见下表：

日期	市场价格	银行卖出价	银行买入价
第一年年初	7.01	7.03	6.99
第一年年末	6.96	6.98	6.94
第二年年末	6.92	6.94	6.90

要求：根据上述数据作出相关业务的全部会计分录。

本章小资料

小资料之一：

中国人民银行关于完善人民币汇率形成机制改革的公告

为建立和完善社会主义市场经济体制，充分发挥市场在资源配置方面的基础性作用，建立健全以市场供求为基础的、有管理的浮动汇率制度，经国务院批准，现就完善人民币汇率形成机制改革有关事宜公告如下：

一、自2005年7月21日起，我国开始实行以市场供求为基础，参考一揽子货币进行调节、有管理的浮动汇率制度。人民币汇率不再盯住单一美元，形成更富弹性的人民币汇率机制。

二、中国人民银行于每个工作日闭市后公布当日银行间外汇市场美元等交易货币对人民币汇率的收盘价，作为下一个工作日该货币对人民币交易的中间价格。

三、2005年7月21日19时，美元对人民币交易价格调整为1美元兑8.11元人民币，作为次日银行间外汇市场上外汇指定银行之间交易的中间价，外汇指定银行可自此时起调整对客户的挂牌汇价。

四、现阶段，每日银行间外汇市场美元对人民币的交易价仍在人民银行公布的美元交易中间价上下千分之三的幅度内浮动，非美元货币对人民币的交易价在人民银行公布的该货币中间交易价上下一定幅度内浮动。

中国人民银行将根据市场发育状况和经济金融形势，适时调整汇率浮动区间。同时，中国人民银行负责根据国内外经济金融形势，以市场供求为基础，参考一揽子货币汇率变动，对人民币汇率进行管理和调节，维护人民币汇率的正常浮动，保持人民币汇率在合理、均衡水平上的基本稳定，促进国际收支基本平衡，维护宏观经济和金融市场的稳定。

资料来源：引自《北京青年报》2005年7月22日。

小资料之二：

中资企业——从中国进口零件承受巨额汇率损失

6月13日，记者拨电话给越南河内中国商会的一位负责人时，他告诉记者，数十家在越南的中资企业代表正在召开座谈会，激烈争论如何面对近两周越南金融市场出现的混乱。

这位不愿透露姓名的中资企业代表告诉记者，由于目前的金融问题，在越南的中资企业进口中国零件和原材料等需要承担巨额汇率损失。"我们从中国进口零配件和原材料后需要用美元支付。但近两周，越南紧缺美元，我们无法用越南央行规定的1∶16 620的汇价换美元，越南商业银行的汇价达到1∶18 000以上。也就是说，我们向国内每支付1美元就将损失1元人民币，给国内一笔货款我们就将损失上百万元人民币。"

据他介绍，在越南投资设厂的目标之一是尽量将产品本地化，但目前公司产品40%的零配件仍需要从中国进口，同时很多原材料也要从中国进口。"原来越南央行与商业银行的汇差只有50盾，损失可忽略不计，但现在的汇差已经影响到企业发展。"他还说，"在当地美元贷款拿不到，有的银行给出的越南盾贷款的利率甚至达到21%，我们需要资金，但必须又要考虑资金成本。"

他说，凡是与中国有业务联系的中资企业都面临汇率损失的问题。在听取金融专家分析后，他们公司作了调整。"我们以前一直是按越南央行汇率折算成越南盾销售产品。但现在我们必须尊重市场汇率，这样一来，产品价格上涨。好在我们在越南市场拓展比较理想，目前还没有看到因为提价而造成销售萎缩的现象。"

尽管面临困难，但这位中资企业代表说，"我认为这不是金融危机，这只是暂时的困难。我们公司开拓越南市场的决心没有变，我想说的是，来越南五六年我们一直很幸运,当初投资设厂时我们就想到了各种风险,也有思想准备,我相信中资企业都能克服现在的困难。”在网上有一条这家企业的新闻:受越南经济影响,他们的越南生产厂已经停产。但这位负责人否认了这一说法。据介绍,这家中资企业已经在越南投资数百万美元,计划还将投资数千万美元。

资料来源:引自《北京青年报》2008 年 6 月 15 日。

本章参考资料

1.《企业会计准则第 19 号——外币折算》,财政部,2006 年。

2.《国际会计准则第 21 号——汇率变动的影响》,《国际财务报告准则 2008》,中国财政经济出版社 2008 年版。

3.《美国财务会计准则第 52 号——外币折算》,经济科学出版社 2002 年版。

4. 中国注册会计师协会编,注册会计师全国统一考试辅导教材《会计》,第二十一章,中国财政经济出版社 2008 年版。

第三章

物价变动会计

本章教学目的和要求

物价变动作为市场经济中非常普遍的现象而长期存在，物价变动会计就是在这种环境之下出现并发展的。从我国近期的宏观经济来看，也曾经有过物价剧烈变动的情况。由于物价变动与经济发展密切相关，且在市场经济条件下难以控制，因此掌握物价变动会计的内容也就显得非常重要。

学习本章的目的，主要是理解物价变动对历史成本会计的冲击和建立在这一基础上会计事项的特殊性，以及由此而形成的会计处理的特殊程序，从而能对物价变动会计的各种不同方法的产生、作用方式有较深的理解。具体来说，我们要通过本章的学习理解各种标志物价变动的价值指标，比如，一般物价指数、个别物价指数、货币单位购买力等；还有与此相关的资本保全、财务资本保全、实物资本保全、货币购买力损益、现行成本、资产持有损益、已实现资产持有损益、未实现资产持有损益，等等。本章要在讲清理论问题的基础上，重点讲明一般物价水平会计与现行成本会计，对现行成本与一般物价水平结合的会计只要一般说明即可。本章还将结合我国的实际情况和会计改革中遇到的实际问题,对公允价值与历史成本、成本与市价孰低及市价高出成本时的处理方式、清产核资及其账项调整、资产评估及其账项调整等进行分析和探讨。我国现阶段尚未建立与物价变动相关的专门准则,与物价变动有关的会计处理要求都散存于各个不同的会计准则之中。因此,本章的主要解释依据是国际财务报告准则的相关内容。

本章的内容曾经与合并财务报表、外币业务一起并列为国际会计三大难题。从现阶段来看,本章也是本书较为重要的基础内容之一。具体来说,理解本章的相关内容对于公允价值计量基础的理解至关重要。因此,读者要在理解物价变动对社会经济影响的基础上,切实理解物价变动时期对历史成本会计的冲击,理解会计试图消除物价变动对会计信息影响而采取的具体措施,并在不同方法的比较上加深对这类问题的理解。

第一节　物价变动会计的形成与发展

一、物价变动及其表现形式

（一）物价变动及其相关概念解释

1. 物价变动和货币购买力

物价亦即一般称谓的价格，指商品、劳务价值的货币表现。在市场经济中，商品、劳务的价格会由于各种原因而发生变动，有时表现为一定时期的物价高于前一时期的物价，也有时表现为某一时期的物价低于前一时期的物价。在物价上升时，持有一定数量的货币额可购买的商品、劳务数量就会减少；反之，在物价下降时，持有一定数量的货币额可购买的商品、劳务数量就会增多。在习惯上，我们将这种商品、劳务价格的变化或者是货币购买力的变化称为物价变动。对应来看，一定单位的货币购买商品或换取劳务的数量即为货币购买力。当一定数量的货币额可购买的商品、劳务减少，亦即物价上升时，我们称之为货币购买力下降；而在物价下降时，则是我们一般称谓的货币购买力上升。

2. 个别物价变动和一般物价变动

根据物价变动发生的范围，我们可将物价变动分为个别物价变动和一般物价变动两种情况。前者指某一具体商品、劳务价格的变化；后者则指某一时期商品、劳务价格平均水平的变化。二者的关系主要为个别与一般的关系，即个别物价变动会导致社会的一般物价水平变动，但有时个别物价变动程度与一般物价变动水平不一致，即个别物价变动的幅度高于或低于一般物价变动的幅度。在习惯上，我们将一般物价水平上涨称为通货膨胀，而将一般物价水平下降称为通货紧缩。

3. 个别物价指数与一般物价指数

物价变动水平一般是通过物价指数衡量的。物价指数是反映两个时期商品、劳务价格变动情况动态的指标。由于物价变动有个别物价变动和一般物价水平变动，物价指数也就有了个别物价指数和一般物价指数两种。反映个别物价变动状态的指数为个别物价指数，反映社会全部商品、劳务价格变动状态的指数为一般物价指数。一般来说，一般物价指数与个别物价指数之间也是个别与一般的关系。但是，从大多数的情况来看，这样的变动并不见得总是一致的，在很多的情况下，社会的一般物价指数在上升，而某类商品的个别物价指数反而在下降；抑或反之，社会一般物价指数在下降，而某类商品的个别物价指数则在上升。分清这样的内容很重要。这是因为,在一般物价水平会计中,采用的是一般物价指数;而在现行成本会计中,采用的是分类物价指数或者是个别物价指数,也可以说个别物价指数(有时甚至是某类物品的重置成本)一般成了现行成本的表示方式。

4. 名义货币单位与固定购买力单位

名义货币单位实质上是按历史成本来确认本期利润的,即本期实现的收入与资产取得时的历史成本相配比,只要本期收入等大于资产的减少额,即可确认利润。而固定购买力单位实质上是按一般物价指数来确认本期利润的,即本期实现的收入要与资产取得时的历史成本以一般物价指数换算后相配比,只有本期收入大于资产按一般物价指数调整的数额,才可确认利润。

(二)一般物价指数和单位货币购买力的计算说明

在实际计算时,销售量大、价格变动趋势具有代表性的商品、劳务一般会被用来作为计算依据,具体来说,要根据各类商品、劳务的销售量确定其在社会销售总量中的比重,并将这样的比重作为计算公式中的权数,从而计算出由于各类商品、劳务的物价变动而形成的一般物价指数。

一般物价指数的计算公式为:

$$\text{一般物价指数} = \sum \text{报告期代表商品、劳务单价} \times \text{权数} \div \sum \text{基期代表商品、劳务单价} \times \text{权数}$$

例如,若以上一年的物价水平为基期,以本年的物价水平为报告期,则要将作为基期的上年的物价指数定为100%,用100表示,再按各类商品、劳务的单位价格变动情况和所占的比重(权数),计算出本年的一般物价指数。现举例说明一般物价指数的计算过程,见表3-1。

表3-1 一般物价指数计算表

代表商品、劳务类别	单价(元)		权数(%)	金额(元)	
	上一年	本年		上一年	本年
甲	60	84	35	2 100	2 940
乙	100	130	25	2 500	3 250
丙	160	176	20	3 200	3 520
丁	80	72	20	1 600	1 440
合计	—	—	—	9 400	11 150

$$\text{本年的一般物价指数} = 11\,150/9\,400 \times 100\% = 118.62\%$$

一般物价指数与单位货币购买力也是一组相对的概念。一般物价指数上升,亦即每货币单位的购买力下降。我们也可参照下式计算每货币单位购买力:

每货币单位购买力 = 100/118.62 = 0.843

上述计算结果说明,本年比上一年的一般物价水平上涨了 18.62% (118.62% - 100%),而本年度的每个货币单位只相当于上一年的 0.843 个,即比上一年下降了 0.157(1 - 0.843)。

上述的计算也可提示出,个别物价变动与一般物价变动之间会有较大差异。比如,社会一般物价指数是 118.62%,可是,各类商品的物价变动水平是不一致的。从表 3-1 的数据中,我们还可以看到,综合计算的一般物价指数与各类商品、劳务的个别物价指数存在着较大的区别。可用表 3-2 再予表示。

表 3-2 一般物价指数与个别物价指数差异表

商品、劳务类别	基期物价	本期物价	个别物价指数	一般物价指数	物价指数差异
甲	60	84	140%	118.62%	21.4%
乙	100	130	130%	118.62%	11.38%
丙	160	176	110%	118.62%	-8.62%
丁	80	72	-90%	118.62%	-28.60%

从表 3-2 可以看出,一般物价指数由社会各类商品、劳务综合计算得出,反映的是全社会的物价变动情况,但是有的个别物价指数与一般物价指数的变动并不见得完全一致,有的甚至相反。面对一般物价指数与个别物价指数的这种关系,也就有了对物价变动会计的种种看法和不同的处理方式。这是物价变动会计有一般物价水平会计与现行成本会计两种基本方式的基础与前提。

二、资本保全及其与物价变动之间的关系

(一) 国际财务报告准则的解释

国际财务报告准则关于《编报财务报表的框架》对整个财务会计体系的指导作用是不言而喻的。在《编报财务报表的框架》中,对资本保全分为财务资本保全和实物资本保全两种形式。国际财务报告准则对这样的内容有着如下的解释:

1. 财务资本保全

根据这一概念，在扣除本期内对业主的分配和业主的出资以后，期末净资产的财务(或货币)金额必须大于期初净资产的财务(或货币)金额，才算赚得利润。财务资本保全的计量，可以用名义货币单位，也可以使用固定购买力单位。

2. 实物资本保全

根据这一概念，在扣除本期内对业主的分配和业主的出资以后，企业的期末实物生产能力(或营运能力)，或企业期末达到上述实物生产能力所需的资源或资金，必须大于期初实物生产能力，才算赚得利润。

3. 两种资本保全概念之间的关系

可从以下几方面具体说明：

(1) 实物资本保全概念要求采用现行成本计量基础，但是，财务资本保全概念不要求采用特定的计量基础。根据这一概念选择的计量基础，取决于企业要求保全的财务资本的类型。

(2) 两种资本保全概念的主要区别在于对企业资产和负债价格变动影响的处理。一般说来，如果企业期末具有的资本额与期初的一样多，企业就保全了自己的资本。凡是大于保全期初资本所需的金额，都是利润。

相对于财务资本保全，又可分为两种不同的计量基础，亦即以名义货币定义资本的财务资本保全和以固定购买力定义资本的财务资本保全。国际财务报告准则对此的解释为："根据以名义货币单位定义资本的财务资本保全概念，利润表示本期内名义货币资本的增加。因此，本期持有资产的价格提高，通常称作持有利得，在概念上是利润。但是，在通过交易方式处理资产之前，持有利得不能确认为利润。如果是用固定购买力单位来定义财务资本保全概念，利润就表示本期内投入购买力的增加。这样，在资产价格的提高中，只有大于一般物价水平的那一部分才能作为利润，其余增加部分职能作为资本保全调整。"

(二) 物价变动下的净收益确认

在物价变动情况下，使用不同的资本概念和不同的资本保全方式，会对资产的计价及相关的净收益确认带来明显的影响。按照财务资本保全概念的要求，对物价变动时期的利润确认会有不同的情况和结果。下面举例说明。

【例 3-1】 某公司于年初购入固定资产和商品并开始营业，购入商品中有价值 20 万元的部分商品已于年内售出，获价款 30 万元。与该批商品相关的物价指数为:购进商品时的物价指数为100,年末的一般物价指数为110,而售出商品的分类物价指数为115;该公司固定资产价值为10万元,按5年期计提折旧,年末该固定资产的分类物价指数为120。该公司年内营业费用总额(设不含折旧)为2万元,计提的折旧费用为2万元。

据此资料可知,该公司若按不同的概念来定义资本,即按照名义货币单位,或固定购买力单位,就会有不同的计量结果。具体内容见表3-3。

表3-3　不同情况下的结果对照表　单位:元

项目	名义货币单位	固定购买力单位	现行成本单位
营业收入	300 000	300 000	300 000
营业成本	200 000	220 000	230 000
营业费用	20 000	20 000	20 000
折旧费用	20 000	22 000	24 000
营业收益	60 000	37 000	26 000
说明	企业不用进行任何调整,只需按照历史成本计量即可。即: 营业成本 = 200 000 折旧费用 = 20 000	企业需要用一般物价指数调整按历史成本计量的资产价值。即: 营业成本 = 200 000 × 1.10 折旧费用 = 20 000 × 1.10	企业需要按照分类物价指数调整按历史成本计量的资产价值。即: 营业成本 = 200 000 × 1.15 折旧费用 = 20 000 × 1.20

将上述不同的资本保全概念和不同的计量方式,以及带来的结果汇总分析可得表3-4。

表3-4　不同情况下净收益比较表

概念	需保全的资本	净收益
资本保全(名义货币)	历史成本资本	60 000元
资本保全(固定购买力)	按一般物价指数调整的资本	37 000元
资本保全(现行成本)	按分类物价指数调整的资本	26 000元

由此可以看出:在资本保全概念下不同计量单位、基础的使用,是产生一系列物价变动会计模式的原因。也正因为如此,在西方国家的物价变动会计中,存在着两种相对于历史成本会计的物价变动会计,即一般物价指数会计和现行成本会计。如表3-4中内容所示:若是对以历史成本表述的会计数据只进行一般物价指数的调整,亦即一般物价水平会计;但若将以历史成本表述的会计数据按照表示现行成本的分类物价指数(有时甚至可为该类物品的重置成本)调整,则为现行成本会计。

三、物价变动会计的起源与现状

第二次世界大战以后，西方各国出现的持续通货膨胀已使历史成本会计难以发挥其应有的作用。为此，迫切需要企业提供有关物价水平变动对企业影响方面的会计资料。这种需要迫使有长期通货膨胀历史的国家采取措施，以新的会计处理方式，为会计信息的使用者提供与决策相关的有用信息。物价变动会计就是在这种情况下产生的。

最早对物价变动会计进行探讨的是美国。早在20世纪30年代，美国就有了关于这方面问题的研究成果。在1963年，美国注册会计师协会发表了题为《报告物价水平变动的财务影响》的报告；在1979年，美国财务会计准则委员会又发布了第33号公告《财务报告与物价变动》，提出大公司必须补充揭示物价变动对财务报告影响的强制要求；该公告实施几年后，随着美国通货膨胀率的逐年下降，美国财务会计准则委员会又以第89号公告取代了第33号公告，要求企业自愿揭示物价变动对财务报告的影响情况。

英国、加拿大、原欧共体、澳大利亚、巴西等国，也较早地涉及了物价变动的会计处理问题，曾先后发表过有关的会计准则，要求在财务报告中揭示由于物价变动对会计信息的影响状况。

虽然各国都对物价变动会计提出了要求，但由于存在着在揭示方面的不同方式和不同做法，也就有了物价变动会计在国际间协调的客观要求。国际会计准则委员会曾于1977年发表过第6号会计准则《对物价变动的会计反应》，以后，又于1981年以第15号会计准则《反映价格变动影响的资料》取代了第6号会计准则。相对于国际上存在较严重的通货膨胀情况，国际会计准则委员会于1989年7月又发布了第29号会计准则《恶性通货膨胀经济中的财务报告》。在这两个准则中，国际会计准则委员会对物价变动的会计处理提出了具体要求，使其成了对物价变动会计有着很大影响的文件，这也标志着物价变动会计的日臻成熟。虽然西方国家的会计学界近期又对物价变动会计及其相关准则提出了较多的改进意见，并提出了取消某项会计准则的要求，但我们应看到的是，以公允价值为基础的会计已发挥了越来越大的作用，这应当是物价变动会计形成的结果。

相对于我国的情况来说，在我国进行市场化经济改革以来，曾经有过几次通货膨胀较高的时期，致使以历史成本为基础的会计信息在很大程度上失去了原来的效应。此外，我国从计划经济向市场经济转轨的过程也在很大程度上借鉴了西方国家的管理方式和会计惯例。因此,西方的物价变动必然会对我国的经济有所影响,这也就形成了在我国建立物价变动会计的客观需要。

第二节　物价变动会计的模式划分与内容比较

一、物价变动会计及其表现形式

简言之,物价变动会计就是利用有关物价变动的资料,对企业按历史成本提供的会计信息进行改动调整,或对会计的计量方式进行改进,从而揭示或消除物价变动对财务报告的影响的会计程序和方法。

从各国对物价变动采取的方法来看,有的是只着眼于某类资产的价格变动,以改变资产计价的方式来抵消物价变动对会计信息的影响;有的则是改变计量单位或计量基础,以消除物价变动对会计信息的影响。前者被称为物价变动会计的部分调整法,包括的内容有:按成本与市价孰低法计算存货成本,或用后进先出法计算存货成本;对固定资产采用加速折旧,或进行重新估价并按重估后的价格提取折旧;以及设置关于价格变动的特种准备金等。后者则被称为物价变动会计的全面调整法,主要表现为以下两种方式:(1) 改进会计计量标志或单位,即以固定购买力来代替名义货币。其主要内容表现为,在历史成本核算的基础上,采用一般物价指数来剔除由于物价变动对会计信息的影响。因此这种方法习惯上称为一般物价水平会计。(2) 改变会计计量基础,以现行成本取代历史成本。其主要表现则为对以历史成本反映的资产、负债等以现行成本进行重新估价与表述,以使企业的财务报表真正反映符合当前市场情况的真实数据。因此这种方法也就被称为现行成本会计。

一般物价水平会计与现行成本会计的区别源于对资本保全理论的不同认识,因此在业务实践中又有了将二者结合起来的处理方式,即现行成本与一般物价水平相结合的处理方式。由于这三种方法可把物价变动对财务报告的影响给予更大范围的揭示,因此也就成了部分调整法的对应,亦即全面调整法。

二、物价变动会计对历史成本的冲击

正如前面所述,在物价发生较大变动时期,以历史成本为依据的会计报

告的数据，难以为报表使用者提供有用的信息。我们可以从理论和实践两个方面对此进行分析。

1. 在理论方面

历史成本会计的基本前提即为货币计量及币值不变假设。但是在物价剧烈变动的时期，币值不变的前提已经不存在，若再按经济业务发生时的历史成本为依据提供会计信息，就失去了会计信息的相关性。进一步看，若企业在物价变动时期，尤其是恶性通货膨胀时期仍按历史成本作为账务处理的依据、按历史成本原则计量期末资产以及本期取得的净收益，所提供的会计信息就难被物价处于变动状态的市场、经营环境所接受，会计信息的使用者也就无法对企业经营者的业绩进行衡量，无法利用这种会计信息作出正确的预测和决策。面对这种情况，我们甚至可以在某种意义上说，物价变动会计实际上是对建立在货币计量基础上的历史成本原则的否定。

2. 在实践方面

在物价显著变动时期，按历史成本记录的各项业务在会计期末必然又会与其变动后的价格有所区别。比如，按历史成本记录的期初购入存货以及上一会计期末记录的资产，在会计期末时，很有可能与现行市场价格有较大的差异。又如，企业记录的应收、应付款项，会因结算期物价变动的原因使企业受到损失（如在通货膨胀期持有应收款项），或使企业得到收益（如在通货膨胀期持有应付款项）。在这种情况下，企业应以什么为计价依据对外报告其资产、负债等价值数据，以什么为依据确定因物价变动对净收益的影响，从而正确确认本期的净收益，已成了会计业务实践中必须要严肃对待、及时处理的重要问题。

三、物价变动会计的实施能够对上述问题进行必要的修正

由此可见，物价变动这一客观事实对历史成本会计形成了强大的冲击，要求有适应这一情况的新的会计处理方式。而顺应这一要求的资本保全理论的出现，为物价变动会计适时地提供了相关的理论。这样，物价变动会计的建立和发展就既有外部的客观要求，又有了其自身的理论依据。我们说，只有按照资本保全的理论，才能够在一定程度上使历史成本与市场价格的背离有所调整，从而提高企业对外提供的会计信息的质量。实施物价变动会计的重要意义也就主要体现在这个方面。

四、物价变动会计的模式比较

从前面所述理论可知,若是资本保全按照名义货币进行,使用的就是历史成本概念,所要求的是将期末按照历史成本记录的净资产与期初的账面金额对比;若资本保全按照固定购买力进行,使用的是一般物价指数,所做的是将按照历史成本计算的净资产进行一般物价指数的系数调整;但若资本保全按照现行成本进行,使用的则是分类的物价指数甚至重置成本,所做的事情就成了将账面按照历史成本记录的资产和负债实际调整为它们的现行成本。因此,物价变动会计主要以上述不同的资本保全观念为分类依据,并形成了主要的两种分类,亦即一般物价水平会计与现行成本会计。但是,在采用上述两种方法时也都有各自的缺陷与不足;为了弥补这两种方法的不足,又有了以求各取所长的、将两种方法结合在一起的会计处理方法,亦即将两种方法结合在一起的会计。具体来说,物价变动会计有三种,即一般物价水平会计、现行成本会计和现行成本与一般物价水平相结合的会计。

1. 一般物价水平会计

又称一般购买力会计或不变币值会计,指用一般物价指数将财务报表中以历史成本反映的有关数值加以调整,从而消除物价变动对财务报告影响的会计程序和方法。就实际操作的方式而言,这种方式的调整范围只是企业的财务报表,而与企业的日常会计处理无关。亦即只是调整财务报表,不调整具体的账户记录。由于一般物价水平会计以历史成本为计量基础,未改变原有的会计程序和方法,有着简便、实用的优点。因此,这是在国际会计界较为通用的一种会计处理方式。但也应注意:由于一般物价指数与个别物价指数存有区别,在进行报表项目调整时若使用的一般物价指数与本企业资产价格指数变动水平不尽一致,一般物价水平会计的作用就难以真正发挥。

2. 现行成本会计

指以现行成本为基础,通过对各项资产价格的确切反映,以消除物价变动对财务报告影响的会计程序和方法。与一般物价水平会计相比,现行成本会计虽未改变会计的计量单位,但却改变了以历史成本表现的会计计量基础。按这种方法,企业编制财务报表须将记录的资产等,用分类、个别物价指数,或者是重置成本进行账项调整,因此,其调整的范围要更大一些。由于现行成本会计根据资产的重置成本或个别物价指数进行调整,它可以按照资本实物保全的要求如实反映企业的实际经营能力,更合理地衡量企业的资本保全程度及其获得的收益。但是,这种方法要求对发生变化的各资产项目逐项进行账户记录调整,实际实施时会由于难以获得各类资产的物价变动资料和业务工作量大而费时费力;再就是它不考虑一般物价水平的变化情况,难以对货币性资产的购买力损益进行考量。

3. 现行成本与一般物价水平相结合的会计

它是将一般物价水平会计与现行成本会计的特点结合起来,以消除物价变动对财务报告影响的会计程序和方法。它的内容可概括为:先按现行成本会计的方法对按历史成本法提供的信息进行账户调整,依据调整后的账户资料编制出以现行成本为基础的财务报表,再按一般物价指数对调整后的报表进行换算,从而全面消除物价变动对财务报告的影响。按这种方法的要求,企业要先变动会计计量基础,然后再变动新基础之上的计量单位。虽然它能够集以上两种方法的优点,更为有效地达到消除物价变动影响的目的;但由于它的调整、计算过于复杂,且又难全面克服以上两种方法的不足,因此它主要应用于美国、加拿大等国,未能得到更大范围的认同。

我们可以将上述内容进行归纳,以更鲜明地认识各类物价变动会计之间的特征。具体内容见表3-5。

表3-5 不同物价变动会计模式的比较

物价变动会计的具体模式	基本计价方面的区别	具体操作方面的区别	计算、调整内容方面的区别	优点和缺点方面的区别
一般物价水平会计	仍采用历史成本编制财务报表	不调账,只是按照一般物价指数调整财务报表,与企业的日常会计处理无关	要对报表中的所有项目进行调整,并计算货币购买力损益	没有改变原来的计价基础,只是改变了计量单位,简便易行
现行成本会计	先将历史成本变为现行成本,再按照变动过的数据编制财务报表	要调账,但是编制财务报表的过程与程序不变,会涉及企业的日常会计处理	只对原账户中计量的资产进行调整,并计算资产持有损益	改变了原来的计价基础,且要逐项进行,方法较为复杂、繁琐
两种方法结合的会计	先按照现行成本法调账,再按一般物价水平会计调表	既调账,又调表;调账在前,调表在后	既计算资产持有损益,又计算货币购买力损益	既改变计价基础,又改变计量单位,方法最为复杂、繁琐

第三节　一般物价水平会计

前已说明,一般物价水平会计要使用货币的固定购买力单位来取代名义货币。因此,会计人员要运用适当的物价指数,将物价变动对折旧、销货成本和货币性项目净额的影响进行计算和调整,在保持企业股东权益的一般购买力后才确认本期收益。这种方法的主要工作内容一般有四个方面:(1) 划分货币性项目与非货币性项目;(2) 按一般物价指数对非货币性项目进行调整;(3) 计算持有货币性项目所发生的损益;(4) 在上述计算和调整的基础上编制出消除物价变动影响的财务报表。

一、划分货币性项目与非货币性项目

(一) 货币性项目及其在物价变动会计中的地位

在"外币业务会计"一章中,我们曾对外币业务的货币性项目进行过解释。由于货币性项目与非货币性项目在物价变动时期有着截然不同的表现,因此,在研究物价变动会计时必须以此为线索展开。一般而论,在物价变动会计中,货币性资产也主要指企业的货币资金、应收账款、应收票据、其他应收款项,以及有固定利息收入的长期证券投资等;货币性负债则主要指企业的应付账款、应付票据、其他应付款、应付职工薪酬、应付利息,以及可由固定货币金额表现的其他项目。

在物价变动时期,货币性项目有两个明显的特点:(1) 其账面金额不随物价变动而改变。比如,若企业期初持有货币的金额为3 000元,且年内未发生收支;这样,即使年内物价有较大的变动,其账面金额仍保持原状,即仍为3 000元。因此,货币性项目在一般物价水平会计中被称为固定项目,不需要按变动的物价指数对其进行调整。(2) 其购买力会随物价变动而变化。比如,若年初3 000元现金可购买某商品30件,但年内物价变动幅度为上升50%,则在年末时,3 000元现金只可购买同类商品20件。

由此可看出,虽然货币性项目为账面金额不变的固定账项,但在物价变动时期长期持有货币性资产,会因物价上涨而降低购买力,从而使企业遭受损失。进一步推论又可看出,若企业在物价上涨时期长期持有货币性负债,又会因物价上涨而获得利益。按照这样的思路,只有划分出了货币性项目,才能够进行货币购买力损益的计算。

（二）非货币性项目及其在物价变动会计中的作用

非货币性项目也应进行非货币性资产和非货币性负债的划分。应划分为非货币性资产的项目为长期股权投资、存货、固定资产、无形资产等；而应划分为非货币性负债的项目主要是企业的股本，包括普通股股本和未规定固定兑回价格的优先股本。

非货币性项目在物价变动时期与货币性项目的特点恰恰相反。即：(1) 它的账面金额随着物价变动而改变。比如，某企业年初存货的价格为3 000 元，年内物价变动的幅度为上升 50%，则期末存货的价值也应表现为4 500 元。(2) 它不会发生购买力损益。由于物价变动已在购买力变化方面得以表现，非货币性资产价格变动的比例成了衡量物价变动水平的标志，所以，持有非货币性资产与货币购买力损益无关。这样，在物价上升时期，企业会因持有某种类型或数量的非货币性资产而获得收益，而在物价下降时期，则会因持有非货币性资产而发生损失；同样，在物价变动时期持有非货币性负债，也要发生与非货币性资产相反的变化。按照非货币性项目这样的特征，在实施物价变动会计时，我们必须将非货币性项目按照变动后的一般物价指数进行调整。

（三）二者在物价变动会计中的不同表现

从物价变动会计的角度看，划分货币性项目与非货币性项目是会计处理的重要程序之一。其基本原则是：会计期末的货币性项目不作数据调整，但为了计算持有货币性项目而影响的本期购买力损益，则有必要调整会计期初或者会计期间的货币性项目，以确定它们相互之间的差异额；对非货币性项目要分不同类别、依据物价变动水平而进行数据调整，以将按照历史成本计算的会计数据变换为按一般物价指数计算的数据；要通过这两个层次的计算，最终对外报出消除物价变动影响的财务报告。

二、对非货币性项目的计算调整

在考虑对非货币性项目的调整时，不仅要采用会计期末的物价指数，还要采用会计期间内的平均物价指数。通常的做法是：由于年末的物价指数可以确切地反映企业年末资产的价值，一般用来调整资产负债表内的各个项目；而年度内平均的物价指数对全年有着综合性影响，一般用来调整利润表内的各个项目。具体来说，需要调整的项目主要有：资产负债表中的存货、固定资产项目，利润表中均匀发生的各收入、费用项目，亦即由上述各项目推算的会计期末的留存收益项目。在进行调整的实际工作中，包括以下三个步骤：(1) 确定某一非货币性项目形成时的物价指数；(2) 确定编制财务报告时的物价指数；(3) 确定换算公式，对各项目进行调整。

(一) 固定资产项目

由于固定资产购置的时间不同，其账面记录的原值、累计折旧等应按其购入时的物价指数进行调整。这样的工作在第一次进行时，会因为每项设备有不同的换算时期而加大工作难度，但若在某一年调整后，各类资产会有相对以后各期而统一的物价指数，从而也会减少以后的工作难度。

在进行调整时，使用的计算公式一般为：

某固定资产的调整后金额 = 该项资产的历史成本金额 × (年末的物价指数 / 该项目取得日的物价指数)

【例 3-2】 某企业于上年初入账的机器设备总值为 10 万元，当时的物价指数为 100，该企业的机器设备采用直线法、按 5 年为期计提折旧；本年末编制财务报告时的物价指数为 120。对该项资产的调整计算过程如下：

固定资产原价 = 100 000 × 120/100 = 120 000 元

累计折旧 = 100 000/5 × 120/100 = 24 000 元

固定资产净值 = 120 000 - 24 000 = 96 000 元

请注意：这样的计算结果只能列示在资产负债表上，与平时的会计处理无关。

(二) 存货项目

对存货项目的调整与对固定资产项目的调整在程序上基本一致。即在进行调整时，使用的计算公式一般为：

某项存货的调整后金额 = 该项存货的历史成本 × (年末的物价指数 / 该项目取得日的物价指数)

但是，存货与固定资产的不同之处为，存货项目的调整要考虑与其取得日相关的计价方法。具体来说，在采用先进先出法时，应假定年末存货的取得日是最近月份；反之，若使用以前曾经允许的后进先出法，则应假定年末存货的取得日是最早月份。

【例 3-3】 某企业，按先进先出法计算存货成本，期末存货的成本为 5 万元，最近月份进货的物价指数为 110，年末的物价指数为 121。

对该企业存货的调整结果为：

调整后的金额 = 50 000 × (121/110) = 55 000 元

与固定资产项目的调整一致，这样的计算结果只能是对财务报表的调整。

（三）利润表内的各项目

利润表的项目主要是营业收入、营业成本和营业费用。其中，由于营业收入和营业费用（此处设不包括折旧费用）是会计期间发生的汇总数额，所以，在进行上述调整时，应采用年度内的平均物价指数，以将全年的营业收入中物价变动的因素予以剔除。营业成本部分有其特殊性，应当是期初存货成本、本期购货成本和期末存货成本三方面因素的综合，即年初存货成本可据上年末时的物价指数进行调整；本期期末的存货按年末的物价指数调整；而本年平均进货的成本则采用年内的平均物价指数调整。但是，相对于年内一次性发生的收入或费用，如年末收到投资收益、年末交纳所得税费用等，则应当按照实际发生的数额确定，不必调整。存货年初与年末的调整公式与前述的存货一致，而年度内平均发生费用的计算公式为：

某项收入（或费用）的调整后金额 = 该项收入（或费用）的汇总数额 ×（年末的物价指数 / 年度内平均的物价指数）

【例 3-4】 某企业，利润表中的年度内平均收入为 10 万元，年初的物价指数为 100，年末的物价指数为 121，年内平均的物价指数为 110。

对该企业营业收入的调整结果为：

调整后金额 = 100 000 ×（121/110）= 110 000 元

这样的计算结果也只能是对财务报表的调整，但与上述固定资产、存货不同的是，调整的财务报表是利润表，而不是资产负债表。

（四）留存收益项目

一般来说，对于留存收益表的项目进行调整，应先按一般物价指数对上年末留存收益进行调整，然后再使其与本年度已调整过的净收益相加而求出。在实际工作中，留存收益项目多采用“余额法”计算求得。计算公式为：

本年度按一般物价水平计算的留存收益
= 按一般物价水平计算的资产总额 - 按一般物价水平计算的负债数额 - 按一般物价水平计算的股本数额

我国企业会计准则中的留存收益是盈余公积与未分配利润之和，分别列示于资产负债表和所有者权益变动表之中。在进行调整计算时，该数额也应遵循上述公式的要求而得出。但应说明，若企业的所得税与应付股利在年末一次性支付，则其报表数额无须调整；反之，若所得税于年内各月预缴、年终汇算清缴，则也应按全年平均物价指数和年末物价指数予以调整。

【例 3-5】 某企业，经调整过的资产额为 12 万元，调整过的负债为 5 万

元,所有者权益中的股本为4万元,无资本公积项目。按照这样的数据,本年度按一般物价水平计算的留存收益数据为:

按一般物价水平计算的留存收益

= 120 000 - 50 000 - 40 000 = 30 000 元

由此也可看出,由于资产、负债、所有者权益三者间关系的理论限定,也由于所有者权益中初始投入资本与留存收益之间的相互关系,经调整的留存收益数据是根据上述关系"倒挤"而得出的。进一步看,我国会计体系中的留存收益是由盈余公积和未分配利润构成的,因此,即使都是留存收益,也会有孰轻孰重之分,相比较而言,"倒挤"过程的最终承担者应当是企业的未分配利润。

三、计算因持有货币性项目所发生的损益

从实质上看,货币性项目购买力损益是物价上升时期因持有货币性资产而损失的购买力与持有货币性负债而获得的购买力之差;从形式上看,则是会计期末按一般物价水平调整过的货币性项目金额与其期初名义货币金额之间的差额。更具体地说,在进行计算调整时,应按货币性项目的发生日期与当期的物价指数相配合而计算得出。

在实际计算中,一般做法是先将货币性资产与货币性负债的余额相互抵消,求得货币性项目的净额,再按净额计算货币购买力损益。

【例3-6】 设某公司本期持有货币性项目的情况如下:期初的货币性资产为30万元,货币性负债为26万元;该公司全年取得的营业收入为120万元,系均匀取得;全年发生的存货购买成本和营业费用70万元,也系均匀发生;期末的货币性资产为54万元。该年度的物价指数为:年初100,年内平均110,年末121。此处将货币购买力损益的计算及其结果列表说明如下,见表3-6。

按照表3-6的计算结果,我们应予说明的是,由于本期的货币性资产为正值,即货币性资产大于货币性负债,因此在物价上升时期,造成了该企业的货币购买力损失。换句话说,若该企业在物价上升时期及时支用了货币性资产,将其变换为随物价水平变动的非货币性项目,则可因持有非货币性资产而减少货币购买力损失。

表 3-6 货币购买力损益计算表

××××年12月31日　　　　单位:元

项目	未调整数额	调整系数	调整后数额	说明
期初货币性资产	300 000	121/100	363 000	使用期末汇率调整
减:期初货币性负债	260 000	121/100	314 600	使用期末汇率调整
期初货币性资产净额	40 000	121/100	48 400	使用期末汇率调整
加:本期货币性收入	1 200 000	121/110	1 320 000	使用年内平均汇率调整
减:本期货币性费用	700 000	121/110	770 000	使用年内平均汇率调整
期末货币性资产净额	540 000		598 400	调整计算的结果
本期货币购买力损益	货币购买力损益(损失)=598 400－540 000=58 400 元			

四、编制消除物价变动影响的财务报表

以上所述的三个步骤只是整个一般物价水平会计内容的解析。下面举具体的例子将上述过程联系起来,以全面展示一般物价水平会计的操作过程。

【例 3-7】 设××××年全年的物价变动指数:年初为 100,年末为 144,年平均为 120。某企业在按历史成本资料编制出资产负债表、利润表之后,要按上述物价变动水平对其报表进行调整。该公司的资产负债表和利润表详见表 3-7 和表 3-8。

表 3-7 资产负债表(按历史成本编制)

××××年12月31日　　　　单位:元

项目	年初数额	年末数额
货币性资产	520 000	662 000
存货	1 890 000	2 520 000
固定资产原价	1 920 000	1 920 000
减:累计折旧	—	384 000
固定资产净额	1 920 000	1 536 000
资产合计	4330 000	4 718 000
流动负债	400 000	500 000
长期负债	850 000	850 000
实收资本	2 500 000	2 500 000
盈余公积	440 000	630 000
未分配利润	140 000	238 000
负债及权益合计	4 330 000	4 718 000

补充说明：

1．该公司期初存货按每件189元计价，共计10 000件；本期存货按每件210元购入，共购入36 200件，按先进先出法核算发出存货成本；购进存货最近月份的物价指数是125。

2．期初固定资产为全新购入，尚未提取折旧。

3．流动负债和长期负债均为货币性负债。

表3-8　利润表（含利润分配部分，按历史成本基础）

××××年12月　　单位：元

项目	本期数额
营业收入（按每件商品均价260元）	8 892 000
减：营业成本（按先进先出法）	6 972 000
营业费用	338 000
折旧费用	384 000
利润总额	1 198 000
减：所得税	360 000
净利润	838 000
加：前期未分配利润	140 000
可供分配利润	978 000
减：提取公积金	190 000
分出利润	550 000
未分配利润	238 000

补充说明：

1．本年销售商品34 200件，系在年内均匀发生。

2．本期的折旧费用在年末一次性计提，营业费用在年内均匀发生。

3．所得税在年内分月预交，系均匀发生，提取盈余公积金和分出利润于年内一次性结转与支付。

据上述资料，可按不同报表的调整方式，对表中数据进行调整。

（一）资产负债表项目的调整

资产负债表数据的调整要区别不同的项目分别进行。以下仍以表格列示，见表3-9。

表 3-9　资产负债表数据调整计算表　　单位：元

项目	期初数	调整系数	调整后数据	期末数	调整系数	调整后数据
货币性资产	520 000	144/100	748 800	662 000	144/144	662 000
存货	1 890 000	144/100	2 721 600	2 520 000	144/125	2 903 040
固定资产净额	1 920 000	144/100	2 764 800	1 536 000	144/100	2 211 840
流动负债	400 000	144/100	576 000	500 000	144/144	500 000
长期负债	850 000	144/100	1 224 000	850 000	144/144	850 000
实收资本	2 500 000	144/100	3 600 000	2 500 000	144/100	3 600 000
盈余公积	440 000	144/100	633 600	630 000		823 600
未分配利润	140 000	144/100	201 600	238 000		3 280

年初留存收益调整数 = (748 800 + 2 721 600 + 2 764 800) − (576 000 + 1 224 000) − 3 600 000 = 835 200 元

其中：盈余公积数额 = 440 000 × 144/100 = 633 600 元

未分配利润数额 = 835 200 − 633 600 = 201 600 元

年末留存收益调整数 = (662 000 + 2 903 040 + 2 211 840) − (500 000 + 850 000) − 3 600 000 = 826 880 元

其中：盈余公积数额 = 633 600 + 190 000 = 823 600 元

未分配利润 = 826 880 − 823 600 = 3 280 元

上述会计处理的道理为：我国的留存收益由盈余公积和未分配利润构成，为了登记资产负债表，应将二者分别计算、列示。

（二）利润表（含利润分配部分）项目的调整

利润表（含利润分配部分）数据的调整也要区别不同的项目分别进行。具体内容见表 3-10。

表 3-10　利润表（含利润分配部分）数据调整计算表　　单位：元

项目	账面数额	调整系数	调整后数据	备注
营业收入	8 892 000	144/120	10 670 400	年度内平均发生
营业成本	6 972 000	144/120	8 940 960	
营业费用	338 000	144/120	405 600	年度内平均发生
折旧费用	384 000	144/100	552 960	本年未增固定资产
所得税	360 000	144/120	432 000	年度内平均缴纳
盈余公积	190 000	144/144	190 000	年末一次性提取
分出利润	550 000	144/144	550 000	年末一次性提取

营业成本本期的调整计算如下：

年初存货成本 = 1 890 000 × (144/100) = 2 721 600 元

本期购入存货成本 = 36 200 × 210 × (144/120)

= 9 122 400 元

期末存货成本 = 2 520 000 × (144/125) = 2 903 040 元

本期营业成本 = 2 721 600 + 9 122 400 - 2 903 040

= 8 940 960 元

(三) 货币购买力损益项目的计算

由于我们已经按照上面的要求计算调整了资产负债表和利润表(含利润分配部分),在这里我们即可进行货币购买力损益的计算。详见表 3-11。

表 3-11 货币购买力损益计算表 单位:元

项目	未调整前净额	调整系数	调整后数额
期初货币性资产	520 000	144/100	748 800
期初货币性负债	1 250 000	144/100	1 800 000
期初货币性资产净额	(730 000)	144/100	(1 051 200)
加:本期货币性收入	8 892 000	144/120	10 670 400
减:购入存货	7 602 000	144/120	9 122 400
营业费用	338 000	144/120	405 600
所得税	360 000	144/120	432 000
分出利润	550 000	144/144	550 000
货币性项目净额	(688 000)		(890 800)
货币性项目购买力损益	(890 800) - (688 000) = (202 800)元		

此计算结果说明:由于该公司持有货币性负债大于货币性资产,所以,持有这些货币性项目可以使公司形成货币购买力收益 202 800 元。此数据应计入公司期末调整利润表中的利润分配部分。

(四) 调整后的财务报表

按照上述调整计算的结果,重新编制出该公司的财务报表,详见表 3-12 和表 3-13。

表 3-12　利润表(含利润分配部分,按一般物价指数调整)

××××年 12 月　　　　单位:元

项目	历史成本数额	调整后数额
营业收入	8 892 000	10 670 400
减:营业成本	6 972 000	8 940 960
折旧费用	384 000	552 960
营业费用	338 000	405 600
利润总额	1 198 000	770 880
减:所得税	360 000	432 000
净利润	838 000	338 880
加:前期未分配利润	140 000	201 600
可供分配利润	978 000	540 480
减:提取盈余公积	190 000	190 000
分出利润	550 000	550 000
不包括购买力损益的未分配利润	238 000	(199 520)
加:货币性项目购买力损益		202 800
未分配利润		3 280

表 3-13　资产负债表(按一般物价指数调整)

××××年 12 月 31 日　　　　单位:元

项目	年初未调整数额	年初调整后数额	年末未调整数额	年末数额
货币性资产	520 000	748 800	662 000	662 000
存货	1 890 000	2 721 600	2 520 000	2 903 040
固定资产原价	1 920 000	2 764 800	1 920 000	2 764 800
减:累计折旧	—	—	384 000	552 960
固定资产净值	1 920 000	2 764 800	1 536 000	2 211 840
资产合计	4 330 000	6 235 200	4 718 000	5 776 880
流动负债	400 000	576 000	500 000	500 000
长期负债	850 000	1 224 000	850 000	850 000
实收资本	2 500 000	3 600 000	2 500 000	3 600 000
盈余公积	440 000	633 600	630 000	823 600
未分配利润	140 000	201 600	238 000	3 280
负债及权益合计	4 330 000	6 235 200	4 718 000	5 776 880

这样,该企业已经按一般物价水平会计的要求编制出了剔除物价变动因素的财务报表。按国际财务报告准则和美国会计准则的要求,在有较严重的物价变动时期,企业应遵照上述要求,对外报出经调整后的财务报表。

第四节 现行成本会计

前已述及,现行成本会计与一般物价水平会计之间的最大差别即它不是去调整财务报表,而是着眼于会计账户,主要是进行账户的调整。从实质上看,就是将原有按照历史成本进行的账面记录调整为实际的市场价格。因此,我们常将现行成本会计解释为会计计价基础的改变。由于这样的会计事项较为广泛地存在于会计处理的各个方面,比如"外币业务会计"一章中提及的外币资产计价等,因此需要我们对这样的内容认真理解。

一、资产持有损益与资本保全调整

在进行这样的会计处理的解释之前,我们必须对"资产持有损益"和"资本保全调整"两个概念有深入的理解。

顾名思义,资产持有损益是指在物价变动时期,由于企业持有随物价变动要调整其账面价格的资产而获得的调整数额。比如,某类物品账面记录的历史成本为100元,但是由于物价变动的因素所致,现行成本为120元,那么若在账面进行调整就会形成20元的物价调整收益。我们应看到的是,物价变动后的物品并没有对外售出,这种收益实际上只是为使会计数据更接近市场价格而进行的账项调整,因此是计价基础变动的体现。

由于上述资产持有收益的特点,也就有了对这样的会计事项进行调整的不同要求和看法。按照国际财务报告准则的说法,资本保全调整是指资产和负债的重估价或重述引起权益的增加或减少。其含义为,虽然这些由于物价变动形成的资产和负债的增加或减少符合收益和费用的定义,但是根据特定的资本保全概念,它们不应列入利润表,而是应当作为资本保全调整或重估公积计入所有者权益。进一步分析可知,虽然物价变动形成的资产重估价或重述的变动额符合收益的定义,负债的重估价或重述的变动额符合费用的定义,但是,若将其视为特定的资本保全调整,则这样的数据也可以表述为所有者权益的特有内容。

着眼于现行成本会计的两种不同处理方法,我们在进行现行成本会计的解释时,主要考虑资产持有损益的会计处理方式,然后再对资本保全调整的处理要求以补充说明。

二、资产持有损益的计算与确定

在现行成本法下,会计人员首先要根据资产等的现行成本对资产的计价基础进行调整，在调整的基础上确定资产的持有损益（或称置存损益）；最终再以财务报表中的现行收入与产生收入所耗的现行成本相结合，确定出本期综合损益。但实物资本保全观点则认为，持有损益应作为所有者权益的项目计入资产负债表，构成类似我国“资本公积”的“资本保全调整”项目，而不计入损益。但无论怎样对资产持有损益进行处理，现行成本会计的处理一般都表现为按现行成本确定流动资产、固定资产的价值及持有损益，按调整后的现行成本编制利润表及资产负债表等几个步骤。

持有损益可分为已实现持有损益和未实现持有损益。前者指已被消耗资产的现行成本与历史成本之差，后者则指企业期末按现行成本计算的仍持有资产与其历史成本之差。持有资产损益的计算，应按流动资产、固定资产等项目分别进行。

（一）流动资产持有损益的确定

【例 3-8】 某公司期初购入存货 1 000 件，每件 25 元；该公司于年中按每件 35 元售出该种存货 600 件，当时该种商品的重置成本为每件 30 元；期末公司仍持有存货 400 件，重置成本为每件 32 元。

为了对现行成本会计进行详细分析，此处再以列表的方式将按照历史成本进行会计处理及其按照现行成本进行会计处理之间的差别予以揭示。详见表 3-14。

表 3-14 流动资产持有损益的处理及其比较

业务内容	按照历史成本法的会计处理	按照现行成本法的会计处理	备注
购买存货	借：存货 25 000 贷：现金 25 000	借：存货 25 000 贷：现金 25 000	会计处理要求一致
年中售出存货	借：现金 21 000 贷：营业收入 21 000 同时 借：营业成本 15 000 贷：存货 15 000	借：现金 21 000 贷：营业收入 21 000 同时 借：营业成本 18 000 贷：存货 18 000	体现的是历史成本与现行成本对本期损益的影响
会计期末时	不作会计处理	借：存货 5 800 贷：已实现持有损益 3 000 未实现持有损益 2 800	将物价变动数额确认为持有损益
比较	已售出和库存存货均按历史成本计价，遵循历史成本原则	与本期相关的存货均按现行成本计价，更接近于市场价格	

对现行成本会计的处理方式进行分析可以看出：在年中售出存货时多计的 3 000 元(18 000 – 15 000)，已于年度末时在借方得到了转回处理；在会计期间内由于存货价格变动的影响数额，属于已销售部分的记入了“已实现持有损益”，尚未售出的部分则记入了“未实现持有损益”。

（二）固定资产持有损益的确定

【例 3-9】 某公司期初购入固定资产原价 5 万元，预计使用 5 年，期末无残值，使用直线法计提折旧。在会计年度末时，该项资产的重置价值为 6 万元。

在这种情况下，若固定资产仍按照原价，即 5 万元计提折旧，当固定资产到期时就难以得到足够的重置成本，从而形成企业固定资产更新的困难。因此，使用现行成本法进行账务处理调整，应当是比历史成本法更好的思路。使用现行成本法对固定资产折旧的会计处理及其与历史成本法的关系见表 3-15。

表 3-15　固定资产持有损益的处理及其比较

业务内容	按照历史成本法的会计处理	按照现行成本法的会计处理	备注
会计年末时折旧计提	借：营业费用　10 000 　贷：累计折旧　10 000	借：营业费用　12 000 　贷：累计折旧　12 000	将物价变动原因影响的数额补提记入费用账户
会计年末时资产价值调整	不进行会计处理	借：固定资产　10 000 　贷：已实现持有损益　2 000 　　未实现持有损益　8 000	将物价变动额记入固定资产原价
比较	若以后期间价格不再变动，固定资产重置将在提取折旧之外的范围寻找资金来源	若以后期间价格不再变动，固定资产重置由提取的折旧购置即可	

对上述会计处理进行分析又可看出：固定资产原价中由于价格变动影响的数额，已经计提了折旧的部分记入“已实现持有损益”，未计提折旧的部分则记入了“未实现持有损益”。这样也就与流动资产关于物价变动的会计处理保持了一致。

三、按现行成本编制调整财务报表

按现行成本法剔除物价变动因素与前述一般物价水平会计的区别在于:它要先按现行成本对报表内的资产项目进行调整,使其账面价值与现行成本趋于一致;然后,再按计算过的资产持有损益编制利润表和利润分配表,按调整后各账户的余额编制资产负债表。

【例 3-10】 设某公司未调整的财务报表如同前表 3-7、表 3-8,改其补充资料为:

1. 年初的固定资产原价系新购入不含折旧的价值,物价指数为 100,年末该项固定资产的分类物价指数为 140,该设备预计使用 5 年。

2. 期初存货的成本系按期初的现行成本编制,期末存货按现行成本每件 225 元计价,现行总成本为 2 700 000 元。

3. 销售成本按现行成本计价,年应计的销售成本为 7 695 000 元(34 200 ×225)。

4. 在本期利润表和利润分配表中,除销货成本和折旧费用外,以历史成本为基础的金额与现行成本为基础所计算的金额相同。

(一) 资产负债表项目的调整

资产负债表的调整应按各项目分为货币性项目与非货币性项目,并依不同的项目按不同的方式调整。

1. 货币性项目的处理

由于货币性项目体现的都是现行成本,即年初的历史成本就是当时的现行成本,而年末的账面数额也就是即期的现行成本,所以二者均不需再做调整。

2. 非货币性项目的处理

非货币性项目与货币性项目的区别在于:非货币性项目要按期末的现行成本进行各项目调整,即以会计分录的方式将账面上按历史成本记录的数额调整为现行成本,并正式记入账中。

这样,本例中资产负债表的各项目分别应为:

(1) 存货。按期末现行成本列出,余额为 2 700 000 元,计入本期持有损益的数额为 180 000 元(2 700 000 - 2 520 000)。会计分录为:

借:存货　　　　180 000

　贷:未实现持有损益　　　　180 000

(2) 固定资产。按期末重置成本计算,固定资产的原价应为 2 688 000

元(1 920 000 × 140/100),高于前期数额部分的 768 000 元(2 688 000 − 1 920 000),应计入未实现固定资产持有损益。会计分录为:

借:固定资产　　768 000

　贷:未实现持有损益　　768 000

资产负债表中所有者权益部分的余额应保持原有状况,其总额随资产调整结果及利润表的调整结果而变动。

(二) 利润表项目的调整

利润表(含利润分配部分)中的各项目,也应分别进行调整。

1. 营业收入。应按实际取得的收入额计算,例中的数据为 8 892 000 元(34 200 × 260)。

2. 营业成本。应按现行成本计算,数额确定为 7 695 000 元(34 200 × 225)。现行成本高于原账记部分的 723 000 元(7 695 000 − 6 972 000)应计入本期已实现持有损益。会计分录为:

借:营业成本　　723 000

　贷:已实现持有损益　　723 000

3. 折旧费用。应按调整后资产负债表中的数额列示,即计入本期成本 537 600 元(1 920 000 × 140/100 × 20%);由于按历史成本已记入账中的数额为 384 000 元,因此,应再补提折旧 153 600 元(537 600 − 384 000),并相应结转本期已实现固定资产持有损益。会计分录为:

借:折旧费用　　153 600

　贷:累计折旧　　153 600

借:未实现持有损益　　153 600

　贷:已实现持有损益　　153 600

4. 营业费用。应按实际发生的费用额计算,例中数据为 338 000 元。

5. 所得税。应按实际发生的数额计算,例中数据为 360 000 元。

6. 其他项目,即前期未分配利润,本期提取盈余公积和分出利润,都应按实际发生的数额计算并列示在财务报表中。

(三) 汇总持有损益数额

对上述计算资料进行汇总,我们可以得到以下数据:

本期已实现持有损益

= 153 600(补提折旧) + 723 000(增计营业成本) = 876 600 元

本期未实现持有损益

= 614 400(固定资产部分) + 180 000(存货部分) = 794 400 元

（四）编制按现行成本调整的财务报表

该公司据前述调整后资料应编制的财务报表详见表 3-16 和表 3-17。

表 3-16　利润表(含利润分配部分)(按现行成本调整)

××××年 12 月　　　　单位:元

项目	历史成本数额	调整后数额
营业收入	8 892 000	8 892 000
减:营业成本	6 972 000	7 695 000
折旧费用	384 000	537 600
营业费用	338 000	338 000
利润总额	1 198 000	321 400
减:所得税	360 000	360 000
净利润	838 000	(38 600)
加:前期未分配利润	140 000	140 000
可供分配利润	978 000	101 400
减:提取盈余公积	190 000	190 000
分出利润	550 000	550 000
不包括持有损益的未分配利润	238 000	(638 600)
加:已实现持有损益		876 600
未实现持有损益		794 400
未分配利润		1 032 400

表 3-17　资产负债表(按现行成本调整)

××××年 12 月 31 日　　　　单位:元

项目	年初数额	年末未调整数额	年末调整后数额
货币性资产	520 000	662 000	662 000
存货	1 890 000	2 520 000	2 700 000
固定资产原价	1 920 000	1 920 000	2 688 000
减:累计折旧	—	384 000	537 600
固定资产净值	1 920 000	1 536 000	2 150 400
资产合计	4 330 000	4 718 000	5 512 400
流动负债	400 000	500 000	500 000
长期负债	850 000	850 000	850 000
实收资本	2 500 000	2 500 000	2 500 000
盈余公积	440 000	630 000	630 000
未分配利润	140 000	238 000	1 032 400
负债及权益合计	4 330 000	4 718 000	5 512 400

我们可由此看出，在现行成本法下，由于不计算货币购买力损益，因此年初数额无须变动。这样，该企业按现行成本调整了各资产账户，计算了资产持有损益，并在此基础上编制出了改变会计计价基础的财务报表。按国际财务报告准则和美国会计准则的要求，这是企业调整物价变动影响而编制的对外报出财务报表的另一种方法。

四、按照资本保全调整的要求调整财务报表

按照前述的“资本保全调整”的观点，物价变动影响的数额不应视为本期损益，而视为所有者权益的构成部分。这样，在进行上述事项的会计处理时，则应将调整的数额记入类似我国“资本公积”账户的“资本保全调整”项目。即上述的【例 3-8】和【例 3-9】的会计分录应改为：

借：存货　　5 800
　固定资产　　20 000
　贷：资本保全调整　　25 800

与上述举例中记录资产持有损益的会计处理不同的是：若记录资产持有损益，就会增加（或减少）企业的利得（或损失），从而构成对企业净收益的影响；但是，若将物价变动的影响作为资本保全调整而计入所有者权益，就可以避免这样的事项发生。

将资产持有损益的实质内容作为所有者权益的资本保全调整，也会引起财务报表相关内容的较大变动。我们再以前面的【例 3-10】说明，即，若将资产持有损益全部改为资本保全调整，则例中应作的会计分录为：

借：营业成本（已售存货调价）　　723 000
　营业费用（补提折旧）　　153 600
　存货（未售存货调价）　　180 000
　固定资产（期末增加的净值）　　614 400
　贷：资本保全调整　　1 671 000

在这种情况下，二者在调整后的财务报表上也有些许不同。将二者调整后的财务报表列示如下，见表 3-18、表 3-19。

表 3-18　记录资本保全调整的利润表及其与记录资产持有损益情况比较

单位:元

项目	历史成本数额	记录资产持有损益的调整后数额	记录资本保全调整的调整后数额
营业收入	8 892 000	8 892 000	8 892 000
减:营业成本	6 972 000	7 695 000	7 695 000
折旧费用	384 000	537 600	537 600
营业费用	338 000	338 000	338 000
利润总额	1 198 000	321 400	321 400
减:所得税	360 000	360 000	360 000
净利润	838 000	(38 600)	(38 600)
加:前期未分配利润	140 000	140 000	140 000
可供分配利润	978 000	101 400	101 400
减:提取盈余公积	190 000	190 000	190 000
分出利润	550 000	550 000	550 000
不包括持有损益的未分配利润	238 000	(638 600)	(638 600)
加:已实现持有损益		876 600	
未实现持有损益		794 400	
未分配利润		1 032 400	

表 3-19　记录资本保全调整的资产负债表及其与记录资产持有损益情况比较

单位:元

项目	年初数额	年末未调整数额	记录资产持有损益的调整后数额	记录资本保全调整的调整后数额
货币性资产	520 000	662 000	662 000	662 000
存货	1 890 000	2 520 000	2 700 000	2 700 000
固定资产原价	192 0000	1 920 000	2 688 000	2 688 000
减:累计折旧	—	384 000	537 600	537 600
固定资产净值	1 920 000	1 536 000	2 150 400	2 150 400
资产合计	4 330 000	4 718 000	5 512 400	5 512 400
流动负债	400 000	500 000	500 000	500 000
长期负债	850 000	850 000	850 000	850 000
实收资本	2 500 000	2 500 000	2 500 000	2 500 000
资本保全调整	—	—	—	1 671 000
盈余公积	440 000	630 000	630 000	630 000
未分配利润	140 000	238 000	1 032 400	(638 600)
负债及权益合计	4 330 000		5 512 400	5 512 400

第五节　现行成本与一般物价水平结合的会计

一、现行成本与一般物价水平结合会计的特征

从前述内容可以看出，一般物价水平会计与现行成本会计在处理上各有特色。一般物价水平会计未改变会计记录的内容，只是依一般物价指数调整财务报表中的数额，并在此基础上计算货币购买力损益。因此，这种方法未能确切地表达固定资产、存货等的期末价值。现行成本会计虽按期末存货、固定资产等的重置成本进行了实际的调整，但对各期的货币性项目不作改变，不进行货币购买力损益的计算，其调整范围也不涉及企业上期的权益数额。相比较而言，将二者结合起来的会计则既要变动会计计量的基础，即要以会计记录的方式改变各项资产的计价；又要改变会计计量单位，即要用一般物价指数进行上述其他项目的调整。我们可将这种方法的特点概括为以下几点：

1. 这种方法在现行成本法的基础上确定各项资产、负债的现行成本，确定出资产持有损益；然后再采用一般物价指数对财务报表数据进行调整、计算货币购买力损益并调整所有者权益数额，从而反映企业按一般购买力条件下所有者权益的保全程度。

2. 这种方法既对账户数据进行登记，又对报表数据进行换算，其报表数据反映的是据现行成本编制的财务报表和对现行成本进行的一般物价指数调整；因此，其报出报表的数额在某些项目上（主要是“资产持有损益”或“资本保全调整”）仍会有与账户记录不一致的情况，这是集两种方法的特点而形成的结果。

3. 用这种方法编制财务报表比前述两种方法都费时费力，财务报表的使用者很难对其中的某些项目全部理解。这又可以说是前述两种方法的不足在此种方法上的综合体现。

由于这种方法要先按照现行成本会计改变账户的历史成本，再用一般物价指数调整报表项目，因此，其实施程序表现为了先执行全部的现行成本会计，再据非历史成本的财务报表执行一般物价水平会计。但是，由于其在执行一般物价水平会计之时又有其独特之处，因此，此处主要是介绍在编制完现行成本法下的财务报表之后的会计处理程序。

二、资产负债表的调整与编制

这里的调整指依据一般物价指数对已编制出的现行成本报表的再调整。

【例 3-11】 仍举前面的例子,对表 3-16 进行再调整。调整的依据为一般物价指数,即本章【例 3-7】提供的各物价变动的数据,年初为 100,年末为 144,年平均为 120。

资产负债表项目的调整包括对年初资产负债表中各项目按年末物价指数的调整和对本期所有者权益数额的调整。前者的调整按本年末的一般物价指数,后者的留存收益项目调整则要通过换算而得出。由于本例中年初资产负债中数额的物价指数均为 100,因此在年末一律按年末物价指数 144 调整;而例中年末的盈余公积和未分配利润的数额则应通过计算得到。计算见表 3-20。

表 3-20 对现行成本法下资产负债表数据调整计算表 单位:元

项目	期初数	调整系数	调整后数据	期末数	调整系数	调整后数据
货币性资产	520 000	144/100	748 800	662 000	现行成本	662 000
存货	1 890 000	144/100	2 721 600	2 520 000	现行成本	2 700 000
固定资产净额	1 920 000	144/100	2 764 800	1 536 000	现行成本	2 150 400
流动负债	400 000	144/100	576 000	500 000	现行成本	500 000
长期负债	850 000	144/100	1 224 000	850 000	现行成本	850 000
实收资本	2 500 000	144/100	3 600 000	2 500 000	144/100	3 600 000
盈余公积	440 000	144/100	633 600	630 000	见说明	823 600
未分配利润	140 000	144/100	201 600	238 000	见说明	(261 200)

年末留存收益调整数 = (662 000 + 2 700 000 + 2 150 400) − (500 000 + 850 000) − 3 600 000 = 562 400 元

其中:盈余公积数额 = 633 600 + 190 000 = 823 600 元

未分配利润 = 562 400 − 823 600 = −261 200 元

按以上计算数据编制的现行成本与一般物价水平结合会计的资产负债表见表 3-21。

表 3-21　资产负债表(按现行成本与一般物价水平结合调整)

××××年 12 月 31 日　　单位:元

项目	年初数额	年末数额
货币性资产	748 800	662 000
存货	2 721 600	2 700 000
固定资产原价	2 764 800	2 688 000
减:累计折旧	—	537 600
固定资产净值	2 764 800	2 150 400
资产合计	6 235 200	5 512 400
流动负债	576 000	500 000
长期负债	1 224 000	850 000
实收资本	3 600 000	3 600 000
盈余公积	633 600	823 600
未分配利润	201 600	(261 200)
负债及权益合计	6 235 200	5 512 400

为了使大家更好地理解按照两种方法结合会计的实际结果,也为了对前述的内容进行分析性比较,此处列示几种不同方式编制的财务报表的区别。详见表 3-22。

表 3-22　按照不同方法编制的资产负债表比较

××××年 12 月 31 日　　单位:元

项目	历史成本	一般物价水平	现行成本	两种方法结合
货币性资产	662 000	662 000	662 000	662 000
存货	2 520 000	2 903 040	2 700 000	2 700 000
固定资产原价	1 920 000	2 764 800	2 688 000	2 688 000
减:累计折旧	384 000	552 960	537 600	537 600
固定资产净值	1 536 000	2 211 840	2 150 400	2 150 400
资产合计	4 718 000	5 776 880	5 512 400	5 512 400
流动负债	500 000	500 000	500 000	500 000
长期负债	850 000	850 000	850 000	850 000
实收资本	2 500 000	3 600 000	2 500 000	3 600 000
盈余公积	630 000	823 600	630 000	823 600
未分配利润	238 000	3 280	1 032 400	(261 200)
负债及权益合计	4 718 000	5 776 880	5 512 400	5 512 400

我们可从表 3-22 中的数据看出:表中货币性项目的数额都是一样的,差别大的主要是对资产的不同计价;进一步,由于对资产计价形成的区别会直接影响所有者权益项目,因此也就有了对资本公积、未分配利润的不同计价

要求;但是无论情况怎样,最后的差额都由未分配利润负担,这也是这种特殊会计工作中的独特之处之一。

三、资产持有损益的计算

在现行成本与一般物价水平结合的会计中,资产的持有损益应为年末一般物价水平基础上的现行成本与历史成本的差异。这样,按现行成本法确定的有关项目的资产持有损益必须再扣除因一般物价水平变动的资产持有损益。

按本例的数据,存货、固定资产项目的数额应进行下述调整:

1. 存货

这种方法要求将年初和年末的存货都按年末一般物价指数进行换算。即:

存货未实现持有损益 = 按现行成本调整的年末存货成本

－按一般物价水平调整的年末存货成本

= 2 700 000(参看表 3-16) － 2 903 040(参看表 3-12)

= －203 040 元

存货已实现持有损益 = 现行销货成本 × 物价指数

－按一般物价水平调整的本年销货成本

= 7 695 000(参看表 3-15) × (144/120)

－8 940 960(参看表 3-11)

=293 040 元

2. 固定资产

计算过程与使用公式如同存货,但在计算固定资产已实现持有损益时,应以按现行成本计提的折旧减去按历史成本计提的折旧而得出。即:

固定资产未实现持有损益 = 按现行成本调整的年末固定资产净值

－ 按一般物价水平调整的年末固定资产净值

= 2 150 400(参看表 3-20) － 2 211 840(参看表 3-12)

= － 61 440 元

固定资产已实现持有损益 = 按现行成本调整的本期计提折旧额

－ 按一般物价水平调整的本期计提折旧额

= 537 600(参看表 3-16) － 552 960(参看表 3-12)

= － 15 360 元

3. 计算汇总数据

据上述数据可知:

本期未实现持有损益 = - 203 040 - 61 440 = - 264 480 元

本期已实现持有损益 = 293 040 - 15 360 = 277 680 元

四、货币购买力损益与利润表其他项目数额的确定

由于按现行成本与一般物价水平相结合会计计算的持有损益还包括物价水平变动的影响,所以,这种方法尚需进行货币购买力损益的计算。但应说明,这种购买力损益是按一般物价水平方式对现行成本的调整,且现行成本法将期初期末的货币性项目都视为现行成本,因此,这种方法下货币购买力损益的计算与一般物价水平方法下的计算完全相同,其购买力损益额也应为 202 800 元(货币购买力收益)。具体计算过程请参看表 3-11。

利润表中其他项目数额的调整涉及营业收入、折旧费用、营业费用和所得税等,这些项目都是在年内均匀发生但在现行成本法下未作调整的项目;表中项目还包括年末一次性支付的费用,如例中的提取公积金和未分配利润,其处理仍如同一般物价水平会计,按实际发生的数额确定,不作调整。表中各项目数额在参考表 3-15 的情况下再进行如下调整:

1. 营业收入 = 8 892 000 ×(144/120)= 10 670 400 元
2. 营业成本 = 7 695 000 ×(144/120)= 9 234 000 元
3. 折旧费用 = 537 600 ×(144/144)= 537 600 元
4. 营业费用 = 338 000 ×(144/120)= 405 600 元
5. 所得税 = 360 000 ×(144/120)= 432 000 元
6. 前期未分配利润 = 140 000 ×(144/100)= 201 600 元
7. 提取盈余公积 = 190 000 ×(144/144)= 190 000 元
8. 分出利润 = 550 000 ×(144/144)= 550 000 元

五、利润表的调整与编制

按照现行成本与一般物价水平结合会计的要求,该公司期末利润表应按以下方式调整编出,详见表 3-23。

表 3-23　利润表(含利润分配部分,按现行成本与一般物价水平结合调整)

××××年 12 月　　　　单位:元

项目	金额
营业收入	10 670 400
减:营业成本	9 234 000
折旧费用	537 600
营业费用	405 600
利润总额	493 200
减:所得税	432 000
净利润	61 200
加:前期未分配利润	201 600
可供分配利润	262 800
减:提取盈余公积	190 000
分出利润	550 000
不包括调整损益的未分配利润	(477 200)
加:本期未实现持有损益	(264 480)
本期已实现持有损益	277 680
货币购买力损益	202 800
未分配利润	(261 200)

我们再将这样的数据按照前述的思路进行比较,以分清几种物价变动会计方法之间的关系,见表 3-24。

表 3-24　按照不同方法编制的资产负债表比较

项目	历史成本	一般物价水平	现行成本	两种方法结合
营业收入	8 892 000	10 670 400	8 892 000	10 670 400
减:营业成本	6 972 000	8 940 960	7 695 000	9 234 000
折旧费用	380 000	552 960	537 600	537 600
营业费用	384 000	405 600	338 000	405 600
利润总额	1 198 000	770 880	321 400	493 200
减:所得税	360 000	432 000	360 000	432 000
净利润	838 000	338 880	(38 600)	61 200
加:前期未分配利润	140 000	201 600	140 000	201 600
可供分配利润	978 000	540 480	101 400	262 800
减:提取盈余公积	190 000	190 000	190 000	190 000
分出利润	550 000	550 000	550 000	550 000
不包括调整损益的未分配利润	—	(199 520)	(638 600)	(477 200)
加:本期未实现持有损益	—	—	876 600	(264 480)
本期已实现持有损益	—	—	794 400	277 680
货币购买力损益	—	(202 800)	—	202 800
未分配利润	238 000	3 280	1 032 400	(261 200)

通过对比又可看出，四种不同的方法有以下的异同值得注意：

1. 在营业收入、所得税、前期未分配利润数额的确定方面，各有异同；

2. 在本年年末进行的提取盈余公积、分出利润的确定方面，基本相同；

3. 在其他方面则各有不同的计算口径，而在以历史成本计算的未分配利润调整方面，则依据不同的方法而有不同的要求。

第六节　我国与物价变动会计相关的特有内容分析

一、我国物价变动会计的现状

我国现阶段是否存在物价变动会计，是一个颇有争议的问题。对我国的实际情况进行深入分析后，我们认为：我国虽然没有建立有关物价变动会计的具体会计准则，但是，我国的业务实践中存在很多与西方物价变动会计相似的实际问题；我国现阶段既存在物价变动会计的部分调整法，又存在类似于国外物价变动会计的全部调整法；具体来说，由于我国客观经济环境与西方国家不同，我国现阶段的物价变动会计无论在计价基础还是在实施环节上，都与现有国际财务报告准则的要求有较大区别。

（一）我国物价变动的部分调整法

我国会计规范一般规定：各种财产物资应当按取得时的实际成本计价，物价变动时，除国家另有规定者外，不得调整其账面价值。但是，仔细分析我国的实际情况又可以看出，显示物价变动的部分调整法有如下几个方面：

1. 企业在以实物资产对外投资时，应进行资产评估，评估值与账面价值的差额计入资本利得，即确认物价变动对资产价值的影响。在这时，对资产的计价既遵循“孰低”原则，又遵循“孰高”原则，其实质即为与历史成本相对应的现行成本。

2. 外币项目的计价以现行汇率表现，其实质也是与历史成本相对应的现行成本。

3. 企业在会计期末计提的资产减值准备，其目的也就是要体现对物价变动影响的调整。但与上述两条内容不同的是，这样的业务不承认“孰高”，执行的是“孰低”原则。

另外，企业存货发出或领用，可以采取先进先出法，并曾经允许过后进先出法；企业的固定资产，如符合有关规定，可以采用加速折旧法计提折旧等。这些规定虽是谨慎原则的体现，但其目的也是要在物价变动过程中剔除物价变动对企业价值造成的影响。

(二)我国物价变动会计的全部调整法

这主要表现在我国曾经有过的与清产核资和企业改制、产权转移过程中的资产评估相关的账项调整方面。在这两项业务中,企业要对其资产价值进行重估,并依据重估结果调整账面价值。

1. 清产核资及其账项调整

我国企业已完成的第五次清产核资工作的主要内容是在通过资产清查、界定产权之后,进行资产的价值重估,核实企业的国有资本金。价值重估的方法主要有物价指数法、国家定价法、重置成本法等,企业要依据对资产等的重估结果调整资产的账面价值。与国外物价变动会计相比,这样的业务虽然在实施方式、处理方法上有些差别,但还是有很多相似之处。

2. 资产评估及其账项调整

从20世纪80年代后期开始,我国在建立现代企业制度,进行企业改制、产权转移的过程中,都要由专业评估机构对企业的资产进行评估,并依据评估结果调整资产账面价值。评估采用的方法主要有重置成本法、现行市价法、收益现值法等,目前实际业务中较广为采用的是前两种方法。也就是说,企业要以现行价值反映由于物价变动而改变了的资产价值,这种业务处理方式很类似于国外物价变动会计的现行成本法。

但是,我们必须说明,无论是清产核资的账项调整,还是资产评估的账项调整,其工作对象都主要依据于企业的单项资产,调整的目标都是着眼于各个实际账户而非只是财务报表。再者,我国前段时期的账项调整多是以增加(或减少)企业的资本公积而为最终结果,较少有涉及当期损益的事项发生。

二、我国物价变动会计与国外的差异及其原因分析

(一)差异的表现

从本质特征上分析,我们可将以上所述视为我国物价变动会计的内容。但是无论从哪个方面来看,上述内容都与国外物价变动会计有很大的区别。具体来说,我国的物价变动会计或者是根据某类资产的核算过程形成,或者是作为某一时期的某一特定工作内容而表现。前者如外币业务的核算,存货、固定资产的核算等;后者则为清产核资调账及其资产评估调账等。由此可知,我国物价变动会计的起因与国外物价变动会计大不相同。我国企业除较少资产项目(主要是外币业务、交易性金融资产和可供出售金融资产,对投资性房地产和生物资产要依据客观条件而定)之外,平时不能随意改变

历史成本的计价基础；即使是对相关资产的核算，也只允许采用与物价变动相关的“孰低”原则，不允许“孰高”；只有在企业发生产权转让、股份制改造（产权变化的特殊形式）以及国家有特殊规定（如清产核资）时，方可统一运用全面的物价变动会计。就此而论，西方国家的物价变动会计已经成为了企业会计自身的事情，可随企业所处的情况、随会计人员的职业判断力而灵活实施；而我国的物价变动会计则仍主要存在于一些特定的范围，在为特定的目的服务。

再者，无论是物价变动会计的部分调整法，还是全部调整法，我国与国外物价变动会计在调账的依据方面差别都是很大的。从现在的情况看，在有市场价格或类似市场价格的情况下，二者情况有时趋于一致。比如，我国在第五次清产核资工作中主要利用的依据是物价指数法、国家定价法、汇率调整法和重置成本法。前两种方法的依据虽近似于国外的一般物价指数，但与国外不同的是，我国使用物价指数等作为调整账户的依据，而不是直接用来调整财务报表。另外，我国由于缺少市场提供的有关资料而在较多地利用资产评估，因此，资产评估也就成为了促进我国企业产权交易顺利进行的重要中介业务，其提供的价格依据较大范围地存在于我国很多的产权交易业务中，成了调账依据的主要提供者。

（二）差异的原因分析

从我国现阶段的情况看，由于我国现阶段尚不具备定期（尤其是按季、月）公布物价指数的条件，因此，除上市公司在发行股票前需公布资产评估及其账项调整的资料外，有关物价变动及其对企业财务状况、经营成果影响的信息，尚未被列入我国会计信息披露的范围内。这是我国物价变动会计范围较小的原因之一。

还有，虽然在我国的各会计准则（含准则指南）中与物价变动会计相关的规定处处可见，但众所周知的事实是，我国没有关于物价变动会计的专门规定。这样，在物价变动这一客观事实已经进入社会经济领域、对会计信息的利用造成了影响，而国际会计领域已形成了物价变动会计处理惯例的情况下，我国有关物价变动会计的准则与法规已经相对滞后了。这也是我国物价变动会计需要与国际会计进一步趋同的原因。

不可否认，我国现阶段会计处理手段和会计人员的业务素质状况，也是我国的物价变动会计与国外物价变动会计形成差异的原因之一。

三、我国物价变动会计远景展望

坦率地说，在市场经济环境下，物价作为重要的经济杠杆，多处于变动的状态。因此，充分认识物价变动会计的作用，促其合理发展，使之为我国的经济发展服务，应是会计界的重要任务之一。我们对我国物价变动会计的发展远景作如下展望：

首先，随着市场经济的发展，物价变动会计的重要性会被充分认识到；资本运营、资产重组等概念的提出和业务实施，也会对物价变动会计提出客观要求；因此，我国物价变动会计将会随着市场经济的发展而逐步成型。

其次，随着与国际会计界交往的深入，充分认识国外的物价变动会计、充分利用国外这方面的信息将被引起重视；对外披露我国含有物价变动会计信息的业务也可能成为对外交往的重要内容之一；这又会对发展我国的物价变动会计提出更高的要求，促使我国的物价变动会计在保持我国特色的前提下与国际惯例尽快融合。

最后，随着物价变动会计的进一步发展，必然会对其统一操作规范提出要求；会计信息披露内容的扩展，也必然会涉及物价变动及其对企业财务状况、经营成果的影响方面；所以，准则和其他规范会伴随这一过程而出现，物价变动会计也会随之而形成规范、易操作的会计体系。

本章小结

本章以物价变动这一社会经济现象为依据，主要着眼于国际会计准则及其实际业务惯例，并结合我国现阶段的基本情况，对物价变动会计进行了较为全面、深入的阐述。

本章的第一节是对物价变动理论及其物价变动会计理论的综合性说明。所述的内容涉及物价指数及其不同的表现形式，货币购买力及其与物价指数的关系等；在此基础上重点对西方会计中的资本保全理论及其不同的资本概念表述进行了详细的解释说明。

本章的第二节，依据资本保全理论阐明了有关物价变动会计的基本理论。即提出了物价变动会计的定义并对物价变动的部分调整法和全面调整法进行了解释说明，阐述了由于物价变动这一客观事实的出现对传统会计理论及其会计实务的冲击，并在此基础上提出了物价变动会计模式的划分和不同模式之间的关系。本节中对物价变动会计模式的总结是本章重要的内容之一，对本章的实务操作部分有很强的指导作用。

本章的第三节对物价变动会计的一般物价水平会计的理论与实务进行了重点介绍。其主要线索是按照四个基本步骤展开的，即：划分货币性项目与非货币性项目、非货币性项目的调整、货币购买力损益的计算和编制调整后财务报表四个部分。在实务介绍的全过程中，本节不仅说明了实际的操作过程，还对一些关键内容进行了综合比较，从更深层次阐释了相关问题。

本章的第四节对物价变动会计的现行成本会计的理论与实务进行了重点介绍。其理论部分主要是资产持有损益和资本保全调整的说明，其实务操作部分则按照流动资产持有损益、固定资产持有损益的确定与计算入手，并对相应的资本保全理论在实务处理中的表现进行了说明。在此基础上，本节还对一般物价水平会计与现行成本会计二者之间的联系和区别进行了对照比较。

本章的第五节是现行成本与一般物价水平结合的会计。我们在这一节先对这种方法的特征进行了描述，然后针对这种方法的特点，以现行成本会计为起点，以实例的方式对其业务处理进行了解释说明。另外，作为对两种方法的结合，本节还对三种方法之间的区别进行了较为详细的比较分析。

本章第六节的内容主要是着眼于我国的实际情况，其重心是结合国外的物价变动理论对我国物价变动会计的部分调整法（如固定资产加速折旧、资产减值准备等）和全部调整法（如清产核资的账项调整、资产评估的账项调整等）进行了初步的理论分析。本节的目的是使读者能够运用国外的理论和惯例分析我国的实际问题，起到"洋为中用"的作用。

本章主要名词

物价变动　个别物价指数　一般物价指数　财务资本保全　实物资本保全　物价变动会计　一般物价水平会计　现行成本会计　现行成本与一般物价水平结合的会计　货币购买力损益　资产持有损益 资本保全调整 已实现持有损益　未实现持有损益

本章思考题

1．什么是物价变动？什么是货币购买力？物价变动中的个别物价变动与一般物价变动之间的关系怎样？

2. 什么是物价指数？个别物价指数与一般物价指数之间的关系怎样？各种物价指数一般用什么样的方式表示？

3. 什么是财务资本保全？什么是实物资本保全？二者的关系怎样？

4. 什么是按照名义货币定义资本的财务资本保全？什么是以固定购买力定义资本的财务资本保全？二者的关系怎样？

5. 物价变动会计是怎样建立与发展起来的？国外（含国际财务报告准则和美国会计准则）物价变动会计的现状怎样？

6. 什么是物价变动会计的部分调整法？什么是物价变动会计的全部调整法？二者的表现如何？

7. 物价变动对传统会计理论和实务形成了什么样的冲击？提出了什么样的要求？

8. 物价变动会计有哪几种表现形式？各自的特征怎样？有何区别？有何优缺点？

9. 在一般物价水平会计中，为什么要对货币性项目与非货币性项目进行划分？它们各自的特点怎样？在物价变动过程中有什么样的表现？

10. 货币购买力损益是怎样计算的？以何为“损”、“益”的判断标准？在一般物价水平会计中的作用怎样？是怎样披露的？

11. 什么是资产持有损益？什么是资本保全调整？二者的关系怎样？主要区别在哪里？

12. 什么是已实现持有损益？什么是未实现持有损益？二者在存货、固定资产上分别是如何表现的？怎样计算？怎样进行会计处理？

13. 现行成本与一般物价水平结合会计的特点怎样？实际操作中的步骤如何？最终的调整报表与现行成本会计、一般物价水平会计有何区别？

14. 我国现阶段物价变动会计的实际状况怎样？是如何表现的？与国际会计惯例有何差别？原因何在？

本章练习题

一、设某年全年的物价变动指数为：年初 100，年末 132，全年平均为 120。某公司按历史成本编制的资产负债表、利润表（含利润分配部分）如下：

资产负债表(历史成本)

年　月　日　　　　单位:元

项目	期初数	期末数
货币性资产	900	1 000
存货	9 200	13 000
固定资产原价	36 000	36 000
减:累计折旧	—	7 200
固定资产净值	36 000	28 800
资产合计	46 100	42 800
流动负债	9 000	8 000
长期负债	20 000	16 000
实收资本	10 000	10 000
盈余公积	5 000	6 000
未分配利润	2 100	2 800
负债及权益合计	46 100	42 800

利润表(含利润分配表,历史成本)

年　月　　　　单位:元

项目	金额
营业收入(按每件商品 10 元)	50 000
减:营业成本(先进先出法)	29 740
折旧费用	7 200
营业费用	4 500
利润总额	8 560
减:所得税	2 500
净利润	6 060
加:前期未分配利润	2 100
可供分配利润	8 160
减:提取盈余公积	1 000
应付利润	4 360
未分配利润	2 800

补充说明:

1. 期初存货按每件 5 元计价,共计 1 840 件;本期存货按每件 6.5 元购入,共计 5 160 件;该公司按先进先出法核算存货成本。最近购入存货时间的物价指数为 125。

2. 期初固定资产为全新购入,尚未提取折旧。

3. 流动负债与长期负债均为货币性负债。

4. 本年销售商品 5 000 件,系全年均匀发生。

5. 本期折旧费用在年末一次性提取，营业费用在年内均匀发生。

6. 所得税于每月预交，提取盈余公积及分出利润系年末一次性结转。

要求：按上述物价变动指数对该公司的财务报表进行调整，编制出调整后的财务报表。

二、设某公司未进行调整前的财务报表如同上例，改其补充资料为：

1. 年初固定资产系全新购入，购入时的物价指数为100，年末时该类固定资产的分类物价指数为125，该设备预计使用5年。

2. 期初存货系按期初的现行成本编制，期末存货的现行成本为每件8元，现行总成本为16 000元。

3. 销售成本按现行成本计价，年应计的销售成本为40 000元。

4. 在本期利润表中，除营业成本和折旧费用之外，以历史成本为基础的金额与以现行成本为基础所计算的金额相同。

要求：按现行成本法对上述项目进行调整，并编制出调整后的财务报表。

三、以上述二题为基础，编制出以现行成本会计与一般物价水平会计结合的调整后的财务报表（列示后一步计算调整的全过程）。

本章小资料

小资料之一：

七月份全国物价指数上涨1.8%

本报讯（记者 陆纯；见习记者 田杰）记者从国家统计局获悉，7月份，居民消费价格总水平比去年同月上涨1.8%。其中城市上涨1.6%，农村上涨2.2%。从月环比看，居民消费价格总水平与6月份相比持平。1—7月份累计，居民消费价格总水平比去年同期上涨2.2%。

在上个月中，食品价格比去年同月上涨2.3%，除粮食下降0.9之外，肉禽及其制品、鲜蛋、水产品和鲜菜均有不同程度上涨。非食品价格上涨1.5%，消费品价格上涨1.2%，服务项目价格上涨3.9%。

其他上涨的类别有：烟酒及用品类，上涨0.3%；医疗保健及个人用品，上涨0.2%。其中，西药价格下降1.4%，中药材及中成药价格下降4.0%，医疗保健服务价格上涨5.7%。娱乐、教育文化用品及服务类价格上涨2.9%。其中，学杂托幼费价格上涨6.6%，文艺费价格上涨2.2%，旅游及外出价格上涨0.5%,文艺用耐用消费品价格下降6.2%。居住类价格上涨5.9%。其中,水、电及燃料价格上涨8.9%,建房及装修材料价格上涨2.9%。

衣着类、交通和通信类价格分别下降1.8%和1%。在交通和通信类中,交通工具价格下降2.5%,车用燃料及零配件价格上涨11.6%,车辆使用及维修价格上涨1.8%。

资料来源:转引自《北京青年报》2005年8月12日。

小资料之二:

宝钢开出“普涨盘”

新一年度全球海运铁矿石价格上涨65%的“标杆价”已经达成。“宝钢价格”被称作中国钢材市场的“风向标”。市场普遍关注中国最大钢铁企业宝钢今年二季度价格方案的内容。25日中午,宝钢二季度价格终于出台。不出所料,这是一个“普涨盘”,主要钢材品种吨价出现了500元至1 000元的不同涨幅。但仔细分析,在市场最为关注的钢材品种上,宝钢价格涨幅低于预期。

25日中午,宝钢股份公司向客户下发了今年二季度钢品价格的调整通知。从这份通知中可以看到,钢坯基价每吨上涨600元至700元,线材吨价上涨600元至800元,普碳热轧产品吨价上调800元,热镀锌产品吨价普遍上调1 000元。其他电镀锌、宽厚板、电工钢、钢管等品种吨价涨幅都在500元至800元之间。市场分析人员白睿对记者说,宝钢“开出涨盘”是预料之中的,市场关心的是宝钢“到底涨多少”。从这份价格方案中可以看出,宝钢的定价综合考虑了国内外钢价关系、铁矿石涨价因素的转移以及对国内市场走势的引导等多个方面。

市场比较关注宝钢价格中的热轧板和冷轧板两个品种。据白睿介绍,此前市场一度传出宝钢普碳热轧产品吨价可能上涨800元,普碳冷轧板将上涨1 000元以上。但实际的价格方案中此两项价格都“低于市场预期”。而且,宝钢是国内少数按季度定价的钢铁企业,价格一季不变。在今年一季度的定价中,宝钢平均涨幅仅5%左右,二季度价格还包含了“回补”因素。这些都需要市场在“价格参考”时充分考虑。

资料来源:《北京青年报》2008年2月26日。

本章参考资料

1.《国际会计准则第 15 号——反映物价变动影响的信息》,《国际会计准则 2002》,中国财政经济出版社 2002 年版。

2.《国际会计准则第 29 号——恶性通货膨胀经济中的财务报告》,《国际财务报告准则 2008》,中国财政经济出版社 2008 年版。

3.《美国财务会计准则第 89 号——财务报告和物价变动》,经济科学出版社 2002 年版。

第四章

分支机构会计

本章教学目的和要求

设立分支机构是企业进行业务和规模扩张的一种常用方式。本章着重对分支机构及其会计方面的特征、总部与分支机构往来的会计核算、联合报表的编制等内容进行了阐述和举例说明。

本章的教学目的，是使读者了解总分部经营方式，理解分支机构在经济上的相对独立性，掌握分支机构作为独立会计主体的核算内容和方法，以及企业作为整体时联合财务报表的编制要领。

本章的教学要求，主要着眼于分支机构经济业务的核算和报告，重点要求掌握存货调拨的三种计价方式，以及这三种计价方式对分支机构经营业绩反映的影响；此外，也要注意固定资产调拨、共同费用的分摊以及分支机构之间的往来等会计问题，把握其会计处理的特点。

第一节 分支机构及其会计特点

一、分支机构的形式和特征

一个企业在由小到大的发展历程中,需要不断地扩大自己的业务规模和业务范围。其所采取的方式主要有两种,一是收购、兼并相关企业,利用对方的市场、技术等有利条件,增强企业实力,形成集团效应和规模效应,实现对外扩张;二是在本地或其他地区设立分支机构,形成自己的生产基地和销售网络,扩大生产和市场,在企业的统一管理下寻求内部的扩张。在后一种方式下,了解分支机构的特点及其会计处理要求就非常必要了。

分支机构作为企业内部扩张的产物,并不是一个独立的法律主体,而是企业法人的延伸,是企业的一个组成部分。作为企业内部从事经营活动的一个分支,它被称为分支机构。处在不同行业的企业都可能设立分支机构,它们对分支机构的称谓也有所不同。如制造业企业为了扩大生产而设立的分支机构常被称为分厂;商品流通业企业为扩大销售而设立的分支机构叫做分店;公司制的企业出于业务扩张需要设立的分支机构则称为分公司。此外,银行等金融机构在业务发展过程中最常采用的也是分支机构形式,分行、支行、分理处、储蓄所等已构成了银行业庞大的分支机构体系。遍布各地的分支机构使银行及其他各类企业的业务能够延伸到世界的各个角落。

无论采取什么形式或称谓,分支机构都具有以下几点特征:

1. 分支机构不具有法人资格

我国《公司法》明确规定:“公司可以设立分公司,分公司不具有法人资格,其民事责任由公司承担。”这一原则不仅适用于分公司,而且适用于各种分支机构。分支机构不具有法人资格,不仅意味着它不具有独立的章程和独立的名称,也意味着它没有独立的资本和资产,不能独立承担法律责任。事实上,分支机构经营所需的资产由总部统一拨付,属于总部资产的一部分,对外债务也最终由总部承担。分支机构的这一特征也是其与子公司相区别的关键。这是因为,子公司一般都是独立的法人,拥有独立的资产,能够对外独立承担法律责任。

2. 分支机构受总部统一管理

分支机构是企业在业务发展过程中设立形成的,随着它的设立,企业形成了总部和分支机构两大部分。总部是按照法律规定组成的企业法人,是负责整个企业经营管理和控制的中心机构,它不仅代表企业对外履行法律责任,而且要从企业整体的经营目标出发,对各分支机构进行统一管理。具体地说,总部既要向分支机构拨付相应的资金、产品和固定资产,为分支机构开展经营活动提供条件;又要建立统一的规章制度,对分支机构的经营活动进行控制和监督;还要对分支机构下达任务,并对任务的完成情况进行考核和评价。所以,分支机构的主要业务一般要由总部统一安排,服从于整个企业的经济利益;分支机构业务的记录和评价也由总部统一规定,以满足企业整体管理的需要。

3. 分支机构被总部授予一定的经营管理权,但这种授权在企业间差异很大

由于总部对分支机构的统一管理往往遵循"集中决策,分散经营"的原则,总部在保留重大经营决策权的同时,也常常授予分支机构一定的经营管理权限,并相应地对分支机构进行考核评价。分支机构被赋予的权限差别很大。例如,有些分支机构只负责成本费用的控制;有些分支机构不仅负责成本费用,还要对收入负责;还有些分支机构不仅要对成本、收入负责,还要对拨付资金的使用和回报负责。这些权限不同的分支机构可以被分别视为成本中心、利润中心和投资中心。应指出的是,在权限不同的分支机构,由于考核评价的指标相应存在差异,其经济业务核算的内容和要求也有所不同。

4. 分支机构可以作为一个相对独立的经济主体

尽管分支机构不是独立的法律主体,但大多数分支机构在总部的授权下进行相对独立的经营,由此成为相对独立的经营主体。同时,在我国,分支机构也可以成为相对独立的纳税主体。根据我国《税收征管法》的规定,企业纳税一般遵循"属地"原则,与总部不在同地的分支机构设立后都要在机构所在地进行税务登记,接受当地税务机关的管理。具体到各个税种,针对分支机构也有相应的规定。如我国增值税的相关规定为:固定业户应当向其机构所在地主管税务机关申报纳税。总机构和分支机构不在同一县(市)的,应当分别向各自所在地主管税务机关申报纳税;经国家税务总局或其授权的税务机关批准,可以汇总向总机构所在地主管税务机关申报纳税。我国消费税的相关规定为:纳税人的总机构与分支机构不在同一县(市)的,应在生产应税消费品的分支机构所在地缴纳消费税;但经国家税务总局批准,纳税人分支机构应纳消费税税款也可由总机构汇总向总机构所在地主管税务机关缴纳。可见,就增值税和消费税而言,与总部不在同地的分支机构都可以成为独立的纳税主体。此外,我国营业税的相关规定为:纳税人提

供应税劳务，应当向应税劳务发生地主管税务机关申报纳税。这也表明与总部不在同地的分支机构要在其营业地纳税。根据上述的税法规定，独立核算的分支机构也可以作为纳税人独立纳税，这也表明分支机构在经济生活中具有一定的相对独立性。

二、分支机构会计的内容和特点

由于分支机构存在上述一些特征，其会计核算也有如下几个特点：

1. 分支机构的经济活动可以在总部集中统一核算，也可以作为相对独立的会计主体进行核算；在后一种情况下，不同分支机构的核算范围也可能存在较大差异。出于企业内部管理的不同需要，分支机构被授予的经营权限存在差异，总部对其的考核指标也存在差异。会计作为反映和监督的重要手段，它的运用与分支机构的经营范围以及总部的管理要求存在着直接联系。有些分支机构不从事实际的经营活动，如销售代理处，只负责样品的展览以及办理顾客订购等手续，不负责销售和存货收发，也没有在银行开设独立的结算账户，这种分支机构就不需要进行单独的会计核算。有些分支机构进行一定的经营活动，并在银行开立了结算账户，但经营权相当有限，只负责费用的控制和存货的收发，商品售价和赊销政策都由总部统一规定，这时进行以存货和费用为主的会计核算就可以满足管理的需要。还有些分支机构经营权限较大，具有独立的定价权和赊销权，要接受总部对于它们利润指标的考核，这时分支机构就要全面核算其收入、费用以及流动资产，并要定期编制报表向总部报告其经营成果。此外，对于一些管理权限和经营规模更大的分支机构来说，还可能涉及固定资产等长期资产的单独核算，这是强化其管理责任、考核其占用资金与其取得利润之比等方面的要求决定的。一般而言，凡具备在银行开设结算账户、独立建立账簿和编制财务报表等三个条件的分支机构，就可以称之为独立的会计主体，本章对分支机构会计的阐述也主要针对的是这种独立核算的分支机构。

2. 分支机构不存在独立的权益业务，总部的资金拨付通过专设的“总部往来（或内部往来）”账户进行核算。分支机构没有独立的法人地位，不具有独立的资本金，只是总部拨付一部分资产形成的一个相对独立的经营单位，因此，它不同于子公司，不存在诸如母子公司之间的投资、受资以及利润分配等所有者权益业务，只存在接受总部拨付及向总部上交等业务。在作为一个会计主体进行单独核算时，分支机构的核算对象主要是总部拨付的流动资产，如货币资金、存货等，这些都是通过“总部往来”这一往来性质的账户进行核算的。此外，分支机构的会计核算也涉及一些在经营过程中形成的应收、应付项目。会计期末，分支机构资产与负债的差额应体现在“总部往来”项目下。

3. 会计期末，独立核算的分支机构要编制单独的财务报表，它也是总部编制联合财务报表的基础。为了反映分支机构的经营业绩，便于总部对分支机构的考核和评价，进行独立会计核算的分支机构需要在会计期末编制单独的财务报表，报送总部。同时，为了对外报告整个企业的财务状况和经营成果，总部需要根据自身和分支机构的报表，汇总收入、费用及资产、负债，并将二者的往来事项相互抵消，编制整个企业的联合财务报表，对外报送。

三、总分部存货调拨的计价方法

无论是制造业企业，还是流通业企业，在分支机构经营的过程中，往往要涉及总部向分支机构提供原材料、产品或商品等存货，由分支机构进行加工或对外销售的业务，这被称为存货调拨或存货拨付。从整个企业来看，总部向分支机构调拨存货，是企业内部资产的转移，所有权归属没有发生变化，不能作为销售业务来处理。但在分支机构作为独立的会计主体进行核算时，总部和分支机构都要对存货的发送和收取进行相应的反映。这时，会计核算的关键是存货的计价，一般采用的计价方法有三种：按成本计价、按成本加成计价、按零售价格计价。

（一）存货调拨按成本计价

存货调拨按成本计价是指在调拨存货时，按照该存货的购货成本或自制成本计价。这种计价方法将存货调拨仅仅视为存货在总部与分支机构之间的地点转移，不考虑存货调拨对两个机构的经济影响。按成本计价能够保持总部与分支机构之间存货计价的统一性，可以避免在期末存货中出现未实现利润，相应简化了总部编制联合报表的工作，它也因简单易行而被广泛采用。但在这种计价方法下，全部利润的实现都体现在分支机构的对外销售中，相应夸大了分支机构的盈利能力，不利于对分支机构业绩的考核和评价。

（二）存货调拨按成本加成计价

存货调拨按成本加成计价是指总部向分支机构的发货按照高于成本一定数额的转移价格计价。这种转移价格一般高于成本、低于售价，相当于总部向分支机构发货时,在成本的基础上另加一定的利润来确定存货的调拨价格。这样,对外销售的存货所实现的利润一部分在总部体现,一部分在分支机构体现,有利于比较合理地反映分支机构的经营成果和恰当地评价分支机构的经营业绩,也有利于总部对成本数据的保密。但是,转移价格的确定具有一定难度,虽然有一些方法,如按成本百分比加成、按双方协定加成等可用以确定成本加成额,但终究具有一定的主观性,难以达到总部与分支机构之间利润的客观分割;同时,按照成本加成计价还会使分支机构的期末存货中含有未实现的利润,在编制整个企业的联合报表时必须加以调整,由此增加总部会计的工作量。

(三) 存货调拨按零售价计价

存货调拨按零售价计价是指总部向分支机构调拨的存货按对外销售的零售价格计价。在这种计价方法下,分支机构存货的取得和销售均按售价记录,分支机构相当于形成了一套按照售价记录的永续盘存记录,这有利于加强分支机构的存货管理,可以随时掌握存货的结存。但是,由于分支机构存货的取得按照售价记录,存货销售实现的利润全部体现在总部方面,分支机构的销售不能创造任何毛利,却要发生一些必要的费用,独立核算的分支机构必然出现账面亏损。因此,在存货调拨按零售价计价时,对分支机构的评价往往只能依赖于销量以及费用的控制,而难以进行收入与费用相配比的考核。此外,同按成本加成计价法一样,按零售价计价同样存在期末存货含有未实现利润的问题,需要在编制联合报表时进行调整。

第二节　总部与分支机构往来

作为一个相对独立的经营主体,分支机构可以接受总部调拨的存货进行生产和对外销售,也可以自行对外采购和销售。在分支机构独立核算的情况下,分支机构对外采购和销售的核算与一般会计主体没有差别,分支机构会计的重点和难点主要在于总部与分支机构之间的存货调拨等往来业务。

一、会计科目的设置

出于往来业务核算的需要,总部和分支机构需要设置相对应的往来账户"分支机构往来"和"总部往来"。这两个账户不仅反映总部与分支机构之间现金、存货等流动资产及固定资产的调拨,还可以反映分支机构与分支机构之间的各项往来。在机构之间发生内部往来业务时，两个账户将作金额相同、方向相反的记录。总部的“分支机构往来”作为资产性的账户，反映分支机构所占用的资金；分支机构的“总部往来”作为权益性的账户，反映总部所拨付的资金。期末，分支机构的当期损益需结转至“总部往来”，反映总部拨付资金通过分支机构经营取得的成果。

二、货币资金拨付的会计处理

在分支机构设立及运行的过程中，总部要向分支机构拨付一定的资金，确保分支机构能够支付正常的经营费用、进行必要的对外采购；在分支机构销售货物取得盈利并收回货款后，通常也会向总部上交一部分资金，确保总部对货币资金的统一管理。这就形成了总部与分支机构之间的资金往来。这种资金往来的核算相对简单，直接通过两个机构之间的往来账户记录即可。

【例 4-1】 3 月初，某公司在北京和天津成立销售分公司，分公司在银行开设单独结算账户，进行独立的会计核算。为了使分公司尽快开始正常经营，总公司向北京分公司和天津分公司银行账户分别拨付资金 30 000 元和 10 000 元。月底，北京分公司在销售货物回款后上交总部 10 000 元，相关的会计分录如下：

1. 总公司拨付资金

(1) 总公司

借：分支机构往来——北京分公司	30 000	
分支机构往来——天津分公司	10 000	
贷：银行存款		40 000

(2) 北京分公司

借：银行存款	30 000	
贷：总部往来		30 000

(3) 天津分公司

借：银行存款	10 000	
贷：总部往来		10 000

2. 月末北京分公司上交资金

(1) 北京分公司

借：总部往来	10 000	
贷：银行存款		10 000

(2) 总公司

借:银行存款　　10 000

　贷:分支机构往来——北京分公司　　10 000

三、存货调拨及其销售的会计处理

根据企业的经营模式、总部的管理要求以及分支机构的特点,总部可以授权分支机构自行对外采购和销售,也可以向分支机构调拨一定的存货,由分支机构负责生产和销售。在总部向分支机构调拨存货的情况下,相关的会计核算与存货调拨的计价方法密切相关。

(一) 存货调拨按成本计价情况下的会计处理

总部与分支机构之间的存货调拨在按照成本价计价时,由于调拨过程没有价值的增加,即不涉及利润的形成,因此会计处理相对较为简单,总部和分部同时按照成本价记录存货的收、发和相应的往来账户即可。

【例 4-2】 3 月初,总公司向北京分公司调拨商品 200 件,每件商品采购成本 500 元,市场零售价格为 600 元。北京分公司当月销售了其中的 150 件商品,收到货款 80 000 元,其余货款尚未收到。存货调拨按照成本计价,则相关的会计分录如下:

1. 商品调拨时

(1) 总公司

借:分支机构往来——北京分公司　　100 000

　贷:存货　　100 000

(2) 北京分公司

借:存货　　100 000

　贷:总部往来　　100 000

2. 商品对外销售时,北京分公司

借:银行存款　　80 000

　应收账款　　10 000

　贷:营业收入　　90 000

借:营业成本　　75 000

　贷:存货　　75 000

可见,由于总公司采用成本价 500 元/件向分公司调拨商品 200 件,总公司和分公司之间的往来账户都记录了 100 000 元调拨价值。北京分公司在将总公司调拨来的商品按 600 元/件的售价对外销售 150 件后,实现毛利

15 000 元。但是,在商品调拨和对外销售的过程中,总公司没有取得任何利润。即在存货调拨按照成本计价的情况下,商品实现的利润完全反映在分支机构的账上。

(二) 存货调拨按成本加成计价情况下的会计处理

在存货调拨按成本加成计价的情况下,总部向分支机构发货时会出现价值增加——一定金额的“加成”,由于向分支机构发货并非对外销售,因此,这部分加成属于企业未实现的利润,总部对这部分未实现的利润要进行单独核算,通常使用的账户为“备抵存货超成本计价”。对于分支机构来说,按成本加成价收到存货,会使其存货价值高于企业的实际成本,销售时结转的成本也相应较高。但是,按成本加成计价只影响总部和分支机构存货收发的记录,不会改变两个机构往来账户的完全对应关系。

同【例 4-2】,如果总公司向北京分公司调拨的商品按照成本加成 10% 的价格计价,即按照 550 元/件计价,相关的会计分录如下:

1. 商品调拨时

(1) 总公司

借:分支机构往来——北京分公司	110 000	
贷:存货		100 000
备抵存货超成本计价		10 000

(2) 北京分公司

借:存货	110 000	
贷:总部往来		110 000

2. 商品对外销售时,北京分公司

借:银行存款	80 000	
应收账款	10 000	
贷:营业收入		90 000
借:营业成本	82 500	
贷:存货		82 500

可见,由于总公司采用成本加成价 550 元/件向分公司调拨商品 200 件,总公司和分公司之间的往来账户都记录了 110 000 元调拨价值。总公司因调拨价高于成本价取得的 10 000 元价差,属于企业未实现的利润,在备抵账户单独列示。分公司在将总公司调拨的商品对外销售 150 件后,实现毛利 7 500 元,相比按照成本计价法核算,分公司实现的毛利减少 7 500 元,这部分利润将体现在总公司的账上。

（三）存货调拨按零售价计价情况下的会计处理

与存货调拨按成本加成计价一样，存货调拨按照零售价计价也会出现调拨过程中的价值增加，这属于企业未实现的利润，记录在总部"备抵存货超成本计价"账户中。对于分支机构来说，其存货的取得和销售都将按照统一的价格——售价核算。同样，按零售价计价只影响存货收发的记录，不改变总部和分部之间往来账户的完全对应关系。

同【例4-2】，如果总公司向北京分公司调拨的商品按照零售价600元/件的价格计价：

1. 调拨时

(1) 总公司

借：分支机构往来——北京分公司	120 000	
贷：存货		100 000
备抵存货超成本计价		20 000

(2) 北京分公司

借：存货	120 000	
贷：总部往来		120 000

2. 商品对外销售时，北京分公司

借：银行存款	80 000	
应收账款	10 000	
贷：营业收入		90 000
借：营业成本	90 000	
贷：存货		9 000

可见，由于总公司按零售价600元/件向分公司调拨商品，总公司和分公司之间的往来账户都记录了120 000元调拨价值。总公司因调拨价高于成本价取得的20 000元价差，作为企业未实现的利润在备抵账户中单独列示。由于分公司商品的取得价格与销售价格一样，没有实现任何利润，销售实际实现的利润将全部体现在总公司的账上。

四、营业费用的分摊

作为独立的会计主体，分支机构在经营过程中发生的工资、水电、租金等费用，如果是服务于自身经营活动，则按照费用的归属直接记录在分支机构的各费用账户；如果分支机构支付了一些与总部或其他分支机构相关的费用，如展销费、广告费等，则可以通过"总部往来"账户将费用转移到总部，这时，总部也要根据转来的费用金额相应调整“分支机构往来”账户。同样，如果总部支付的某些费用与分支机构的经营相关，需要由分支机构负担，也可以通过“分支机构往来”账户进行转移或分摊，这时，分支机构也要根据总部转来的有关凭证，相应调整“总部往来”账户。总部和分支机构之间发生的这种“一方支付，双方受益”的费用也称为共同费用，相应的转移和分摊称为共同费用的转移和分摊。

【例 4-3】 3 月份，北京分公司支付自身经营所需的办公、水电等费用共计 3 000 元；当月，总公司支付了一笔广告费计 10 000 元，分摊到北京分公司 2 000 元，天津分公司 1 000 元。

1．北京分公司支付自身的费用

借：营业费用	3 000	
贷：银行存款		3 000

2．广告费的支付和分摊

（1）总公司

借：营业费用	10 000	
贷：银行存款		10 000
借：分支机构往来——北京分公司	2 000	
分支机构往来——天津分公司	1 000	
贷：营业费用		3 000

（2）北京分公司

借：营业费用	2 000	
贷：总部往来		2 000

（3）天津分公司

借：营业费用	1 000	
贷：总部往来		1 000

五、固定资产调拨

分支机构经营所需的固定资产有两个来源，一是运用总部拨付的资金自行购买，二是由总部统一购置，调拨给分支机构使用。对于大多数分支机构来说，无论通过哪种方式取得的固定资产，都不进行单独的核算，而是在一定程度上依赖于总公司进行核算。通常的做法是，固定资产的购置由总部以明细账的形式记录，不直接记入分支机构的资产；但固定资产发生的折旧、维修等相关费用要列支在分支机构的账上。固定资产由总部统一核算主要是为了加强固定资产的管理，相关费用由分支机构负担则便于全面考核分支机构的耗费和经营成果。

【例4-4】 3月1日，北京分公司经总公司批准，购置了一辆价值80 000元的汽车，汽车按平均年限法计提折旧，月折旧额1 000元。此外，为了日后修理需要，汽车每月要发生修理费用等200元（设此类费用在一定时期后集中支付）。根据总公司的制度规定，分公司不对固定资产单独入账，但要负担汽车的相关费用。

1. 购置固定资产

(1) 北京分公司

借：总部往来　　80 000

　贷：银行存款　　80 000

(2) 总公司

借：固定资产　　80 000

　贷：分支机构往来　　80 000

2. 当月计提折旧1 000元

(1) 北京分公司

借：营业费用　　1 000

　贷：总部往来　　1 000

(2) 总公司

借：分支机构往来　　1 000

　贷：累计折旧　　1 000

3. 每月发生修理费用等200元，北京分公司

借：营业费用　　200

　贷：其他应付款　　200

需要说明的是，对于一些规模较大、具有独立资产管理能力和相应考核指标的分支机构来说，固定资产也可以进行独立核算，这时，固定资产的取得及使用过程中发生的相关费用都在分支机构的账上进行记录，与一般会计主体的固定资产核算没有明显差别。

六、分支机构之间的往来调拨

出于经营活动的需要，一个总部往往下设多个分支机构，不仅总部要与各个分支机构发生业务往来，各个分支机构之间也会发生各种往来活动。

例如,位于某地的分支机构商品滞销,而其他地方的分支机构商品销路畅通,总部就会将前一分支机构的商品调拨到其他分支机构销售。分支机构之间的资金、存货调拨以及固定资产调拨等往来事项,一般并不设置分支机构之间的往来账户核算,而是通过分支机构与总部的往来账户核算,即相当于将分支机构之间发生的一笔业务分拆为分支机构与总部、总部与分支机构两笔业务。这种核算方式可以更好地满足总部对分支机构统一管理的需要,使总部能够随时掌握各分支机构的资产状况。

【例 4-5】 3 月份,总公司将北京分公司的 20 件商品调拨到天津分公司。

调拨如果按照成本价 500 元/件计价:

(1) 天津分公司

借:存货	10 000	
贷:总部往来		10 000

(2) 北京分公司

借:总部往来	10 000	
贷:存货		10 000

(3) 总公司

借:分支机构往来——天津分公司	10 000	
贷:分支机构往来——北京分公司		10 000

如果存货调拨按成本加成价 550 元/件计价,则上述分录中往来账户和存货收发的金额为 11 000 元;如果存货调拨按零售价 600 元/件计价,则往来账户和存货收发的金额为 12 000 元。除了金额上的差异,分支机构之间存货调拨按不同计价方法的会计处理是一致的。

七、往来账户的核对和调节

综上所述,无论是总部与分支机构之间的往来,还是分支机构之间的往来;无论是资金、存货和固定资产的调拨,还是共同费用的分摊,总部与分支机构的会计核算始终应当保持着“分支机构往来”和“总部往来”两个相对账户的一致,即记账金额一致、记账方向相反。如【例 4-1】至【例 4-5】,总公司和北京分公司的往来账户的记录如下,见表 4-1 和表 4-2。

表 4-1　北京分公司的"总部往来"账户

(1) 10 000	(1) 30 000
(4) 80 000	(2) 100 000(110 000, 120 000)
(5) 10 000(11 000,12 000)	(3) 2 000
	(4) 1 000
	33 000(42 000,51 000)

注:括号内表示按成本加成和零售价计价时的记录,后同。

表 4-2　总公司的"分支机构往来——北京分公司"账户

(1) 30 000	(1) 10 000
(2) 100 000(110 000,120 000)	(4) 80 000
(3) 2 000	(5) 10 000(11 000,12 000)
(4) 1 000	
33 000(42 000,51 000)	

由此可见,会计期末,总部与分支机构需要核对往来账户的余额,确保记录不存在错漏。但是,由于两个机构对往来事项的记账时间不可能保持完全一致,往来账户也可能由于未达账项出现余额不一致的情况,这就需要逐笔核对总部和分支机构往来事项,找到未达账项并进行调节,剔除未达账项的影响,这与会计期末银行存款余额的调节相类似。但与银行存款余额"调表不调账"不同的是,总分部往来账户的调节一般要求未作记录的一方进行补记,使双方的往来账户余额达到一致,以便于期末编制联合财务报表时往来账户的相互抵消。

【例 4-6】　总公司 3 月末向北京分公司调拨商品 80 件,北京分公司月底尚未收到;分公司月末向总公司汇款 5 000 元,总公司月底尚未收到。会计分录如下:

1. 总公司存货调拨

(1) 按成本 500 元/件计价

借:分支机构往来——北京分公司　　40 000
　贷:存货　　40 000

(2) 按成本加成价 550 元/件计价

借:分支机构往来——北京分公司　　44 000
　贷:存货　　40 000
　　备抵存货超成本计价　　4 000

(3) 按零售价 600 元/件计价

借:分支机构往来——北京分公司　　48 000
　　贷:存货　　40 000
　　　　备抵存货超成本计价　　8 000

2. 北京分公司

借:总部往来　　5 000
　　贷:银行存款　　5 000

3 月 31 日,总公司与北京分公司核对往来账项时,发现二者之间的往来账项数额不一致,即“分支机构往来——北京分公司”账户的余额与北京分公司“总部往来”账户的金额之间存在差异。经逐笔核对,发现正是由于上面两笔未达账项造成的。总公司和北京分公司分别进行补记:

1. 总公司

借:银行存款——在途　　5 000
　　贷:分支机构往来——北京分公司　　5 000

2. 北京分公司

按成本计价:

借:存货——在途　　40 000
　　贷:总部往来　　40 000

按成本加成价或零售价计价时,上述会计分录的金额为 44 000 元和 48 000 元。

下月初,在收到存货或款项时,分公司或总公司应将在途项目进行相应的结转。

补记后,总公司和分公司的往来账户余额仍保持一致,见表 4-3 和表 4-4。

表 4-3　北京分公司的“总部往来”账户

(1) 10 000	(1) 30 000
(4) 80 000	(2) 100 000(110 000,120 000)
(5) 10 000(11 000,12 000)	(3) 2 000
	(4) 1 000
(6) 5 000	
	28 000(37 000,46 000)
	(6) 40 000(44 000,48 000)
	68 000(81 000,94 000)

表 4-4　总公司的“分支机构往来——北京分公司”账户

(1) 30 000	(1) 10 000
(2) 100 000(110 000,120 000)	(4) 80 000
(3) 2 000	(5) 10 000(11 000,12 000)
(4) 1 000	
(6) 40 000(44 000,48 000)	
28 000	
	(6) 5 000
68 000(81 000,94 000)	

第三节　联合报表的编制

一、分支机构报表

在会计期末,为了便于总部管理层了解各分支机构本期的经营成果和财务状况,分支机构应当编制独立的利润表和资产负债表。分支机构的利润表是相对完整的,它包括营业收入、营业成本和营业费用等项目,对于与总部不设在同地、需要单独纳税的分支机构,其利润表还可能包括营业税金。在存货调拨按照成本或成本加成计价的情况下,分支机构的利润表没有什么特殊;但如果存货调拨按照零售价计价,分支机构的利润表则很可能出现亏损。至于分支机构的资产负债表,则存在两个特殊问题,一是由于分支机构不是独立法人,没有独立的资本金,因此资产负债表中所有者权益位置是反映总部拨付资金的“总部往来”,而非反映投资者出资的实收资本等权益项目;二是对于大多数分支机构来说,固定资产等长期资产由总部统一核算,因此,分支机构资产负债表的资产方主要是流动资产,但这不意味着分支机构没有使用固定资产,相反,与固定资产相关的费用已列支在利润表的费用项下。

沿用第二节的例子,除前述分公司与总公司的业务往来以外,3 月份两家分公司还发生了以下对外业务:经总公司批准,北京分公司对外采购商品 500 件,共计 12 000 元,货款尚未支付;这批对外采购的商品已销售 250 件,货款共计 10 000 元,已收回。天津分公司将北京分公司转来的存货对外销售 10 件,收取货款 6 000 元。会计分录如下:

1. 北京分公司的采购和销售

借:存货 12 000

贷:应付账款 12 000

借:应收账款 10 000

贷:营业收入 10 000

借:营业成本 6 000

贷:存货 6 000

2. 天津分公司的销售和成本结转

借:银行存款 6 000

贷:营业收入 6 000

如果存货调拨按成本计价:

借:营业成本 5 000

贷:存货 5 000

如果存货调拨按成本加成价 550 元/件计价,则结转成本 5 500 元;如果存货调拨按零售价 600 元/件计价,则结转成本 6 000 元。

根据上述业务及会计记录,两家分公司编制 2004 年 3 月的简明利润表和 3 月 31 日的资产负债表如下(见表 4-5、表 4-6、表 4-7 和表 4-8)。

表 4-5 北京分公司利润表 单位:元

项目	按照成本计价	按成本加成计价	按零售价计价
营业收入	100 000	100 000	100 000
营业成本	81 000	88 500	96 000
营业费用	6 200	6 200	6 200
营业利润	12 800	5 300	-2 200

表 4-6 天津分公司利润表 单位:元

项目	按照成本计价	按成本加成计价	按零售价计价
营业收入	6 000	6 000	6 000
营业成本	5 000	5 500	6 000
营业费用	1 000	1 000	1 000
营业利润	0	-500	-1 000

从分公司的利润表可见,在存货调拨采用成本计价时,分公司的利润最高,在存货调拨采用零售价计价时,分公司的利润最低。也就是说,存货调拨的计价方法会直接影响分支机构经营业绩的反映。

表 4-7　北京分公司资产负债表

资产	按照成本计价	按成本加成计价	按零售价计价	负债和所有者权益	按照成本计价	按成本加成计价	按零售价计价
货币资金	12 000	12 000	12 000	应付账款	12 000	12 000	12 000
应收账款	20 000	20 000	20 000	其他应付款	200	200	200
存货	61 000	67 500	74 000	总部往来	68 000	82 000	96 000
				未分配利润	12 800	5 300	-2 200
资产总计	93 000	99 500	106 000	负债和所有者权益总计	93 000	99 500	106 000

表 4-8　天津分公司资产负债表

资产	按照成本计价	按成本加成计价	按零售价计价	负债和所有者权益	按照成本计价	按成本加成计价	按零售价计价
货币资金	16 000	16 000	16 000	总部往来	21 000	22 000	23 000
存货	5 000	5 500	6 000	未分配利润	0	-500	-1 000
资产总计	21 000	21 500	22 000	负债和所有者权益总计	21 000	21 500	22 000

从分公司的资产负债表可见，在存货调拨采用成本计价时，分公司的期末存货余额最低，与总部的往来金额也最低；在存货调拨采用零售价计价时，分公司的期末存货余额最高，与总部的往来金额也最高。这说明，存货调拨的计价方法也会影响分支机构财务状况。

二、联合报表

由于总部和分支机构各自的财务报表只供内部管理使用，不能作为对外报送的报表，因此，会计期末，总部要以本部的财务报表和分支机构的报表为基础，编制能够反映企业整体经营成果和财务状况的联合报表，以满足投资者和债权人的需要。编制联合报表与编制合并报表较为相似，需要开立工作底稿，将总部和分支机构的报表数据一一登记，随后的主要工作有三步：一是将总部和分支机构相同的资产、负债项目相互合并；二是将反映总部与分支机构往来的对应账户相互抵消；三是将总部与分支机构往来业务发生的损益相互抵消，这主要表现在存货调拨按照成本加成或零售价计价时分支机构期末存货中包含的未实现利润。抵消后的合并数据就可以用来直接填列联合报表。

（一）存货调拨按成本计价时联合报表的编制

沿用前面的例子，在存货调拨按成本计价时，北京分公司“总部往来”账户的余额为 68 000 元，天津分公司“总部往来”账户的余额为 21 000 元，相应的总部记录的“分支机构往来”账户余额共计 89 000 元。由于按成本计价不涉及内部利润的问题，编制联合报表直接将总部与分支机构往来账户的余额相互抵消即可。

1. 联合报表的编制

具体内容见表4-9。

表4-9 存货调拨按成本计价时的联合报表编制

项目	总部	北京分公司	天津分公司	抵消分录 借方	抵消分录 贷方	联合报表数
营业收入	300 000	100 000	6 000			406 000
营业成本	250 000	81 000	5 000			336 000
营业费用	15 000	6 200	1 000			22 200
营业利润	35 000	12 800	0			47 800
资产						0
货币资金	50 000	12 000	16 000			78 000
应收账款	80 000	20 000				100 000
内部往来	89 000				89 000	
存货	90 000	61 000	5 000			156 000
固定资产净值	200 000					200 000
资产总计	509 000	93 000	21 000			534 000
负债和所有者权益						
应付账款	50 000	12 000				62 000
预提费用	1 000	200				1 200
内部往来		68 000	21 000	89 000		
实收资本	350 000					350 000
公积金	50 000					50 000
未分配利润	58 000	12 800	0			70 800
负债和所有者权益总计	509 000	93 000	21 000	89 000	89 000	534 000

抵消分录:

借:总部往来　　89 000

　贷:分支机构往来——北京分公司　　68 000

　　分支机构往来——天津分公司　　21 000

应说明的是,上述抵消分录只作为编制联合报表的依据,并不实际入账。

2. 期末调整和结账分录

会计期末,总部与分支机构还需各自编制调整和结账分录,结清各项损益,确定本期最终的利润。

鉴于分支机构的特点,其期末的利润结转可以相对简化,一般不需设置"利润分配"账户,本期的收入和费用在结转到利润账户后,直接转到"总部往来"账户即可。如前例,北京分公司的利润结转分录如下:

借:营业收入　100 000
　贷:营业成本　81 000
　　营业费用　6 200
　　本年利润　12 800
借:本年利润　12 800
　贷:总部往来　12 800

天津分公司的利润结转分录如下:

借:营业收入　6 000
　贷:营业成本　5 000
　　营业费用　1 000

分公司的利润结转并上报总部后,总部应相应调整往来账户。由于天津分公司的收入和成本费用恰好持平,当期没有利润,因此总部对其的往来账户不需要进行调整,只调整北京分公司的往来账户即可。总部的会计分录如下:

借:分支机构往来——北京分公司　12 800
　贷:本年利润　12 800

期末结账和调整分录入账后,总部与两家分公司的往来账户仍将保持一致。

(二) 存货调拨按成本加成计价时联合报表的编制

1. 联合报表的编制

具体内容见表 4-10。

表 4-10　存货调拨按成本加成计价时的联合报表编制

项目	总公司	北京分公司	天津分公司	抵消借方	抵消贷方	联合报表数
营业收入	300 000	100 000	6 000			400 000
营业成本	250 000	88 500	5 500		8 000	331 000
营业费用	15 000	6 200	1 000			21 200
营业利润	35 000	5 300	-500			47 800
资产						
货币资金	50 000	12 000	16 000			78 000
应收账款	80 000	20 000				100 000
内部往来	103 000				103 000	
存货	90 000	66 500	5 500		6 000	156 000
固定资产净值	200 000					200 000
资产总计	523 000	98 500	21 500			534 000
负债和所有者权益						
应付账款	50 000	12 000				62 000
预提费用	1 000	200				1 200
备抵存货超成本计价	14 000			14 000		
内部往来		81 000	22 000	81 000 22 000		
实收资本	350 000					300 000
公积金	50 000					50 000
未分配利润	58 000	5 300	-500			70 800
负债和所有者权益总计	523 000	98 500	21 500			534 000

往来账户的抵消：

借：总部往来　　103 000

　贷：分支机构往来——北京分公司　　81 000

　　　分支机构往来——天津分公司　　22 000

由于总公司向分公司调拨的商品是按成本加成计价的，分公司相应的营业成本和期末存货中都包含着超出成本的部分，要如实地对外反映整个企业的营业成本和期末存货，还要对这一部分予以抵消，抵消分录如下：

借：备抵存货超成本计价　　14 000

　贷：营业成本　　8 000

　　　存货　　6 000

根据两家分公司的存货销售和结存情况，所冲销的营业成本 8 000 元包括北京分公司多计的成本 7 500 元和天津分公司多计的成本 500 元；冲销的存货价值 6 000 元包括北京分公司期末存货中超成本部分 5 500 元和天津分公司期末存货中超成本部分 500 元。

2. 期末调整和结账分录

期末，分公司结转利润，北京分公司：

借：营业收入	100 000	
贷：营业成本		88 500
营业费用		6 200
本年利润		5 300
借：本年利润	5 300	
贷：总部往来		5 300

天津分公司：

借：营业收入	6 000	
本年利润	500	
贷：营业成本		5 500
营业费用		1 000
借：总部往来	500	
贷：本年利润		500

相应地，总部做调整分录：

借：分支机构往来——北京分公司	5 300	
贷：分支机构往来——天津分公司		500
本年利润		4 800

在存货调拨按成本加成计价时，期末的调整分录还涉及总部“未实现利润”的调整。因为，虽然在联合财务报表上“备抵存货超成本计价”项目已被抵消结平，但由于抵消分录并不入账，这一反映总部未实现利润的账户仍有余额。期末，总部要根据分支机构本期已销售商品的数量，将备抵项目中已经实现的利润结转到“本年利润”账户。结转后，“备抵存货超成本计价”账户的余额就只反映总部已调拨到分支机构、期末尚未销售的存货所包含的未实现利润。

由此，总公司还要将本期拨付分公司、并且分公司已经销售的 150 件存货中所含的 7 500 元利润进行调整，分录如下：

借：备抵存货超成本计价	7 500	
贷：本年利润		7 500

（三）存货调拨按零售价计价时联合报表的编制

1. 联合报表的编制

具体内容见表4-11。

表4-11　存货调拨按零售价计价时的联合报表编制

项目	总公司	北京分公司	天津分公司	抵消		联合报表数
				借方	贷方	
营业收入	300 000	100 000	6 000			400 000
营业成本	250 000	96 000	6 000		16 000	331 000
营业费用	15 000	6 200	1 000			21 200
营业利润	35 000	－2 200	－1 000			47 800
资产						
货币资金	50 000	22 000	16 000			88 000
应收账款	80 000	10 000				90 000
内部往来	117 000				117 000	
存货	90 000	72 000	6 000		12 000	156 000
固定资产净值	200 000					200 000
资产总计	537 000	104 000	22 000			534 000
负债和所有者权益						
应付账款	50 000	12 000				62 000
预提费用	1 000	200				1 200
备抵存货超成本计价	28 000			28 000		
内部往来		94 000	23 000	117 000		
实收资本	350 000					350 000
公积金	50 000					50 000
未分配利润	58 000	－2 200	－1 000		16 000	70 800
负债和所有者权益总计	537 000	99 500	22 000			534 000

往来账户的抵消分录：

借：总部往来　　　　117 000

　贷：分支机构往来——北京分公司　　　　94 000

　　　分支机构往来——天津分公司　　　　23 000

由于总公司向分公司调拨的商品是按零售价计价的，分公司相应的营业成本和期末存货中都包含着超出成本的部分，还要对这一部分进行抵消，分录如下：

借：备抵存货超成本计价　　28 000
　贷：营业成本　　16 000
　　存货　　12 000

所冲销的营业成本16 000元包括北京分公司多计的成本15 000元和天津分公司多计的成本1 000元。冲销的存货价值12 000元包括北京分公司期末存货中超成本部分11 000元和天津分公司期末存货中超成本部分1 000元。

2. 期末调整和结账分录

期末，分公司结转利润，北京分公司：

借：营业收入　　100 000
　本年利润　　2 200
　贷：营业成本　　96 000
　　营业费用　　6 200

借：总部往来　　2 200
　贷：本年利润　　2 200

天津分公司：

借：营业收入　　6 000
　本年利润　　1 000
　贷：营业成本　　6 000
　　营业费用　　1 000

借：总部往来　　1 000
　贷：本年利润　　1 000

相应地，总公司做调整分录：

借：分支机构往来——北京分公司　　2 200
　分支机构往来——天津分公司　　1 000
　贷：本年利润　　3 200

总公司还要结转"备抵存货超成本计价"中由于两个分公司本期销售调拨商品实现的利润16 000元：

借：备抵存货超成本计价　　16 000
　贷：本年利润　　16 000

比较上面三种不同的存货计价方法，我们可以发现，尽管分公司的单独财务报表在三种方法下存在差异，但最终得到的联合报表是完全一致的。这说明，企业内部存货调拨的计价方法只会影响分支机构的业绩反映，但不会影响企业整体财务状况和经营成果的反映。

本章小结

作为学习分支机构会计的基础，本章在第一节首先对分支机构的特征进行了分析和阐述，指出了分支机构虽然没有法人地位，但能够作为相对独立的经济主体进行独立的会计核算，其核算内容主要取决于分支机构取得的经营授权和总部的管理需要。作为分支机构会计的一个重点，本节还对总分部之间存货调拨的三种计价方法进行了介绍。

本章第二节举例说明了总部与分支机构往来的会计核算，包括资金的拨付、存货的调拨、固定资产的调拨、共同费用的分摊以及分支机构之间往来业务的核算。存货调拨的核算由于涉及三种计价方法，相对较为复杂，尤其是存货超成本计价时，总部在存货调拨中形成的未实现利润要单独在备抵账户核算，学习时应予以关注。

本章最后一节对分支机构独立报表和整个企业联合报表的特点和意义进行了阐述，并对联合报表的编制进行了详细说明。联合报表编制的关键是抵消分录，一是往来账户的抵消，二是往来调拨中形成的内部损益的抵消，后者只在存货超成本计价时存在。期末，分支机构和总部还要编制调整和结账分录，以根据分支机构的经营情况调整往来账户的余额，使往来账户更全面地反映拨付资金及其经营结果。

本章主要名词

分支机构　总部　存货调拨按成本计价　存货调拨按成本加成计价　存货调拨按零售价计价　共同费用　联合报表

本章思考题

1. 请说明分支机构的特征,并将其与子公司进行比较。

2. 分支机构设置的“总部往来”账户的核算内容是什么,期末该账户余额反映什么经济内容?

3. 总部与分支机构之间存货调拨的计价方法有哪些,这些方法对分支机构和企业经营业绩的反映有何影响?

4. 联合报表的编制应注意哪些问题?其编制的过程怎样?

本章练习题

2008 年 5 月,东方公司在上海设立了一家分公司,负责销售公司的产品。根据公司的管理需要,上海分公司进行相对独立的会计核算,但固定资产等长期资产由总公司统一核算。当月上海分公司有关的经济业务如下:

(1) 总公司向上海分公司拨付资金 100 000 元;

(2) 总公司向上海分公司拨付产品 2 000 件,每件成本 300 元;

(3) 上海分公司租办公用房,支付 3 个月房租 30 000 元;

(4) 上海分公司销售公司拨付的产品 800 件,售价 500 元,货款收回一半;

(5) 分公司向总公司上交已收回的销售货款;

(6) 总公司拨付上海分公司一台办公设备,设备原值 20 000 元,总公司已使用一段时间,目前设备净值 15 000 元,月折旧费 1 000 元;

(7) 上海分公司支付工资及办公费用 30 000 元;

(8) 总公司为推介公司产品及新成立的上海分公司,举办了一次宣传活动,总公司支付费用共计 5 000 元,其中由上海分公司承担 3 000 元。

此外,总公司 5 月份的报表数据如下:

单位:元

项目	总公司
营业收入	800 000
营业成本	500 000
营业费用	120 000
营业利润	180 000
资产	
货币资金	80 000
应收账款	100 000
分支机构往来	
存货	700 000
固定资产	500 000
负债和所有者权益	
应付账款	400 000
实收资本	800 000
公积金	50 000
未分配利润	

要求:

(1) 编制上海分公司的相关会计分录;

(2) 计算上海分公司"总部往来"账户余额;

(3) 编制5月份上海分公司的财务报表;

(4) 填列总公司报表中的空缺项目金额;

(5) 编制整个公司的联合报表;

(6) 编制上海分公司和总公司期末的结账和调整分录。

本章小资料

小资料:

中国金融审计重点关注商业银行分支机构操作风险

记者近日获悉,为了进一步推动国有商业银行深化改革、加强内部管理、完善内控机制、提高经营效益,从9月开始,审计署金融审计司将组织审计署驻各地特派员办事处开展对农业银行基层分支机构的全面审计。

金融司正在寻求在金融审计方面的新突破。这种突破将在今年对农业银行的后半程审计中体现：从9月份开始，金融司将组织18个特派办，分别从其负责审计的分行中选择一个县级的支行进行审计。

据了解，早在今年年初，李金华审计长就向金融审计司提出了金融审计要重点关注县级分支机构的风险情况。随后，以金融司、武汉办为主，围绕着基层支行的操作风险开始了近三个月的审计调查。

目前，一个针对农业银行基层分支机构的审计方案正在酝酿之中。这个在对北京农行某支行全面剖析基础上形成的审计方案，勾勒出了今后金融审计的方向。金融司范鹏司长在接受本刊记者采访时表示，对金融机构部分分支机构实施全面审计将是今后一个时期金融审计的重点。

这是金融审计在审计对象、审计内容、审计重点方面的一次重大转变。

资料来源：中新网北京，转引自 http://biz.163.com 2005-10-13 18:52:30。

本章参考资料

1. 阎达五、耿建新、戴德明，《高级会计学》，中国人民大学出版社 2007 年版。

2. 中国注册会计师教育教材编审委员会，《高级财务会计》，经济科学出版社 2002 年版。

第五章

企业合并

本章教学目的和要求

本章从理论角度，对企业合并的定义、动因、种类及会计方法——权益结合法和购买法进行了阐述，并对两种会计方法进行了系统比较。

本章的教学目的，是帮助读者整体把握企业合并的基本理论，熟悉企业合并的会计方法，并掌握两种方法的重要区别，为后续合并财务报表的学习打下坚实的基础。

本章的教学要求，是建立企业合并理论的基本框架并掌握不同的会计方法。具体而言，第五至八章是关于企业合并及合并财务报表的一个相对独立的整体，本章是随后第六、七、八章的基础。本章主要着眼于探讨企业合并的基础理论及其会计处理的基本方法，介绍国内外的相关法律法规，并对不同规范的适用条件及处理结果进行深入研究。

第一节 企业合并的定义、动因、种类及会计方法

一、企业合并的定义

随着经济的发展和竞争的加剧,合并日益成为一种普遍的企业间交易。然而,无论在法律层面上,还是会计准则中,企业合并这个概念迄今没有一个统一的说法,而且还有许多概念,如兼并、并购等,与企业合并同时存在并广泛应用。

(一)法律定义

在法律方面,企业合并有多种不同的定义。美国《克莱顿法》第7条规定,企业合并仅指一个企业取得另一个企业的财产或股份的经济行为。德国《反对限制竞争法》第23条规定,企业合并是指一个企业能够对另一个企业直接或间接发生支配性影响的联合方式。欧共体1990年9月21日生效的《合并条例》则规定,企业合并指一家或多家企业、或者控制一家企业的个人,收购一家或多家全部或部分的直接控制权或间接控制权,其形式可以是购买企业的资产、股票或者采取合同形式及其他形式等。我国首次出现企业合并概念的法律是1993年12月29日通过的《中华人民共和国公司法》(以下简称《公司法》)。2005年10月,我国修订了《公司法》,在该部法律中,专设第九章"公司合并、分立、增资、减资",并在第173条详细规定:"公司合并可以采取吸收合并和新设合并两种形式。一个公司吸收其他公司为吸收合并,被吸收的公司解散,两个以上公司合并设立一个新的公司为新设合并,合并各方解散。"由此可见,我国《公司法》中公司合并的含义,是指两个或两个以上的公司依法变更为一个公司的法律行为,并且有两种基本形式,即吸收合并和新设合并。

在会计准则方面,关于企业合并长期以来也有不同的表述。但随着会计准则国际趋同的不断推进,原本差异较大的企业合并定义逐渐趋于一致。在美国财务会计准则委员会(FASB)颁布的《美国财务会计准则第141号——企业合并》(2007年修订)和国际会计准则理事会(IASB)颁布的《国际财务报告准则第3号——企业合并》(2008年修订)中采用了同样的定义。在这两项准则中,企业合并是指"购买方获得对一个或多个业务控制的交易或事项",即仅仅当取得的资产或承担的负债构成一项业务(被购买方)时,交易或其他事项才是企业合并。其中,《美国财务会计准则公告第141号——企业合并》并未给出业务的定义,仅是在《紧急问题工作小组公告第

98-3 号》中对一组净资产是否构成业务提供指南；而《国际财务报告准则第3号——企业合并》则明确规定："业务是由投入和作用于能够创造产出的投入的过程构成的。"二者趋同后的企业合并定义是以经济事项而非合并会计来描述的，而我国2006年2月颁布的《企业会计准则第20号——企业合并》尚未随之修订，仍以传统的方式定义企业合并，即"企业合并，是指将两个或两个以上单独的企业合并形成一个报告主体的交易或事项。企业合并分为同一控制下的企业合并和非同一控制下的企业合并。"该准则应用指南还进一步指出，企业合并包括控股合并、吸收合并和新设合并三种方式。

（二）相关概念

在实践中，企业合并也经常与相关词汇，如兼并、并购等相互混淆。

兼并在当前亦是一个非常流行的用语，常常用来指一个企业吞并或控制其他企业的行为。美国判例法中将"兼并"定义为："兼并是一个公司可为另一公司所吸收，存续公司（Surviving Company）承受被兼并公司（Absorbed Company）的财产、责任、特权与权力，被兼并公司不再作为独立的法律实体而存在。"我国规范性文件中第一次出现"兼并"是在1989年2月19日颁布的《关于企业兼并的暂行办法》中。该文件对兼并的定义与美国判例法中所指的兼并在涵盖范围上有所不同。它所定义的兼并至少包括两种情形：一种是被兼并企业丧失法律人格，即吸收合并；另一种是被兼并企业并不丧失法律人格，只不过法人主体被改变，即控股合并。而美国判例法中的兼并是狭义概念，仅指第一种情况。

在我国当前的资本运营和资产重组中，经常出现"并购"这个词语，尤其是证券投资业务，更是"并购"成风。"并购"是"兼并"和"收购"这两个词的合称，来自英文"Merger and Acquisition"即"M&A"。从取得控制权的角度看，并购（M&A），即兼并和收购，表示在证券市场取得控制权的行为。此处，兼并是狭义概念，仅指吸收合并，导致被控制方丧失法律人格；收购是控股合并，一般不导致被控制方丧失法律人格；综合起来，并购等同于我国《关于企业兼并的暂行办法》中的兼并，即广义概念，包括吸收合并和控股合并两种情况。

（三）本书定义

鉴于上述考虑，本书按企业合并内容（即财产权、股权、经营权等权力的结合）的不同将其概念分为三种：第一，狭义概念。企业合并是指企业法人之间依法进行的财产权的控制或转移，通常分为吸收合并和新设合并。由于这样的解释为多数国家民法或公司法所规定，故又称为法定合并。第二，中义概念。企业合并是指一切企业形式之间依法进行的财产权或股权的控制或转移。其中的控股合并被多数国家称之为收购。第三,广义概念。企业合并是指一切企业形式之间依法进行的财产权、股权或经营权等权力的控制或转移。本书将以中义概念讨论企业合并。原因在于,财产权的控制或转移包括了吸收合并和新设合并,而股权的控制或转移则包括了控股合并。如此一来,国际通行的企业合并的三种基本形式均已包括在内;而经营权的控制或转移则一般是指企业合营,与上述三种基本形式的企业合并有较大不同,国际上一般不将其列入企业合并准则规范的内容,我国《企业会计准则第20号——企业合并》也特别指出,该准则不涉及"(一)两方或者两方以上形成合营企业的企业合并。(二)仅通过合同而不是所有权份额将两个或者两个以上单独的企业合并形成一个报告主体的企业合并"。

二、企业合并的动因

企业合并的原因可能是多种多样的,如提高业绩、实现规模经济、消除竞争、保证原材料供应、分散经营风险、确保销售渠道甚至合法避税等。表5-1列出了企业合并的各种动机,但请注意,该表并未对每一动机的重要性进行排序。企业究竟出于何种考虑而进行合并,需要具体问题具体分析。合并的动机因企业而异,此表仅是尽可能列举促成企业合并的一些影响因素。

表5-1　企业合并动因

产品动因
• 整合,如规模经济
• 加速增长或减少风险和成本,如收购研究部门或新技术、通过分业分散风险等
• 以低价收购新产品实现扩张,缩短进入新市场的时间
• 获得同一行业更多的市场份额
• 消除竞争
• 收购商标,获得无形资产
• 收购新的供给资源
• 获得更多的客户
财务动因
• 给银行、投资者和供应者规模较大的印象,以获得更廉价贷款、更多投资和更好合作等
• 获得补充资源以平滑盈余和加快资金周转
• 利用被合并企业的财务力量,如税收优惠、借款能力
• 合并企业清除不良资产

（续表）

政策动因
• 避免被接管，即防御性措施
• 横向贸易中避免企业文化差异问题，通过本土化扩展地理空间
• 企业合并带来管理人员薪水增加
• 分享高水平人才和管理队伍
• 提升公司的力量或声望
• 其他“非理性”原因

三、企业合并的种类

企业合并的方式多种多样，可以按不同的标准加以分类。国际上最常见的是按照法律形式、合并所涉行业或合并企业是否受同一控制进行分类，其中按照法律形式进行的分类为基本分类。

（一）按照企业合并的法律形式分类

1. 吸收合并

吸收合并（Merger of Company）是指合并方（或购买方）通过企业合并取得被合并方（或被购买方）的全部净资产，合并后注销被合并方（或被购买方）的法人资格，被合并方（或被购买方）原持有的资产、负债，在合并后成为合并方（或购买方）的资产、负债。

合并完成后，只有合并企业仍保持原来的法律地位，承担被合并方资产、负债及各种权利和义务；其他被合并企业则丧失法律资格，其经营活动可能继续进行，但只是作为合并后企业的一部分而存在。吸收合并用公式表示就是 $A + B = A$。由此可见，吸收合并的特点是被合并企业在合并后不复存在，而只留下合并企业这一单一的经济主体和法律主体。[①]

在吸收合并下，合并企业应记录其合并过程中取得的资产和承担的负债，并同时记录所支付的现金（或其他资产）或增加的股份（或债务）；被合并企业则应通过解散清算程序处理其产权的转让，并结束其会计记录。随后，合并企业继续存在，并作为单一主体进行会计处理。因此，在吸收合并下，

① 经济主体与法律主体不完全相同。经济主体是独立负责一系列经济活动的个体，法律主体是独立承担法律义务、享受法律权利的法律上的个体。经济主体与法律主体并非一一对应关系，经济主体可能是一个或几个法律主体的全部或一部分。会计主体则是单独编制财务报表的一个经济主体，例如独资企业、合伙企业、公司、分支机构或集团。

按照公式,只需编制合并后仍然存在的 A 企业的财务报表,而不涉及合并财务报表问题。

2. 新设合并

新设合并(Consolidation of Company)又称创立合并,是指参与合并的各方在合并后法人资格均被注销,重新注册成为一家新的企业。

合并完成后,新设企业或用股票交换原有企业资产,原有企业股东成为新设企业股东;或以现金或其他资产向原企业股东支付产权转让价款,原企业股东放弃新设企业股东身份。经过新设合并,原来各企业均失去法律资格,而由新设企业统一从事生产经营活动。新设合并用公式表示就是 A + B = C。由此可见,新设合并的特点是企业合并后成立了一个全新的企业,最后只剩下新设企业这一单一的经济主体和法律主体。

在新设合并下,所有参与合并的企业均应通过企业解散清算程序处理其产权的转让,并结束各自的会计记录。新设企业应在新启用的账册中记录取得的资产和承担的负债,并同时记录股本或实收资本(如发行股份以换取被解散公司的产权)及资本公积。随后,新设企业完全取代各参与合并的企业,作为单一主体进行会计处理。因此,在吸收合并下,按照公式,只需编制合并后新设的 C 企业的财务报表,也不涉及合并财务报表问题。

3. 控股合并

控股合并(Acquisition of Majority Interests)也称取得控制股权,是指合并方(或购买方)在企业合并中取得对被合并方(或被购买方)的控制权,被合并方(或被购买方)在合并后仍保持其独立的法人资格并继续经营,合并方(或购买方)确认企业合并形成的对被合并方(或被购买方)的投资。

控股合并后,控股企业(Holding Company)和被控股企业(Held Company)分别成为母公司(Parent Company)和子公司(Subsidiary Company)或附属公司(Affiliated Company),继续保留各自原有的法律地位,作为相互独立的法律主体从事生产经营活动,并共同组成一个集团。控股合并用公式表示就是 A = A、B = B。由此可见,控股合并的特点是投资企业通过购买股权来控制被投资企业,控股合并的结果是各企业仍相对独立地存在,既保持各自原有的经济主体和法律主体地位,又以集团的形式构成了新的更大的经济主体。

在控股合并下，无论是母公司还是子公司，在集团内部都将作为独立的法律主体继续存在并经营，保持各自的会计记录，编制各自的财务报表。但与一般企业间关系不同的是，由于母公司取得了子公司的控股权，实质上就是取得了对子公司生产经营、利润分配等一切重大事务的决策权。所以，尽管法律上它们仍是独立主体，但从经济实质上看，它们已合为一个整体。为了正确地反映这个整体的财务状况、经营成果和现金流量，就要为该整体另外编制一套财务报表，这类报表被称为合并财务报表。即 A 公司单独财务报表和 B 公司单独财务报表经调整、抵消后编制出 A&B 集团的合并财务报表。

如前所述，合并的目的是为了控制一家或几家企业的资产。因此对企业的控制可以通过直接购买资产或股权实现。通过直接购买资产进行控制，即吸收合并和新设合并；通过购买股权进行控制，即控股合并。相对于直接购买资产而言，控股合并具有以下优势：第一，控股合并只需购买控制股权，无须购买全部股份，即只需购买与控股权等额的那部分资产，无须购买全部资产就能达到控制的目的。第二，控股合并无须同被合并方管理当局签订任何正式的协议，相对吸收合并和新设合并而言，控股合并更易于操作。第三，控股合并下各合并方仍保持独立的法律主体地位，由于企业承担有限责任，一方在破产或发生财务危机时，合并的其他方受到的牵连较少，因此，控股合并风险较低。总之，控股合并的目的是控制，而不是法律主体的解散，只要企业经济资源和经营活动处于单一的管理结构控制之下，也就完成了企业合并。

（二）按照合并企业所涉及的行业分类

按照合并所涉行业分类，企业合并一般有三种情况：横向合并、纵向合并和混合合并，后两种合并又可统称为非横向合并。

1. 横向合并

横向合并（Horizontal Integration）又称水平式合并，是指生产或销售同类产品，或者提供同种服务而处于相互竞争中的企业之间的合并。横向合并的目的在于，联合同行业企业组成集团，提升竞争实力，实现规模效益。由于横向合并会削弱企业间的竞争，甚至造成垄断，因此是各国反垄断法规制的重点，如美国 1992 年的合并指南直接称为《横向合并指南》。

2. 纵向合并

纵向合并(Vertical Integration)又称垂直式合并,是指在同一产业中处于不同经济层次或经营环节且通常具有某种交易关系的企业之间的合并,例如某种产品的卖方和买方之间的合并。在纵向合并中,参与合并的各家企业虽然生产工艺、产品或劳务不相同或不相似,但彼此或存在一定的前后联系,或产品及劳务相互配套,通过合并可以形成供产销一条龙,保证原材料的供应和产成品的销售。

3. 混合合并

混合合并(Conglomeration)又称跨行业合并或多种经营合并,是指横向合并与纵向合并以外的、通常是两家或两家以上相互间无太大业务关联的、既不存在竞争关系也不存在买卖关系的企业之间的合并。混合合并的目的在于分散经营风险,提高企业综合实力;或者是直接进入新领域,实现跨越式发展。多角化的企业集团一般是经过混合合并形成的。

(三) 按照合并企业是否受同一控制分类

按照合并企业在合并前是否受同一方或相同多方最终控制分类,企业合并可以分为同一控制下的企业合并与非同一控制下的企业合并。

1. 同一控制下的企业合并

同一控制下的企业合并(Business Combination under the Same Control),是指参与合并的企业在合并前后均受同一方或相同多方最终控制,且该控制并非暂时性的。

同一方,是指对参与合并的企业在合并前后均实施最终控制的投资者,通常指企业集团的母公司。同一控制下的企业合并一般发生于企业集团内部,如集团内母子公司之间、子公司与子公司之间等,其本质是集团内部企业之间的资产或权益的转移。

相同多方,通常是指根据投资者之间的协议约定,为了扩大其中某一投资者对被投资单位的表决权比例,或者巩固某一投资者对被投资单位的控制地位,在对被投资单位的生产经营决策行使表决权时发表一致意见的两个或两个以上的投资者。

控制并非暂时性,是指参与合并的各方在合并前后较长的时间内受同一方或相同多方最终控制。具体是指在企业合并前(合并日前),参与合并各方被最终控制方控制的时间一般在 1 年以上(含 1 年),企业合并后形成的报告主体被最终控制方控制的时间也应达到 1 年以上(含 1 年)。

同一控制下的企业合并，在合并日取得对其他参与合并企业控制权的一方为合并方，参与合并的其他企业为被合并方。合并日，是指合并方实际取得对被合并方控制权的日期。

企业之间的合并是否属于同一控制下的企业合并，应综合构成企业合并交易的各方面情况，按照实质重于形式的原则进行判断。通常情况下，同一控制下的企业合并是指发生在同一企业集团内部的企业之间的合并。除此之外，一般不作为同一控制下的企业合并。同受国家控制的企业之间发生的合并，不应仅仅因为参与合并各方在合并前后均受国家控制而将其作为同一控制下的企业合并。

2. 非同一控制下的企业合并

非同一控制下的企业合并(Business Combination not under the Same Control)，是指参与合并的各方在合并前后不受同一方或相同多方最终控制，即不属于同一控制下企业合并的其他企业合并。

非同一控制下的企业合并，在购买日取得对其他参与合并企业控制权的一方为购买方，参与合并的其他企业为被购买方。

购买日，是指购买方实际取得对被购买方控制权的日期。

四、企业合并的会计方法

企业合并既涉及会计主体的变更，又涉及对合并过程及结果的金额确定。一般来讲，合并企业的会计处理首先应根据合并类型分为两种情况：一种是同一控制下的企业合并，另一种是非同一控制下的企业合并；然后，按照是否编制合并财务报表再次分为两种情况：一种是只需编制个别财务报表，不需编制合并财务报表的吸收合并和新设合并；另一种是既需编制个别财务报表，又需编制合并财务报表的控股合并；最后，再根据时间分为控制权取得日和控制权取得日后。对于吸收合并和新设合并，控制权取得日及控制权取得日后都以合并后的企业作为单独的会计主体进行报告；对于控股合并，控制权取得日及控制权取得日后都需要进行母公司长期股权投资的账务处理及母子公司合并财务报表的编制。具体内容如表5-2所示。

表 5-2　企业合并的会计方法

<table>
<tr><th colspan="3"></th><th>控制权取得日</th><th>控制权取得日后</th></tr>
<tr><td rowspan="3">同一控制</td><td colspan="2">吸收合并、新设合并（合并企业个别财务报表）</td><td>权益结合法</td><td>日常会计处理</td></tr>
<tr><td rowspan="2">控股合并</td><td>母公司个别财务报表（长期股权投资）</td><td>成本法</td><td>成本法</td></tr>
<tr><td>母子公司合并财务报表</td><td>权益结合法</td><td>权益结合法</td></tr>
<tr><td rowspan="3">非同一控制</td><td colspan="2">吸收合并、新设合并（合并企业个别财务报表）</td><td>购买法</td><td>日常会计处理</td></tr>
<tr><td rowspan="2">控股合并</td><td>母公司个别财务报表（长期股权投资）</td><td>成本法</td><td>成本法</td></tr>
<tr><td>母子公司合并财务报表</td><td>购买法</td><td>购买法</td></tr>
</table>

本章将着重说明吸收合并的会计处理，新设合并可由吸收合并类推，控股合并将留待第六、七章进行详细讨论。而且，需要提醒注意的是，为突出重点，本书第五、六、七章均不涉及任何所得税问题，所举例题也均假设不受所得税影响。

对于吸收合并和新设合并而言，从合并日起，合并企业与被合并企业均将合为一个会计主体使用一套账册。合并日后，这个新的、规模更大的企业的财务报表将自然而然地反映各方合并后的综合情况。

对于控股合并而言，涉及的会计处理程序则相对复杂。处于控制地位的母公司在以后各期都将只通过长期股权投资账户反映其所拥有的子公司所有者权益。母公司和子公司作为不同的法律主体，都将保留各自独立的一套账户和财务报表。而会计主体假设认为，如果一家企业确实拥有另一家企业的控制权，那么它们就是一个经济主体，就应当作为一个整体提供合并财务报表。其原因是，一方面，由于存在控股关系，子公司的盈亏实际上就是母公司的盈亏，子公司的财务状况、经营成果和现金流量最终会影响到母公司的财务状况、经营成果和现金流量，管理人员、投资者和债权人需要了解集团的整体情况；另一方面，由于母公司对子公司拥有控制权，母公司将对子公司的经营活动产生直接影响，会出现母公司受一些特殊需要的驱动而侵害子公司少数股东利益等不合理、不合法、不合规现象的出现，政府有关部门也希望了解集团整体情况。而要了解整个集团的财务状况、经营成果和现金流量，仅靠母公司和子公司分别编制的个别财务报表是不够的，需要剔除母子公司之间的相互关联业务。这样一来，就产生了编制控制权取得日和控制权取得日后合并财务报表的必要。

对于企业控制权取得日的会计处理，我们一般有三种基本方法：购买法、权益结合法和新实体法。如果将合并视为对被合并企业净资产的购买，应采用购买法（Purchase Method）；如果将合并视为双方利益的联合，则适用于权益结合法（Pooling of Interests Method）；如果将合并视为完全新建一个企业，则适用于新实体法（New Entity Method）。事实上，不管该合并是通过购买资产还是购买股权实现，即无论是吸收合并、新设合并，还是控股合并，这三种方法都适用。但是，其中新实体法要求先将参与合并的各企业的资产、负债项目均调整为公允价值，然后再合并相应的账户、编制合并财务报表，而我国现阶段的实务中一般不采用这种方法，故本书也不对这种方法举例说明。

第二节　同一控制下的企业合并——权益结合法

此处所述同一控制下的企业合并，是从合并方出发，确定合并方在合并日对于企业合并事项应进行的会计处理。合并方，是指取得对其他参与合并企业控制权的一方；合并日，是指合并方实际取得对被合并方控制权的日期。我国会计准则规定，同一控制下的企业合并应按照被合并方的账面价值进行账务处理，近似于我们一般称谓的权益结合法。权益结合法，也称权益联营法、权益合并法或联营法，是处理企业合并的一种会计方法。该方法认为，企业合并不是一家企业购进另一家或另几家企业净资产的资产交易行为，而是两个或两个以上企业通过贡献各自净资产组成一个联合企业而实现的经济资源共享。权益结合法的实质在于企业合并不是购买交易，而是各参与合并企业在新主体中的联合和继续。

一、权益结合法的特点

一般来讲，权益结合法是以现存账面金额确认各参与合并企业的资产、负债和权益，使各个企业尽管现在已被共同拥有和管理，但好像仍同过去一样继续经营；同时，还对各参与合并企业所披露的任何可比期间的财务报表进行合并，犹如从列报的最早期间起就已合并在一起。由于权益结合法不将企业合并视为购买行为，也就不存在购买成本与净资产公允价值差额的确认。

顾名思义，权益结合法是将企业合并视为各参与合并企业的所有者权益结合。因此，这种方法一般具有如下特点：

1. 既然将参与合并的各企业视同合并日前就已结合在一起，故按账面价值对净资产进行计价。

2．既然企业合并不是购买行为，没有购买价格，也就不存在购买成本与净资产公允价值的差额，即没有因合并产生的商誉或营业外收入。

3．企业合并时发生的各项直接相关费用，如会计审计费、资产评估费、法律咨询费，确认为当期费用，计入当期损益。但如下情况除外：以发行股票或债券的方式支付对价的，与发行有关的佣金、手续费直接冲减股票溢价（无溢价或溢价不足扣减的，冲减盈余公积和未分配利润）或计入债券的初始计量金额。

4．不论合并发生在会计年度的哪一时点，参与合并企业的整个年度损益都要包括在合并后企业的利润表中。

5．若参与合并企业的会计政策不一致，应予以追溯调整，以确保合并时会计数据加总有意义和合并后会计政策的统一。此外，还应编制经追溯调整的视同合并的合并前比较财务报表。

由此可见，在权益结合法下，合并日不仅需要按账面价值合并各参与合并企业的资产负债表项目（资产、负债及所有者权益），还需要合并各参与合并企业合并前累积的本会计期间利润表项目。合并日现金流量表的编制与合并日利润表的编制原则相同。

二、权益结合法的内容

目前，美国财务会计准则和国际财务报告准则已经彻底摒弃了权益结合法。其中，国际财务报告准则规定："企业合并必须采用购买法进行会计处理，除非该企业合并涉及同一控制下的主体或业务间的合并。企业合并的一方总可以被认定为购买方，它获得了对其他主体（被购买方）的控制权。"而对同一控制下主体的企业合并则未做具体规定，甚至指出："这类主体可能不必遵循国际财务报告准则的财务报告规定。"但由于我国存在大量的同一控制下企业合并，因此我国准则对这种集团内合并专门规定采用更为适合的权益结合法。在该方法下，企业合并被视为是两个或多个参与合并企业权益的重新整合，由于最终控制方的存在，从最终控制方的角度，该类企业合并一定程度上并不会构成企业集团整体的经济利益流入和流出，最终控制方在合并前后实际控制的经济资源并没有发生变化，有关交易事项不作为出售或购买。

同一控制下企业合并的会计处理主要包括确定合并方、合并日、企业合并成本、合并中取得的有关资产和负债的入账价值及合并差额的处理等。

同一控制下企业合并的合并方及合并日的确定，与非同一控制下企业合并中购买方及购买日的确定原则相同，具体参见本章第三节相关内容。

对于同一控制下的企业合并，在合并中不涉及自少数股东手中购买股权的情况下，合并方应遵循以下原则进行相关处理：

1．合并方在合并中确认取得的被合并方的资产、负债仅限于被合并方账面上原已确认的资产和负债，合并中并不产生新的资产和负债。

同一控制下的企业合并，从最终控制方的角度看，其在企业合并前后能够控制的净资产价值并没有发生变化，因此即便是在合并过程中取得的净资产入账价值与支付的合并对价账面价值之间存在差额，一般也不产生新的商誉，即不确认新的资产，但被合并方在企业合并前账面上原已确认的商誉应作为合并中取得的资产确认。

2．合并方在合并中取得的被合并方各项资产、负债应维持其在被合并方的原账面价值不变。

被合并方在企业合并前采用的会计政策与合并方不一致的，应基于重要性原则，首先统一会计政策，即合并方应当按照本企业会计政策对被合并方资产、负债的账面价值进行调整，并以调整后的账面价值作为有关资产、负债的入账价值。进行上述调整的一个基本原因是将该项合并中涉及的合并方及被合并方作为一个完整的会计主体对待，其对相关交易、事项应当采取相对统一的会计政策，在此基础上反映其财务状况和经营成果。

3．合并方在合并中取得的净资产的入账价值及其相对于为进行合并而支付的对价的账面价值之间的差额，不作为资产的处置损益，不影响企业合并当期的利润表，有关差额应调整所有者权益相关项目。

同一控制下的企业合并，本质上不是购买行为，而是两个或多个会计主体权益的整合。合并方在企业合并中取得的价值量与其所放弃价值量之间存在差额的，应当调整所有者权益。在根据合并差额调整合并方的所有者权益时，应首先调整资本公积（资本溢价或股本溢价），资本公积的余额不足冲减的，应冲减留存收益。

4．对于同一控制下的控股合并，应视同合并后形成的报告主体自最终控制方开始实施控制时一直一体化存续下来的，体现在合并财务报表上，即母子公司合并后形成的报告主体，无论是资产规模还是经营成果都应持续计算。

编制合并财务报表时，无论该项合并发生在报告期的哪一时点，合并利润表、合并现金流量表均反映由母子公司构成的报告主体自合并当期期初至合并日实现的损益及现金流量情况，相应地，合并资产负债表的留存收益项目,应当反映母子公司如果一直作为一个整体运行至合并日应实现的盈余公积和未分配利润的情况。

对于同一控制下的控股合并,在合并当期编制合并财务报表时,应当对合并资产负债表的期初数进行调整,同时应当对比较报表的相关项目进行调整,视同合并后的报告主体在以前期间一直存在。

三、权益结合法的业务举例:吸收合并

在同一控制下的吸收合并中,合并方主要涉及合并日取得被合并方资产、负债的入账价值的确定,以及合并中取得有关净资产的入账价值与支付的合并对价账面价值之间差额的处理。

1. 合并中取得资产、负债的入账价值的确定

合并方对同一控制下吸收合并中取得的资产、负债应当按照相关资产、负债在被合并方的原账面价值入账。

应予注意的是,合并方与被合并方在企业合并前若存在会计政策的不同,首先应基于重要性原则,统一被合并方的会计政策,即应当按照合并方的会计政策对被合并方的有关资产、负债的账面价值进行调整,以调整后的账面价值确认。

2. 合并差额的处理

合并方在确认了合并中取得的被合并方的资产和负债后,以发行权益性证券的方式进行的该类合并,所确认的净资产入账价值与发行股份面值总额的差额,应记入资本公积(资本溢价或股本溢价),资木公积的余额不足冲减的,相应冲减盈余公积和未分配利润;以支付现金、非现金资产方式进行的该类合并,所确认的净资产入账价值与支付的现金、非现金资产账面价值的差额,相应调整资本公积(资本溢价或股本溢价),资本公积的余额不足冲减的,也应冲减盈余公积和未分配利润。

3. 合并当期期末比较报表的提供

因被合并方在合并后失去法人资格,其所有的资产、负债均并入合并方的账簿和报表进行核算,合并方在合并当期期末编制的是包括了被合并方的个别财务报表。对于同一控制下的吸收合并,在编制比较报表时,无须对以前期间已经编制的比较报表进行调整。

【例 5-1】 A、B 公司分别为 P 公司控制下的两家全资子公司。2008 年 6 月 30 日,A 公司通过向 B 公司股东定向增发 80 万股普通股(每股面值 1 元)对 B 公司进行吸收合并,合并后 A 公司仍为 P 公司最终控制。假定 A、B

公司在确认、计量、报告等方面均采用相同的会计政策。合并日，A、B 公司资产、负债情况如表 5-3 所示。

表 5-3　资产负债表简表

2008 年 6 月 30 日　　单位：元

	A 公司	B 公司
	账面价值	账面价值
资产		
货币资金	170 000	150 000
应收账款	250 000	120 000
存货	130 000	130 000
固定资产	500 000	350 000
无形资产	200 000	150 000
商誉	150 000	100 000
资产总计	1 400 000	1 000 000
负债和所有者权益		
短期借款	120 000	90 000
应付账款	100 000	140 000
长期借款	280 000	120 000
负债合计	500 000	350 000
实收资本（股本）	400 000	300 000
资本公积	250 000	200 000
盈余公积	100 000	50 000
未分配利润	150 000	100 000
所有者权益合计	900 000	650 000
负债和所有者权益总计	1 400 000	1 000 000

A 公司账务处理如下：

借：货币资金　150 000
　　应收账款　120 000
　　存货　130 000
　　固定资产　350 000
　　无形资产　150 000
　　商誉　100 000
　　资本公积　150 000
　贷：短期借款　90 000
　　　应付账款　140 000
　　　长期借款　120 000
　　　实收资本　800 000

权益结合法下，不论合并发生在会计年度的哪一时点，参与合并企业的整个年度损益都要全部包括在合并后企业的利润表中，因此，合并方合并日不仅需要按账面价值合并各参与合并企业的资产负债表项目（资产、负债及所有者权益），还需要合并各参与合并企业合并前累积的本会计期间利润表项目。合并日现金流量表的编制与合并日利润表的编制原则相同。

第三节　非同一控制下的企业合并——购买法

购买法将企业合并视为一家企业购买另一家或几家企业的行为。它要求重新估价被购买方的资产负债表项目，并按重估后的公允价值在购买方的账户或合并财务报表上反映，所取得的净资产的公允价值与购买成本的差额表现为购买方购买时发生的商誉，或直接计入损益。也就是说，在购买法下，购买净资产与购买一般资产一样，购买方应按购买成本确认所购资产（包括商誉）及负债的公允价值。

一、购买法的特点

如上所述，购买法假定，企业合并是一家企业取得另一家企业净资产的一项交易，与企业直接从外界购买设备、存货等资产并无区别。因此，购买法一般具有如下特点：

1. 购买方按公允价值记录所取得的被购买方的资产和负债。

2. 购买成本超过被购买方可辨认资产和负债公允价值的部分，记为商誉，并每年对其实施减值测试。

3. 合并时的各项直接相关费用分别不同情况进行处理：会计审计费、资产评估费、法律咨询费等直接相关费用计入购买成本；以发行股票或债券的方式支付，与发行有关的佣金、手续费直接冲减股票溢价（无溢价或溢价不足扣减的，冲减盈余公积和未分配利润）或计入债券的初始计量金额。

4. 购买方当年利润既包括合并当年购买方自身实现的利润，还包括购买日后被购买方实现的利润。

5. 由于被购买方的资产、负债已按公允价值反映，因此不需要按购买方的会计政策调整被购买方的会计记录。

由此可见，在购买法下，购买方于购买日只需按公允价值合并被购买方的资产负债表项目（仅是资产、负债，不包括所有者权益），而不需合并被购买方合并前累积的本会计期间的利润表项目。同样，母公司也不需要编制合并日的合并现金流量表。

二、购买法的内容

为促进会计准则的国际趋同，美国财务会计准则委员会和国际会计准则理事会决定分两个阶段处理企业合并会计问题。第一阶段各自独立进行。2001 年 6 月，美国财务会计准则委员会(FASB)发布了《美国财务会计准则第 141 号——企业合并》和《美国财务会计准则第 142 号——商誉和其他无形资产》，该准则最大的特点有两个：一是废除了权益结合法，统一为购买法；二是不再要求对商誉进行摊销，而只计量可能的减值。2004 年 3 月，国际会计准则理事会(IASB)发布了《国际财务报告准则第 3 号——企业合并》，该准则规定"所有的企业合并都应当采用购买法进行会计处理。购买法从被认定为购买方的参与合并主体的角度看待企业合并。"第二阶段共同完成对购买法的应用提供指南。美国财务会计准则委员会发布了《美国财务会计准则公告第 141 号——企业合并》(2007 年修订)，并对《美国财务会计准则第 160 号——合并财务报表中的非控制性权益》进行了修改；国际会计准则理事会则发布了《国际财务报告准则第 3 号——企业合并》，并对《国际会计准则第 27 号——合并财务报表和个别财务报表》做了相应修改。2006 年 2 月，我国发布了《企业会计准则第 20 号——企业合并》，该准则要求对非同一控制下的企业合并采用购买法进行会计处理。由于这些准则中有关购买法的规定大同小异，因此下文将以我国会计准则为主进行详细讲解。

非同一控制下的企业合并，主要内容涉及确定购买方、购买日、企业合并成本、合并中取得各项可辨认资产和负债的确认和计量以及合并差额的处理等。

1. 确定购买方

采用购买法核算企业合并的首要前提是确定购买方。购买方是指在企业合并中取得对另一方或多方控制权的一方。

非同一控制下的企业合并，一般应考虑企业合并合同、协议以及其他相关因素来确定购买方。合并中一方取得了另一方半数以上有表决权股份的，除非有明确证据表明不能形成控制，一般认为取得另一方半数以上有表决权股份的一方为购买方。某些情况下，即使一方没有取得另一方半数以上有表决权股份，但存在以下情况时，一般也可认为其获得了对另一方的控制权，如：

(1) 通过与其他投资者签订协议，实质上拥有被购买方半数以上表决权。

(2) 按照章程或协议等的规定，具有主导被购买方财务和经营决策的权力。

(3) 有权任免被购买方董事会或类似权力机构绝大多数成员。

(4) 在被购买方董事会或类似权力机构中具有多数表决权。

在某些情况下可能难以确定企业合并中的购买方，如参与合并的两家或多家企业规模相当，这种情况下，往往可以结合一些迹象表明购买方的存在。在具体判断时，可以考虑下列相关因素：

(1) 以支付现金、转让非现金资产或承担负债的方式进行的企业合并，一般支付现金、转让非现金资产或是承担负债的一方为购买方。

(2) 考虑参与合并各方的股东在合并后主体的相对投票权，其中股东在合并后主体具有相对较高投票比例的一方一般为购买方。

(3) 考虑参与合并各方的管理层对合并后主体生产经营决策的主导能力，如果合并导致参与合并一方的管理层能够主导合并后主体生产经营决策的制定，其管理层能够实施主导作用的一方一般为购买方。

(4) 参与合并一方的公允价值远远大于另一方的，公允价值较大的一方很可能为购买方。

(5) 企业合并是通过以有表决权的股份换取另一方的现金及其他资产的，则付出现金或其他资产的一方很可能为购买方。

(6) 通过权益互换实现的企业合并，发行权益性证券的一方通常为购买方。但如果有证据表明发行权益性证券的一方，其生产经营决策在合并后被参与合并的另一方控制，则其应为被购买方，参与合并的另一方为购买方。该类合并通常称为反向购买。

2. 确定购买日

购买日是购买方获得对被购买方控制权的日期，即企业合并交易进行过程中发生控制权转移的日期。

(1) 购买日的确定原则

确定购买日的基本原则是控制权转移的时点。同时满足以下条件时，一般可认为实现了控制权的转移，形成购买日。有关条件包括：

① 企业合并合同或协议已获股东大会等内部权力机构通过。

② 按照规定，合并事项需要经过国家有关主管部门审批的，已获得相关部门的批准。

③ 参与合并各方已办理了必要的财产权交接手续。

④ 购买方已支付了购买价款的大部分(一般应超过 50%),并且有能力、有计划支付剩余款项。

⑤ 购买方实际上已经控制了被购买方的财务和经营政策,并享有相应的收益和风险。

(2) 分次实现的企业合并的购买日确定

企业合并涉及一次以上交换交易的,例如通过分阶段取得股份最终实现合并,应于每一交易日确认对被投资单位的各单项投资。"交易日"是指合并方或购买方在自身的账簿和报表中确认对被投资单位投资的日期。分步实现的企业合并中,购买日是指按照有关标准判断购买方最终取得对被购买方控制权的日期。其具体判断原则和参考依据与通过单项交易实现的企业合并相同。

3. 确定企业合并成本

企业合并成本包括购买方为进行企业合并支付的现金或非现金资产、发行或承担的债务、发行的权益性证券等在购买日的公允价值以及企业合并中发生的各项直接相关费用之和。具体来讲,企业合并成本包括购买方在购买日支付的下列项目的合计金额:

(1) 作为合并对价的现金及非现金资产的公允价值

以非货币性资产作为合并对价的,其合并成本为所支付对价的公允价值,该公允价值与作为合并对价的非货币性资产账面价值的差额,作为资产的处置损益,计入合并当期的利润表。

(2) 发行的权益性证券的公允价值

发行的权益性证券如果存在公开市场、有明确市价可供遵循,应以该证券的市价作为确定其公允价值的依据,同时应考虑该证券的交易量、是否存在限制性条款等因素的影响;发行的权益性证券如果不存在公开市场、没有明确市价可供遵循,则应考虑以购买方或被购买方的公允价值为基础确定权益性证券的价值。在确定所发行的权益性证券的公允价值时,应当考虑达成企业合并协议并且公开宣布前后一段合理时间内该权益性证券的市场价格。

(3) 因企业合并发生或承担的债务的公允价值

因企业合并而承担的各项负债,应采用按照适用利率计算的未来现金流量的现值作为其公允价值。

(4) 企业合并合同或协议中要求视未来或有事项的发生对合并成本进行的调整

某些情况下,合并各方可能在合并合同或协议中约定根据未来一项或多项或有事项的发生对合并成本进行一定的调整,如果购买日预计可能会达到合同或协议规定的标准,应将按照合同或协议约定需支付的金额计入企业合并成本。

企业在购买日对于可能需要支付的企业合并成本调整金额进行预计并且计入企业合并成本后,未来期间涉及调整成本的事项未实际发生或发生后需要对原估计计入企业合并成本的金额进行调整的,或者在购买日因未来事项发生的可能性较小、金额无法可靠计量等原因导致有关调整金额未包括在企业合并成本中,未来期间因合并合同或协议中约定的事项很可能发生、金额能够可靠计量、符合有关确认条件的,应对企业合并成本进行相应调整。

(5) 合并中发生的各项直接相关费用

非同一控制下的企业合并中发生的与企业合并直接相关的费用,包括为进行合并而发生的会计审计费用、法律服务费用、咨询费用等,应当计入企业合并成本,但不包括为进行企业合并发行的权益性证券的手续费和佣金等。

此外,应予说明的是,对于通过多次交易分步实现的企业合并,其合并成本为每一单项交易的成本之和。

4. 企业合并成本在取得的可辨认资产和负债之间的分配

在非同一控制下的企业合并中,购买方取得了对被购买方净资产的控制权,视合并方式的不同,应分别在合并财务报表或个别财务报表中确认合并中取得的各项可辨认资产和负债。

(1) 可辨认资产、负债的确认原则

① 购买方在企业合并中取得的被购买方各项可辨认资产和负债,要作为本企业的资产、负债(或合并财务报表中的资产、负债)进行确认,在购买日,应当满足资产、负债的确认条件。有关的确认条件包括:

a. 合并中取得的被购买方的各项资产(无形资产除外),其所带来的未来经济利益预期能够流入企业且公允价值能够可靠计量的,应单独作为资产确认。

b. 合并中取得的被购买方的各项负债(或有负债除外),履行有关的义务预期会导致经济利益流出企业且公允价值能够可靠计量的,应单独作为负债确认。

② 企业合并中取得无形资产的确认条件。企业合并中取得的无形资产

在其公允价值能够可靠计量的情况下应单独予以确认。企业合并中取得的需要区别于商誉单独确认的无形资产一般是按照合同或法律产生的权利；某些并非产生于合同或法律规定的无形资产，需要区别于商誉单独确认的条件是能够对其进行区分，即能够区别于被购买方的其他资产并且能够单独出售、转让、出租等。在公允价值能够可靠计量的情况下，能够区别于商誉单独确认的无形资产一般包括：商标、版权及与其相关的许可协议、特许权、分销权等类似权利、专利技术、专有技术等。

③ 企业合并中产生或有负债的确认条件。为了尽可能反映购买方因为进行企业合并而可能承担的潜在义务，对于购买方在企业合并时可能需要代被购买方承担的或有负债，在其公允价值能够可靠计量的情况下，应作为合并中取得的负债单独确认。企业合并中对于或有负债的确认条件，与企业正常经营过程中因或有事项需要确认负债的条件不同。在购买日，在相关的或有事项导致经济利益流出企业的可能性还比较小，但其公允价值能够合理确定的情况下，即需要作为合并中形成的负债确认。

企业合并中形成的或有负债在初始确认以后，企业持续持有该项负债的期间之内，应当按照以下两项金额孰高进行后续计量：一是按照《企业会计准则第 13 号——或有事项》应予确认的金额；二是以初始确认金额减去按照《企业会计准则第 14 号——收入》的原则确认的累计摊销额后的余额。

（2）可辨认资产、负债的计量

企业合并中取得的资产、负债在满足确认条件后，应以其公允价值计量。

应当说明的是，对于被购买方在企业合并之前已经确认的商誉和递延所得税项目，购买方在对企业合并成本进行分配、确认合并中取得可辨认资产和负债时不应予以考虑。

在按照规定确定了合并中应予确认的各项可辨认资产、负债的公允价值后，其计税基础与账面价值不同形成暂时性差异的，应当按照所得税会计准则的规定确认相应的递延所得税资产或递延所得税负债。

5. 企业合并成本与合并中取得的被购买方可辨认净资产公允价值份额之间差额的处理

购买方对于企业合并成本与确认的被购买方可辨认净资产公允价值份额的差额，应视情况分别处理：

（1）企业合并成本大于合并中取得的被购买方可辨认净资产公允价值份额的部分，应确认为商誉。

按照购买法核算的企业合并，如果存在合并差额，企业合并准则要求首先对企业合并成本及合并中取得的各项可辨认资产、负债的公允价值进行复核，在取得的各项可辨认资产和负债均以公允价值计量并且确认了符合条件的无形资产以后，剩余部分构成商誉。

商誉在确认以后，持有期间不要求摊销，每一会计年度年末，企业应当按照《企业会计准则第 8 号——资产减值》的规定对其进行减值测试，按照账面价值与可收回金额孰低的原则计量，对于可收回金额低于账面价值的部分，计提减值准备，有关减值准备在提取以后，不得转回。

在吸收合并的情况下，该差额是购买方在其个别财务报表中应确认的商誉；在控股合并的情况下，该差额是指合并财务报表中应列示的商誉。

（2）企业合并成本小于合并中取得的被购买方可辨认净资产公允价值份额的部分，应计入合并当期损益。

企业合并准则要求，在该情况下，首先要对合并中取得的资产、负债、作为合并对价的非现金资产或发行的权益性证券等的公允价值进行复核，复核结果如果表明所确定的各项可辨认资产和负债的公允价值确定是恰当的，应将企业合并成本低于取得的被购买方可辨认净资产公允价值份额的部分，计入合并当期的营业外收入，并在财务报表附注中予以说明。

与商誉的确认相同，在吸收合并的情况下，上述差额，应计入合并当期购买方的个别利润表；在控股合并的情况下，上述差额应体现在合并当期的合并利润表中。

三、购买法的业务举例：吸收合并

非同一控制下的吸收合并，购买方在购买日应将合并中取得的符合确认条件的各项可辨认资产、负债，按其公允价值确认为本企业的资产和负债；作为合并对价的有关非货币性资产在购买日的公允价值与其账面价值的差额，应作为资产处置损益计入合并当期的利润表；确认的企业合并成本与所取得的被购买方可辨认净资产公允价值之间的差额，视情况分别确认为商誉或是计入企业合并当期的损益。

【例 5-2】 A、B 公司为非同一控制下的两家公司。2008 年 1 月 1 日，A 公司通过向 B 公司股东定向增发 40 万股普通股（每股面值 1 元，市价 2 元）对 B 公司进行吸收合并。合并日，A、B 公司资产、负债情况如表 5-4 所示。

表 5-4 资产负债表简表

2008 年 1 月 1 日 单位:元

	A 公司	B 公司	
	账面价值	账面价值	公允价值
资产			
货币资金	170 000	150 000	150 000
应收账款	250 000	120 000	100 000
存货	130 000	130 000	170 000
固定资产	500 000	350 000	400 000
无形资产	200 000	150 000	130 000
商誉	150 000	100 000	
资产总计	1 400 000	1 000 000	950 000
负债和所有者权益			
短期借款	120 000	90 000	90 000
应付账款	100 000	140 000	140 000
长期借款	280 000	120 000	120 000
负债合计	500 000	350 000	350 000
实收资本(股本)	400 000	300 000	
资本公积	250 000	200 000	
盈余公积	100 000	50 000	
未分配利润	150 000	100 000	
所有者权益合计	900 000	650 000	600 000
负债和所有者权益总计	1 400 000	1 000 000	950 000

A 公司账务处理如下:

借:货币资金 150 000
　应收账款 100 000
　存货 170 000
　固定资产 400 000
　无形资产 130 000
　商誉 200 000
　贷:短期借款 90 000
　　应付账款 140 000
　　长期借款 120 000
　　实收资本(股本) 400 000
　　资本公积 400 000

在购买法下,由于购买方当年利润只包括合并当年购买方自身实现的利润和购买日后被购买方实现的利润,因此,购买方购买日只需按公允价值合并被购买方的资产负债表项目(仅是资产、负债,不包括所有者权益),而不需合并被购买方合并前累积的本会计期间的利润表项目。同理,非同一控制下的企业合并,购买日也无须编制合并后现金流量表。

虽然本章以吸收合并为例,但其原理同样适用于新设合并。只不过在吸收合并下合并企业继续存在、被合并企业消失、仅被合并企业需要结束旧账;而新设合并下参与合并企业均不再存在、新设企业产生、参与合并企业均需结束旧账。

第四节 权益结合法和购买法的比较

权益结合法和购买法是处理企业合并的两种会计方法,其差异主要表现在:对并入的净资产是按账面价值入账还是按公允价值入账;是否要在账面上确认合并业务所包含的商誉或产生的营业外收入;利润从何时起合并;与合并相关的费用如何处理等。不同会计方法的存在,是由于各自的经济意义及内在合理性;而对不同会计方法的选择,无疑会对企业合并当年及以后年度产生重大影响。

一、权益结合法和购买法的特点比较

权益结合法和购买法,作为处理企业合并的两种截然不同的会计方法,都有一定的理论依据,也各有利弊,具体比较如表5-5所示。

表5-5 权益结合法和购买法的特点比较

项目	权益结合法	购买法
优点	1. 权益结合、共享收益、共担风险符合企业合并的概念 2. 符合历史成本原则和持续经营假设 3. 处理简单,便于操作,可靠性更强	1. 对绝大多数的企业合并来说,购买方可辨认 2. 合并价格是参与合并各方根据公允价值确定的,以此入账相关性更强 3. 对价形式不影响绝大多数企业合并的购买本质 4. 与取得一般资产的会计处理方法一致
缺点	便于管理当局通过企业合并或变卖合并资产调整报表数据	购买方按账面价值记账,被购买方按公允价值合并,计价基础不相一致

二、权益结合法和购买法对财务报表影响的比较

权益结合法和购买法虽然都是企业合并的会计处理方法,但却遵循不同的思路和体系,对财务报表(以资产负债表、利润表为例)产生了极为不同的影响。具体内容如表5-6所示。

表 5-6　权益结合法和购买法对财务报表影响的比较

项目			权益结合法	购买法
报表项目	合并当年	资产负债表	1. 按账面价值并入参与合并企业的资产、负债 2. 不确认商誉	1. 按公允价值并入被购买方的资产、负债 2. 确认商誉
		利润表	1. 将参与合并企业整个年度的利润并入合并后企业中 2. 企业合并时发生的各项直接相关费用,如会计审计费、资产评估费、法律咨询费,确认为当期费用,计入当期损益。但如下情况除外:以发行股票或债券的方式支付对价的,与发行有关的佣金、手续费直接冲减股票溢价(无溢价或溢价不足扣减的,冲减盈余公积和未分配利润)或计入债券的初始计量金额	1. 仅将合并日后该年度的利润并入合并后企业中 2. 合并时的各项直接相关费用分别不同情况进行处理:会计审计费、资产评估费、法律咨询费等直接相关费用计入购买成本;以发行股票或债券的方式支付对价的,与发行有关的佣金、手续费直接冲减股票溢价(无溢价或溢价不足扣减的,冲减盈余公积和未分配利润)或计入债券的初始计量金额
	合并后*	资产负债表	1. 所有者权益较低 2. 资产总额较低	1. 所有者权益较高 2. 资产总额较高
		利润表	1. 成本、费用较低 2. 利润较高	1. 成本、费用较高 2. 利润较低
报表披露**			1. 属于同一控制下企业合并的判断依据 2. 以支付现金、转让非现金资产以及承担债务作为合并对价的,所支付对价在合并日的账面价值;以发行权益性证券作为合并对价的,合并中发行权益性证券的数量及定价原则,以及参与合并各方交换有表决权股份的比例 3. 被合并方的资产、负债在上一会计期间资产负债表日及合并日的账面价值;被合并方自合并当期期初至合并日的收入、净利润、现金流量等情况 4. 被合并方采用的会计政策与合并方不一致所作调整情况的说明	1. 合并成本的构成及其账面价值、公允价值及公允价值的确定方法 2. 被购买方各项可辨认资产、负债在上一会计期间资产负债表日及购买日的账面价值和公允价值 3. 被购买方自购买日起至报告期期末的收入、净利润和现金流量等情况 4. 商誉的金额及其确定方法 5. 因合并成本小于合并中取得的被购买方可辨认净资产公允价值的份额计入当期损益的金额

* 假设公允价值大于账面价值。

** 所有合并都需要披露的项目有:参与合并企业的基本情况;合并日或购买日的确定依据;合并合同或协议约定将承担被合并方或有负债的情况,合并后已处置或准备处置被合并方(或被购买方)资产、负债的账面价值、处置价格等。

本章小结

本章主要参考我国《企业会计准则第 20 号——企业合并》的相关规定，并紧密结合《美国财务会计准则第 141 号——企业合并》(2007 年修订)和《国际财务报告准则第 3 号——企业合并》(2008 年修订)，对企业合并的定义、动因、种类及会计方法——权益结合法和购买法进行了详细阐述。

第一节首先介绍了企业合并的狭义、中义和广义定义，本书采用的是中义概念，即企业合并是指一切企业形式之间依法进行的财产权或股权的控制或转移，包括吸收合并、新设合并和控股合并。随后，列举了企业合并的一些动因，如产品动因、财务动因、政策动因等。此外，还对企业合并进行了分类：按企业合并的法律形式分为吸收合并、新设合并和控股合并；按合并企业所涉行业分为横向合并、纵向合并和混合合并；按合并企业是否受同一控制分为同一控制下的企业合并和非同一控制下的企业合并。最后，阐述了企业合并的会计方法，合并企业财务报表涉及权益结合法和购买法，母公司个别财务报表涉及成本法。

第二、三节分别讲述企业合并的两种会计方法——权益结合法和购买法。这一部分是本章的重点，也是第六、七章的基础。其中，第二节首先阐述了权益结合法的特点和内容。该方法以现存账面金额确认各参与合并企业的资产、负债和权益，并对各参与合并企业所披露的任何可比期间的财务报表进行合并，该方法不涉及购买成本与净资产公允价值差额的确认问题。美国财务会计准则和国际财务报告准则已摒弃了权益结合法，但我国企业会计准则对同一控制下的企业合并仍采用该方法。本书对权益结合法下企业合并的合并方、合并日、企业合并成本、合并中取得的有关资产和负债的入账价值及合并差额的处理进行了介绍。最后，以吸收合并为例对权益结合法进行了举例分析。

第三节首先阐释了购买法的特点和内容。该方法要求重新估价被购买方的资产负债表项目，并按重估后的公允价值在购买方的账户或合并财务报表上反映，所取得的净资产的公允价值与购买成本的差额表现为购买方购买所发生的商誉，或直接计入损益。美国财务会计准则和国际财务报告准则要求除同一控制下企业合并外所有企业合并均采用购买法进行会计处理，但对同一控制下企业合并未做具体规定；我国企业会计准则只要求对非同一控制下的企业合并采用购买法。随后，本书以我国会计准则为主进行了详细讲解，主要内容涉及确定非同一控制下企业合并的购买方、购买日、企业合并成本、合并中取得各项可辨认资产和负债的确认和计量以及合并差额的处理等。最后，以吸收合并为例对购买法进行了举例分析。

第四节对企业合并的两种会计方法——权益结合法和购买法进行了总结，从两种方法的特点和对财务报表的影响等角度进行了对比分析。

本章主要名词

企业合并　吸收合并　新设合并　控股合并　横向合并　纵向合并　混合合并　同一控制下的企业合并　非同一控制下的企业合并　个别财务报表　合并财务报表　控制权取得日　控制权取得日后　权益结合法　合并方　被合并方　合并日　购买法　购买方　被购买方　购买日　成本法　企业合并成本　公允价值　可辨认资产和负债　商誉

本章思考题

1. 什么是企业合并？它的狭义、中义和广义定义分别包括哪些内容？
2. 按照企业合并的法律形式可将企业合并分为哪几种形式？
3. 按照合并企业所涉及的行业可将企业合并分为哪几种形式？
4. 按照合并企业是否受同一控制可将企业合并分为哪几种形式？
5. 什么是同一控制下的企业合并？我国会计准则要求采用什么方法对其进行会计处理？这种方法有什么特点？
6. 什么是非同一控制下的企业合并？我国会计准则要求采用什么方法对其进行会计处理？这种方法有什么特点？
7. 权益结合法和购买法各有什么特点？二者对财务报表有什么不同的影响？请比较。

本章练习题

一、M、N 公司分别为 P 公司控制下的两家全资子公司。2008 年 1 月 1 日，M 公司对 N 公司进行吸收合并，合并后 M 公司仍为 P 公司最终控制。假定 M、N 公司在确认、计量、报告等方面均采用相同的会计政策。合并日，M、

N公司资产、负债情况如下表所示：

资产负债表(简表)

2008年1月1日 单位:元

项目	M公司 账面价值	N公司 账面价值
资产		
流动资产	2 000 000	600 000
固定资产	4 000 000	1 800 000
资产总计	6 000 000	2 400 000
负债和所有者权益		
短期借款	1 200 000	500 000
长期负债	1 800 000	1 000 000
负债合计	3 000 000	1 500 000
实收资本(股本)	2 000 000	500 000
资本公积	600 000	200 000
留存收益	400 000	200 000
所有者权益合计	3 000 000	900 000
负债和所有者权益总计	6 000 000	2 400 000

假定M公司发行面值1元的股票80万股换取N公司的全部股份。此外,M公司还发生了下列与合并业务相关的费用：

股票发行费用	80 000	
法律咨询费用	20 000	
合计		100 000

请编制M公司的会计分录及合并资产负债表。

二、X、Y公司为非同一控制下的两家公司。2008年1月1日,X公司对Y公司进行吸收合并。合并日,X、Y公司资产、负债情况如下表所示：

资产负债表(简表)

2008 年 1 月 1 日　　单位:元

项目	X 公司		Y 公司			
	账面价值		账面价值		公允价值	
资产						
流动资产	1 500 000		800 000			800 000
固定资产	3 500 000		1 200 000			1 700 000
资产总计		5 000 000		2 000 000		2 500 000
负债和所有者权益						
短期借款	800 000		300 000		300 000	
长期负债	1 200 000		700 000		700 000	
负债合计		2 000 000		1 000 000		1 000 000
实收资本(股本)	1 500 000		300 000		300 000	
资本公积	1 000 000		500 000		1 000 000	
留存收益	500 000		200 000		200 000	
所有者权益合计		3 000 000		1 000 000		1 500 000
负债和所有者权益总计		5 000 000		2 000 000		2 500 000

(1) 假定 X 公司发行 30 万股股票(每股面值 1 元,市价 6 元)换取 Y 公司全部股份。此外,X 公司还发生了下列与合并业务相关的费用:

股票发行费用	50 000
资产评估费用	30 000
法律咨询费用	20 000
合计	100 000

请编制 X 公司的会计分录及合并后的资产负债表。

(2) 假定 X 公司支付 100 万元现金,换取 Y 公司全部股份。此外,X 公司还发生了下列与合并业务相关的费用:

资产评估费用	30 000
法律咨询费用	20 000
合计	50 000

请编制 X 公司在上述两种情况下的会计分录及合并资产负债表。

本章小资料

小资料之一：

关于中信基金管理有限责任公司拟进行合并的公告

中信基金管理有限责任公司（以下简称“本公司”）董事会和股东已经做出决议，拟将本公司与华夏基金管理有限公司合并，合并方式拟采用由华夏基金管理公司吸收合并本公司的方式进行。根据有关法律、法规的相关规定，本公司的债权债务将由合并后的华夏基金管理有限公司承继。本次吸收合并尚需取得中国证监会的批准。

本公司管理的基金将依法定程序更换基金管理人，具体情况另行公告。

本公司各债权人自本公告之日起45日内有权要求本公司清偿债务或提供相应的担保。

联系地址：（略）

联系人：（略）

联系电话：（略）

特此公告。

中信基金管理有限责任公司

2008年8月9日

资料来源：http://www.cninfo.com.cn/finalpage/2008-08-09/cninfo_jjzq_jjgg_kf-sjjgg42011236.html。

小资料之二：

华夏与中信两基金公司即将合并

为国内首例基金合并案，基金业重组洗牌或不可避免

国内首例基金公司合并案目前进入实质性操作阶段。据悉，此例由华夏基金吸收合并中信基金的具体方案尚待国家证监会的最后批准，不过获通过并无悬念。业内人士表示，如果A股下半年仍旧低迷，有可能再次迎来行业的重组洗牌，不少中小基金公司股东选择退出，改换门庭的将不在少数。

华夏基金管理有限公司和中信基金管理公司日前分别发布公告，宣布华夏基金与中信基金将进行合并，并明确合并方式拟采用由华夏基金吸收合并中信基金。合并后，中信基金的债权债务将由华夏基金管理有限公司承继，并将相应修改公司章程。

对两家基金公司100%控股的中信证券是此次合并案背后的“导演”。通过一系列连环收购，中信证券在去年相继完成了对中信基金和华夏基金的100%控股，从而为两家基金公司合并扫清了道路。按照“一参一控”的监管原则，证监会在去年9月批准中信证券收购华夏基金39.275%股份的同时，要求华夏基金及相关各方及时办理股权转让事宜，并做好吸收合并中信基金的相关工作，保证华夏基金的稳定运营，维护基金持有人的合法权益。去年12月26日，中信证券正式公告，宣布华夏基金吸收合并中信基金获得董事会同意，两家基金合并正式掀开序幕。

资料来源：《深圳晚报》2008年8月12日，转引自 http://www.sina.com.cn。

本章参考资料

1. 《企业会计准则第20号——企业合并》，经济科学出版社2006年版。

2. 财政部会计司编写组，《企业会计准则讲解》，第二十一章企业合并，人民出版社2008年版。

3. 《美国财务会计准则第141号——企业合并》，《美国财务会计准则第142号——商誉和其他无形资产》，2007年版。

4. 《国际财务报告准则第3号——企业合并》，中国财政经济出版社2005年版。

5. 中国注册会计师协会编，注册会计师全国统一考试辅导教材《会计》，第二十五章企业合并，中国财政经济出版社2008年版。

6. 保罗·M. 费歇尔等著，耿建新等译，《高级会计》，第一章企业合并，中国财政经济出版社2004年版。

第六章

合并财务报表：控制权取得日

本章教学目的和要求

本章首先阐述合并财务报表的意义、特点、理论、范围及程序，然后系统介绍控制权取得日母公司个别财务报表中长期股权投资的会计方法——成本法，最后详细说明控股合并下编制控制权取得日合并财务报表的两种会计方法——权益结合法和购买法。

本章的教学目的，是使读者掌握合并财务报表的基本理论，了解控股合并下母公司长期股权投资及控制权取得日合并财务报表的会计方法，为后续的控制权取得日后合并财务报表的学习打下基础。

本章的教学要求是，建立合并财务报表基础理论框架，掌握控制权取得日合并财务报表的不同编制方法。读者应熟知两种编制方法——权益结合法和购买法的不同特点，并能对不同的报表数据进行深入的分析和探讨。

第一节　合并财务报表概述

一、合并财务报表的意义

如第五章所述,按照企业合并的法律形式的不同,企业合并可以分为吸收合并、新设合并和控股合并。其中,无论是吸收合并还是新设合并,合并后都将形成一个单一的经济主体和法律主体;该主体亦将作为唯一的会计主体进行相关账务处理,与一般企业无异,因此这两类合并不存在合并财务报表问题。而控股合并则不同,合并后控股企业(母公司)和被控股企业(子公司)仍然是相互独立的经济主体和法律主体,同时亦作为独立的会计主体各自进行账务处理;然而,由于控股关系的存在,它们事实上也形成了一个由投资、受资关系而结成的统一整体,为了正确地反映这个整体的财务状况、经营成果和现金流量,还需要为其另外编制一套财务报表,即合并财务报表。

合并财务报表(Consolidated Statements)是将母公司和子公司组成的企业集团视为一个会计主体,以母公司和子公司单独编制的个别财务报表为基础,由母公司编制的综合反映企业集团整体财务状况、经营成果和现金流量的财务报表。合并财务报表的作用主要表现在两个方面:

第一,合并财务报表能够反映母子公司组成的企业集团的整体经营情况。在控股合并下,母公司和子公司都是独立的法人实体,也是独立的会计主体,需要分别编制各自的财务报表,但这些报表只能反映母、子公司自身的生产经营情况,而不能有效反映集团整体情况。为了解集团整体情况,需要将母、子公司构成的企业集团视为一个会计主体,编制反映该整体的合并财务报表。

第二,合并财务报表有利于避免利用集团内部关联方交易粉饰报表的现象发生。控股合并,顾名思义,其最主要的特点就是母公司能够在一定程度上控制子公司。也正因为这种控制和被控制关系的存在,使得集团内交易有时可能不够公允、客观,而是以一种微妙的定价方式转移盈亏,继而达到粉饰财务报表的目的。而通过编制合并财务报表,可将集团内部交易及其盈亏予以抵消,从而使会计信息能够客观真实地反映企业集团的整体情况,以有效防止或避免人为操纵利润、粉饰财务报表现象的发生。

二、合并财务报表的特点

合并财务报表是以整个企业集团为会计主体,以组成企业集团的母公司和子公司的个别财务报表为基础,通过抵消集团内部交易或事项而编制的集团整体财务报表。与母、子公司个别财务报表相比,它具有如下特点:

1. 反映对象不同

合并财务报表反映的是由母公司和子公司组成的企业集团的整体财务状况、经营成果和现金流量,反映对象是若干个经济主体(同时亦为法律主体)组成的经济意义上的会计主体,而不是法律主体。而母、子公司个别财务报表反映的则是母、子公司单个企业各自的财务状况、经营成果和现金流量,反映对象是与单个的经济主体(或称为法律主体)相对应的会计主体的经济活动。

2. 编制单位不同

合并财务报表是由企业集团中对其他企业有控制权的母公司编制,而不是集团中所有企业都必须编制。而母、子公司个别财务报表则要求作为独立会计主体(或称为法律主体)的母公司及集团内各个子公司都必须编制。

3. 编制基础不同

合并财务报表以纳入合并范围的母、子公司个别财务报表为基础,根据其他相关资料,抵消集团内部交易或事项对个别财务报表的影响而编制的,它并不需要在现行会计核算体系外再单独设置一套账簿体系。而母、子公司个别财务报表则需要一套从设置账簿、审核原始凭证、编制记账凭证、登记会计账簿到编制财务报表的完整的会计核算体系。

4. 编制方法不同

合并财务报表的编制有其独特的方法,是在汇总纳入合并范围的个别财务报表数据的基础上,通过编制调整、抵消分录消除集团内部交易或事项对个别财务报表的影响,然后将调整或抵消后数额汇编而成。而母、子公司个别财务报表则是严格按照固有的一套编制方法和程序,如日常记账和过账、期末调整和结账以及试算平衡等会计循环,积累数据,完成报表的编制。

三、合并财务报表的合并理论

编制合并财务报表要以一定的合并理论为依据。所谓合并理论,实际上是指认识合并财务报表的观点或角度,即如何看待由母、子公司组成的企业集团及其内部联系。目前,国际上编制合并财务报表的合并理论主要有所有权理论、实体理论和母公司理论三种。各国在制定合并财务报表准则时,往往并不是单纯运用某一理论,而是以某一理论为主,同时兼顾其他理论。下面,本章以合并资产负债表和合并利润表的编制为例,阐述这三种理论。

(一) 所有权理论

所有权理论又称业主权理论,是权益理论中的业主权观念在合并财务报表中的具体应用。业主权观念认为,会计主体与其终极所有者是一个完整的整体,确认、计量和报告所有者权益是财务会计的核心目标。运用到合并财务报表上,所有权理论认为,母子公司之间的关系是拥有和被拥有的关系,编制合并财务报表的目的是为了向母公司股东报告其所拥有的资源,合并财务报表只是为了满足母公司股东的信息需求,而不是为了满足子公司少数股东的信息需求。

依据这一理论,母公司编制合并财务报表时应采用比例合并法,即对于子公司的资产和负债,只按母公司所持有股权的份额计入合并资产负债表;对于子公司的收入、费用和利润,也只按母公司所持有股权的份额计入合并利润表。

所有权理论强调的是对母公司按比例拥有的部分而不是实际控制的全部进行合并,这其实违背了控制的实质。事实上,控股企业控股合并的目的就是为了对被控股企业的经营及财务政策实施控制或重大影响,使其与自己成为 个整体,从而能按自己的意愿来管理和利用被控股企业的全部资产,而比例合并法恰恰忽略了控股合并所产生的这种控制杠杆作用。

但所有权理论适合处理共同控制企业的合并问题。面对共同控制企业,没有一家投资企业能够对其实施控制,因此很难确定共同控制企业到底由谁来合并,最好的办法就是按各自拥有的比例分别合并。

(二) 实体理论

实体理论是一种站在由母、子公司组成的统一经济主体的角度来看待母、子公司间控股关系的合并理论,它源自权益理论中的主体观念。主体观念认为,会计主体与其终极所有者是相互独立的个体。运用到合并财务报表上,实体理论认为,母子公司之间的关系是控制和被控制的关系,而不是拥有和被拥有的关系,编制合并财务报表的目的是为了反映合并主体所控制的资源,合并财务报表不是专为控股股东使用,而应满足所有股东的信息需求。

依据这一理论,母公司编制合并财务报表时应采用完全合并法,即不论是否为全资子公司,子公司全部资产、负债、收入和费用都应合并到合并财务报表中。只不过对非全资子公司而言,其净资产(即所有者权益)要区分为控股权益与少数股权,净利润中亦包括了少数股东所持有的份额。

实体理论强调的是母公司对企业集团整个会计主体的控制。该理论认为,少数股东同控股股东一样,都是企业集团这一会计主体的股东,共同享有企业集团的净利润,因此合并财务报表应该反映所有股东的情况。

但实体理论在寻求少数股东和控股股东的平等权利过程中,实际上既存在理论上的缺陷,又不具有现实价值。首先,在理论上,子公司的整体价值等于母公司付出的代价除以母公司所拥有的股权比例,合并商誉则是子公司的整体价值与子公司可辨认净资产的公允价值之间的差额,属于全体股东。这种假定少数股东和控股股东一样会支付同样的价格来获得股权的做法,与实际不符。其次,在实务上,由于少数股东仅仅拥有子公司的少数股权,对子公司没有控制权,更谈不上对企业集团的控制权,因此往往只是被动地获得相应利益,他们一般并不关心企业集团的合并财务报表,将其编报在内亦无多大实际意义。

(三)母公司理论

母公司理论是一种站在母公司股东的角度来看待母、子公司之间控股关系的合并理论,它并没有独立、一致的理论基础,而是所有权理论和实体理论的折中。在合并财务报表目的的确定上,母公司理论采纳了所有权理论的看法,认为合并财务报表是为母公司股东提供信息的,否定了实体理论的广泛的服务对象(控股股东和少数股东);在合并财务报表范围和方法的选择上,母公司理论采取了和实体理论一致的看法,采用实质控制而不是狭隘拥有的观点对子公司的资产、负债、收入和费用予以全面合并。

依据这一理论,母公司编制合并财务报表时应采用修正的完全合并法,即对全资子公司采用完全合并法,对非全资子公司采用更稳健的方式处理少数股东的权益和利润。在合并资产负债表中,将少数股东权益视为负债;在合并利润表中,将少数股东所占有的利润份额视为费用。

母公司理论强调的是母公司股东的利益。该理论不将子公司当做独立的经济主体看待,而是将其视为母公司的附属机构。依据母公司理论编制合并财务报表,实际上是在母公司个别财务报表的基础上扩大其编制范围,将母公司个别财务报表上总括反映的对子公司的投资情况进行细化。具体来说:合并资产负债表实际上是在母公司个别资产负债表的基础上,用子公司的所有资产、负债来代替母公司个别资产负债表中对子公司的“长期股权投资”项目,合并后的所有者权益只反映母公司的所有者权益,不包括子公司的所有者权益;子公司的净资产与所替代的母公司的“长期股权投资”之间的差额,即为子公司少数股东的所有者权益,将其视为企业集团的一项负债;与此类似,合并利润表实际上是在母公司个别利润表的基础上,用子公司的各项收入、费用项目替代母公司个别利润表中对子公司的“投资收益”项目,合并净利润中不包括子公司少数股东所持有的利润份额,而将其视为企业集团的一项费用。

但母公司理论也有其不足之处。主要问题是,按照这一折中理论,合并财务报表中相关项目的属性会变得不伦不类,使报表使用者产生困惑。首先,对子公司的资产和负债会出现双重定价,即对子公司资产、负债中属于母公司的部分,认为被母公司购买,按子公司购买日价格计价;而对子公司资产、负债中少数股东的部分,认为属于子公司少数股东所有,按子公司账面价值计价。这样一来,相当于对一项资产部分按市场价值、部分按账面价值计价,结果将变得无法解释。其次,合并财务报表的负债、权益总额将无从计算。将本不属于负债、不需到期偿还的少数股东权益视同负债,列示于负债和股东权益之间,将造成一系列的混乱,例如资产负债率、股东权益报酬率等比率的计算将无法妥善解决。

我国 2006 年 2 月颁布的新会计准则,关于合并财务报表的编制,主要采用的是实体理论。对于同一控制下的控股合并,彻底遵循实体理论,采用完全合并法;对于非同一控制下的控股合并,除合并商誉遵循所有权理论、采用比例合并法、只确认属于母公司的份额外,其他项目均遵循实体理论,采用完全合并法。

四、合并财务报表的合并范围

编制合并财务报表,首先必须明确其合并范围,即母公司及应纳入合并财务报表的子公司范围。从理论上讲,合并范围的确定取决于编制合并财务报表所运用的合并理论。在会计实务中,各国会计准则或制度都对合并范围有比较明确的规定。但由于各国会计环境不同,有关准则对合并范围的规定也有所不同。例如,法国的法律和惯例同时以母公司理论和所有权理论为基础,德国更多以实体理论为基础,美国和英国则主要以母公司理论为基础。我国《企业会计准则第33号——合并财务报表》中对合并范围的确定采纳的是实体理论。

根据我国准则,合并财务报表的合并范围应当以控制为基础加以确定。

(一) 控制的定义

控制,是指一个企业能够决定另一个企业的财务和经营政策,并能据以从另一个企业的经营活动中获取利益的权力。控制通常具有如下特征:

1. 控制的主体是唯一的,不是两方或多方。即对被投资单位的财务和经营决策的提议不必征得其他方同意,就可以形成决议,付诸被投资单位执行。

2. 控制的内容主要是被控制方的财务和经营决策,这些财务和经营决策一般是通过表决权来决定的。在某些情况下,也可以通过法定程序严格限制董事会、受托人或管理层对特殊目的主体经营活动的决策权,如规定除设立者或发起人外,其他人无权决定特殊目的主体经营活动的政策。

3. 控制的目的是为了获取经济利益,包括增加经济利益、维持经济利益、保护经济利益或者降低所分担的损失等。

4. 控制的性质是一种权力,可以是法定权力,也可以是通过公司章程或协议、投资者之间的协议授予的权力。

(二) 母公司与子公司定义

企业集团由母公司和其全部子公司构成。如图6-1所示,假定P公司能够控制S公司,P公司和S公司构成了企业集团。如图6-2所示,假定P公司能够同时控制S1、S2、S3、S4公司,P公司和S1、S2、S3、S4公司构成了企业集团。

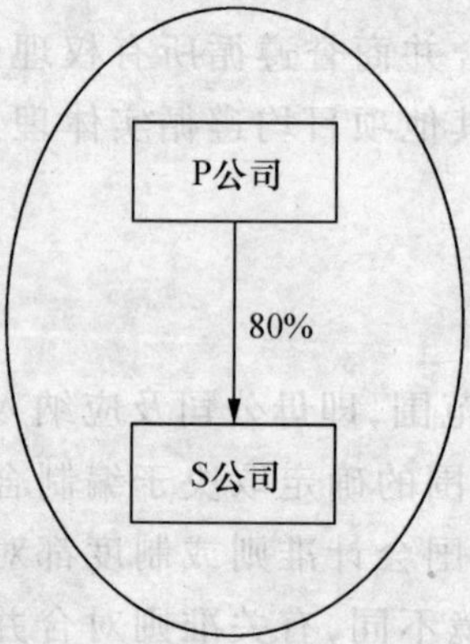

图6-1 企业集团

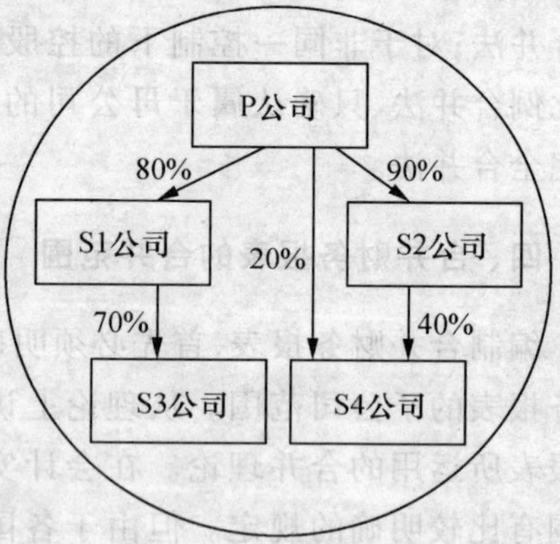

图6-2 企业集团

母公司是指拥有一个或一个以上子公司的企业(或主体)。子公司是被母公司控制的企业(或主体)。对母公司而言,可以是企业,也可以是主体,如基金等非企业形式的、但形成会计主体的其他组织;对子公司而言,可以是企业,也可以是主体,如包括基金及信托项目等特殊目的主体在内的非企业形式的、但形成会计主体的其他组织。

(三) 控制标准的具体应用

1. 母公司拥有其半数以上的表决权的被投资单位应当纳入合并财务报表的合并范围

母公司直接或通过子公司间接拥有被投资单位半数以上的表决权,表明母公司能够控制被投资单位,应当将该被投资单位认定为子公司,纳入合并财务报表的合并范围。但是,有证据表明母公司不能控制被投资单位的除外。

表决权是指对被投资单位经营计划、投资方案、年度财务预算方案和决算方案、利润分配方案和弥补亏损方案、内部管理机构的设置、聘任或解聘公司经理及决定其报酬、公司的基本管理制度等事项持有的表决权,不包括应由股东大会或股东会行使的修改公司章程、增加或减少注册资本、发行公司债券、公司合并、分立、解散或变更公司形式等事项持有的表决权。表决权比例通常与其出资比例或持股比例是一致的,但是公司章程另有规定的除外。

通常情况下,当母公司拥有被投资单位半数以上表决权时,母公司就拥有对该被投资单位的控制权,能够主导该被投资单位的股东大会(或股东会,下同),特别是董事会,并对其生产经营活动和财务政策实施控制。子公司处在母公司的控制下进行生产经营活动,子公司的生产经营活动成为事实上的母公司生产经营活动的组成部分,母公司与子公司生产经营活动一体化。因此,拥有被投资单位半数以上表决权,是母公司对其拥有控制权的明显标志,应将其纳入合并财务报表的合并范围。

母公司拥有被投资单位半数以上表决权,通常包括如下三种情况:

(1) 母公司直接拥有被投资单位半数以上表决权。例如,图 6-1。

(2) 母公司间接拥有被投资单位半数以上表决权。间接拥有半数以上表决权,是指母公司通过子公司而对子公司的子公司拥有半数以上表决权。例如,图 6-2 中的 S3 公司。但需要注意的是,P 公司间接拥有 S3 公司表决权的前提是 S1 公司为 P 公司的子公司。

(3) 母公司直接和间接方式合计拥有被投资单位半数以上表决权。直接和间接方式合计拥有半数以上表决权,是指母公司以直接方式拥有某一被投资单位半数以下的表决权,同时又通过其他方式(如通过子公司)拥有该被投资单位一部分的表决权，两者合计拥有该被投资单位半数以上的表决权。例如，图 6-2 中的 S4 公司。但需要注意的是，P 公司间接拥有 S4 公司表决权的前提是 S2 公司是 P 公司的子公司。

拥有被投资单位半数以上表决权是母公司对其拥有控制权的最明显标志，但是如果有证据表明母公司不能控制被投资单位的除外。例如，图 6-1，如果 S 公司被有关单位接管，在这种情况下，对 S 公司的控制权已经转移至有关单位，P 公司已经对 S 公司没有了控制权，S 公司不是 P 公司的子公司，不必纳入合并财务报表的合并范围。

2. 母公司拥有其半数以下的表决权的被投资单位纳入合并财务报表的合并范围的条件

在母公司拥有被投资单位半数以下表决权的情况下，如果母公司通过其他方式对被投资单位的财务和经营政策能够实施控制时，这些被投资单位也应作为子公司纳入其合并范围。

(1) 通过与被投资单位的其他投资者之间的协议，持有被投资单位半数以上表决权。这种情况是指母公司与其他投资者共同投资某企业，母公司与其中的某些投资者签订书面协议，受托管理和控制该被投资单位，从而在该被投资单位的董事会上拥有该被投资单位半数以上表决权。在这种情况下，母公司对这一被投资单位的财务和经营政策拥有控制权，使该投资成为事实上的子公司，应将其纳入合并财务报表的合并范围。

(2) 根据公司章程或协议，有权决定被投资单位的财务和经营政策。这种情况是指在被投资单位的公司章程等文件中明确母公司对其财务和经营政策能够实施控制。企业的财务和经营政策直接决定着企业的日常生产经营活动，决定着企业的未来发展。母公司能够控制企业财务和经营政策也就相当于能控制整个企业生产经营活动。这样，该被投资单位也就成为事实上的子公司，从而应当纳入合并财务报表的合并范围。

(3) 有权任免被投资单位的董事会或类似机构的多数成员。这种情况是指母公司能够通过任免被投资单位董事会的多数成员控制该被投资单位的生产经营活动，被投资单位成为事实上的子公司，从而应当纳入合并财务报表的合并范围。这里的“多数”是指超过半数以上(不包括半数)。需要注意的是，在这种情况下，董事会或类似机构必须能够控制被投资单位，否则，该条件不适用。

(4) 在被投资单位董事会或类似机构占多数表决权。这种情况是指母公司能够控制董事会或类似机构的会议，从而主导公司董事会的经营决策，使该公司的生产经营活动在母公司的控制下进行,因此,也应当将其纳入合并财务报表的合并范围。这里的"多数"是指超过半数以上(不包括半数)。在这种情况下,董事会或类似机构也必须能够控制被投资单位,否则,该条件不适用。

根据实质重于形式原则,在母公司拥有被投资单位半数或以下的表决权,满足上述四个条件之一,视为母公司能够控制被投资单位,应当将该被投资单位认定为子公司,纳入合并财务报表的合并范围。但是,如果有证据表明母公司不能控制被投资单位的除外。

3．在确定能否控制被投资单位时对潜在表决权的考虑

在确定能否控制被投资单位时,应当考虑本企业和其他企业持有的被投资单位的当期可转换公司债券、当期可执行的认股权证等潜在表决权因素。

(1) 潜在表决权是指当期可转换公司债券、当期可执行的认股权证等,不包括在将来某一日期或将来发生某一事项才能转换的可转换公司债券或才能执行的认股权证等,也不包括诸如行权价格的设定使得在任何情况下都不可能转换为实际表决权的其他债务工具或权益工具。

(2) 应当考虑影响潜在表决权的所有事项和情况,包括潜在表决权的执行条款、需要单独考虑或综合考虑的其他合约安排等。但是,本企业和其他企业或个人执行潜在表决权的意图和财务能力对潜在表决权的影响除外。

(3) 不仅要考虑本企业在被投资单位的潜在表决权,还要同时考虑其他企业或个人在被投资单位的潜在表决权。

(4) 不仅要考虑可能会提高本企业在被投资单位持股比例的潜在表决权,还要考虑可能会降低本企业在被投资单位持股比例的潜在表决权。

(5) 潜在表决权仅作为判断是否存在控制的考虑因素,不影响当期母公司股东和少数股东之间的分配比例。

4．判断母公司能否控制特殊目的主体应当考虑的主要因素

(1) 母公司为融资、销售商品或提供劳务等特定经营业务的需要直接或间接设立特殊目的主体。

(2) 母公司具有控制或获得控制特殊目的主体或其资产的决策权。例如,母公司拥有单方面终止特殊目的主体的权力、变更特殊目的主体章程的权力、对变更特殊目的主体章程的否决权等。

(3) 母公司通过章程、合同、协议等具有获取特殊目的主体大部分利益的权力。

(4) 母公司通过章程、合同、协议等承担了特殊目的主体的大部分风险。

如果母公司控制了特殊目的主体,该特殊目的主体视同子公司,应将其纳入合并财务报表的合并范围。

(四) 所有子公司都应纳入母公司合并财务报表的合并范围

母公司应将其全部子公司纳入合并财务报表的合并范围。即,只要是由母公司控制的子公司,不论子公司的规模大小、子公司向母公司转移资金的能力是否受到严格限制,也不论子公司的业务性质与母公司或企业集团内其他子公司是否有显著差别,都应当纳入合并财务报表的合并范围。

需要说明的是,受所在国外汇管制或其他管制、资金调度受到限制的境外子公司,如果该被投资单位的财务和经营政策仍然由本公司决定,资金调度受到限制并不妨碍本公司对其实施控制,应将其纳入合并财务报表的合并范围。

下列被投资单位不是母公司的子公司,不应纳入母公司合并财务报表的合并范围:

1. 已宣告被清理整顿的原子公司

已宣告被清理整顿的原子公司,是指在当期宣告被清理整顿的被投资单位,该被投资单位在上期是本公司的子公司。在这种情况下,根据2005年修订的《公司法》第184条规定,被投资单位实际上在当期已经由股东、董事或股东大会指定的人员组成的清算组或人民法院指定的有关人员组成的清算组进行日常管理,在清算期间,被投资单位不得开展与清算无关的经营活动,因此,母公司不能再控制该被投资单位,不能将该被投资单位继续认定为母公司的子公司。

2. 已宣告破产的原子公司

已宣告破产的原子公司,是指在当期宣告破产的被投资单位,该被投资单位在上期是本公司的子公司。在这种情况下,根据《企业破产法》的规定,被投资单位的日常管理已转交到由人民法院指定的管理人,母公司不能控制该被投资单位,不能将该被投资单位认定为母公司的子公司。

3. 母公司不能控制的其他被投资单位

母公司不能控制的其他被投资单位,是指母公司不能控制的除上述情形以外的其他被投资单位,如联营企业、合营企业等。

五、合并财务报表的编制程序

合并财务报表的编制以母、子公司的个别财务报表为基础,有其特殊的程序,一般需要使用合并工作底稿。如表6-1所示。

表 6-1　控股合并下合并工作底稿的内容

<table>
<tr><th>合并理论</th><th>合并种类</th><th>合并方法</th><th>控制权取得日</th><th>控制权取得日后</th></tr>
<tr><td rowspan="4">实体理论</td><td rowspan="2">同一控制下企业合并</td><td rowspan="2">权益结合法</td><td>调整分录:
按母公司的会计政策和会计期间调整子公司个别财务报表</td><td>调整分录:
1. 按母公司的会计政策和会计期间调整子公司个别财务报表
2. 按权益法调整母公司对子公司的长期股权投资</td></tr>
<tr><td>抵消分录:
1. 内部交易
2. 母公司对子公司的长期股权投资与其占子公司所有者权益账面价值的应享有份额</td><td>抵消分录:
1. 内部交易
2. 母公司对子公司的长期股权投资与其占子公司所有者权益账面价值的应享有份额</td></tr>
<tr><td rowspan="2">非同一控制下企业合并</td><td rowspan="2">购买法</td><td>调整分录:
1. 按母公司的会计政策和会计期间调整子公司个别财务报表
2. 按购买日的公允价值反映子公司个别财务报表中可辨认资产、负债及或有负债
3. 按权益法调整母公司对子公司的长期股权投资</td><td>调整分录:
1. 按母公司的会计政策和会计期间调整子公司个别财务报表
2. 将子公司个别财务报表反映为在购买日公允价值基础上确定的可辨认资产、负债及或有负债在本期资产负债表日的金额
3. 按权益法调整母公司对子公司的长期股权投资</td></tr>
<tr><td>抵消分录:母公司对子公司的长期股权投资与其占子公司可辨认净资产公允价值的应享有份额</td><td>抵消分录:
1. 内部交易
2. 母公司对子公司的长期股权投资与其占子公司在购买日公允价值基础上确定的可辨认净资产本期资产负债表日金额的应享有份额</td></tr>
</table>

（一）编制合并工作底稿

合并工作底稿的作用是为合并财务报表的编制提供基础。在合并工作底稿中，先对母公司和子公司个别财务报表各项目的金额进行汇总，然后编制调整和抵消分录，以调整或抵消某一报表项目金额，最后计算得出合并财务报表各项目的合并金额。但应该注意的是，这些调整和抵消分录只是为编制合并财务报表而编写的，只应反映在工作底稿上，不记入母公司或子公司的账簿中。

（二）编制调整分录和抵消分录

调整分录和抵消分录只存在于合并工作底稿中，其本质是根据内部交易对合并财务报表有关项目的影响而进行的处理。对非同一控制下企业合并中取得的子公司的个别财务报表进行合并时，应当首先根据母公司为该子公司设置的备查簿记录，以记录的非同一控制下企业合并中取得的子公司各项可辨认资产、负债及或有负债等的购买日公允价值为基础，通过编制调整分录，对该子公司提供的个别财务报表进行调整，以使子公司个别财务报表反映为在购买日公允价值基础上确定的可辨认资产、负债及或有负债在本期资产负债表日的金额。对于子公司采用的会计政策与母公司不一致的和子公司的会计期间与母公司不一致的，如果母公司自行对子公司的个别财务报表进行调整，也应在合并工作底稿中通过编制调整分录予以调整。在编制合并财务报表时，也要将按照成本法记录的对子公司的长期股权投资调整为权益法，这需要在合并工作底稿通过编制调整分录予以调整，而不改变母公司“长期股权投资”账簿记录。此外，编制抵消分录、进行抵消处理更是合并财务报表编制的关键，其目的在于将个别财务报表各项目加总金额中的重复因素予以抵消。

在合并工作底稿中编制的调整分录和抵消分录，借记或贷记的均为财务报表项目（即资产负债表项目、利润表项目、现金流量表项目和所有者权益变动表项目），而不是具体的会计科目。例如，调整和抵消固定资产折旧、固定资产减值准备等均通过资产负债表中的“固定资产”项目，而不是“累计折旧”、“固定资产减值准备”等科目。

（三）计算合并财务报表各项目的合并金额

在母公司和子公司个别财务报表各项目加总金额的基础上，分别计算出合并财务报表中各资产项目、负债项目、所有者权益项目、收入项目和费用项目等的合并金额。其计算方法如下：

1. 资产类各项目，其合并金额根据该项目加总金额，加上该项目调整、抵消分录有关的借方发生额,减去该项目调整、抵消分录有关的贷方发生额计算确定。

2. 负债类各项目和所有者权益类项目,其合并金额根据该项目加总金额,减去该项目调整、抵消分录有关的借方发生额,加上该项目调整、抵消分录有关的贷方发生额计算确定。

3. 有关收入类各项目,其合并金额根据该项目加总金额,减去该项目调整、抵消分录有关的借方发生额,加上该项目调整、抵消分录有关的贷方发生额计算确定。

4. 有关费用类各项目,其合并金额根据该项目加总金额,加上该项目调整、抵消分录有关的借方发生额,减去该项目调整、抵消分录有关的贷方发生额计算确定。

(四) 填列合并财务报表

根据合并工作底稿中计算出的资产、负债、所有者权益、收入、费用以及现金流量表中各项目的合并金额,填列生成正式的合并财务报表。

第二节　母公司长期股权投资:成本法

与吸收合并和新设合并不同,控股合并会产生相对复杂的会计问题。首先,控股合并既要求编制个别财务报表又要求编制合并财务报表;其次,控股合并控制权取得日和控制权取得日后会计处理不尽相同。为了给读者提供有关控股合并的全面系统的会计业务,本节将在讲述合并财务报表之前,以我国会计准则的规定为主,探讨母公司个别财务报表中长期股权投资的会计处理问题。

我国《企业会计准则第 2 号——长期股权投资》规范的权益性投资主要有四种:一是投资企业能够对被投资单位实施控制的权益性投资,即对子公司投资;二是投资企业与其他合营方一同对被投资单位实施共同控制的权益性投资,即对合营企业投资;三是投资企业对被投资单位具有重大影响的权益性投资,即对联营企业投资;四是投资企业持有的对被投资单位不具有控制、共同控制或重大影响,并且在活跃市场中没有报价、公允价值不能可靠计量的权益性投资。由于本章讨论的是控股合并,所以在此只探讨第一种情况(即对子公司投资)的会计处理。

企业持有的长期股权投资,涉及的主要核算问题包括初始投资成本的确定、持有期间的后续计量及处置损益的结转等几个方面,如表 6-2 所示。

表 6-2　控股合并下母公司长期股权投资的账务处理

<table>
<tr><th>母公司
长期股权投资</th><th>初始投资成本
的确定</th><th>持有期间
的后续计量</th><th>处置损益
的结转</th></tr>
<tr><td rowspan="2">成本法</td><td>同一控制：首先，按照合并方会计政策和会计期间对被合并方资产、负债的账面价值进行调整；然后，按照被合并方所有者权益调整后账面价值的份额确定</td><td rowspan="2">1. 追加投资时，按照追加投资的成本增加长期股权投资的账面价值
2. 被投资单位宣告分派的现金股利或利润中，投资企业按应享有的部分确认为当期投资收益
3. 所获得的被投资单位宣告分派的利润或现金股利超过被投资单位在接受投资后产生的累积净利润的部分，冲减长期股权投资的账面价值</td><td rowspan="2">全部或部分对外出售时，转出与所售股权相对应的长期股权投资的账面价值，出售所得价款与处置长期股权投资账面价值之间的差额，确认为处置损益</td></tr>
<tr><td>非同一控制：购买方付出的资产、发生或承担的负债、发行的权益性证券的公允价值以及为进行企业合并发生的各项直接相关费用之和</td></tr>
</table>

一、初始投资成本的确定

（一）同一控制下企业合并形成的长期股权投资

合并方以支付现金、转让非现金资产或承担债务方式作为合并对价的，应当在合并日按照取得被合并方所有者权益账面价值的份额作为长期股权投资的初始投资成本。长期股权投资的初始投资成本与支付的现金、转让的非现金资产及所承担债务账面价值之间的差额，应当调整资本公积（资本溢价或股本溢价）；资本公积（资本溢价或股本溢价）的余额不足冲减的，调整留存收益。合并方以发行权益性证券作为合并对价的，应按发行股份的面值总额作为股本，长期股权投资的初始投资成本与所发行股份面值总额之间的差额，应当调整资本公积（资本溢价或股本溢价）；资本公积（资本溢价或股本溢价）不足冲减的，调整留存收益。

应予关注的是，上述在按照合并日应享有被合并方账面所有者权益的份额确定长期股权投资的初始投资成本时，前提是合并前合并方与被合并方采用的会计政策应当一致。如企业合并前合并方与被合并方采用的会计政策不同的，应基于重要性原则，统一合并方与被合并方的会计政策。在按照合并方的会计政策对被合并方资产、负债的账面价值进行调整的基础上，计算确定长期股权投资的初始投资成本。

【例 6-1】 2008 年 1 月 1 日,P 公司向同一集团内 S 公司的原股东定向增发 100 000 股每股面值 1 元的股票,取得 S 公司 80% 的股权,并于当日起对 S 公司实施控制。合并后 S 公司仍维持其独立法人资格继续经营。两公司在合并前采用相同的会计政策。合并日,S 公司所有者权益账面价值总额为 500 000 元。

合并日,P 公司的会计分录如下:

借:长期股权投资	400 000	
贷:股本		100 000
资本公积		300 000

(二) 非同一控制下企业合并形成的长期股权投资

非同一控制下的控股合并中,购买方应当按照确定的企业合并成本作为长期股权投资的初始投资成本。企业合并成本包括购买方付出的资产、发生或承担的负债、发行的权益性证券的公允价值以及为进行企业合并发生的各项直接相关费用之和。

【例 6-2】 2008 年 1 月 1 日,A 公司定向增发 60 000 股、每股面值 1 元、市价 5 元的股票,取得 B 公司 60% 的股权,并于当日起对 B 公司实施控制。两公司在合并前不存在任何关联方关系,合并后 B 公司仍维持其独立法人资格继续经营。此外,A 公司还发生了资产评估费用 20 000 元。

合并日,A 公司的会计分录如下:

借:长期股权投资	320 000	
贷:股本		60 000
资本公积		240 000
银行存款		20 000

通过多次交换交易、分步取得股权、最终形成企业合并的,企业合并成本为每一单项交换交易的成本之和。其中:达到企业合并前对持有的长期股权投资采用成本法核算的,长期股权投资在购买日的成本应为原账面金额加上购买日为取得进一步的股份新支付对价的公允价值之和;达到企业合并前对长期股权投资采用权益法核算的,购买日应对权益法下长期股权投资的账面余额进行调整,将有关长期股权投资的账面余额调整至成本法下的最初取得成本(被投资单位在购买日前发放现金股利或利润的,应考虑该因素影响),在此基础上加上购买日新支付对价的公允价值作为购买日长期股权投资的成本。

【例 6-3】 2007 年 6 月 30 日,M 公司以 800 000 元取得 N 公司 40% 的

股权，因能对N公司施加重大影响，故对所取得的长期股权投资采用权益法核算。2007年12月31日，M公司确认对N公司的投资收益40 000元。2008年1月31日，M公司获取N公司宣告发放的现金股利10 000元。2008年4月1日，M公司定向增发100 000股、每股面值1元、市价7元的股票，取得N公司另外30%的股权，并于当日起对N公司实施控制。假定M公司对该项长期股权投资未计提任何减值准备，亦未提取任何盈余公积。

M公司的会计分录如下：

2007年6月30日

借：长期股权投资　　　　800 000

　贷：银行存款　　　　800 000

2007年12月31日

借：长期股权投资　　　　40 000

　贷：投资收益　　　　40 000

2008年1月31日

借：银行存款　　　　10 000

　贷：长期股权投资　　　　10 000

2008年4月1日

借：未分配利润　　　　30 000

　贷：长期股权投资　　　　30 000

借：长期股权投资　　　　700 000

　贷：股本　　　　100 000

　　资本公积　　　　600 000

需要注意的是，无论是同一控制还是非同一控制下的企业合并，企业取得投资时，对于支付的对价中包含的应享有被投资单位已经宣告但尚未发放的现金股利或利润应作为应收项目单独核算，不构成取得长期股权投资的初始投资成本。即企业支付对价取得长期股权投资时，实际支付的价款中包含的对方已经宣告但尚未发放的现金股利或利润，应作为应收款项，构成企业的一项债权，其与取得的对被投资单位的投资应作为两项金融资产分别记录。

【例6-4】 沿用【例6-1】，假定P公司取得该项投资时，S公司已经宣告但尚未发放现金股利，P公司按其持股比例计算确定可分得30 000元。则P公司在确认该长期股权投资时，应将包含的现金股利部分单独核算。

合并日，P公司的会计分录如下：

借:长期股权投资　400 000
　应收股利　30 000
　贷:股本　100 000
　　资本公积　330 000

二、持有期间的后续计量

我国会计准则要求,企业对纳入合并财务报表范围的子公司的长期股权投资在日常核算及母公司个别财务报表中采用成本法。其主要原因在于:一是与《企业会计准则第33号——合并财务报表》的规定相协调。企业持有的对子公司投资,在合并财务报表中被替换为子公司的资产、负债,体现为实质上的权益法,而在母公司的日常核算及个别财务报表中采用成本法,可以使反映的信息更加全面、充分。二是可以避免在子公司实际宣告发放现金股利或利润之前,母公司垫付资金发放现金股利或利润等情况。三是与《国际财务报告准则第27号——合并财务报表和个别财务报表》的相关规定一致。

(一) 成本法核算下长期股权投资账面价值的调整及投资损益的确认

采用成本法核算的长期股权投资,追加投资时,按照追加投资的成本增加长期股权投资的账面价值。被投资单位宣告分派的现金股利或利润中,投资企业按应享有的部分确认为当期投资收益;但投资企业确认的投资收益仅限于所获得的被投资单位在接受投资后产生的累积净利润的分配额。所获得的被投资单位宣告分派的现金股利或利润超过被投资单位在接受投资后产生的累积净利润的部分,应冲减长期股权投资的账面价值。

(二) 应冲减初始投资成本金额的确定

一般情况下,投资企业在取得投资当年自被投资单位分得的现金股利或利润应作为投资成本的收回,原因是被投资单位当年分配的往往是以前年度实现的利润。以后年度,被投资单位累积分派的现金股利或利润超过投资以后至上年末止被投资单位累积实现净损益的,投资企业按照持股比例计算应享有的份额作为投资成本的收回。具体可按以下公式计算:

应冲减初始投资成本的金额
　= [投资后至本年末(或本期末)止被投资单位分派的现金股利或利润
　　- 投资后至上年末止被投资单位累积实现的净损益]
　　× 投资企业的持股比例
　　- 投资企业已冲减的初始投资成本

应确认的投资收益

= 投资企业当年获得的利润或现金股利

- 应冲减初始投资成本的金额

如果投资后至本年末(或本期末)止被投资单位累积分派的现金股利或利润大于投资后至上年末止被投资单位累积实现的净损益,则按上述公式计算应冲减初始投资成本的金额;如果投资后至本年末(或本期末)止被投资单位累积分派的现金股利或利润小于投资后至上年末止被投资单位累积实现的净损益,则被投资单位当期分派的利润或现金股利中应由投资企业分享的部分,应确认为投资收益。

三、处置损益的结转

企业在持有长期股权投资的过程中,由于各方面的考虑,决定将所持有的对被投资单位的股权全部或部分对外出售时,应相应结转与所售股权相对应的长期股权投资的账面价值,出售所得价款与处置长期股权投资账面价值之间的差额,应确认为处置损益。

第三节　同一控制下的合并财务报表:权益结合法

同一控制下的控股合并,采用权益结合法进行相关会计处理。该方法是将控股合并视为参与合并的母公司和子公司将各自的产权投入一个新的经济主体从而实现各方产权集合的一种合并。该方法认为,母公司取得对子公司控制权的行为并非买卖交易行为,子公司并未被母公司购买,母子公司只是携手合作,即合并虽然改变了母、子公司之间关系的形式,但并未改变各自独立经营的本质。同一控制下控股合并的合并方一般应在合并日编制合并财务报表,反映于合并日形成的报告主体的财务状况、视同该主体一直存在而产生的经营成果等,主要包括合并资产负债表、合并利润表及合并现金流量表等。

一、合并资产负债表

被合并方的有关资产、负债应以其账面价值并入合并财务报表(如果合并方与被合并方采用的会计政策和会计期间不同,应按照合并方会计政策和会计期间对被合并方有关资产、负债进行调整,或者要求子公司按照母公司的会计政策或会计期间另行编报财务报表)。合并方与被合并方在合并日及以前期间发生的交易,应作为内部交易进行抵消。

【例 6-5】　A、B 公司分别为 P 公司控制下的两家子公司。2008 年 1 月 1 日,A 公司取得了对 B 公司的控制权,实现了对 B 公司的控股合并,合并后 B 公司仍维持其独立法人资格继续经营。假定 A、B 公司在确认、计量、报告等方面均采用相同的会计政策。合并日,A、B 公司资产、负债情况如表 6-3 所示。

表 6-3　控制权取得日 A 公司和 B 公司的资产负债表(简表)

2008 年 1 月 1 日　　单位:元

项目	A 公司		B 公司	
	账面价值		账面价值	
	借	贷	借	贷
货币资金	120 000		20 000	
应收账款	400 000		110 000	
存货	350 000		40 000	
可供出售金融资产			40 000	
长期股权投资				
固定资产	660 000		200 000	
无形资产	220 000			
商誉			40 000	
应付账款		300 000		100 000
长期借款		220 000		120 000
实收资本(股本)		1 000 000		120 000
资本公积		180 000		50 000
盈余公积		20 000		25 000
未分配利润		30 000		35 000
合计	1 750 000	1 750 000	450 000	450 000

1. 假设 A 公司向 B 公司股东定向增发 200 000 股普通股(每股面值 1 元),取得 B 公司 100% 股权。

控制权取得日,A 公司个别财务报表的会计分录如下:

借:长期股权投资　　230 000
　贷:股本　　200 000
　　资本公积　　30 000

进行上述处理后,A 公司在合并日编制合并资产负债表时,为抵消 A 公司长期股权投资和 B 公司所有者权益,应编制以下抵消分录:

① 借:实收资本(股本)　　120 000
　　资本公积　　50 000
　　盈余公积　　25 000
　　未分配利润　　35 000

贷:长期股权投资　　　　　　　　　　　　　　230 000

控制权取得日合并财务报表工作底稿及其合并资产负债表如表 6-4 所示。

表 6-4　控制权取得日合并财务报表工作底稿及其合并资产负债表

2008 年 1 月 1 日　　　　单位:元

项目	A 公司账面价值		B 公司账面价值		调整、抵消分录		合并资产负债表	
	借	贷	借	贷	借	贷	借	贷
货币资金	120 000		20 000				140 000	
应收账款	400 000		110 000				510 000	
存货	350 000		40 000				390 000	
可供出售金融资产			40 000				40 000	
长期股权投资	230 000					① 230 000		
固定资产	660 000		200 000				860 000	
无形资产	220 000						220 000	
商誉			40 000				40 000	
应付账款		300 000		100 000				400 000
应付债券		220 000		120 000				340 000
实收资本(股本)		1 200 000		120 000	① 120 000			1 200 000
资本公积		210 000		50 000	① 50 000			210 000
盈余公积		20 000		25 000	① 25 000			20 000
未分配利润		30 000		35 000	① 35 000			30 000
合计	1 980 000	1 980 000	450 000	450 000	230 000	230 000	2 200 000	2 200 000

2. 假设 A 公司向 B 公司股东结转 340 000 元应收账款,取得 B 公司 80% 股权。

控制权取得日,A 公司个别财务报表的会计分录如下:

借:长期股权投资　　　　　　　184 000(230 000 × 80%)

　资本公积　　　　　　　　　　　　156 000

　贷:应收账款　　　　　　　　　　　　340 000

进行上述处理后,A 公司在合并日编制合并资产负债表时,为抵消 A 公司长期股权投资和 B 公司所有者权益,应编制以下抵消分录:

① 借:实收资本(股本)　　　　　　120 000

　　资本公积　　　　　　　　　　50 000

　　盈余公积　　　　　　　　　　25 000

　　未分配利润　　　　　　　　　35 000

　贷:长期股权投资　　　　　　　　　184 000

　　少数股东权益　　　　　　　　　46 000

控制权取得日合并财务报表工作底稿及其合并资产负债表如表 6-5 所示。

表 6-5　控制权取得日合并财务报表工作底稿及其合并资产负债表

2008 年 1 月 1 日　　单位:元

项目	A 公司账面价值		B 公司账面价值		调整、抵消分录		合并资产负债表	
	借	贷	借	贷	借	贷	借	贷
货币资金	120 000		20 000				140 000	
应收账款	60 000		110 000				170 000	
存货	350 000		40 000				390 000	
可供出售金融资产			40 000				40 000	
长期股权投资	184 000					① 184 000		
固定资产	660 000		200 000				860 000	
无形资产	220 000						220 000	
商誉			40 000				40 000	
应付账款		300 000		100 000				400 000
应付债券		220 000		120 000				340 000
实收资本(股本)		1 000 000		120 000	① 120 000			1 000 000
资本公积		24 000		50 000	① 50 000			24 000
盈余公积		20 000		25 000	① 25 000			20 000
未分配利润		30 000		35 000	① 35 000			30 000
少数股东权益						① 46 000		46 000
合计	1 594 000	1 594 000	450 000	450 000	230 000	230 000	1 860 000	1 860 000

二、合并利润表

合并方在编制合并日的合并利润表时,应包含合并方及被合并方自合并当期期初至合并日实现的净利润。假设同一控制下的企业合并发生于 2008 年 6 月 30 日(而不是前述的 2008 年 1 月 1 日),合并方当日编制合并利润表时,应包括合并方及被合并方自 2008 年 1 月 1 日至 2008 年 6 月 30 日实现的净利润。双方在当期发生的交易,应当按照合并财务报表的有关原则进行抵消。

为了帮助企业的会计信息使用者了解合并利润表中净利润的构成,发生同一控制下企业合并的当期,合并方在合并利润表中的“净利润”项下应单列“其中:被合并方在合并前实现的净利润”项目,反映因准则中同一控制下企业合并的编表原则,导致该项企业合并在合并当期自被合并方带入的损益。

【例 6-6】　沿用【例 6-5】,但假设企业合并发生于 2008 年 6 月 30 日,并假定 A、B 公司在 2008 年 1 月 1 日至 2008 年 6 月 30 日未发生内部交易。合并日,A、B 公司利润情况如表 6-6 所示。

表 6-6 控制权取得日 A 公司和 B 公司的利润表(简表)

2008 年 1 月 1 日至 2008 年 6 月 30 日 单位:元

项目	A 公司	B 公司
一、营业收入	2 000 000	800 000
减:营业成本	1 600 000	680 000
营业税金及附加	15 000	6 000
销售费用	80 000	24 000
管理费用	130 000	40 000
财务费用	45 000	15 000
加:投资收益	70 000	35 000
二、营业利润	200 000	70 000
加:营业外收入	60 000	20 000
减:营业外支出	20 000	10 000
三、利润总额	240 000	80 000
减:所得税费用	80 000	30 000
四、净利润	160 000	50 000

控制权取得日合并财务报表工作底稿及其合并利润表如表 6-7 所示。

表 6-7 控制权取得日合并财务报表工作底稿及其合并利润表

2008 年 1 月 1 日至 2008 年 6 月 30 日 单位:元

项目	A 公司	B 公司	调整、抵消分录		合并利润表
			借	贷	
一、营业收入	2 000 000	800 000			2 800 000
减:营业成本	1 600 000	680 000			2 280 000
营业税金及附加	15 000	6 000			21 000
销售费用	80 000	24 000			104 000
管理费用	130 000	40 000			170 000
财务费用	45 000	15 000			60 000
加:投资收益	70 000	25 000			95 000
二、营业利润	200 000	60 000			260 000
加:营业外收入	60 000	20 000			80 000
减:营业外支出	20 000	10 000			30 000
三、利润总额	240 000	80 000			310 000
减:所得税费用	80 000	30 000			110 000
四、净利润	160 000	50 000			210 000
其中:被合并方在合并前实现的净利润					50 000

三、合并现金流量表

合并方在编制合并日的合并现金流量表时,应包含合并方及被合并方自合并当期期初至合并日产生的现金流量。双方当期发生内部交易产生的现金流量,应按照合并财务报表准则规定的有关原则进行抵消(具体内容请参见第八章)。

【例 6-7】 沿用【例 6-5】,但假设企业合并发生于 2008 年 6 月 30 日,并假定 A、B 公司在 2008 年 1 月 1 日至 2008 年 6 月 30 日未发生内部交易。合并日,A、B 公司现金流量情况如表 6-8 所示。

表 6-8　控制权取得日 A 公司和 B 公司的现金流量表(简表)

2008 年 1 月 1 日至 2008 年 6 月 30 日　　单位:元

项目	A 公司	B 公司
一、经营活动产生的现金流量:		
销售商品、提供劳务收到的现金	1 700 000	700 000
经营活动现金流入小计	1 700 000	700 000
购买商品、接受劳务支付的现金	1 380 000	520 000
支付的各项税费	120 000	110 000
经营活动现金流出小计	1 500 000	630 000
经营活动产生的现金流量净额	200 000	70 000
二、投资活动产生的现金流量:		
收回投资收到的现金	200 000	140 000
取得投资收益收到的现金	40 000	30 000
处置固定资产、无形资产和其他长期资产收回的现金净额	150 000	80 000
投资活动现金流入小计	390 000	250 000
投资支付的现金	400 000	180 000
购建固定资产、无形资产和其他长期资产支付的现金	200 000	100 000
投资活动现金流出小计	600 000	280 000
投资活动产生的现金流量净额	-210 000	-30 000
三、筹资活动产生的现金流量:		
吸收投资收到的现金	150 000	50 000
取得借款收到的现金	50 000	30 000
筹资活动现金流入小计	200 000	80 000
偿还债务支付的现金	120 000	100 000
分配股利、利润或偿付利息支付的现金	30 000	10 000
筹资活动现金流出小计	150 000	110 000
筹资活动产生的现金流量净额	50 000	-30 000
四、现金及现金等价物净增加额	40 000	10 000
加:期初现金及现金等价物余额	80 000	10 000
五、期末现金及现金等价物余额	120 000	20 000

控制权取得日合并财务报表工作底稿及其合并现金流量表如表 6-9 所示。

表 6-9　控制权取得日合并财务报表工作底稿及其合并现金流量表

2008 年 1 月 1 日至 2008 年 6 月 30 日　　单位:元

项目	A 公司	B 公司	调整、抵消分录		合并现金流量表
			借	贷	
一、经营活动产生的现金流量:					
销售商品、提供劳务收到的现金	1 700 000	700 000			2 400 000
经营活动现金流入小计	1 700 000	700 000			2 400 000
购买商品、接受劳务支付的现金	1 380 000	520 000			1 900 000
支付的各项税费	120 000	110 000			230 000
经营活动现金流出小计	1 500 000	630 000			2 130 000
经营活动产生的现金流量净额	200 000	70 000			270 000
二、投资活动产生的现金流量:					
收回投资收到的现金	200 000	140 000			340 000
取得投资收益收到的现金	40 000	30 000			70 000
处置固定资产、无形资产和其他长期资产收回的现金净额	150 000	80 000			230 000
投资活动现金流入小计	390 000	250 000			640 000
投资支付的现金	400 000	180 000			580 000
购建固定资产、无形资产和其他长期资产支付的现金	200 000	100 000			300 000
投资活动现金流出小计	600 000	280 000			880 000
投资活动产生的现金流量净额	-210 000	-30 000			-240 000
三、筹资活动产生的现金流量:					
吸收投资收到的现金	150 000	50 000			200 000
取得借款收到的现金	50 000	30 000			80 000
筹资活动现金流入小计	200 000	80 000			280 000
偿还债务支付的现金	120 000	100 000			220 000
分配股利、利润或偿付利息支付的现金	30 000	10 000			40 000
筹资活动现金流出小计	150 000	110 000			260 000
筹资活动产生的现金流量净额	50 000	-30 000			20 000
四、现金及现金等价物净增加额	40 000	10 000			50 000
加:期初现金及现金等价物余额	80 000	10 000			90 000
五、期末现金及现金等价物余额	120 000	20 000			140 000

四、比较报表

同一控制下的企业合并,在编制合并当期期末的比较报表时,应视同参与合并各方在最终控制方开始实施控制时即以目前的状态存在。提供比较报表时,应对前期比较报表进行调整。由于企业合并实际发生在当期,以前期间合并方账面上并不存在对被合并方的长期股权投资,因此在编制比较报表时,应将被合并方的有关资产、负债并入后,将因合并而增加的净资产在比较报表中调整所有者权益项下的资本公积(资本溢价或股本溢价)。

【例 6-8】　沿用【例 6-5】,A、B 公司 2006 年 12 月 31 日的个别资产负债表和个别利润表如表 6-10、表 6-11 所示。假定 2006 年 A、B 公司未发生内部交易。A 公司编制的 2007 年比较报表如表 6-12、表 6-13 所示。

表 6-10　A 公司和 B 公司的资产负债表(简表)

2006 年 12 月 31 日　　单位:元

项目	A 公司		B 公司	
	账面价值		账面价值	
	借	贷	借	贷
货币资金	100 000		30 000	
应收账款	350 000		80 000	
存货	280 000		20 000	
可供出售金融资产			30 000	
固定资产	560 000		120 000	
无形资产	160 000			
商誉			40 000	
应付账款		250 000		60 000
长期借款		180 000		40 000
实收资本(股本)		800 000		120 000
资本公积		180 000		50 000
盈余公积		20 000		20 000
未分配利润		20 000		30 000
合计	1 450 000	1 450 000	320 000	320 000

表 6-11　控制权取得日前 A 公司和 B 公司的利润表(简表)

2006 年 1 月 1 日至 2006 年 12 月 31 日　　单位:元

项目	A 公司	B 公司
一、营业收入	4 000 000	2 000 000
减:营业成本	3 300 000	1 820 000
营业税金及附加	25 000	10 000
销售费用	150 000	40 000
管理费用	240 000	80 000
财务费用	80 000	30 000
加:投资收益	125 000	60 000
二、营业利润	330 000	80 000
加:营业外收入	70 000	40 000
减:营业外支出	50 000	20 000
三、利润总额	350 000	100 000
减:所得税费用	100 000	30 000
四、净利润	250 000	70 000

表 6-12　控制权取得日前合并财务报表工作底稿及其比较资产负债表

2006 年 12 月 31 日　　单位:元

项目	A公司账面价值		B公司账面价值		调整、抵消分录		比较资产负债表	
	借	贷	借	贷	借	贷	借	贷
货币资金	100 000		30 000				130 000	
应收账款	350 000		80 000				430 000	
存货	280 000		20 000				300 000	
可供出售金融资产			30 000				30 000	
长期股权投资								
固定资产	560 000		120 000				680 000	
无形资产	160 000						160 000	
商誉			40 000				40 000	
应付账款		250 000		60 000				310 000
应付债券		180 000		40 000				220 000
实收资本(股本)		800 000		120 000	① 120 000			800 000
资本公积		180 000		50 000	① 50 000	① 220 000		400 000
盈余公积		20 000		20 000	① 20 000			20 000
未分配利润		20 000		30 000	① 30 000			20 000
合计	1 450 000	1 450 000	320 000	320 000	220 000	220 000	1 770 000	1 770 000

表 6-13　控制权取得日前合并财务报表工作底稿及其比较利润表

2006 年 1 月 1 日至 2006 年 12 月 31 日　　单位:元

项目	A公司	B公司	调整、抵消分录		比较利润表
			借	贷	
一、营业收入	4 000 000	2 000 000			6 000 000
减:营业成本	3 300 000	1 820 000			5 120 000
营业税金及附加	25 000	10 000			35 000
销售费用	150 000	40 000			190 000
管理费用	240 000	80 000			320 000
财务费用	80 000	30 000			110 000
加:投资收益	125 000	60 000			185 000
二、营业利润	330 000	80 000			410 000
加:营业外收入	70 000	40 000			110 000
减:营业外支出	50 000	20 000			70 000
三、利润总额	350 000	100 000			450 000
减:所得税费用	100 000	30 000			130 000
四、净利润	250 000	70 000			320 000
其中:被合并方在合并前实现的净利润					70 000

本例中,A 公司在编制 2007 年比较报表时,视同该项合并在以前期间即已发生。将被合并方的有关资产、负债在抵消内部交易的影响(本例中假定 2006 年 A、B 公司未发生内部交易)后并入合并财务报表,同时增加合并资产负债表中所有者权益项下的资本公积,抵消分录为:

① 借:实收资本(股本)　　120 000
　　资本公积　　50 000
　　盈余公积　　20 000
　　未分配利润　　30 000
　贷:资本公积　　　　220 000

比较现金流量表略。

第四节　非同一控制下的合并财务报表:购买法

非同一控制下的控股合并,采用购买法进行相关会计处理。该方法将母公司取得对子公司的控制权视同母公司购买子公司的净资产,因而要求和购买其他资产一样,子公司的净资产应在合并资产负债表上按购买日(控制权取得日)的购买成本(公允价值)计价。该方法的要点是:(1) 只需要编制合并资产负债表,无须编制其他合并报表;(2) 在合并资产负债表上,子公司的净资产按控制权取得日的公允价值反映,而母公司的净资产仍按账面价值反映。一般地,编制合并资产负债表需要调整和抵消的项目主要有:(1) 企业集团内部之间的债权债务关系。如内部应收账款和应付账款、内部应收票据和应付票据;(2) 母公司对子公司的长期股权投资与子公司相应的股东权益。

一、一次交易实现的非同一控制下企业合并的会计处理

【例 6-9】　沿用【例 6-5】,假定 A、B 公司为非同一控制下的两家公司。合并日,A、B 公司资产、负债情况如表 6-14 所示。

1. 假设 A 公司向 B 公司股东定向增发 200 000 股普通股(每股面值 1 元),每股市价 2 元,取得 B 公司 100% 股权。

(1) A 公司个别资产负债表

借:长期股权投资　　400 000
　贷:股本　　　　200 000
　　资本公积　　　　200 000

表 6-14 控制权取得日 A 公司和 B 公司的资产负债表(简表)

2008 年 1 月 1 日　　　　单位:元

项目	A 公司				B 公司			
	账面价值		公允价值		账面价值		公允价值	
	借	贷	贷	借	借	贷	借	贷
货币资金	120 000				20 000		20 000	
应收账款	400 000				110 000		100 000	
存货	350 000				40 000		30 000	
可供出售金融资产					40 000		40 000	
长期股权投资								
固定资产	660 000				200 000		300 000	
无形资产	220 000							
商誉					40 000		30 000	
应付账款		300 000				100 000		100 000
长期借款		220 000				120 000		120 000
实收资本(股本)		1 000 000				120 000		
资本公积		180 000				50 000		300 000
盈余公积		20 000				25 000		
未分配利润		30 000				35 000		
合计	1 750 000	1 750 000			450 000	450 000	520 000	520 000

(2) 合并资产负债表

1) 计算商誉

假定 B 公司除已确认资产外,不存在其他需要确认的资产及负债,A 公司首先计算合并中应确认的合并商誉。

合并商誉 = 企业合并成本
　　　　　- 合并中取得被购买方可辨认净资产公允价值份额
　　　　　= 2 × 200 000 - 300 000
　　　　　= 100 000 元

2) 购买日编制合并资产负债表时,应编制如下调整和抵消分录:

① 借:固定资产　　100 000
　　　商誉　　90 000
　　　实收资本　　120 000
　　　资本公积　　50 000
　　　盈余公积　　25 000
　　　未分配利润　　35 000
　　贷:应收账款　　10 000
　　　存货　　10 000
　　　长期股权投资　　400 000

控制权取得日合并财务报表工作底稿及其合并资产负债表如表6-15所示。

表6-15 控制权取得日合并财务报表工作底稿及其合并资产负债表

2008年1月1日 单位:元

项目	A公司账面价值		B公司账面价值		调整、抵消分录		合并资产负债表	
	借	贷	借	贷	借	贷	借	贷
货币资金	120 000		20 000				140 000	
应收账款	400 000		110 000			① 10 000	500 000	
存货	350 000		40 000			① 10 000	380 000	
可供出售金融资产			40 000				40 000	
长期股权投资	400 000					① 400 000		
固定资产	660 000		200 000		① 100 000		960 000	
无形资产	220 000						220 000	
商誉			40 000		① 90 000		130 000	
应付账款		300 000		100 000				400 000
应付债券		220 000		120 000				340 000
实收资本(股本)		1 200 000		120 000	① 120 000			1 200 000
资本公积		380 000		50 000	① 50 000			380 000
盈余公积		20 000		25 000	① 25 000			20 000
未分配利润		30 000		35 000	① 35 000			30 000
合计	2 150 000	2 150 000	450 000	450 000	420 000	420 000	2 370 000	2 370 000

2. 假设A公司向B公司结转340 000元应收账款,取得B公司80%的股权。

(1) A公司个别资产负债表

借:长期股权投资 340 000

　贷:应收账款 340 000

(2) 合并资产负债表

1) 计算商誉

假定B公司除已确认资产外,不存在其他需要确认的资产及负债,A公司首先计算合并中应确认的合并商誉。

合并商誉 = 企业合并成本

　　　　 − 合并中取得被购买方可辨认净资产公允价值份额

　　　　 = 340 000 − 300 000 × 80%

　　　　 = 100 000元

2) 购买日编制合并资产负债表时,应编制如下调整和抵消分录

① 借:固定资产 100 000

　　商誉 90 000

实收资本 120 000
资本公积 50 000
盈余公积 25 000
未分配利润 35 000
贷:应收账款 10 000
存货 10 000
长期股权投资 340 000
少数股东权益 60 000

控制权取得日合并财务报表工作底稿及其合并资产负债表如表 6-16 所示。

表 6-16　控制权取得日合并财务报表工作底稿及其合并资产负债表

2008 年 1 月 1 日　　单位:元

项目	A 公司账面价值		B 公司账面价值		调整、抵消分录		合并资产负债表	
	借	贷	借	贷	借	贷	借	贷
货币资金	120 000		20 000				140 000	
应收账款	60 000		110 000			① 10 000	160 000	
存货	350 000		40 000			① 10 000	380 000	
可供出售金融资产			40 000				40 000	
长期股权投资	340 000					① 340 000		
固定资产	660 000		200 000		① 100 000		960 000	
无形资产	220 000						220 000	
商誉			40 000		① 90 000		130 000	
应付账款		300 000		100 000				400 000
应付债券		220 000		120 000				340 000
实收资本(股本)		1 000 000		120 000	① 120 000			1 000 000
资本公积		180 000		50 000	① 50 000			180 000
盈余公积		20 000		25 000	① 25 000			20 000
未分配利润		30 000		35 000	① 35 000			30 000
少数股东权益						① 60 000		60 000
合计	1 750 000	1 750 000	450 000	450 000	420 000	420 000	2 030 000	2 030 000

二、多次交易分步实现的非同一控制下企业合并的会计处理

对于通过多次交易分步实现的非同一控制下企业合并,企业应在每一单项交易发生时,确认对被投资单位的投资。投资企业在持有被投资单位的部分股权后,通过增加持股比例等达到对被投资单位形成控制的,应分别每一单项交易的成本与该交易发生时应享有被投资单位可辨认净资产公允价值的份额进行比较,确定每一单项交易中产生的商誉。达到企业合并时应确认的商誉(或合并财务报表中应确认的商誉)为每一单项交易中应确认

的商誉之和。

通过多次交易分步实现的非同一控制下企业合并,应按以下顺序处理:

一是对长期股权投资的账面余额进行调整。达到企业合并前长期股权投资采用成本法核算的,其账面余额一般无须调整;达到企业合并前长期股权投资采用权益法核算的,应进行调整,将其账面价值调整至取得投资时的初始投资成本,并相应调整留存收益等。

二是比较达到企业合并时每一单项交易的成本与交易时应享有被投资单位可辨认净资产公允价值的份额,确定每一单项交易应予确认的商誉或是应计入当期损益的金额。购买方在购买日确认的商誉(或计入损益的金额)应为每一单项交易产生的商誉(或应予确认损益的金额)之和。

三是对于被购买方在购买日与交易日之间可辨认净资产公允价值的变动,相对于原持股比例的部分,在合并财务报表中应调整所有者权益相关项目,其中属于原取得投资后被投资单位实现净损益增加的资产价值量,应调整留存收益,差额调整资本公积。

【例 6-10】 假定 A、B 公司为非同一控制下的两家公司,A 公司通过多次交易分步实现对 B 公司的控制。设 A 公司于 2008 年 6 月 30 日以 80 000 元取得 B 公司 20% 的股份,取得投资时 B 公司可辨认净资产公允价值为 350 000 元。因未以任何方式参与 B 公司的生产经营决策,A 公司对持有的该投资采用成本法核算。2008 年 12 月 31 日 A 公司另支付 200 000 元取得 B 公司 40% 的股份,从而能够对 B 公司实施控制,购买日 B 公司可辨认净资产公允价值为 400 000 元。B 公司自 2008 年 6 月 30 日 A 公司取得投资后至 2008 年 12 月 31 日 A 公司进一步购买股份前实现的净利润为 40 000 元(假定不存在需要对净利润进行调整的因素),未进行利润分配,也未发生其他影响所有者权益变动的交易事项。

(1) A 公司个别资产负债表

1) 初次投资时

借:长期股权投资　　　　80 000

　贷:银行存款　　　　　　80 000

2) 购买日

借:长期股权投资　　　　200 000

　贷:银行存款　　　　　　200 000

(2) 合并资产负债表

1) 计算达到企业合并时应确认的商誉

原持有 20% 股份应确认的商誉 = 80 000 - 350 000 × 20%

= 80 000 - 70 000 = 10 000 元

进一步取得 40% 股份应确认的商誉 = 200 000 - 400 000 × 40%

= 200 000 - 160 000 = 40 000 元

合并财务报表中应确认的商誉 = 10 000 + 40 000 = 50 000 元

2) 资产增值的处理

原持有 20% 股份在购买日对应的可辨认净资产公允价值

= 400 000 × 20% = 80 000 元

原取得投资时应享有被投资单位净资产公允价值的份额

= 350 000 × 20% = 70 000 元

二者差额 = 80 000 - 70 000 = 10 000 元

调整合并报表中的留存收益

= 合并财务报表中属于被投资企业在投资以后实现的净利润

= 40 000 × 20% = 8 000 元

调整合并报表中的资本公积 = 10 000 - 8 000 = 2 000 元

3) 购买日合并资产负债表编制如下调整和抵消分录(为简便,此处以净资产汇总代替具体科目)

借:商誉	50 000	
净资产	400 000	
贷:留存收益		8 000
资本公积		2 000
长期股权投资		280 000
少数股东权益		160 000

本章小结

本章主要参考我国《企业会计准则第 33 号——合并财务报表》,以及《企业会计准则第 2 号——长期股权投资》和《企业会计准则第 20 号——企业合并》,对企业控制权取得日的合并财务报表问题进行了解释说明。本章共分为四节,分别对合并财务报表的基本理论、涉及合并财务报表的长期股权投资、同一控制下的合并财务报表以及非同一控制合并下的合并财务报表进行了较为全面、具体的说明。

第一节是合并财务报表概述。首先分析了合并财务报表的定义、作用及特点。然后,以此为基础,对合并财务报表的合并理论,即所有权理论、实体理论、母公司理论进行了探讨,并进一步指出我国会计准则选择的是实体理论。最后对合并财务报表的合并范围和合并程序进行了详细说明。

第二节对成本法下母公司长期股权投资进行了解释说明。具体包括同一控制与非同一控制下初始投资额的确定;长期股权投资持有期间的后续计量;处置损益的结转等。本节的目的是将长期股权投资与企业合并连接起来,为后续合并财务报表编制打下基础。

第三节按照权益结合法的要求对控制权取得日同一控制下合并财务报表的编制进行解释。本节主要介绍了控制权取得日合并资产负债表、合并利润表和合并现金流量表的编制过程。并以上述合并财务报表的编制为基础,对合并财务报表的比较报表进行了解释说明。

第四节按照购买法的要求对控制权取得日非同一控制下合并财务报表的编制进行解释。本节主要介绍了一次交易实现的非同一控制下合并财务报表的编制和多次交易分步实现的非同一控制下合并财务报表的编制;因非同一控制下企业合并在控制权取得日仅需编制合并资产负债表,故本节主要阐述合并商誉的确定。

本章主要名词

合并理论　所有权理论　实体理论　母公司理论　控制(从合并财务报表的角度考虑)　母公司　子公司　少数股东权益　合并工作底稿　调整分录　抵消分录　合并资产负债表　合并利润表　合并现金流量表　比较报表

本章思考题

1. 什么是合并财务报表？合并财务报表有什么作用？与个别财务报表相比较,合并财务报表有哪些特点？

2. 什么是编制合并财务报表的合并理论？有哪些合并理论？各有什么特点？

3. 什么是控制？合并财务报表中的控制有何特征？合并财务报表中控

制的具体标准是什么？

4. 哪些被投资单位应纳入合并财务报表范围？哪些不应纳入？判断的具体标准是什么？

5. 同一控制下企业合并的合并财务报表应如何编制？应编制哪些合并财务报表？为什么？

6. 非同一控制下企业合并的合并财务报表应如何编制？应编制哪些合并财务报表？为什么？

本章练习题

一、假设C、D公司分别为P公司控制下的两家子公司。2008年6月30日，C公司取得了对D公司的控制权，实现了对D公司的控股合并，合并后D公司仍维持其独立法人资格继续经营。假定C、D公司在确认、计量、报告等方面均采用相同的会计政策。合并日，C公司和D公司的资产负债表和利润表如下：

控制权取得日C公司和D公司的资产负债表(简表)

2008年6月30日　　　　单位：元

项目	C公司 账面价值	C公司 公允价值	D公司 账面价值	D公司 公允价值
	借　贷	借　贷	借　贷	借　贷
货币资金	240 000		40 000	40 000
应收账款	800 000		220 000	210 000
存货	700 000		160 000	190 000
长期股权投资				
固定资产	1 320 000		400 000	440 000
无形资产	440 000			
商誉			80 000	90 000
应付账款	600 000		200 000	210 000
长期借款	440 000		240 000	260 000
实收资本(股本)	2 000 000		240 000	
资本公积	360 000		100 000	500 000
盈余公积	40 000		50 000	
未分配利润	60 000		70 000	
负债和权益合计	3 500 000		900 000	970 000

控制权取得日 C 公司和 D 公司的利润表(简表)

2008 年 1 月 1 日至 6 月 30 日　单位:元

项目	C 公司	D 公司
一、营业收入	6 000 000	2 400 000
减:营业成本	4 000 000	1 600 000
营业税金及附加	130 000	40 000
销售费用	260 000	120 000
管理费用	330 000	180 000
财务费用	90 000	50 000
加:投资收益	140 000	30 000
二、营业利润	1 330 000	440 000
加:营业外收入	120 000	30 000
减:营业外支出	400 000	100 000
三、利润总额	1 050 000	370 000
减:所得税费用	250 000	90 000
四、净利润	800 000	280 000

假设合并按照下列条件进行:

1. C 公司向 D 公司股东定向增发 100 000 股(每股面值 1 元,每股市价 5 元)取得 D 公司 100% 股权。

2. C 公司向 D 公司股东结转 400 000 元应收账款,取得 D 公司 80% 股权。

请分别根据上述条件进行 C 公司的会计处理,并编制控制权取得日合并财务报表。

二、相关数据同习题一。

假设 C 公司和 D 公司为非同一控制下的两家公司。请分别根据上述条件进行 C 公司的会计处理,并编制控制权取得日合并财务报表。

本章小资料

小资料：

太原煤气化股份有限公司主要会计政策、会计估计及合并财务报表编制方法(节选)

合并财务报表编制方法

1. 合并范围的确定原则

本公司直接或通过子公司间接拥有被投资单位半数以上的表决权，表明本公司能够控制被投资单位，将该被投资单位认定为子公司，纳入合并财务报表的合并范围，但是，有证据表明本公司不能控制被投资单位的除外。

本公司拥有被投资单位半数或以下的表决权，满足下列条件之一的，视为本公司能够控制被投资单位，将该被投资单位认定为子公司，纳入合并财务报表的合并范围。但是，有证据表明母公司不能控制被投资单位的除外：

(1) 通过与被投资单位其他投资者之间的协议，拥有被投资单位半数以上的表决权；

(2) 根据公司章程或协议，有权决定被投资单位的财务和经营政策；

(3) 有权任免被投资单位的董事会或类似机构的多数成员；

(4) 在被投资单位的董事会或类似机构占多数表决权。

本公司在确定能否控制被投资单位时，同时考虑企业和其他企业持有的被投资单位的当期可转换的可转换公司债券、当期可执行的认股权证等潜在表决权因素。

本公司将全部子公司纳入合并财务报表的合并范围。

2. 合并财务报表的编制方法

合并财务报表以本公司和子公司的财务报表为基础，根据其他有关资料，按照权益法调整对子公司的长期股权投资并进行合并抵消后编制而成。

合并时对内部权益性投资与子公司所有者权益、内部交易事项、内部债权债务等进行抵消。

资料来源：转引自 http://www.sx.xinhuanet.com/qyzx/shenzhou，2008-10-30。

本章参考资料

1.《企业会计准则第 33 号——合并财务报表》,经济科学出版社 2006 年版。

2. 财政部会计司编写组,《企业会计准则讲解》,第三十四章合并财务报表,人民出版社 2008 年版。

3.《美国财务会计准则第 141 号——企业合并》,《美国财务会计准则第 142 号——商誉和其他无形资产》,2007 年版。

4.《国际财务报告准则第 3 号——企业合并》,中国财政经济出版社 2008 年版。

5. 中国注册会计师协会编,注册会计师全国统一考试辅导教材《会计》,第二十六章合并财务报表,中国财政经济出版社 2008 年版。

6. 保罗 · M. 费歇尔等著,耿建新等译,《高级会计》,第三章合并会计报表:控制权取得日,中国财政经济出版社 2004 年版。

第七章

合并财务报表：控制权取得日后

本章教学目的和要求

本章是上一章内容的延伸，重点探讨控制权取得日后同一控制和非同一控制下合并财务报表的两种编制方法——权益结合法和购买法。本章也是下一章内容的基础。为突出两种编制方法在程序上的区别和联系，集团内部交易的抵消问题将留待下一章系统讲述，本章只探讨合并资产负债表、合并利润表、合并所有者权益变动表等合并财务报表的基本编制过程。

本章的教学目的，是使读者在掌握前一章控制权取得日合并财务报表编制原理的基础上，熟悉控制权取得日后合并财务报表的编制方法，从而对合并财务报表有整体的认识和把握。

本章的教学要求，是能够熟练编制控制权取得日后合并财务报表，并能对两种编制方法进行深入而系统的比较。读者应熟知两种方法的区别和联系，并能对各自不同的报表数据进行分析和探讨。

第一节 同一控制下的合并财务报表:权益结合法

如前所述,合并财务报表是指反映母公司和其全部子公司形成的企业集团的整体财务状况、经营成果和现金流量的财务报表。与个别财务报表相比,合并财务报表反映的对象通常是由若干个法人(包括母公司和其全部子公司)组成的会计主体,编制者是母公司。无论是同一控制还是非同一控制下的控股合并,均应在控制权取得日、控制权取得日后的各资产负债表日编制合并财务报表。合并财务报表一般包括合并资产负债表、合并利润表、合并现金流量表和合并所有者权益变动表,但对于控制权取得日的合并财务报表,同一控制下的控股合并包括全部合并财务报表,非同一控制下的控股合并仅包括合并资产负债表。

由于合并现金流量表具有明显的特殊性和相对的独立性,应单独编制工作底稿,故本章仅重点讲述其他合并财务报表的编制,而将合并现金流量表的相关内容留至第八章。合并所有者权益变动表是反映构成企业集团所有者权益的各组成部分当期增减变动情况的财务报表。在一个会计期间内,除利润分配外,该表其他部分变动很少,其重点主要在于合并未分配利润。为此,本书将所有者权益变动表中的利润分配部分,作为连接利润表、所有者权益变动表和资产负债表的纽带,纳入合并工作底稿中,而其他权益变动则通过另外计算(或工作底稿)确定。

我国新会计准则要求母公司对子公司的长期股权投资在日常核算及母公司个别财务报表中采用成本法,由此导致母公司长期股权投资通常与其在子公司净资产的份额不一致。为此,需要在编制合并报表时,将母公司对子公司的长期股权投资由成本法调整为权益法,从而使母公司长期股权投资的账面价值与享有子公司净资产的相应份额匹配,然后在此基础上进行抵消。具体合并程序如下:(1) 将母公司对子公司的长期股权投资从成本法调整为权益法。权益法又称单行合并法(one-line basis),是将母公司所拥有的子公司净资产浓缩为单独项目(即长期股权投资)列入合并报表。(2) 将调整后的长期股权投资与其在子公司净资产中的份额抵消。通过该步骤,浓缩的母公司长期股权投资被细化为子公司资产、负债的各个项目,以便对母、子公司财务报表各个项目进行逐行合并(line-by-line basis);同时,按照实体理论,采用单行合并法,将母公司之外的子公司股东权益浓缩为单独项目(即少数股东权益)列入合并报表。(3) 抵消母公司投资收益等项目和子公司本年利润分配项目。目的是将母公司投资收益等综合反映子公司净利润的单行合并项目,还原为子公司收入和费用等详细项目,以便对母、子公司财务报表各个项目进行逐行合并。

同一控制下的控股合并,无论是控制权取得日还是控制权取得日后,均采用权益结合法编制合并财务报表。由于权益结合法将控股合并视为参与合并的母公司和子公司将各自产权投入一个新的经济主体从而实现各方产权集合的一种合并,因此,如果不存在与母公司会计政策和会计期间不一致的情况,则不需要将该子公司的个别财务报表调整为公允价值反映的财务报表,但需要将母公司对子公司的长期股权投资从成本法调整为按子公司净资产账面价值应享有份额的权益法。本章假设不存在母公司与子公司会计政策和会计期间不一致的情况,且不存在母公司与子公司之间的内部交易。

一、控制权取得日后第一年的合并财务报表

在成本法下,母公司长期股权投资按合并日子公司净资产账面价值中应享有份额初始入账,但后续计量却不再与子公司净资产账面价值相联系,而只对现金股利或利润中应享有份额进行确认。因此,应先将母公司对子公司的长期股权投资从成本法调整为权益法,再进行抵消。

【例 7-1】 沿用【例 6-5】中的 2,A 公司拥有 B 公司 80% 的股权。假设 B 公司 2008 年实现净利润 80 000 元,提取盈余公积 8 000 元,未对外分配现金股利,可供出售金融资产公允价值变动增加资本公积 10 000 元。

2008 年 12 月 31 日,A、B 公司个别财务报表如表 7-1 所示。

表 7-1 控制权取得日后 A 公司和 B 公司的个别财务报表

2008 年 12 月 31 日 单位:元

项目	账面价值	
	A 公司	B 公司
(利润表及所有者权益变动表的利润分配部分)		
营业收入	4 300 000	2 200 000
营业成本	3 600 000	1 960 000
营业税金及附加	30 000	25 000
销售费用	120 000	50 000
管理费用	200 000	80 000
财务费用	90 000	40 000
投资收益	150 000	70 000

（续表）

项目	账面价值	
	A公司	B公司
营业利润	410 000	115 000
营业外收入	100 000	50 000
营业外支出	50 000	30 000
利润总额	460 000	135 000
所得税费用	120 000	55 000
净利润	340 000	80 000
年初未分配利润	30 000	35 000
提取盈余公积	40 000	8 000
对股东的分配	180 000	0
年末未分配利润（转下）	150 000	107 000
（资产负债表）		
流动资产：		
货币资金	150 000	50 000
应收账款	80 000	100 000
存货	300 000	50 000
可供出售金融资产		50 000
流动资产合计	530 000	250 000
非流动资产：		
长期股权投资	184 000	
固定资产	700 000	200 000
无形资产	200 000	
商誉		40 000
非流动资产合计	1 084 000	240 000
资产总计	1 614 000	490 000
流动负债：		
应付账款	180 000	100 000
流动负债合计	180 000	100 000
非流动负债：		
长期借款	210 000	70 000
非流动负债合计	210 000	70 000
负债合计	390 000	170 000
所有者权益（股东权益）		
实收资本（股本）	1 000 000	120 000
资本公积	24 000	60 000
盈余公积	50 000	33 000
未分配利润（承上）	150 000	107 000
所有者权益合计	1 224 000	320 000
负债和所有者权益总计	1 614 000	490 000

(1) A 公司长期股权投资的会计处理

母公司对子公司的长期股权投资采用成本法核算;未分配股利时,母公司对子公司的投资不做账务处理。因 2008 年 B 公司未发放现金股利,故 A 公司无须进行账务处理。

(2) A、B 公司合并财务报表的编制

首先,将 A 公司对 B 公司的长期股权投资由成本法调整为权益法。因 A 公司对 B 公司的长期股权投资采用成本法核算,且本年 B 公司未分配任何现金股利或利润,因此 A 公司对 B 公司的长期股权投资仍为初始投资的 184 000 元。编制合并报表时,应在工作底稿上按权益法进行调整,一方面确认 B 公司本年净利润对 A 公司长期股权投资的影响,增加长期股权投资的同时增加投资收益(80 000 × 80% = 64 000 元);另一方面确认 B 公司可供出售金融资产公允价值变动对 A 公司长期股权投资的影响,在增加长期股权投资的同时增加资本公积(10 000 × 80% = 8 000 元)。调整分录如下:

① 借:长期股权投资	72 000	
贷:投资收益		64 000
资本公积		8 000

其次,抵消 A 公司长期股权投资和其在 B 公司所有者权益的相应份额,并确认少数股东权益。因为从企业集团整体来看,A 公司对 B 公司进行的长期股权投资实际上相当于 A 公司将资本拨付下属单位 B 公司,并不引起整个企业集团资产、负债和所有者权益的增减变动。因此,在编制合并财务报表时,应在 A 公司与 B 公司财务报表数据简单相加的基础上,将 A 公司对 B 公司长期股权投资和其在 B 公司所有者权益的相应份额(184 000 + 72 000 = 320 000 × 80% = 256 000 元)抵消,同时确认少数股东权益(320 000 × 20% = 64 000 元)。

② 借:实收资本(股本)	120 000	
资本公积	60 000	
盈余公积	33 000	
年末未分配利润	107 000	
贷:长期股权投资		256 000
少数股东权益		64 000

最后,抵消 A 公司按权益法确认的投资收益和其在 B 公司本年利润分配中的相应份额,并确认少数股东损益。因为从整个企业集团来看,A 公司按权益法确认的投资收益及少数股东损益,实际上就是 B 公司的本年净利润,B 公

司本年净利润加上 B 公司年初未分配利润,即为 B 公司本年可供分配的全部利润,具体体现为 B 公司的本年利润分配。因此,将 A 公司按权益法确认的投资收益(80 000 ×80% =64 000 元)和 B 公司的本年利润分配进行抵消,可以将投资收益还原为子公司的营业收入、营业成本和期间费用,使合并报表从单行合并转换为逐行合并,并确认少数股东损益(80 000 ×20% =16 000 元)。

③ 借:投资收益　64 000
　　少数股东损益　16 000
　　年初未分配利润　35 000
　贷:提取盈余公积　8 000
　　年末未分配利润　107 000

控制权取得日后第一年合并财务报表工作底稿如表 7-2 所示。

表 7-2　控制权取得日后第一年合并财务报表工作底稿

2008 年 1 月 1 日至 2008 年 12 月 31 日　　单位:元

项目	A 公司	B 公司	调整、抵消分录 借	调整、抵消分录 贷	合并金额
(利润表及所有者权益变动表的利润分配部分)					
营业收入	4 300 000	2 200 000			6 500 000
营业成本	3 600 000	1 960 000			5 560 000
营业税金及附加	30 000	25 000			55 000
销售费用	120 000	50 000			170 000
管理费用	200 000	80 000			280 000
财务费用	90 000	40 000			130 000
投资收益	150 000	70 000	③ 64 000	① 64 000	220 000
营业利润	410 000	115 000			525 000
营业外收入	100 000	50 000			150 000
营业外支出	50 000	30 000			80 000
利润总额	460 000	135 000			595 000
所得税费用	120 000	55 000			175 000
净利润	340 000	80 000			420 000
少数股东损益			③ 16 000		16 000
归属于母公司股东的净利润					404 000
年初未分配利润	30 000	35 000	③ 35 000		30 000
提取盈余公积	40 000	8 000		③ 8 000	40 000
对股东的分配	180 000	0			180 000
年末未分配利润(转下)	150 000	107 000	② 107 000	③ 107 000	214 000
(资产负债表)					

(续表)

项目	A 公司	B 公司	调整、抵消分录		合并金额
			借	贷	
流动资产:					
货币资金	150 000	50 000			200 000
应收账款	80 000	100 000			180 000
存货	300 000	50 000			350 000
可供出售金融资产		50 000			50 000
流动资产合计	530 000	250 000			780 000
非流动资产:					
长期股权投资	184 000		① 72 000	② 256 000	
固定资产	700 000	200 000			900 000
无形资产	200 000				200 000
商誉		40 000			40 000
非流动资产合计	1 084 000	240 000			1 140 000
资产总计	1 614 000	490 000			1 920 000
流动负债:					
应付账款	180 000	100 000			280 000
流动负债合计	180 000	100 000			280 000
非流动负债:					
长期借款	210 000	70 000			280 000
非流动负债合计	210 000	70 000			280 000
负债合计	390 000	170 000			560 000
所有者权益(股东权益)					
实收资本(股本)	1 000 000	120 000	② 120 000		1 000 000
资本公积	24 000	60 000	② 60 000	① 8 000	32 000
盈余公积	50 000	33 000	② 33 000		50 000
未分配利润(承上)	150 000	107 000			214 000
少数股东权益				② 64 000	64 000
所有者权益合计	1 224 000	320 000			1 360 000
负债和所有者权益总计	1 614 000	490 000			1 920 000

二、控制权取得日后第二年的合并财务报表

虽然控制权取得日长期股权投资的入账金额与母公司占子公司净资产账面价值的份额一致,但由于母公司对子公司长期股权投资采用成本法,此后长期股权投资的余额往往不再等于母公司占子公司净资产账面价值的份额。所以,应先将母公司对子公司的长期股权投资从成本法调整为权益法,再进行抵消。

【例 7-2】 沿用【例 7-1】,假设 B 公司 2009 年实现净利润 100 000 元,提

取盈余公积 10 000 元,分配现金股利 40 000 元,可供出售金融资产公允价值变动减少资本公积 15 000 元。

2009 年 12 月 31 日,A、B 公司个别财务报表如表 7-3 所示。

表 7-3　控制权取得日后 A 公司和 B 公司的个别财务报表

2009 年 12 月 31 日　　单位:元

项目	账面价值	
	A 公司	B 公司
(利润表及所有者权益变动表的利润分配部分)		
营业收入	5 500 000	2 700 000
营业成本	4 700 000	2 400 000
营业税金及附加	40 000	31 000
销售费用	155 000	64 000
管理费用	260 000	95 000
财务费用	120 000	50 000
投资收益	225 000	90 000
营业利润	450 000	150 000
营业外收入	130 000	60 000
营业外支出	70 000	50 000
利润总额	510 000	160 000
所得税费用	140 000	60 000
净利润	370 000	100 000
年初未分配利润	150 000	107 000
提取盈余公积	38 000	10 000
对股东的分配	220 000	40 000
年末未分配利润(转下)	262 000	157 000
(资产负债表)		
流动资产:		
货币资金	190 000	70 000
应收账款	110 000	120 000
存货	400 000	70 000
可供出售金融资产		35 000
流动资产合计	700 000	295 000
非流动资产:		
长期股权投资	184 000	
固定资产	800 000	250 000
无形资产	210 000	
商誉		40 000
非流动资产合计	1 194 000	290 000
资产总计	1 894 000	585 000
流动负债:		
应付账款	240 000	130 000
流动负债合计	240 000	130 000

项目	账面价值	
	A 公司	B 公司
非流动负债:		
长期借款	280 000	90 000
非流动负债合计	280 000	90 000
负债合计	520 000	220 000
所有者权益(股东权益)		
实收资本(股本)	1 000 000	120 000
资本公积	24 000	45 000
盈余公积	88 000	43 000
未分配利润(承上)	262 000	157 000
所有者权益合计	1 374 000	365 000
负债和所有者权益总计	1 894 000	585 000

(1) A 公司长期股权投资的会计处理

由于母公司对子公司的长期股权投资采用成本法核算,故仅对子公司分配的现金股利的应享有份额进行反映,对子公司净利润的其余部分不做账务处理。2009 年 B 公司分配现金股利 40 000 元,A 公司账务处理如下:

借:应收股利　　32 000

　贷:投资收益　　32 000

借:银行存款　　32 000

　贷:应收股利　　32 000

(2) A、B 公司合并财务报表的编制

首先,将 A 公司对 B 公司的长期股权投资从成本法调整为权益法。

2008 年 1 月 1 日(控制权取得日)A 公司对 B 公司长期股权投资等于 B 公司所有者权益账面价值(230 000 × 80% = 184 000 元),随后 A 公司对该项投资采用成本法进行会计处理,2009 年 12 月 31 日 A 公司对 B 公司长期股权投资的账面余额仍为 184 000 元,但其占 B 公司所有者权益账面价值的相应份额则变为 292 000 元(365 000 × 80% = 292 000 元)。假设控制权取得日后未新增或回购所有者投资,二者之间的差额来自控制权取得日后成本法与权益法之间差异的累积。

其中,与损益有关的差异体现为 B 公司留存收益的变化,因为成本法下 A 公司只确认来自 B 公司的现金股利或利润,对 B 公司留存收益的变化不予反映,但权益法要求反映。2008 年 B 公司实现净利润 80 000 元,未分配现金股利。成本法下,A 公司未确认任何投资收益;按照权益法,A 公司应在 2008 年确认投资收益 64 000 元(80 000 × 80% = 64 000 元),结账后则为 2008 年年末(即 2009 年年初)未分配利润增加 64 000 元。2009 年 B 公司实现净利润 100 000 元,分配现金股利 40 000 元。成本法下,A 公司确认投资收益 32 000 元(40 000 × 80% = 32 000 元);按照权益法,A 公司 2009 年还应确认投资收益 48 000 元(60 000 × 80% = 48 000 元)。

与非损益的其他权益有关的差异体现为 B 公司资本公积的变化,成本法下 A 公司对此不予反映,但权益法要求反映。2008 年 B 公司可供出售金融资产公允价值变动增加资本公积 10 000 元。成本法下,A 公司未确认该项变动;按照权益法,A 公司应在 2008 年增加资本公积 8 000 元(10 000 × 80% = 8 000 元)。2009 年 B 公司可供出售金融资产公允价值变动减少资本公积 15 000 元。成本法下,A 公司未确认该项变动;按照权益法,A 公司应在 2009 年减少资本公积 12 000 元(15 000 × 80% = 12 000 元)。综合起来,A 公司对 B 公司的长期股权投资在从成本法调整为权益法时应减少资本公积 4 000 元(8 000 - 12 000 = -4 000 元)。

① 借:长期股权投资	108 000	
资本公积	4 000	
贷:年初未分配利润		64 000
投资收益		48 000

其次,抵消 A 公司长期股权投资和其在 B 公司所有者权益的相应份额,并确认少数股东权益。因为从企业集团整体来看,A 公司对 B 公司进行的长期股权投资实际上相当于 A 公司将资本拨付下属单位 B 公司,并不引起整个企业集团资产、负债和所有者权益的增减变动。因此,编制合并财务报表时,应在 A 公司与 B 公司财务报表数据简单相加的基础上,将 A 公司对 B 公司长期股权投资和其在 B 公司所有者权益的相应份额(184 000 + 108 000 = 365 000 × 80% = 292 000 元)抵消,同时确认少数股东权益(365 000 × 20% = 73 000 元)。

② 借:实收资本(股本)	120 000	
资本公积	45 000	
盈余公积	43 000	
年末未分配利润	157 000	
贷:长期股权投资		292 000
少数股东权益		73 000

最后,抵消 A 公司按权益法确认的投资收益和其在 B 公司本年利润分配中的相应份额,并确认少数股东损益。因为从整个企业集团来看,A 公司按权益法确认的投资收益及少数股东损益,实际上就是 B 公司的本年净利润,B 公司本年净利润加上 B 公司年初未分配利润,即为 B 公司本年可供分

配的全部利润，具体体现为 B 公司的本年利润分配。因此，将 A 公司按权益法确认的投资收益（100 000 × 80% = 80 000 元）和 B 公司的本年利润分配进行抵消，可以将投资收益还原为子公司的营业收入、营业成本和期间费用，使合并报表从单行合并转换为逐行合并，并确认少数股东损益（100 000 × 20% = 20 000 元）。

③ 借：投资收益　　80 000
　　少数股东损益　　20 000
　　年初未分配利润　　107 000
　贷：提取盈余公积　　10 000
　　对股东的分配　　40 000
　　年末未分配利润　　157 000

控制权取得日后第二年合并财务报表工作底稿如表 7-4 所示。

表 7-4　控制权取得日后第二年合并财务报表工作底稿

2008 年 1 月 1 日至 2008 年 12 月 31 日　　单位：元

项目	A 公司	B 公司	调整、抵消分录		合并金额
			借	贷	
（利润表及所有者权益变动表的利润分配部分）					
营业收入	5 500 000	2 700 000			8 200 000
营业成本	4 700 000	2 400 000			7 100 000
营业税金及附加	40 000	31 000			71 000
销售费用	155 000	64 000			219 000
管理费用	260 000	95 000			355 000
财务费用	120 000	50 000			170 000
投资收益	225 000	90 000	③ 80 000	① 48 000	283 000
营业利润	450 000	150 000			568 000
营业外收入	130 000	60 000			190 000
营业外支出	70 000	50 000			120 000
利润总额	510 000	160 000			638 000
所得税费用	140 000	60 000			200 000
净利润	370 000	100 000			438 000
少数股东净利润			③ 20 000		20 000
归属于母公司股东的净利润					418 000
年初未分配利润	150 000	107 000	③ 107 000	① 64 000	214 000
提取盈余公积	38 000	10 000		③ 10 000	38 000
对股东的分配	220 000	40 000		③ 40 000	220 000
年末未分配利润（转下）	262 000	157 000	② 157 000	③ 157 000	374 000
（资产负债表）					

（续表）

项目	A 公司	B 公司	调整、抵消分录		合并金额
			借	贷	
流动资产:					
货币资金	190 000	70 000			260 000
应收账款	110 000	120 000			230 000
存货	400 000	70 000			470 000
		35 000			35 000
流动资产合计	700 000	295 000			995 000
非流动资产:					
长期股权投资	184 000		① 108 000	② 292 000	
固定资产	800 000	250 000			1 050 000
无形资产	210 000				210 000
商誉		40 000			40 000
非流动资产合计	1 194 000	290 000			1 300 000
资产总计	1 894 000	585 000			2 295 000
流动负债:					
应付账款	240 000	130 000			370 000
流动负债合计	240 000	130 000			370 000
非流动负债:					
长期借款	280 000	90 000			370 000
非流动负债合计	280 000	90 000			370 000
负债合计	520 000	220 000			740 000
所有者权益(股东权益)					
实收资本(股本)	1 000 000	120 000	② 120 000		1 000 000
资本公积	24 000	45 000	① 4 000		20 000
			② 45 000		
盈余公积	88 000	43 000	② 43 000		88 000
未分配利润(承上)	262 000	157 000			374 000
少数股东权益				② 73 000	73 000
所有者权益合计	1 374 000	365 000			1 555 000
负债和所有者权益总计	1 894 000	585 000			2 295 000

以后年度合并财务报表的编制,按照上述方式类推。

第二节　非同一控制下的合并财务报表:购买法

非同一控制下的控股合并,无论是控制权取得日还是控制取得日后,均采用购买法编制合并财务报表。由于购买法将母公司取得对子公司的控制权视同母公司购买子公司的净资产,因而要求和购买其他资产一样反映。

在控制权取得日，子公司净资产在合并资产负债表上按购买日的购买成本（公允价值）计价；在控制权取得日后，应根据母公司为该子公司设置的备查簿记录，以记录的该子公司各项可辨认资产、负债及或有负债等在购买日的公允价值为基础，通过编制调整分录，对该子公司的个别财务报表进行调整，以使子公司的个别财务报表反映为在购买日公允价值基础上确定的本期金额。此外，如果存在与母公司会计政策和会计期间不一致的情况，也需要对该子公司的个别财务报表进行调整。然后，在这些调整的基础上，再将母公司对子公司的长期股权投资从成本法调整为权益法。本章假设不存在母公司与子公司会计政策和会计期间不一致的情况，且不存在母公司与子公司之间的内部交易。

一、控制权取得日后第一年的合并财务报表

在成本法下，母公司长期股权投资按购买日确定的企业合并成本初始入账。企业合并成本包括母公司付出的资产、发生或承担的负债、发行的权益性证券等的公允价值以及为进行企业合并而发生的各项直接相关费用之和。而权益法下，母公司长期股权投资的初始合并成本还要与子公司可辨认净资产公允价值的应享有份额进行比较，以二者中较大者为初始入账金额。这意味着，非同一控制下母公司对子公司的长期股权投资，成本法和权益法的差异可能从初始确认就开始了。因此，在编制合并财务报表时，除了将母公司对子公司长期股权投资从成本法调整为权益法外，还需按子公司各项可辨认资产、负债及或有负债等购买日的公允价值调整子公司个别财务报表，以使其反映以此公允价值为基础计算的本期金额。

【例 7-3】 沿用【例 6-9】中的 2，A 公司拥有 B 公司 80% 的股权。假设 B 公司 2008 年实现净利润 80 000 元，提取盈余公积 8 000 元，未对外分配现金股利，可供出售金融资产公允价值变动增加资本公积 10 000 元。假设合并商誉无减值。

2008 年 12 月 31 日，A、B 公司个别财务报表如表 7-5 所示。

表 7-5　控制权取得日后 A 公司和 B 公司的个别财务报表

2008 年 12 月 31 日　　单位:元

项目	账面价值	
	A 公司	B 公司
(利润表及所有者权益变动表的利润分配部分)		
营业收入	4 300 000	2 200 000
营业成本	3 600 000	1 960 000
营业税金及附加	30 000	25 000
销售费用	120 000	50 000
管理费用	200 000	80 000
财务费用	90 000	40 000
投资收益	150 000	70 000
营业利润	410 000	115 000
营业外收入	100 000	50 000
营业外支出	50 000	30 000
利润总额	460 000	135 000
所得税费用	120 000	55 000
净利润	340 000	80 000
年初未分配利润	30 000	35 000
提取盈余公积	40 000	8 000
对股东的分配	180 000	0
年末未分配利润(转下)	150 000	107 000
(资产负债表)		
流动资产:		
货币资金	150 000	50 000
应收账款	80 000	100 000
存货	300 000	50 000
可供出售金融资产		50 000
流动资产合计	530 000	250 000
非流动资产:		
长期股权投资	340 000	
固定资产	700 000	200 000
无形资产	200 000	
商誉		40 000
非流动资产合计	1 240 000	240 000
资产总计	1 770 000	490 000
流动负债:		
应付账款	180 000	100 000
流动负债合计	180 000	100 000

（续表）

项目	账面价值	
	A 公司	B 公司
非流动负债：		
长期借款	210 000	70 000
非流动负债合计	210 000	70 000
负债合计	390 000	170 000
所有者权益（股东权益）		
实收资本（股本）	1 000 000	120 000
资本公积	180 000	60 000
盈余公积	50 000	33 000
未分配利润（承上）	150 000	107 000
所有者权益合计	1 380 000	320 000
负债和所有者权益总计	1 770 000	490 000

（1）A 公司长期股权投资的会计处理

母公司对子公司的长期股权投资采用成本法核算；未分配股利时，母公司对子公司的投资不做账务处理。因 2008 年 B 公司未发放现金股利，故 A 公司无须进行账务处理。

（2）A、B 公司合并财务报表的编制

首先，将 A 公司对 B 公司的长期股权投资从成本法调整为权益法。因 A 公司对 B 公司的长期股权投资采用成本法核算，且本年 B 公司未分配任何现金股利或利润，因此 A 公司对 B 公司的长期股权投资仍为初始投资的 340 000 元。编制合并报表时，应在工作底稿上按权益法进行调整，一方面确认 B 公司本年净利润对 A 公司长期股权投资的影响，增加长期股权投资的同时增加投资收益（80 000 × 80% = 64 000 元）；另一方面确认 B 公司可供出售金融资产公允价值变动对 A 公司长期股权投资的影响，增加长期股权投资的同时增加资本公积（10 000 × 80% = 8 000 元）。调整分录如下：

① 借：长期股权投资　　72 000
　贷：投资收益　　64 000
　　资本公积　　8 000

其次，抵消 A 公司长期股权投资和其在 B 公司所有者权益的相应份额，同时将 B 公司个别财务报表调整为按购买日公允价值计算的本期金额，并确认少数股东权益。

假设 B 公司购买日可辨认资产、负债的公允价值与账面价值之间差额的摊销如表 7-6 所示。

表 7-6　控制权取得日 B 公司公允价值与账面价值的差额及后续摊销

单位:元

项目	假设	差额	第 1 年		第 2 年		第 3 年…	
			摊销	余额	摊销	余额	摊销	余额
应收账款	第一年收回	-10 000	-10 000	0	0	0	0	0
存货	先进先出法	-10 000	-10 000	0	0	0	0	0
固定资产	5 年,直线折旧法	100 000	20 000	80 000	20 000	60 000	20 000	20 000
商誉	年度减值测试	-10 000	-10 000	0	0	0	…	…
合计		70 000	-10 000	80 000	20 000	60 000	…	…

因上述资产已被全部或部分消耗,相应金额已按账面价值记入 B 公司净利润中,故 A 公司编制合并财务报表时,需对 B 公司净利润进行调整,如表 7-7 所示。

表 7-7　2008 年 B 公司净利润的调整　单位:元

B 公司调整前净利润	80 000	调整利润表项目
调整:应收账款高估	10 000	营业外支出(高估)
存货高估	10 000	营业成本(高估)
固定资产折旧费用低估	-20 000	营业成本(低估)
商誉高估	10 000	营业外支出(高估)
B 公司调整后净利润	90 000	

根据表 7-6 和表 7-7,B 公司个别财务报表中固定资产、营业成本和营业外支出按购买日公允价值计算的本期金额与账面余额不同,需要进行调整。其中,固定资产增加 80 000 元,营业成本增加 10 000 元,营业外支出减少 20 000 元。B 公司调整后净资产为 390 000 元(120 000 + 60 000 + 33 000 + 107 000 + 80 000 + 10 000 - 20 000 = 390 000 元)。A 公司长期股权投资为 412 000 元(340 000 + 72 000 = 412 000 元),超过 B 公司可辨认净资产公允价值的应享有份额 100 000 元(412 000 - 390 000 × 80% = 100 000 元),确认为合并商誉,少数股东权益为 78 000 元(390 000 × 20% = 78 000 元)。

② 借:实收资本(股本)　120 000
　　资本公积　60 000
　　盈余公积　33 000
　　年末未分配利润　107 000
　　固定资产　80 000
　　营业成本　10 000
　　商誉　100 000
　贷:营业外支出　20 000

长期股权投资 412 000

少数股东权益 78 000

最后，抵消 A 公司按权益法确认的投资收益和其在 B 公司本年利润分配中的相应份额，并确认少数股东损益。由于按购买日公允价值进行的调整已在分录中集中处理，所以此处只需抵消采用权益法按原账面价值计算的金额。因为从整个企业集团来看，A 公司按权益法确认的投资收益及少数股东损益，实际上就是 B 公司的本年净利润，B 公司本年净利润加上 B 公司年初未分配利润，即为 B 公司本年可供分配的全部利润，具体体现为 B 公司的本年利润分配。因此，将 A 公司按权益法确认的投资收益（80 000 × 80% = 64 000 元）和 B 公司的本年利润分配进行抵消，可以将投资收益还原为子公司的营业收入、营业成本和期间费用，使合并报表从单行合并转换为逐行合并，并确认少数股东损益（80 000 × 20% = 16 000 元）。

③ 借：投资收益 64 000

少数股东损益 16 000

年初未分配利润 35 000

贷：提取盈余公积 8 000

年末未分配利润 107 000

控制权取得日后第一年合并财务报表工作底稿如表 7-8 所示。

表 7-8 控制权取得日后第一年合并财务报表工作底稿

2008 年 1 月 1 日至 2008 年 12 月 31 日 单位：元

项目	A 公司	B 公司	调整、抵消分录 借	调整、抵消分录 贷	合并金额
（利润表及所有者权益变动表的利润分配部分）					
营业收入	4 300 000	2 200 000			6 500 000
营业成本	3 600 000	1 960 000	② 10 000		5 570 000
营业税金及附加	30 000	25 000			55 000
销售费用	120 000	50 000			170 000
管理费用	200 000	80 000			280 000
财务费用	90 000	40 000			130 000
投资收益	150 000	70 000	③ 64 000	① 64 000	220 000
营业利润	410 000	115 000			515 000
营业外收入	100 000	50 000			150 000
营业外支出	50 000	30 000		② 20 000	60 000
利润总额	460 000	135 000			605 000

（续表）

项目	A公司	B公司	调整、抵消分录 借	调整、抵消分录 贷	合并金额
所得税费用	120 000	55 000			175 000
净利润	340 000	80 000			430 000
少数股东净利润			③ 16 000		16 000
归属于母公司股东的净利润					414 000
年初未分配利润	30 000	35 000	③ 35 000		30 000
提取盈余公积	40 000	8 000		③ 8 000	40 000
对股东的分配	180 000	0			180 000
年末未分配利润（转下）	150 000	107 000	② 107 000	③ 107 000	224 000
（资产负债表）					
流动资产：					
货币资金	150 000	50 000			200 000
应收账款	80 000	100 000			180 000
存货	300 000	50 000			350 000
可供出售金融资产		50 000			50 000
流动资产合计	530 000	250 000			780 000
非流动资产：					
长期股权投资	340 000		① 72 000	② 412 000	
固定资产	700 000	200 000	② 80 000		980 000
无形资产	200 000				200 000
商誉		40 000	② 100 000		140 000
非流动资产合计	1 240 000	240 000			1 320 000
资产总计	1 770 000	490 000			2 100 000
流动负债：					
应付账款	180 000	100 000			280 000
流动负债合计	180 000	100 000			280 000
非流动负债：					
长期借款	210 000	70 000			280 000
非流动负债合计	210 000	70 000			280 000
负债合计	390 000	170 000			560 000
所有者权益（股东权益）					
实收资本（股本）	1 000 000	120 000	② 120 000		1 000 000
资本公积	180 000	60 000	② 60 000	① 8 000	188 000
盈余公积	50 000	33 000	② 33 000		50 000
未分配利润（承上）	150 000	107 000			224 000
少数股东权益				② 78 000	78 000
所有者权益合计	1 380 000	320 000			1 540 000
负债和所有者权益总计	1 770 000	490 000			2 100 000

需要注意的是，本例是在年初合并，所以控制权取得日后第一年（即合并当年）子公司利润表、现金流量表、所有者权益变动表等个别财务报表以全年金额并入，与同一控制下采用权益结合法进行合并的期间范围一致。但如果不是在年初合并，则非同一控制下的购买法仅合并当年控制权取得日后子公司个别财务报表的相关金额，而同一控制下的权益结合法仍合并当年的全年金额。

二、控制权取得日后第二年的合并财务报表

非同一控制下的控股合并，采用成本法处理长期股权投资，按企业合并成本（即所付对价及相关直接费用的公允价值）初始入账，投资收益仅为子公司分配的现金股利或利润而不是全部净利润的应享有份额。如此一来，母公司长期股权投资的账面价值，与子公司可辨认净资产公允价值的应享有份额通常并不一致。因此，在编制合并财务报表时，除了将母公司对子公司长期股权投资从成本法调整为权益法外，还需按子公司各项可辨认资产、负债及或有负债等购买日的公允价值，调整子公司个别财务报表，以使其反映以此公允价值为基础计算的本期金额。

【例 7-4】 沿用【例 7-3】，假设 B 公司 2009 年实现净利润 100 000 元，提取盈余公积 10 000 元，分配现金股利 40 000 元，可供出售金融资产公允价值变动减少资本公积 15 000 元。假设合并商誉无减值。

2009 年 12 月 31 日，A、B 公司个别财务报表如表 7-9 所示。

表 7-9 控制权取得日后 A 公司和 B 公司的个别财务报表

2009 年 12 月 31 日 单位：元

项目	账面价值	
	A 公司	B 公司
（利润表及所有者权益变动表的利润分配部分）		
营业收入	5 500 000	2 700 000
营业成本	4 700 000	2 400 000
营业税金及附加	40 000	31 000
销售费用	155 000	64 000
管理费用	260 000	95 000
财务费用	120 000	50 000
投资收益	225 000	90 000
营业利润	450 000	150 000
营业外收入	130 000	60 000
营业外支出	70 000	50 000

(续表)

项目	账面价值	
	A 公司	B 公司
利润总额	510 000	160 000
所得税费用	140 000	60 000
净利润	370 000	100 000
年初未分配利润	150 000	107 000
提取盈余公积	38 000	10 000
对股东的分配	220 000	40 000
年末未分配利润(转下)	262 000	157 000
(资产负债表)		
流动资产:		
货币资金	190 000	70 000
应收账款	110 000	120 000
存货	400 000	70 000
可供出售金融资产		35 000
流动资产合计	700 000	295 000
非流动资产:		
长期股权投资	340 000	
固定资产	800 000	250 000
无形资产	210 000	
商誉		40 000
非流动资产合计	1 350 000	290 000
资产总计	2 050 000	585 000
流动负债:		
应付账款	240 000	130 000
流动负债合计	240 000	130 000
非流动负债:		
长期借款	280 000	90 000
非流动负债合计	280 000	90 000
负债合计	520 000	220 000
所有者权益(股东权益)		
实收资本(股本)	1 000 000	120 000
资本公积	180 000	45 000
盈余公积	88 000	43 000
未分配利润(承上)	262 000	157 000
所有者权益合计	1 530 000	365 000
负债和所有者权益总计	2 050 000	585 000

(1) A 公司长期股权投资的会计处理

由于母公司对子公司的长期股权投资采用成本法核算,故仅对子公司分配的现金股利的应享有份额进行反映,对子公司净利润的其余部分不作账务处理。2009 年 B 公司分配现金股利 40 000 元，A 公司账务处理如下：

借：应收股利　　32 000
　　贷：投资收益　　32 000
借：银行存款　　32 000
　　贷：应收股利　　32 000

(2) A、B 公司合并财务报表的编制

首先，将 A 公司对 B 公司的长期股权投资从成本法调整为权益法。

假设控制权取得日后未新增或回购所有者投资，成本法和权益法的区别主要体现在母公司对子公司长期股权投资是否反映子公司损益及非损益的权益变动。

其中，与损益有关的变动体现为 B 公司留存收益的变化，其原因为，在成本法下 A 公司只确认来自 B 公司的现金股利或利润，对 B 公司留存收益的变化不予反映，但权益法却要求反映。2008 年 B 公司实现净利润 80 000 元，未分配现金股利。在成本法下，A 公司未确认任何投资收益；但按照权益法，A 公司应在 2008 年确认投资收益 64 000 元（80 000 × 80% = 64 000 元），结账后则为 2008 年年末（即 2009 年年初）未分配利润增加 64 000 元。2009 年 B 公司实现净利润 100 000 元，分配现金股利 40 000 元。成本法下，A 公司确认投资收益 32 000 元（40 000 × 80% = 32 000 元）；按照权益法，A 公司 2009 年还应确认投资收益 48 000 元（60 000 × 80% = 48 000 元）。

与非损益的其他权益有关的变动体现为 B 公司资本公积的变化，成本法下 A 公司对此不予反映，但权益法要求反映。2008 年 B 公司可供出售金融资产公允价值变动增加资本公积 10 000 元。在成本法下，A 公司未确认该项变动；按照权益法，A 公司应在 2008 年增加资本公积 8 000 元（10 000 × 80% = 8 000 元）。2009 年 B 公司可供出售金融资产公允价值变动减少资本公积 15 000 元。成本法下，A 公司未确认该项变动；按照权益法，A 公司应在 2009 年减少资本公积 12 000 元（15 000 × 80% = 12 000 元）。综合起来，A 公司对 B 公司的长期股权投资在从成本法调整为权益法时应减少资本公积 4 000 元（8 000 − 12 000 = −4 000 元）。

① 借：长期股权投资　　108 000
　　　资本公积　　4 000
　　贷：年初未分配利润　　64 000
　　　　投资收益　　48 000

其次，抵消 A 公司长期股权投资和其在 B 公司所有者权益的相应份额，同时将B公司个别财务报表调整为按购买日公允价值计算的本期金额，并确认少数股东权益。

根据表7-7，2008年B公司按购买日公允价值计算的净利润比按账面价值计算的净利润高10 000元（90 000 − 80 000 = 10 000元）。成本法下，A公司未加以确认；按照权益法，结账后A公司应编制调整分录，增加长期股权投资和2008年年末（即2009年年初）未分配利润8 000元（10 000 × 80% = 8 000元）。

② 借：长期股权投资　　8 000
　　贷：年初未分配利润　　8 000

根据表7-6和表7-10，A公司在编制2009年合并报表时，需要调整增加固定资产60 000元、营业成本20 000元。B公司调整后净资产为445 000元（120 000 + 45 000 + 43 000 + 157 000 + 60 000 + 20 000 = 445 000元）。A公司长期股权投资为456 000元（340 000 + 108 000 + 8 000 = 456 000元），超过B公司可辨认净资产公允价值的应享有份额100 000元（456 000 − 445 000 × 80% = 100 000元），确认为合并商誉，少数股东权益为89 000元（445 000 × 20% = 89 000元）。

表7-10　2009年B公司净利润的调整　　单位：元

B公司调整前净利润	100 000	调整利润表项目
调整：固定资产折旧费用低估	20 000	营业成本（低估）
B公司调整后净利润	80 000	

③ 借：实收资本（股本）　　120 000
　　　资本公积　　45 000
　　　盈余公积　　43 000
　　　年末未分配利润　　157 000
　　　固定资产　　60 000
　　　营业成本　　20 000
　　　商誉　　100 000
　　贷：长期股权投资　　456 000
　　　　少数股东权益　　89 000

最后，抵消A公司按权益法确认的投资收益和其在B公司本年利润分配中的相应份额，并确认少数股东损益。因为从整个企业集团来看，A公司按权益法确认的投资收益及少数股东权益，实际上就是B公司的本年净利润，B公司本年净利润加上B公司年初未分配利润，即为B公司本年可供分配的全部利润,具体体现为B公司的本年利润分配。因此,将A公司按权益法确认的投资收益(100 000×80% =80 000元)和B公司的本年利润分配进行抵消,可以将投资收益还原为子公司的营业收入、营业成本和期间费用,使合并报表从单行合并转换为逐行合并,并确认少数股东损益(100 000×20% =20 000元)。

④ 借:投资收益　　80 000
　　少数股东损益　　20 000
　　年初未分配利润　　107 000
　贷:提取盈余公积　　10 000
　　对股东的分配　　40 000
　　年末未分配利润　　157 000

控制权取得日后第二年合并财务报表工作底稿如表7-11所示。

表7-11　控制权取得日后第二年合并财务报表工作底稿

2008年1月1日至2008年12月31日　　　　单位:元

项目	A公司	B公司	调整、抵消分录 借	调整、抵消分录 贷	合并金额
(利润表及所有者权益变动表的利润分配部分)					
营业收入	5 500 000	2 700 000			8 200 000
营业成本	4 700 000	2 400 000	③ 20 000		7 120 000
营业税金及附加	40 000	31 000			71 000
销售费用	155 000	64 000			219 000
管理费用	260 000	95 000			355 000
财务费用	120 000	50 000			170 000
投资收益	225 000	90 000	④ 80 000	① 48 000	283 000
营业利润	450 000	150 000			548 000
营业外收入	130 000	60 000			190 000
营业外支出	70 000	50 000			120 000
利润总额	510 000	160 000			618 000
所得税费用	140 000	60 000			200 000
净利润	370 000	100 000			418 000
少数股东净利润			④ 20 000		20 000
归属于母公司股东的净利润					398 000
年初未分配利润	150 000	107 000	④ 107 000	① 64 000 ② 8 000	222 000
提取盈余公积	38 000	10 000		④ 10 000	38 000
对股东的分配	220 000	40 000		④ 40 000	220 000
年末未分配利润(转下)	262 000	157 000	③ 157 000	④ 157 000	362 000
(资产负债表)					

(续表)

项目	A公司	B公司	调整、抵消分录 借	调整、抵消分录 贷	合并金额
流动资产:					
货币资金	190 000	70 000			260 000
应收账款	110 000	120 000			230 000
存货	400 000	70 000			470 000
可供出售金融资产		35 000			35 000
流动资产合计	700 000	295 000			995 000
非流动资产:					
长期股权投资	340 000		① 108 000 ② 8 000	③ 456 000	
固定资产	800 000	250 000	③ 60 000		1 110 000
无形资产	210 000				210 000
商誉		40 000	③ 100 000		140 000
非流动资产合计	1 350 000	290 000			1 460 000
资产总计	2 050 000	585 000			2 455 000
流动负债:					
应付账款	240 000	130 000			370 000
流动负债合计	240 000	130 000			370 000
非流动负债:					
长期借款	280 000	90 000			370 000
非流动负债合计	280 000	90 000			370 000
负债合计	520 000	220 000			740 000
所有者权益(股东权益)					
实收资本(股本)	1 000 000	120 000	③ 120 000		1 000 000
资本公积	180 000	45 000	① 4 000 ③ 45 000		176 000
盈余公积	88 000	43 000	③ 43 000		88 000
未分配利润(承上)	262 000	157 000			362 000
少数股东权益				③ 89 000	89 000
所有者权益合计	1 530 000	365 000			1 715 000
负债和所有者权益总计	2 050 000	585 000			2 455 000

第三节　权益结合法和购买法的比较

所有企业合并,无论是不需要编制合并财务报表的吸收合并和新设合并,还是需要编制合并财务报表的控股合并,在进行合并事项的会计处理时,都有权益结合法、购买法和新实体法三种合并方法可供选择。这三种方法的本质区别在于究竟是合并个别财务报表的账面价值还是公允价值。其中，购买法认为企业合并是合并企业对被合并企业净资产的购买，应按合并企业账面价值、被合并企业公允价值合并。权益结合法认为企业合并是合并各方的携手合作、权益结合，应按各方的账面价值合并。新实体法则认为企业合并是通过合并新建一个企业，应按合并各方的公允价值合并。这三种方法中，新实体法因对经济环境要求较高，一般仅用作理论研究，而不用于实务操作；权益结合法因符合适用条件的情况较少，而被国际财务报告准则和美国公认会计原则废除，但我国因大量存在同一控制下的控股合并，故仍保留该方法；购买法是国际财务报告准则和美国公认会计原则唯一认可的合并财务报表编制方法，我国则将该方法用于非同一控制的控股合并。

就编制合并财务报表的程序而言，权益结合法和购买法基本一致，都需要经过三个步骤：(1) 将母公司对子公司的长期股权投资从成本法调整为权益法；(2) 将调整后的长期股权投资与其在子公司净资产中的份额抵消；(3) 抵消母公司投资收益等项目和子公司本年利润分配项目。通过上述调整、抵消分录，与母公司对子公司长期股权投资有关的项目被还原为子公司的资产、负债、收入和费用等，采用逐行合并的方式加总，与子公司少数股东有关的项目被汇总为少数股东权益等，采用单行合并的方式报告。

但就编制合并财务报表的理念和结果而言，权益结合法和购买法区别较大，具体内容如表 7-12 所示。

表 7-12　权益结合法和购买法的区别

	权益结合法	购买法
适用条件	同一控制下的控股合并	非同一控制下的控股合并
合并理念	将企业合并视为合并各方的权益结合	将企业合并视为一方对另一方的购买
合并要求	合并各方保持原有数据	购买方对被购买方净资产重新估价
合并报表	合并各方都按账面价值反映	购买方按账面价值反映，被购买方按公允价值反映
控制权取得日	合并所有财务报表	仅合并资产负债表
控制权取得日后第一年	合并各方全年数额合并	购买方全年数额和被购买方购买日后数额合并
控制权取得日后第二年及以后年度	不调整年初未分配利润	按被购买方购买日公允价值调整年初未分配利润
合并结果	不产生合并商誉	有可能产生合并商誉

本章小结

本章紧密结合我国《企业会计准则第 33 号——合并财务报表》的相关规定,在假设不存在母公司与子公司会计政策和会计期间不一致且不存在母公司与子公司之间内部交易的情况下,对控制权取得日后同一控制和非同一控制下合并财务报表的编制方法——权益结合法和购买法进行了详细阐述。

控制权取得日后的合并财务报表包括合并资产负债表、合并利润表、合并现金流量表和合并股东权益变动表。为突出各报表之间的联系,本章重点讲述合并利润表、合并所有者权益变动表和合并资产负债表,并将所有者权益变动表中的利润分配部分作为连接三张报表的纽带,纳入合并报表的工作底稿中。

本章以非全资子公司为例阐述编制合并报表的基本程序,全资子公司可依此类推。本章编制合并报表的基本思路是:(1) 将母公司对子公司的长期股权投资从成本法调整为权益法;(2) 将调整后的长期股权投资与其在子公司净资产中的份额抵消;(3) 抵消母公司投资收益等项目和子公司本年利润分配项目。目的是通过编制调整、抵消分录,将与母公司对子公司长期股权投资有关的项目还原为子公司的资产、负债、收入和费用等进行逐行合并,将与子公司少数股东有关的项目汇总为少数股东权益等进行单行合并。在具体编制调整、抵消分录时,本章采用的是直接抵消年末余额的方法。

第一节主要讲述同一控制下合并财务报表的编制方法——权益结合法。该方法的特点是以合并各方的账面价值为基础进行合并,控制权取得日需编制所有合并报表,控制权取得日后第一年需对合并各方的全年数额进行合并,控制权取得日后第二年及以后年度不需按被合并方合并日公允价值调整年初未分配利润。由于按权益法调整后的母公司长期股权投资与其在子公司所有者权益账面价值的应享有份额一致,因此该方法不会产生合并商誉。

第二节主要讲述非同一控制下合并财务报表的编制方法——购买法。该方法的特点是以购买方的账面价值和被购买方购买日的公允价值为基础进行合并,控制权取得日只需编制合并资产负债表,控制权取得日后第一年只需对购买方全年数额和被购买方购买日后数额进行合并,控制权取得日后第二年及以后年度需按被购买方购买日公允价值调整年初未分配利润。由于按权益法调整后的母公司长期股权投资可能大于其在子公司可辨认净资产公允价值的应享有份额,因此该方法可能会产生合并商誉。

第三节通过比较权益结合法和购买法的异同,对两种方法进行了归纳总结。合并理念决定适用条件:权益结合法将企业合并视为各参与方权益的集合,适用于同一控制下的控股合并;购买法将企业合并视为一方对另一方净资产的购买,适用于非同一控制下的控股合并。

本章主要名词

单行合并法　逐行合并法　权益法　权益结合法　购买法　新实体法

本章思考题

1. 编制合并财务报表包括哪些基本程序?

2. 同一控制下的控股合并应采用何种方法编制合并财务报表?编制过程中涉及哪些调整、抵消分录?

3. 非同一控制下的控股合并应采用何种方法编制合并财务报表?编制过程中涉及哪些调整、抵消分录?

4. 权益结合法和购买法在控制权取得日后的合并财务报表中有哪些异同?

本章练习题

基本资料:

2008 年 1 月 1 日,E 公司向 F 公司股东支付 300 000 元,取得 F 公司 60% 股权,实现了对 F 公司的控股合并,合并后 F 公司仍维持其独立法人资格继续经营。

控股合并后 E、F 公司 2008 年 1 月 1 日资产负债表　　单位:元

项目	E 公司	F 公司	
	账面价值	账面价值	公允价值
流动资产:			
货币资金	150 000	40 000	40 000
应收账款	200 000	160 000	160 000
存货	250 000	100 000	120 000
可供出售金融资产		20 000	20 000
流动资产合计	600 000	320 000	340 000
非流动资产:			
长期股权投资	300 000		
固定资产	400 000	350 000	280 000
无形资产	100 000		
商誉		30 000	30 000
非流动资产合计	800 000	380 000	310 000
资产总计	1 400 000	700 000	650 000
流动负债:			
应付账款	200 000	50 000	50 000
流动负债合计	200 000	50 000	50 000
非流动负债:			
长期借款	400 000	150 000	150 000
非流动负债合计	400 000	150 000	150 000
负债合计	600 000	200 000	200 000
所有者权益(股东权益)			
实收资本(股本)	500 000	220 000	
资本公积	150 000	100 000	
盈余公积	50 000	110 000	450 000
未分配利润	100 000	70 000	
所有者权益合计	800 000	500 000	
负债和所有者权益总计	1 400 000	700 000	

假设 F 公司 2008 年实现净利润 50 000 元,提取盈余公积 5 000 元,分配现金股利 30 000 元,可供出售金融资产公允价值变动减少资本公积 10 000 元;2009 年实现净利润 80 000 元,提取盈余公积 8 000 元,未分配现金股利,无其他权益变动。假定 E、F 公司采用相同的会计政策和会计期间,且未发生任何内部交易。E、F 公司 2008 年和 2009 年的个别财务报表如下表所示。

E、F公司个别财务报表 单位：元

项目	2008年1月1日至12月31日		2009年1月1日至12月31日	
	E公司	F公司	E公司	F公司
（利润表及所有者权益变动表的利润分配部分）				
营业收入	2 000 000	1 000 000	2 600 000	1 500 000
营业成本	1 500 000	700 000	2 000 000	1 100 000
营业税金及附加	20 000	10 000	40 000	15 000
销售费用	50 000	150 000	70 000	200 000
管理费用	100 000	40 000	80 000	65 000
财务费用	50 000	60 000	60 000	70 000
投资收益	20 000	20 000	50 000	40 000
营业利润	300 000	60 000	400 000	90 000
营业外收入	50 000	40 000	30 000	60 000
营业外支出	70 000	30 000	80 000	40 000
利润总额	280 000	70 000	350 000	110 000
所得税费用	80 000	20 000	100 000	30 000
净利润	200 000	50 000	250 000	80 000
年初未分配利润	100 000	70 000	150 000	85 000
提取盈余公积	20 000	5 000	25 000	8 000
对股东的分配	130 000	30 000	175 000	0
年末未分配利润（转下）	150 000	85 000	200 000	157 000
（资产负债表）				
流动资产：				
货币资金	300 000	50 000	240 000	80 000
应收账款	200 000	200 000	250 000	230 000
存货	300 000	160 000	360 000	170 000
可供出售金融资产		40 000		60 000
流动资产合计	800 000	450 000	850 000	540 000
非流动资产：				
长期股权投资	300 000		300 000	
固定资产	500 000	300 000	600 000	360 000
无形资产	150 000		100 000	
商誉		50 000		50 000
非流动资产合计	950 000	350 000	1 000 000	410 000
资产总计	1 750 000	800 000	1 850 000	950 000
流动负债：				
应付账款	450 000	130 000	450 000	150 000
流动负债合计	450 000	130 000	450 000	150 000
非流动负债：				
长期借款	430 000	160 000	455 000	210 000
非流动负债合计	430 000	160 000	455 000	210 000
负债合计	880 000	290 000	905 000	360 000
所有者权益（股东权益）				
实收资本（股本）	500 000	220 000	500 000	220 000
资本公积	150 000	90 000	150 000	90 000
盈余公积	70 000	115 000	95 000	123 000
未分配利润（承上）	150 000	85 000	200 000	157 000
所有者权益合计	870 000	510 000	945 000	590 000
负债和所有者权益总计	1 750 000	800 000	1 850 000	950 000

1. 假设 E、F 公司为同一控制下的两家子公司。请编制控制权取得日后 E 公司对 F 公司长期股权投资的会计分录,控制权取得日合并资产负债表,控制权取得日后第一年和第二年的合并资产负债表、合并利润表。

2. 假设 E、F 公司为非同一控制下的两家公司。

假设 F 公司控制权取得日可辨认资产、负债的公允价值与账面价值之间差额的摊销如下表所示:

控制权取得日 F 公司公允价值与账面价值的差额及后续摊销 单位:元

项目	假设	差额	第 1 年		第 2 年		第 3 年—	
			摊销	余额	摊销	余额	摊销	余额
存货	先进先出法	20 000	20 000	0	0	0	0	0
固定资产	5 年,直线折旧法	−70 000	−14 000	56 000	−14 000	42 000	−14 000	28 000
合计		−50 000	6 000	56 000	−14 000	42 000	……	……

请编制控制权取得日后 E 公司对 F 公司长期股权投资的会计分录,控制权取得日合并资产负债表,控制权取得日后第一年和第二年的合并资产负债表、合并利润表。

本章小资料

小资料之一:

中鼎股份:股权收购完成利于业绩提升

中鼎股份(000887)近日发布的公告称,经 11 月 26 日股东大会审议通过的收购大股东资产(包括中鼎泰克 50% 股权、中鼎模具 100% 股权、中鼎包装 100% 股权),其股权转让手续已完成。根据会计准则的相关规定,上述三个企业将纳入公司 2008 年度财务报表的合并范围。

此次资产注入有利于公司业务链的整合。公司原计划通过非公开增发收购部分关联企业的股权,包括中鼎模具 100% 股权、中鼎泰克 50% 股权、中鼎减震 95% 股权和中鼎精工 75% 股权。但因非公开增发条件暂时不成熟,因此公司采取以自有资金先期收购其中的中鼎模具和中鼎泰克股权以及中鼎包装股权。由于上述四家企业与公司业务具有较大的相关性,因此收购事项可以有效减少关联交易,使公司形成比较完整的业务链,并有望提升公司的业绩。有了收购中鼎模具和中鼎泰克股权的先例,不排除后续收购仍采用此种方式;待时机成熟,也可能通过非公开增发补回收购资金。

原材料价格下跌有助于稳定公司产品的毛利率。公司产品的成本构成中主要包括33%的生胶、33%的其他原材料(包括炭黑、橡胶助剂、金属骨架等)、12%的劳动力、22%的制造费用。其中,生胶的单项占比最大,对成本影响也最大。公司橡胶原材料主要来自进口,9月份以来进口天然橡胶价格大幅回落;而10月份合成胶平均价格虽然仍维持在高位,但11月份也快速下滑。总体来看,公司的原材料成本已下降,这对公司产品四季度毛利率的稳定具有重要意义。

公司收购大股东持有的中鼎泰克、中鼎模具和中鼎包装的股权,构成同一控制下的企业合并,适用权益结合法进行会计处理。在合并利润表时需要将被收购企业的收入、费用、利润纳入合并报表。在合并资产负债表时,将调整合并资产负债表的期初数。上述会计处理,将对合并当年的合并利润产生重大影响。按前三季度计算,单中鼎模具和中鼎泰克两项将增加上市公司净利润2 784万元,对公司EPS的影响约为0.09元。同时,这也将对合并资产负债表产生重要影响,合并时需要调减期初资本公积或相关项目9 772.79万元;而截至2008年9月,公司合并归属于母公司所有者权益为5.51亿元。

出口退税政策的调整也有利于提升出口业务盈利能力。11月国家出台相关政策,提高包括部分橡胶制品在内的出口商品的退税率。公司的相关产品主要涉及"硫化橡胶线及绳等"和"硫化橡胶制其他卫生及医疗用品等"两个类别,出口退税率分别由以前的5%提高到9%。根据测算,这有望使公司新增利润300万—400万元,对公司出口业务构成利好。

随着资产整合的进行,公司未来将向全面的特种橡胶零件制造商发展,而产品下游将拓展到工程机械、消费电子、家电、航空航天、铁路等领域。合适的下游领域多元化可以减少因汽车行业周期波动所带来的影响。目前公司在消费电子领域的拓展已经取得成绩,已拿到较大的销售订单。不过,短期内公司大部分业务仍与汽车业相关,汽车业的波动将对公司的短期业绩产生较大影响。

综合以上分析,预测新增合并子公司后,公司2008—2009年EPS分别为0.51元和0.58元,因此,我们维持公司"谨慎推荐"的评级。

资料来源:《中国证券报》·中证网,2008-12-05。

小资料之二:

取消权益结合法的原因

《国际会计准则第22号》允许企业合并选择两种方法中的一种进行会计处理:权益结合法或购买法。对于同一形式的企业合并,无论是《国际会计准则第22号》,还是允许两种方法并存的其他国家或地区的相应会计准则,这两种方法都不被视为是可从中选择使用的。而是每一种方法都适用于特定的企业合并形式:购买法适用于购买形式的企业合并(即一个主体获得另一主体或业务控制权的企业合并),权益结合法适用于"真实兼并"或"权益结合"形式的企业合并。准则制定机构在"真实兼并"的精确含义上意见并不一致。但是理事会在考虑对真实兼并采用权益结合法时,关注的是参与合并主体的一方没有获得其他参与合并主体控制权的企业合并。理事会认为,这种交易不应采用权益结合法,因为权益结合法提供的信息在任何情况下都不会优于购买法提供的信息。

权益结合法的采用限于权益是主要对价形式的企业合并。参与合并主体的资产和负债按合并前的账面价值入账,合并后没有确认额外的资产和负债。有人认为,权益结合法对真实兼并而言是恰当的,因为在这种交易中,所有者权益完全或实质上继续存在,而没有投资新的收益,也未进行资产分配,合并后的所有者权益与合并前是相称的,合并的目的是旨在实现商业战略的结合,理事会对此进行了考虑。理事会注意到,尽管通过权益性工具的交换实现的合并会导致所有者权益的继续存在,但这些权益却因为合并而发生了变化,因此理事会拒绝了上述观点。合并后,参与合并主体的所有者在合并后主体的净资产中拥有剩余权益,而采用权益结合法提供的信息对此无法反映,因而缺乏相关性。由于所有者参与合并主体的资产和负债以合并前的账面价值而不是合并日的公允价值确认,合并后主体财务报表的使用者无法合理估计在合并之后从合并主体产生的预期未来现金流量的性质、时间和程度。而且,理事会不认为采用的对价性质(真实兼并中的权益)应当表明如何确认参与合并主体的资产和负债。

有人认为,权益结合法恰当地反映了真实兼并是参与合并主体所有者之间的交易而不是参与合并主体之间的交易,理事会对此进行了考虑。理事会注意到,企业合并是由参与合并主体之间的交易发起并由此而发生的,因此理事会拒绝了上述观点。企业合并是由主体而不是其所有者进行必要的协商来实现的,尽管很显然其所有者必须最终参与并批准该交易。

《框架》指出,财务报表的目标之一是反映管理层对所交托的资源的受托责任。理事会注意到,一般而言,交换交易按所交换项目的公允价值进行会计处理,而权益结合法是个例外。由于它忽视了企业合并中交换的价值,因此采用权益结合法提供的信息不能反映管理层对所进行的投资及其后续绩效的受托责任。

资料来源:摘自《国际财务报告准则第3号——企业合并》。

本章参考资料

1.《企业会计准则第33号——合并财务报表》,经济科学出版社2006年版。

2. 财政部会计司编写组,《企业会计准则讲解》,第三十四章合并财务报表,人民出版社2008年版。

3.《美国财务会计准则第141号——企业合并》,《美国财务会计准则第142号——商誉和其他无形资产》,2007年版。

4.《国际财务报告准则第3号——企业合并》,中国财政经济出版社2005年版。

5. 中国注册会计师协会编,注册会计师全国统一考试辅导教材《会计》,第二十六章合并财务报表,中国财政经济出版社2008年版。

6. 保罗·M.费歇尔等著,耿建新等译,《高级会计》,第三章合并会计报表:控制权取得日后,中国财政经济出版社2004年版。

第八章

合并财务报表:集团内部往来业务及特殊问题

本章教学目的和要求

本章是对合并财务报表其余内容的补充,重点探讨控制权取得日后企业集团内部往来业务在合并报表编制过程中的抵消、合并现金流量表的编制及合并范围变化等特殊问题。其中,企业集团内部往来业务分别按集团内存货交易、非流动资产交易和债权债务交易进行探讨。最后,本章还对合并财务报表的相关内容进行了系统比较和总结。

本章的教学目的,是使读者在掌握前述合并财务报表有关内容的基础上,熟悉控制权取得日后集团内部往来业务的抵消和合并现金流量表的编制,并对母公司在报告期内增减子公司、子公司超额亏损等特殊问题有基本的了解和把握。

本章的教学要求,是能够熟练掌握控制权取得日后集团内存货、固定资产、无形资产和债权债务交易的抵消分录和合并现金流量表的编制方法,并能对特殊问题进行系统的分析和处理。

第一节　集团内部往来业务

由于编制合并财务报表的目的是反映母、子公司作为一个经济主体的经济活动,因而集团内部往来业务都应相互抵消,以使合并财务报表仅反映集团作为整体与外部进行的经济活动。但应该注意的是,所有这些调整、抵消分录,只是为编制合并财务报表而反映在工作底稿上,并不记入母公司或子公司的账簿中。

集团内部往来业务,也称集团内部交易,按照所涉及的资产负债表项目可以分为存货交易、非流动资产交易和债权债务交易等。

一、集团内部的存货交易

企业集团内部存货交易有三种类型:母公司对子公司的销售称为顺流销售;子公司对母公司的销售称为逆流销售;集团内部一个子公司对另一个子公司的销售称为水平销售。

内部存货交易可能出现三种情况:当期全部对集团外部销售;当期全部未售出而形成期末存货;当期部分对集团外部销售部分形成期末存货。第一种情况不涉及未实现内部销售损益,但需在当期合并报表编制时抵消重复记录的销售收入和销售成本;后两种情况涉及未实现内部销售损益,因此不仅影响当期合并报表的编制,所形成的期末存货因成为下期期初存货还影响下期合并报表的编制。

内部存货交易中,买方当期未售出存货形成的期末存货包含两部分内容:一部分为真正的存货成本(即卖方的销售成本);另一部分为卖方的销售毛利(即销售收入减销售成本的差额)。对于期末存货中包括的这部分销售毛利,从企业集团整体来看,并不是真正实现的损益。因为从整个企业集团来看,集团内部企业之间的商品购销活动实际上相当于企业内部物资调拨活动,既不会实现利润,也不会增加商品价值。按照实体理论,此部分被卖方确认的利润被称为未实现内部销售损益,属于母公司和少数股东的部分均未实现,应在编制合并财务报表时予以全额抵消。换句话说,在实体理论下,无论是顺流销售、逆流销售还是水平销售,均全额抵消未实现内部销售损益,三种销售的合并报表编制没有任何区别。但对于存货交易的三种销售情况,因影响的账户和期间不同,则应编制不同的抵消分录:

1. 购进的存货当期全部对集团外部销售

【例8-1】 假设C公司于2008年年初以银行存款购买了D公司80%的普通股股份。当年C公司将成本为8 000元的存货销售给D公司,售价为10 000元。D公司当年将该批存货全部对集团外部销售,售价为12 000元。

对于整个集团来说,这批存货的销售收入为12 000元,销售成本为8 000元,应确认销售毛利4 000元。由于在C公司个别财务报表上确认了销售收入10 000元、销售成本8 000元,同时在D公司个别财务报表上确认了销售收入12 000元、销售成本10 000元,因而在编制合并财务报表时应将重复确认的销售收入10 000元和销售成本10 000元予以抵消。在合并财务报表工作底稿上编制如下抵消分录:

借:营业收入	10 000	
贷:营业成本		10 000

2. 购进的存货当期全部未售出而形成期末存货

【例8-2】 假设C公司于2008年年初以银行存款购买了D公司80%的普通股股份。当年C公司将成本为8 000元的存货销售给D公司,售价为10 000元。D公司购进的这批存货当期全部未对外销售,因而包括在期末存货中。2009年D公司将该存货全部对集团外部销售,售价为12 000元。

(1) 2008年的抵消分录

2008年C公司个别财务报表上确认了销售收入10 000元,销售成本8 000元,但从整个企业集团角度来看,这批存货并未实现销售,故不应确认销售收入和销售成本。这些存货在D公司个别财务报表上以10 000元的成本计价,而从整个企业集团角度来看,其成本应为8 000元,因而在编制合并财务报表时,应消除D公司存货中包含的未实现内部销售利润2 000元。

借:营业收入	10 000	
贷:营业成本		8 000
存货		2 000

(2) 2009年的抵消分录

从整个企业集团来看,C公司2008年确认的内部销售利润2 000元,导致C公司2008年年末未分配利润(即2009年年初未分配利润)多计2 000元。同时,D公司2008年年末存货(即2009年年初存货)多计2 000元。由于这批存货在2009年全部对集团外部销售,因而使D公司2009年的销售成本多计2 000元。因此,在2009年的合并财务报表工作底稿上应编制如下抵消分录:

借:年初未分配利润 2 000

贷:营业成本 2 000

3. 购进的存货当期部分对集团外部销售部分形成期末存货

【例 8-3】 假设 C 公司于 2008 年年初以银行存款购买了 D 公司 80% 的普通股股份。当年 C 公司将成本为 8 000 元的存货销售给 D 公司,售价为 10 000 元。D 公司购进的这批存货当期对集团外部销售其中的 60%,售价为 7 200 元,其余 40% 形成期末存货,成本为 4 000 元。2009 年 D 公司将该存货的其余部分全部对集团外部销售,售价为 4 800 元。

(1) 2008 年的抵消分录

D 公司从 C 公司购进的存货可分为两部分:一部分在本期实现对外销售,占 60%;另一部分未实现对外销售而形成期末存货,占 40%。

对于已实现对外销售的部分,应当抵消重复确认的销售收入和销售成本 6 000 元(10 000 × 60%),因此,在 2008 年合并财务报表工作底稿上应编制如下抵消分录:

借:营业收入 6 000

贷:营业成本 6 000

对于未实现对外销售的部分,应抵消 C 公司确认的销售收入 4 000 元(10 000 × 40%)、销售成本 3 200 元(8 000 × 40%),同时抵消 D 公司期末存货中包括的未实现内部销售利润 800 元(2 000 × 40%)。

借:营业收入 4 000

贷:营业成本 3 200

存货 800

上述两笔抵消分录可以合为如下一笔分录:

借:营业收入 10 000

贷:营业成本 9 200

存货 800

(2) 2009 年的抵消分录

由于 C 公司 2008 年确认了未实现内部销售利润 800 元,导致 C 公司 2008 年年初未分配利润多计 800 元;由于 D 公司 2008 年年末存货多计 800 元,导致 D 公司 2009 年销售成本多计 800 元。因此,在 2009 年合并财务报表工作底稿上应编制如下抵消分录:

借:年初未分配利润 800

贷:营业成本 800

上述业务以顺流销售为例，逆流销售和水平销售的抵消分录与此相同。

二、集团内部的非流动资产交易

集团内部各企业之间还可能发生非流动资产交易，如买卖固定资产、无形资产。对于企业集团内部非流动资产交易，根据卖方销售的是产品还是非流动资产，可以将其划分为三种类型：第一种类型是企业集团内部企业将自身生产的产品销售给企业集团内的其他企业作为固定资产或无形资产使用；第二种类型是企业集团内部企业将自身的固定资产或无形资产出售给企业集团内的其他企业作为固定资产或无形资产使用；第三种类型是企业集团内部企业将自身使用的固定资产或无形资产出售给企业集团内的其他企业作为普通商品出售。

由于第一种类型比较常见，且固定资产和无形资产交易的账务处理原理相同，故本章重点介绍固定资产第一种交易的抵消处理。

与存货的情况不同，固定资产的使用寿命较长，往往要跨越几个会计年度。对于内部交易形成的固定资产，不仅在该内部固定资产交易发生当期需要进行抵消处理，而且在以后使用该固定资产期间也需要进行抵消处理。固定资产在使用过程中是通过折旧的方式将其价值转移到产品价值中，由于固定资产按原价计提折旧，在固定资产原价中包含未实现内部销售损益的情况下，每期计提的折旧费用也必然包含未实现内部销售损益的金额，由此也需要对该内部交易形成的固定资产每期计提的折旧费用进行相应的抵消处理。同样，如果买方对该项固定资产计提了固定资产减值准备，由于固定资产减值准备是以原价为基础计算确定的，在固定资产原价中包含未实现内部销售损益的情况下，对该项固定资产计提的减值准备也必然包含着未实现内部销售损益的金额，由此也需要对该内部交易形成的固定资产计提的减值准备进行相应的抵消处理。

【例 8-4】 假设 C 公司于 2008 年年初以银行存款购买了 D 公司 80% 的普通股股份。C 公司于当年年初将成本为 10 000 元的一台设备销售给 D 公司，售价为 12 000 元。D 公司购进的固定资产预计使用 5 年，无残值，采用直线法计提折旧。假设该设备用于企业管理部门。

1. 购入当期的抵消处理

（1）抵消与内部交易形成的固定资产有关的销售收入、销售成本和未实现内部销售损益

2008 年 C 公司个别财务报表上确认了销售收入 12 000 元，销售成本

10 000 元,但从整个企业集团角度来看,该设备并未实现销售,故不应确认销售收入和销售成本。该设备在 D 公司个别财务报表上以 12 000 元的成本记为固定资产原价,而从整个企业集团角度来看,其成本应为 10 000 元,因而在编制合并财务报表时,应消除 D 公司固定资产原价中包含的未实现内部销售利润 2 000 元。

借:营业收入　　12 000
　贷:营业成本　　10 000
　　固定资产——原价　　2 000

(2) 抵消内部交易形成的固定资产当期多计提的折旧费用和累计折旧

从单个企业来说,对计提折旧进行会计处理时,一方面增加当期费用或相关资产成本,另一方面形成累计折旧。因此,对内部交易形成的固定资产当期多计提的折旧费用进行抵消时,应按多计提的折旧额反向冲销。反之,如果内部交易形成的固定资产当期少计提了折旧费用,则应该按少计提的折旧额同向补提。

本例中,因 D 公司内部交易形成的固定资产原价中包含了未实现内部销售利润 2 000 元,因此按使用寿命 5 年、无残值的直线法将多计提折旧 400 元,应予以抵消。

借:累计折旧　　400
　贷:管理费用　　400

2. 以后期间的抵消处理

(1) 抵消固定资产原价和年初未分配利润中包含的该内部交易的未实现内部销售损益

在以后会计期间,该内部交易形成的固定资产仍以购买价在 D 公司个别资产负债表上列示;相应地,C 公司以前会计期间由于该内部交易形成的销售利润也结转到未分配利润而始终列示在 C 公司个别资产负债表上,二者均包含了未实现内部销售损益,应予以抵消。本例中,未实现内部销售损益为 2 000 元。

借:年初未分配利润　　2 000
　贷:固定资产——原价　　2 000

以后年度,只要固定资产仍在使用,不管是否提足折旧,均编制此分录。

(2) 抵消内部交易形成的固定资产以前期间多计提的累计折旧和减少的年初未分配利润

由于 D 公司始终按购买价计提内部交易形成的固定资产的折旧费用和

累计折旧,使得D公司个别资产负债表上的年初未分配利润(以前期间折旧费用结转到此账户)和累计折旧均受该内部交易形成的未实现内部销售损益的影响而出现多计或少计的问题。对这部分金额,应予以抵消或补提。本例中,未实现内部销售损益为2 000元,D公司2008年多计提折旧费用和累计折旧各400元,使得2009年D公司年初未分配利润少计400元、累计折旧多计400元。

借:累计折旧　　400
　贷:年初未分配利润　　400

在使用寿命内以后各年度的抵消分录,编制方法均与此相同,但金额分别为2010年800元、2011年1 200元、2012年1 600元;如果2013年提足折旧后仍继续使用,则2013年以后(含2013年)每年均为2 000元。

(3) 抵消内部交易形成的固定资产本期多计提的折旧费用和累计折旧

D公司在本期仍按购买价对该内部交易形成的固定资产计提折旧费用和累计折旧,应抵消多计(或补提少计)的金额。本例中,未实现内部销售损益为2 000元,D公司折旧费用和累计折旧本期均多计提了400元,应予以抵消。

借:累计折旧　　400
　贷:管理费用　　400

在使用寿命内以后各年度的抵消分录,与此相同;如果2013年提足折旧后仍继续使用,则自2014年起(含2014年)不必编制此会计分录。

上述三个分录也可合并为一个会计分录进行处理。

3. 减值准备的抵消处理

【例8-5】 沿用【例8-4】,假设2009年、2010年D公司对该内部交易形成的固定资产分别计提减值准备900元和1 500元。

2008年的抵消分录与【例8-4】相同,此处不再重复。

(1) 2009年的抵消分录

① 抵消固定资产原价和年初未分配利润中包含的该内部交易的未实现内部销售损益

借:年初未分配利润　　2 000
　贷:固定资产——原价　　2 000

② 抵消内部交易形成的固定资产以前期间多计的累计折旧和少计的年初未分配利润

借:累计折旧　　400

贷:年初未分配利润　400

③ 抵消内部交易形成的固定资产本期多计提的折旧费用和累计折旧

借:累计折旧　400

贷:管理费用　400

上述三个分录也可合并为如下一个分录:

借:年初未分配利润　1 600

累计折旧　800

贷:固定资产——原价　2 000

管理费用　400

④ 抵消内部交易形成的固定资产本期多计提的减值准备和资产减值损失

由于D公司该项固定资产中尚有1 200元(2 000 - 400 - 400 = 1 200元)未实现内部销售损益未被摊销,因此,1 200元内的减值都不是真正的减值,应将此范围内多计提的减值准备和资产减值损失予以抵消。

借:固定资产——减值准备　900

贷:资产减值损失　900

(2) 2010年的抵消分录

① 抵消固定资产原价和年初未分配利润中包含的该内部交易的未实现内部销售损益

借:期初未分配利润　2 000

贷:固定资产——原价　2 000

② 抵消内部交易形成的固定资产以前期间多计的累计折旧和少计的年初未分配利润

借:累计折旧　800

贷:年初未分配利润　800

③ 抵消内部交易形成的固定资产以前期间多计的减值准备和少计的年初未分配利润

D公司2009年对该项固定资产多计提的减值损失已通过结转计入2009年年末(即2010年年初)未分配利润中,应予以抵消。

借:固定资产——减值准备　900

贷:年初未分配利润　900

④ 抵消内部交易形成的固定资产本期多计提的折旧费用和累计折旧

由于累计折旧和减值准备均是对固定资产原值的消耗,D公司以前期间已消耗固定资产原值中包含的未实现内部销售损益 1 700 元(800 + 900 = 1 700 元),还有 300 元(2 000 - 1 700 = 300 元)未实现内部销售损益尚未摊销。故 D 公司本期多计的折旧费用和累计折旧为 100 元(300 ÷ 3 = 100 元),应予以抵消。

借:累计折旧　　100
　贷:管理费用　　100

上述四个分录也可合并为如下一个分录:

借:年初未分配利润　　300
　累计折旧　　900
　固定资产——减值准备　　900
　贷:固定资产——原价　　2 000
　　管理费用　　100

⑤ 抵消内部交易形成的固定资产本期多计提的减值准备和资产减值损失

由于 D 公司该项固定资产中尚有 200 元(2 000 - 800 - 900 - 100 = 200 元)未实现内部销售损益未被摊销,因此,200 元以内的减值不是真正的减值,应将此范围内多计提的减值准备和资产减值损失予以抵消,其余 1 300 元(1 500 - 200 = 1 300 元)属于真正的减值,不必抵消。

借:固定资产——减值准备　　200
　贷:资产减值损失　　200

(3) 2011 年的抵消分录

① 抵消固定资产原价和年初未分配利润中包含的该内部交易的未实现内部销售损益

借:年初未分配利润　　2 000
　贷:固定资产——原价　　2 000

② 抵消内部交易形成的固定资产以前期间多计的累计折旧和少计的年初未分配利润

借:累计折旧　　900
　贷:年初未分配利润　　900

③ 抵消内部交易形成的固定资产以前期间多计的减值准备和少计的年初未分配利润

借:固定资产——减值准备　　1 100
　贷:年初未分配利润　　1 100

D公司该项固定资产包含的未实现内部销售损益的2 000元,已被以前期间多计提的累计折旧900元和减值准备1 100元全部抵消,本年未多计提折旧费用,不需编制相应的抵消分录。

上述三个分录也可合并为如下一个分录:

借:累计折旧　900

　固定资产——减值准备　1 100

贷:固定资产——原价　2 000

2012年及以后年度的抵消分录与2011年相同,此处不再重复。

4. 清理期间的抵消处理

【例8-6】 沿用【例8-4】,假设2012年D公司对内部交易形成的固定资产进行了清理。

(1) 假设该年年初进行清理,清理费用500元,清理收入3 000元。

从企业集团整体来看,该项固定资产因清理而不复存在,多计的年初未分配利润400元与少计的营业外收入(即D公司固定资产账面净值中包含的未实现内部销售损益)400元相抵消。

借:年初未分配利润　400

　贷:营业外收入　400

(2) 假设该年6月30日进行清理,清理费用500元,清理收入1 600元。

从企业集团整体来看,多计的年初未分配利润400元应与多计的管理费用200元以及少计的营业外收入(即D公司固定资产账面净值中包含的未实现内部销售损益)200元相抵消。

借:年初未分配利润　400

　贷:管理费用　200

　　营业外收入　200

(3) 假设该年12月31日进行清理,清理费用500元,清理收入200元。

从企业集团整体来看,多计的年初未分配利润400元应与多计的管理费用400元相抵消。

借:年初未分配利润　400

　贷:管理费用　400

三、集团内部的债权债务交易

集团内部的债权债务交易,是指集团内部企业之间因销售商品、提供劳务以及发生结算业务等原因产生的应收账款与应付账款、应收票据与应付票据、预付账款与预收账款、其他应收款与其他应付款、持有至到期投资与应付债券等项目。从企业集团整体来看，发生在集团内部的这些债权债务交易，只是内部资金运动，既不能增加企业集团的资产，也不能增加负债。为此，在编制合并财务报表时应将这些内部债权债务项目予以抵消。

1. 应收账款与应付账款的抵消处理

(1) 控制权取得日应收账款与应付账款的抵消处理

【例 8-7】 假设 C 公司于 2008 年年初以银行存款购买了 D 公司 80% 的普通股股份。控制权取得日 C 公司个别财务报表显示应收 D 公司账款 20 000 元、坏账准备 2 000 元；D 公司个别财务报表显示应付 C 公司账款 20 000 元。

① 抵消集团内部应收账款和应付账款

借：应付账款　　20 000

　贷：应收账款　　20 000

② 抵消多计的坏账准备和少计的年初未分配利润

编制合并财务报表时，随着内部应收账款的抵消，与此相联系的坏账准备也应予以抵消。由于控制权取得日以前该项应收账款计提坏账准备产生的资产减值损失已结转至年初未分配利润，故应同时恢复少计的年初未分配利润。

借：坏账准备　　2 000

　贷：年初未分配利润　　2 000

(2) 控制权取得日后应收账款与应付账款的抵消处理

【例 8-8】 沿用【例 8-7】，假设 2008 年年末 C 公司个别财务报表显示应收 D 公司账款 30 000 元、坏账准备 3 000 元；D 公司个别财务报表显示应付 C 公司账款 30 000 元。

① 抵消集团内部应收账款和应付账款

借：应付账款　　30 000

　贷：应收账款　　30 000

② 抵消多计的坏账准备和少计的年初未分配利润及多计的资产减值损失

编制合并财务报表时，随着内部应收账款的抵消，与此相联系的坏账准备也应予以抵消。由于控制权取得日以前集团内应收账款计提坏账准备产生的资产减值损失结转至年初未分配利润，本年计提坏账准备形成本年的资产减值损失,均应予以抵消。

借:坏账准备　3 000

　贷:年初未分配利润　2 000

　　资产减值损失　1 000

2. 其他债权与债务项目的抵消处理

【例 8-9】　沿用【例 8-7】,假设 2008 年年末 C 公司个别财务报表中预收账款 10 000 元为 D 公司预付账款,应收票据 40 000 元为 D 公司应付票据,持有至到期投资 50 000 元为 D 公司应付债券。

① 抵消集团内部预收账款和预付账款

借:预收账款　10 000

　贷:预付账款　10 000

② 抵消集团内部应收票据和应付票据

借:应付票据　40 000

　贷:应收票据　40 000

③ 抵消集团内部持有至到期投资和应付债券

借:应付债券　10 000

　贷:持有至到期投资　10 000

在某些情况下,集团内部一家企业持有另一家企业债券,并不是从该发行债券企业直接购进,而是从二级市场购入。在这种情况下,该持有至到期投资与发行债券企业的应付债券抵消时,可能会因相关交易费用等而出现差额,该差额应计入合并利润表的投资收益或财务费用中。

第二节　合并现金流量表

合并现金流量表是反映整个企业集团现金流量情况的财务报表。从理论上说,合并现金流量表的编制方法有两种:一种是以母公司和纳入合并范围的子公司的个别现金流量表为基础,采用与编制合并资产负债表、合并利润表相同的编制原理、编制方法和编制程序来编制合并现金流量表。即在工作底稿中通过编制抵消分录,将母公司与纳入合并范围的子公司以及子公司相互之间发生的经济业务对个别现金流量表中现金流量的影响予以抵消,从而编制出合并现金流量表。采用这种方法时,先按影响现金流量的事项调整个别现金流量表,然后再编制合并现金流量表。所以,对于影响现金流量的调整事项较多而内部经济往来业务不多的企业集团，采用这种方法可以简化合并现金流量表的编制工作。另一种方法则是以合并资产负债表和合并利润表为基础，采用与编制个别现金流量表相同的编制原理、编制方法和编制程序来编制合并现金流量表。即利用合并资产负债表、合并利润表以及其他相关资料，通过编制调整分录，以工作底稿或 T 形账户为手段，编制出合并现金流量表。采用这种方法时，先将企业集团内部的经济往来业务进行抵消，然后再编制合并现金流量表。所以，对于内部经济往来业务较多而影响现金流量的调整事项不多的企业集团，采用这种方法可以简化现金流量表的编制工作。本章以第一种方法为例，阐述合并现金流量表的编制。

一、编制合并现金流量表时应进行抵消处理的项目

个别现金流量表作为以单个企业为会计主体进行会计核算的结果，分别从母公司和子公司角度反映其在一定会计期间的现金流入和现金流出。从整个企业集团来看，以个别现金流量表为基础计算的现金流入和现金流出项目的加总金额中可能包含重复计算的因素，因此，在编制合并现金流量表时应予以抵消。编制合并现金流量表抵消分录的规则是：流入项目的借方表示增加，贷方表示减少；流出项目的借方表示减少，贷方表示增加；既然是抵消分录，一般都是借流出项目，贷流入项目。

【例 8-10】 假设 P 公司拥有 S 公司 80% 的股权。P、S 公司 2008 年个别现金流量表如表 8-1 所示。

1. 集团内部当期销售商品所产生的现金流量的抵消处理

集团内部成员之间当期销售商品产生了现金收付，销货方收到现金，表现为现金流入；购货方向销货方支付价款，表现为现金流出。从整个企业集团来看，这种内部商品购销产生的现金收支，并不引起整个企业集团现金流量的增减变动。因此，在编制合并现金流量表时，应当在成员企业个别现金流量表数据简单相加的基础上，将集团内部成员之间当期销售商品所产生的现金流量抵消。

(1) 销货方经营活动现金流入与购货方经营活动现金流出相抵消

在销货方将存货卖给购货方、购货方亦将其作为存货的情况下，需要将销货方的“经营活动现金流量——销售商品、提供劳务收到的现金”与购货方“经营活动现金流量——购买商品、接受劳务支付的现金”相抵消。

表 8-1　P 公司和 S 公司的个别现金流量表

2008 年　　单位:元

项目	P 公司	S 公司
一、经营活动产生的现金流量:		
销售商品、提供劳务收到的现金	200 000	150 000
收到的税费返还		
收到其他与经营活动有关的现金		
经营活动现金流入小计	200 000	150 000
购买商品、接受劳务支付的现金	120 000	100 000
支付给职工以及为职工支付现金	30 000	20 000
支付的各项税费	25 000	12 000
支付其他与经营活动有关的现金	5 000	3 000
经营活动现金流出小计	180 000	135 000
经营活动产生的现金流量净额	20 000	15 000
二、投资活动产生的现金流量:		
收回投资收到的现金	80 000	50 000
取得投资收益收到的现金	20 000	10 000
处置固定资产、无形资产和其他长期资产收回的现金净额	60 000	30 000
处置子公司及其他营业单位收到的现金净额		
收到其他与投资活动有关的现金		
投资活动现金流入小计	160 000	90 000
购建固定资产、无形资产和其他长期资产支付的现金	120 000	100 000
投资支付的现金	80 000	
取得子公司及其他营业单位支付的现金净额		
支付其他与投资活动有关的现金		
投资活动现金流出小计	200 000	100 000
投资活动产生的现金流量净额	-40 000	-10 000
三、筹资活动产生的现金流量:		
吸收投资收到的现金		30 000
取得借款收到的现金	50 000	10 000
收到其他与筹资活动有关的现金		
筹资活动现金流入小计	50 000	40 000
返还投资支付的现金		
偿还债务支付的现金	8 000	40 000
分配股利、利润或偿付利息支付的现金	6 000	20 000
支付其他与筹资活动有关的现金		
筹资活动现金流出小计	14 000	60 000
筹资活动产生的现金流量净额	36 000	-20 000
四、汇率变动对现金的影响额		
五、现金及现金等价物净增加额	16 000	-15 000
加:年初现金及现金等价物余额	80 000	50 000
六、年末现金及现金等价物余额	96 000	35 000

假设2008年P公司向S公司销售一批存货，S公司将其作为存货进行管理。P公司收到S公司以现金支付的购货款50 000元、增值税8 500元。

① 借：经营活动现金流量——购买商品、接受劳务支付的现金　　58 500

　贷：经营活动现金流量——销售商品、接受劳务收到的现金　　58 500

(2) 销货方经营活动现金流入与购货方投资活动现金流出相抵消

在销货方将存货卖给购货方、但购货方将其作为固定资产的情况下，需要将销货方的“经营活动现金流量——销售商品、提供劳务收到的现金”与购货方“投资活动现金流量——购建固定资产、无形资产和其他长期资产支付的现金”相抵消。

假设2008年P公司向S公司销售一批存货，S公司将其作为固定资产使用。P公司收到S公司以现金支付的购货款40 000元、增值税6 800元。

② 借：投资活动现金流量——购建固定资产、无形资产和其他长期资产支付的现金　　46 800

　贷：经营活动现金流量——销售商品、接受劳务收到的现金　　46 800

2. 集团内部当期处置固定资产、无形资产和其他长期资产所产生的现金流量的抵消处理

集团内部成员之间当期处置固定资产、无形资产和其他长期资产产生了现金收付，处置方收到现金，表现为现金流入；购入方向处置方支付价款，表现为现金流出。从整个企业集团来看，这种内部固定资产、无形资产和其他长期资产交易产生的现金收支，并不引起整个企业集团现金流量的增减变动。因此，在编制合并现金流量表时，应当在成员企业个别现金流量表数据简单相加的基础上，将集团内部成员之间当期处置固定资产、无形资产和其他长期资产交易所产生的现金流量抵消。

(1) 处置方投资活动现金流入与购入方投资活动现金流出相抵消

在处置方将固定资产、无形资产和其他长期资产卖给购入方、购入方亦将该固定资产、无形资产和其他长期资产作为同样资产的情况下，需要将处置方“投资活动现金流量——处置固定资产、无形资产和其他长期资产收回的现金净额”与购入方的“投资活动现金流量——购建固定资产、无形资产和其他长期资产收到的现金”相抵消。

假设2008年P公司向S公司销售一项固定资产，S公司将其作为固定

资产进行管理。P 公司收到 S 公司以现金支付的价款 20 000 元。

③ 借：投资活动现金流量——购建固定资产、无形资产和其他长期资产支付的现金　20 000

贷：投资活动现金流量——处置固定资产、无形资产和其他长期资产收回的现金净额　20 000

（2）处置方投资活动现金流入与购入方经营活动现金流出相抵消

在处置方将固定资产、无形资产和其他长期资产卖给购入方、但购入方将其作为存货的情况下，需要将处置方“投资活动现金流量——处置固定资产、无形资产和其他长期资产收回的现金净额”与购入方的“经营活动现金流量——购买商品、接受劳务支付的现金”相抵消。

假设 2008 年 P 公司向 S 公司销售一项固定资产，S 公司将其作为存货进行管理。P 公司收到 S 公司以现金支付的购货款 30 000 元。

④ 借：经营活动现金流量——购买商品、接受劳务支付的现金　30 000

贷：投资活动现金流量——处置固定资产、无形资产和其他长期资产收回的现金净额　30 000

3. 集团内部当期投资和筹资所产生的现金流量的抵消处理

集团内部成员之间当期投资和筹资产生了现金收付，筹资方收到现金，表现为现金流入；投资方向筹资方支付投资款，表现为现金流出。从整个企业集团来看，这种内部投资和筹资产生的现金收支，并不引起整个企业集团现金流量的增减变动。因此，在编制合并现金流量表时，应当在成员企业个别现金流量表数据简单相加的基础上，将集团内部成员之间当期投资和筹资所产生的现金流量抵消。

（1）内部权益性投资和筹资的现金收付的抵消

在投资方以现金购买筹资方权益的情况下，需要将投资方的“投资活动现金流量——投资支付的现金”与筹资方“筹资活动现金流量——吸收投资收到的现金”相抵消。在投资方以现金收回对筹资方权益投资的情况下，需要将投资方的“投资活动现金流量——收回投资收到的现金”与筹资方“筹资活动现金流量——返还投资支付的现金”相抵消。

假设 2008 年 P 公司以银行存款 25 000 元向 S 公司投资。

⑤ 借：投资活动现金流量——投资支付的现金　25 000

贷：筹资活动现金流量——吸收投资收到的现金　25 000

（2）内部债权性投资和筹资的现金收付的抵消

在筹资方向投资方现金借款的情况下，需要将筹资方“筹资活动现金流量——取得借款收到的现金”与投资方的“投资活动现金流量——投资支付的现金”相抵消。在筹资方对投资方现金还款的情况下，需要将筹资方“筹资活动现金流量——偿还债务支付的现金”与投资方的“投资活动现金流量——收回投资收到的现金”相抵消。

假设 2008 年 S 公司以银行存款向 P 公司偿还借款 18 000 元。

⑥ 借：筹资活动现金流量——偿还债务支付的现金　18 000

　　贷：投资活动现金流量——收回投资收到的现金　　18 000

4. 集团内部当期投资收益和筹资费用所产生的现金流量的抵消处理

集团内部成员之间当期投资收益和筹资费用产生了现金收付，投资方收到现金，表现为现金流入；筹资方向投资方支付投资报酬，表现为现金流出。从整个企业集团来看，这种内部投资收益和筹资费用产生的现金收支，并不引起整个企业集团现金流量的增减变动。因此，在编制合并现金流量表时，应当在成员企业个别现金流量表数据简单相加的基础上，将集团内部成员之间当期投资收益和筹资费用所产生的现金流量抵消。

（1）内部权益性投资收益和筹资费用的现金收付的抵消

在筹资方向投资方支付现金股利、利润的情况下，需要将筹资方的“筹资活动现金流量——分配股利、利润或偿付利息支付的现金”与投资方“投资活动现金流量——取得投资收益收到的现金”相抵消。

假设 2008 年 S 公司以银行存款向 P 公司支付 4 000 元股利。

⑦ 借：筹资活动现金流量——分配股利、利润或偿付利息支付的现金
4 000

　　贷：投资活动现金流量——取得投资收益收到的现金 4 000

（2）内部债权性投资收益和筹资费用的现金收付的抵消

在筹资方向投资方支付现金利息的情况下，需要将筹资方的“筹资活动现金流量——分配股利、利润或偿付利息支付的现金”与投资方“投资活动现金流量——取得投资收益收到的现金”相抵消。

假设 2008 年 S 公司以银行存款向 P 公司支付 1 000 元利息。

⑧ 借：筹资活动现金流量——分配股利、利润或偿付利息支付的现金
1 000

　　贷：投资活动现金流量——取得投资收益收到的现金 1 000

P、S 公司合并现金流量表工作底稿如表 8-2 所示。

表 8-2　P、S 公司合并现金流量表

2008 年 1 月 1 日至 2008 年 12 月 31 日　　单位：元

项目	P 公司	S 公司	调整、抵消分录		合并金额
			借	贷	
一、经营活动产生的现金流量：					
销售商品、提供劳务收到的现金	200 000	150 000		① 58 500 ② 46 800	244 700
收到的税费返还					
收到其他与经营活动有关的现金					
经营活动现金流入小计	200 000	150 000			244 700
购买商品、接受劳务支付的现金	120 000	100 000	① 58 500 ④ 30 000		131 500
支付给职工以及为职工支付现金	30 000	20 000			50 000
支付的各项税费	25 000	12 000			37 000
支付其他与经营活动有关的现金	5 000	3 000			8 000
经营活动现金流出小计	180 000	135 000			226 500
经营活动产生的现金流量净额	20 000	15 000			18 200
二、投资活动产生的现金流量：					
收回投资收到的现金	80 000	50 000		⑥ 18 000	112 000
取得投资收益收到的现金	20 000	10 000		⑦ 4 000 ⑧ 1 000	25 000
处置固定资产、无形资产和其他长期资产收回的现金净额	60 000	30 000		③ 20 000 ④ 30 000	40 000
处置子公司及其他营业单位收到的现金净额					
收到其他与投资活动有关的现金					
投资活动现金流入小计	160 000	90 000			177 000
购建固定资产、无形资产和其他长期资产支付的现金	120 000	100 000	② 46 800 ③ 20 000		153 200
投资支付的现金	80 000		⑤ 25 000		55 000
取得子公司及其他营业单位支付的现金净额					
支付其他与投资活动有关的现金					
投资活动现金流出小计	200 000	100 000			208 200
投资活动产生的现金流量净额	-40 000	-10 000			-31 200
三、筹资活动产生的现金流量：					
吸收投资收到的现金		30 000		⑤ 25 000	5 000
取得借款收到的现金	50 000	10 000			60 000
收到其他与筹资活动有关的现金					
筹资活动现金流入小计	50 000	40 000			65 000
返还投资支付的现金					
偿还债务支付的现金	8 000	40 000	⑥ 18 000		30 000
分配股利、利润或偿付利息支付的现金	6 000	20 000	⑦ 4 000 ⑧ 1 000		21 000
支付其他与筹资活动有关的现金					
筹资活动现金流出小计	14 000	60 000			51 000
筹资活动产生的现金流量净额	36 000	-20 000			14 000
四、汇率变动对现金的影响额					
五、现金及现金等价物净增加额	16 000	-15 000			1 000
加：年初现金及现金等价物余额	80 000	50 000			130 000
六、年末现金及现金等价物余额	96 000	35 000			131 000

二、合并现金流量表中有关少数股东权益项目的反映

合并现金流量表编制与个别现金流量表编制相比,一个特殊的问题就是在子公司为非全资子公司的情况下,涉及子公司与其少数股东之间现金流入和现金流出的处理问题。

对于子公司与少数股东之间发生的现金流入和现金流出,从整个企业集团来看,也影响到其整体的现金流入和流出数量的增减变动,必须在合并现金流量表中予以反映。子公司与少数股东之间发生的影响现金流入和现金流出的经济业务包括:少数股东对子公司增加权益性投资、少数股东依法从子公司中抽回权益性投资、子公司向其少数股东支付现金股利或利润等。为了便于企业集团合并财务报表使用者了解企业集团现金流量的情况,有必要将与子公司少数股东之间的现金流入和现金流出情况单独予以反映。但由于这些现金流入流出本身就是企业集团对外的现金收付,因此不必编制调整和抵消分录。

对于子公司少数股东增加在子公司中的权益性投资,在合并现金流量表中应当在"筹资活动产生的现金流量"之下的"吸收投资收到的现金"项目下的"其中:子公司吸收少数股东投资收到的现金"项目反映。

对于子公司向少数股东支付现金股利或利润,在合并现金流量表中应当在"筹资活动产生的现金流量"之下的"分配股利、利润或偿付利息支付的现金"项目下的"其中:子公司支付给少数股东的股利、利润"项目反映。

对于子公司少数股东依法抽回在子公司中的权益性投资,在合并现金流量表中应当在"筹资活动产生的现金流量"之下的"支付其他与筹资活动有关的现金"项目反映。

第三节　其他特殊问题

如前所述,合并财务报表是将母公司和子公司组成的企业集团视为一个会计主体进行反映,该主体有时会面临增减核算范围、子公司巨额亏损等特殊问题。

一、母公司在报告期内增、减子公司

无论是同一控制还是非同一控制下的控股合并,均可能出现母公司在报告期内增、减子公司的现象,这种增减将反映在合并财务报表上。基本处

理原则是:增加子公司时,同一控制应全年合并,非同一控制仅对购买日后情况进行合并;减少子公司时,无论同一控制还是非同一控制,子公司当年已发生的业务如实合并,不需剔除。

1. 在合并资产负债表上的反映

(1) 母公司在报告期内增加子公司

一个企业因追加投资等原因控制了另一个企业即实现了企业合并。合并报表准则规定,在编制合并资产负债表时,应当区分同一控制的企业合并和非同一控制的企业合并。

① 同一控制下企业合并增加的子公司,视同该子公司从设立起就被母公司控制,编制合并资产负债表时,应当调整合并资产负债表的期初数。相应地,合并资产负债表的留存收益项目应反映母子公司如果一直作为一个整体运行至合并日应实现的盈余公积和未分配利润的情况。

② 非同一控制下企业合并增加的子公司,应当从购买日开始编制合并财务报表,不调整合并资产负债表的期初数。

(2) 母公司在报告期内处置子公司

在报告期内,如果母公司失去了决定被投资单位财务和经营政策的能力,不再能够从其经营活动中获取利益,则母公司不再控制被投资单位,被投资单位从本期开始不再是母公司的子公司,不应继续将其纳入合并财务报表的合并范围。不调整合并资产负债表的期初数。

2. 在合并利润表上的反映

(1) 母公司在报告期内增加子公司

一个企业因追加投资等原因控制了另一个企业即实现了企业合并。合并报表准则规定,在编制合并利润表时,应当区分同一控制的企业合并和非同一控制的企业合并。

① 同一控制下企业合并增加的子公司,应视同合并后形成的报告主体自最终控制方开始实施控制时一直是一体化存续下来的,经营成果应持续计算,因此,在编制合并利润表时,应当将该子公司合并当期期初至报告期末的收入、费用、利润纳入合并利润表,而不是从合并日开始纳入合并利润表。由于这部分净利润是因企业合并准则所规定的同一控制下企业合并的编表原则所致,而非母公司管理层通过生产经营活动实现的净利润,因此应当在合并利润表中单列"其中:被合并方在合并前实现的净利润"项目进行反映。

② 非同一控制下企业合并增加的子公司,在编制合并利润表时,应当将

该子公司购买日至报告期末的收入、费用、利润纳入合并利润表。

(2) 母公司在报告期内处置子公司

母公司在报告期内处置子公司,应当将该子公司期初至处置日的收入、费用、利润纳入合并利润表。

3. 在合并现金流量表上的反映

(1) 母公司在报告期内增加子公司

一个企业因追加投资等原因控制了另一个企业即实现了企业合并。合并报表准则规定,在编制合并现金流量表时,应当区分同一控制的企业合并和非同一控制的企业合并。

① 同一控制下企业合并增加的子公司,在编制合并现金流量表时,应当将该子公司合并当期期初至报告期末的现金流量纳入合并现金流量表。

② 非同一控制下企业合并增加的子公司,在编制合并现金流量表时,应当将该子公司购买日至报告期末的现金流量纳入合并现金流量表。

(2) 母公司在报告期内处置子公司

母公司在报告期内处置子公司,应当将该子公司期初至处置日的现金流量纳入合并现金流量表。

二、子公司发生超额亏损

合并报表准则规定,子公司少数股东分担的当期亏损超过了少数股东在该子公司期初所有者权益中所享有的份额,其余额应当分别下列情况进行处理:

1. 公司章程或协议规定少数股东有义务承担,并且少数股东有能力予以弥补的,该项余额应当冲减少数股东权益。

2. 公司章程或协议未规定少数股东有义务承担的,该项余额应当冲减母公司的所有者权益。该子公司以后期间实现的利润,在弥补了由母公司所有者权益所承担的属于少数股东的损失之前,应当全部归属于母公司的所有者权益。

第四节 合并财务报表总结

企业合并是企业扩张的主要形式,通过企业合并可以实现企业跨越式甚至几何级数式发展。为了揭示这种扩张带来的影响,合并财务报表应运而生。母公司作为控制方,在会计期末需要编制两套财务报表:母公司个别财务报表和母子公司合并财务报表。

一、母公司个别财务报表:长期股权投资

母公司对子公司的长期股权投资,在个别财务报表中采用成本法,在编制合并财务报表时要先调整为权益法。这两种方法的主要区别在于母公司长期股权投资是否随子公司所有者权益的变化而成比例变化。具体比较,如表 8-3 所示。

表 8-3　母公司对子公司长期股权投资的成本法与权益法比较

内容＼方法		母公司对子公司长期股权投资			
		个别财务报表:成本法		合并财务报表:权益法	
		同一控制	非同一控制	同一控制	非同一控制
初始确认	子公司所有者权益	账面价值＝子公司所有者权益账面价值×母公司持股比例	账面价值＝母公司所付对价的公允价值＋直接相关费用	账面价值＝子公司所有者权益账面价值×母公司持股比例	账面价值＝“购买日子公司可辨认净资产公允价值的母公司应享有份额”与“母公司所付对价的公允价值＋直接相关费用”二者中的高者
后续计量	子公司净利润	不记账		投资收益＝子公司净利润×母公司持股比例(增加或减少账面价值)	投资收益＝子公司按购买日公允价值计算的本期净利润×母公司持股比例(增加或减少账面价值)
	子公司分派现金股利或利润	投资收益＝子公司分派现金股利或利润×母公司持股比例(不记入账面价值)		相当于收回投资(减少账面价值)	相当于收回投资(减少账面价值)
	子公司所有者权益其他变动	不记账		资本公积＝子公司所有者权益其他变动×母公司持股比例(增加或减少账面价值)	资本公积＝子公司按购买日公允价值计算的所有者权益其他变动×母公司持股比例(增加或减少账面价值)

二、母子公司合并财务报表

在控股合并下,母公司在会计期末除了编制母公司个别财务报表外,还

需编制母子公司的合并财务报表。在编制合并财务报表时，会面临如何看待少数股东、如何调整和抵消内部交易等问题。其中，对少数股东的理解产生了不同的合并理论；调整、抵消分录的编制也会涉及不同的合并程序。

(一) 合并理论

对子公司少数股东性质的不同理解，产生了不同的合并理论：所有权理论、实体理论和母公司理论。其中，所有权理论是不将子公司少数股东纳入合并报表的局部合并，实体理论是将子公司少数股东纳入合并范围且平等对待的全部合并，母公司理论是将子公司少数股东纳入合并范围但不平等对待的全部合并。具体比较，如表 8-4 所示。

表 8-4　合并理论的比较

项目	所有权理论	实体理论	母公司理论
观点	只将子公司的母公司权益部分视为合并范围； 将子公司的少数股东权益部分排除在外，不纳入合并范围； 合并财务报表用于反映母公司股东所拥有而不是所控制的资源； 是按照比例的局部合并	将子公司视为集团内与母公司一样的平等一员； 将子公司少数股东视为与母公司股东一样的集团股东； 合并财务报表是母公司个别财务报表和子公司个别财务报表的加总； 是平等对待的全部合并	不将子公司视为独立法人，而是将其视为母公司的附属机构； 不将子公司少数股东视为集团内成员，而是将其视为集团外利益群体； 合并财务报表是母公司个别财务报表的扩充； 是区分内外的全部合并
所有者范围	母公司股东	整个集团股东，既包括母公司股东，又包括子公司少数股东	母公司股东
合并净利润	是母公司股东的净利润	是整个集团股东的净利润	是母公司股东的净利润
合并利润分配	是对母公司股东的利润分配	是对整个集团股东的利润分配	是对母公司股东的利润分配
合并子公司净资产	只合并子公司净资产中母公司所占份额	合并子公司全部净资产	合并子公司全部净资产
少数股东净利	不反映； 不包括在合并利润分配表内	=子公司净利润×少数股东持股比例； 是合并利润分配表的一项利润分配	=子公司账面净利润×少数股东持股比例； 是合并利润表的一项费用
少数股东权益	不反映； 不包括在合并资产负债表内	=子公司所有者权益×少数股东持股比例； 是合并资产负债表的一项所有者权益	=子公司所有者权益×少数股东持股比例； 是合并资产负债表的一项负债

(二) 合并程序

编制合并财务报表的关键是编制调整、抵消分录。不同的编制思路形成不同的合并程序，产生不同的调整、抵消分录。各种程序只要运用得当，都应得到正确的结果，不存在谁对谁错的问题。一般来讲，按照调整、抵消的先后顺序，合并程序可分为两种，如表 8-5 所示。

表 8-5　合并程序的比较

步骤	过程法：期初（权益法）+本期（成本法）	结果法：期末（权益法）
1	将母公司对子公司长期股权投资的期初余额从成本法调整为权益法	将母公司对子公司长期股权投资的期末余额从成本法调整为权益法
2	将调整后长期股权投资期初余额与其在子公司期初净资产中的份额抵消	将调整后长期股权投资期末余额与其在子公司期末净资产中的份额抵消
3	抵消成本法下母公司本期投资收益等项目和子公司本期利润分配项目	抵消权益法下母公司本期投资收益等项目和子公司本期利润分配项目

本章小结

本章紧密结合我国《企业会计准则第 33 号——合并财务报表》的相关规定，阐述在合并财务报表编制过程中集团内部往来业务及其他特殊问题的处理和合并现金流量表的编制。

第一节主要讲述集团内部往来业务的抵消。编制合并财务报表的目的是反映由母子公司组成的企业集团作为一个会计主体的财务状况、经营成果和现金流量，因此，集团内部企业之间发生的所有交易，包括存货交易、非流动资产交易和债权债务交易等，都应予以抵消。其中，内部存货交易形成的买方期末存货，包含了卖方毛利，从企业集团整体来看，并不是真正实现的损益，因此，被称为未实现内部销售损益。按照实体理论，该未实现内部销售损益应予全额抵消。内部非流动资产交易，以固定资产为例，一般分为从存货到固定资产、从固定资产到固定资产、从固定资产到存货三种情况，本章重点阐述了对比较常见的第一种情况下固定资产原价中未实现内部销售损益的抵消处理。内部债权债务交易，从企业集团整体来看，只是集团内部资金运动，应全额抵消。

第二节主要讲述合并现金流量表的编制。从理论上讲，合并现金流量表的编制有两种方法：一种是以母公司和纳入合并范围的子公司的个别现金流量表为基础，采用与编制合并资产负债表、合并利润表相同的编制原理、编制方法和编制程序来编制合并现金流量表；另一种方法则是以合并资产负债表和合并利润表为基础，采用与编制个别现金流量表相同的编制原理、编制方法和编制程序来编制合并现金流量表。本章以第一种方法为例阐述如何抵消集团内部当期业务产生的现金流量，这些内部业务一般有四种：销售商品，处置固定资产、无形资产和其他长期资产，投资和筹资，投资收益和筹资费用。此外，为了便于企业集团合并报表使用者了解企业集团现金流量的情况，子公司与其少数股东之间的现金流入和现金流出情况应予以单独反映。

第三节主要讲述其他特殊问题的处理。合并财务报表是将母公司和子公司组成的企业集团视为一个会计主体进行反映。无论是同一控制还是非同一控制下的控股合并，均可能出现母公司在报告期内增、减子公司的现象，这种增减将反映在合并财务报表上。基本处理原则是：增加子公司时，同一控制应全年合并，非同一控制仅对购买日后情况进行合并；减少子公司时，子公司当年已发生的业务如实合并，不需剔除。此外，在子公司超额亏损时，如果子公司少数股东分担的当期亏损超过了期初少数股东权益，其余额如果应由少数股东承担则冲减少数股东权益，如果应由母公司承担则冲减母公司所有者权益。

最后，作为总结，第四节比较了如下内容：母公司对子公司长期股权投资的成本法和权益法，合并理论中的所有权理论、实体理论和母公司理论，合并程序的过程法和结果法，系统归纳了合并财务报表的相关内容。

本章主要名词

集团内部往来业务　集团内部存货交易　集团内部非流动资产交易　集团内部债权债务交易　顺流销售　逆流销售　水平销售　未实现内部销售损益　合并现金流量表

本章思考题

1. 编制合并财务报表时集团内部的存货交易应如何抵消？
2. 编制合并财务报表时集团内部的固定资产交易应如何抵消？
3. 编制合并财务报表时集团内部的债权债务交易应如何抵消？

4. 编制合并现金流量表时影响现金流量的内部交易应如何抵消？

5. 母公司在报告期内增、减子公司对合并财务报表有何影响？

6. 子公司发生巨额亏损时合并财务报表应如何处理？

本章练习题

1. 假设E公司于2008年年初以银行存款购买了F公司60%的普通股股份。

E公司和F公司之间发生如下内部交易：

(1) 2008年E公司将成本为3000元的存货销售给F公司，售价为4000元。F公司购进的这批存货当期对集团外部销售40%，售价为2000元，其余60%形成期末存货，成本为2400元。2009年F公司将该存货的其余部分全部对集团外部销售，售价为3000元。

(2) E公司于2008年年初将成本为6000元的一台设备销售给F公司，售价为8000元。F公司购进的固定资产用于企业管理部门，预计使用5年，无残值，采用直线法计提折旧。假设F公司2009年对该项固定资产计提减值准备600元，2010年年末对该项固定资产进行了清理，清理费用400元，清理收入2500元。

(3) 2008年年初E公司个别财务报表显示应收F公司账款5000元、坏账准备500元；F公司个别财务报表显示应付E公司账款5000元。2009年年末E公司个别财务报表显示应收F公司账款8000元、坏账准备800元；F公司个别财务报表显示应付E公司账款8000元。

请编制与E、F公司2008年、2009年、2010年合并财务报表有关的内部往来业务的抵消分录。

2. 假设G公司拥有H公司75%的股权。G、H公司2008年个别现金流量表如下表所示。

G 公司和 H 公司的个别现金流量表

2008 年　　　　　　　　　　　　　　　　　　单位:元

项目	G 公司	H 公司
一、经营活动产生的现金流量:		
销售商品、提供劳务收到的现金	40 000	30 000
收到的税费返还		
收到其他与经营活动有关的现金		
经营活动现金流入小计	40 000	30 000
购买商品、接受劳务支付的现金	20 000	15 000
支付给职工以及为职工支付现金	6 000	5 000
支付的各项税费	5 000	4 000
支付其他与经营活动有关的现金	1 000	1 000
经营活动现金流出小计	32 000	25 000
经营活动产生的现金流量净额	8 000	5 000
二、投资活动产生的现金流量:		
收回投资收到的现金	20 000	10 000
取得投资收益收到的现金	5 000	2 000
处置固定资产、无形资产和其他长期资产收回的现金净额	15 000	6 000
处置子公司及其他营业单位收到的现金净额		
收到其他与投资活动有关的现金		
投资活动现金流入小计	40 000	18 000
购建固定资产、无形资产和其他长期资产支付的现金	30 000	20 000
投资支付的现金	20 000	
取得子公司及其他营业单位支付的现金净额		
支付其他与投资活动有关的现金		
投资活动现金流出小计	50 000	20 000
投资活动产生的现金流量净额	-10 000	-2 000
三、筹资活动产生的现金流量:		
吸收投资收到的现金		6 000
取得借款收到的现金	10 000	2 000
收到其他与筹资活动有关的现金		
筹资活动现金流入小计	10 000	8 000
返还投资支付的现金		
偿还债务支付的现金	4 000	10 000
分配股利、利润或偿付利息支付的现金	2 000	2 000
支付其他与筹资活动有关的现金		
筹资活动现金流出小计	6 000	12 000
筹资活动产生的现金流量净额	4 000	-4 000
四、汇率变动对现金的影响额		
五、现金及现金等价物净增加额	2 000	-1 000
加:年初现金及现金等价物余额	40 000	20 000
六、年末现金及现金等价物余额	42 000	19 000

2008 年 G 公司和 H 公司之间发生如下内部交易：

(1) G 公司向 H 公司销售一批存货,H 公司将其作为存货使用。G 公司收到 H 公司以现金支付的购货款 10 000 元、增值税 1 700 元。

(2) G 公司向 H 公司销售一项固定资产,H 公司将其作为固定资产进行管理。G 公司收到 H 公司以现金支付的价款 4 000 元。

(3) H 公司以银行存款向 G 公司偿还借款 8 000 元。

(4) H 公司以银行存款向 G 公司支付 1 000 元股利。

请通过工作底稿编制 G、H 公司的合并现金流量表。

本章小资料

在合并报表准则下上市公司净利润如何变化

净资产不会新增

由于在新的会计准则下,少数股东权益不再与负债、股东权益并列,而是并入股东权益,因而有多家媒体提出:新准则的实施不仅增加了上市公司整体的净资产,也增加了整体的净利润水平。对此,接受《证券时报》记者采访的专家坚决予以否认。

"尽管从报表上来看,净资产是增加的,但增加部分并没有实际经济意义。"北京工商大学注册会计师王纪平表示,少数股东权益仍属于少数股东,并不会因此将少数股东权益并入上市公司净资产中而使可比净资产增长。也就是说,少数股东权益为正或者负,上市公司净资产并不会因此增加或者减少。

与《合并会计报表暂行规定》财会字[1995]11 号相比,《企业会计准则第 33 号》中新的合并报表准则所依据的基本理论已发生变化——从侧重母公司理论转为侧重实体理论。合并报表范围的确定更关注实质性控制,母公司对所有能控制的子公司均需纳入合并范围,而不一定考虑股权比例。

根据财政部原先的规定,子公司所有者权益各项目中不属于母公司拥有的数额,应当作为少数股东权益,在合并资产负债表中所有者权益类项目之前,单列一类,以总额反映,也就是说"资产 = 负债 + 少数股东权益 + 股东权益",在母公司理论下编制合并报表时,股东权益就是净资产。

根据 WIND 资讯统计,截至 2005 年 12 月 31 日,所有 A 股上市公司(含 2006 年新上市公司)少数股东权益合计为 2 512 亿元,有媒体据此认为上市公司整体净资产将新增2 512亿元。专家纠正指出，这个2 512亿的少数股东权益并不会并入上市公司，导致净资产增加。

净利润同样不会增加

除少数股东权益发生变化之外，少数股东损益在合并利润表中的列式也发生了实质性变化。根据财政部之前的规定，子公司净利润项目扣除母公司投资收益后的余额，即为少数股东本期损益。也就是说，“净利润＝利润总额－所得税－少数股东损益”。

而在新的会计准则下，净利润表中少数股东损益不再扣除，而是放入净利润后面以少数股东损益单独列示，从报表上来看，少数股东损益列示的改变使上市公司的净利润增加或减少。“但在做实际价值评估时，增加或者减少的净利润部分要扣除，因为这部分并不属于合并方所有，所以上市公司的净利润并不会因此发生改变”，大信会计事务所注册会计师陈星辉表示。

因而，根据统计得出2005年所有A股上市公司（含2006年新上市公司）少数股东损益合计为212亿元，净利润合计为1 890亿元，按照新会计准则模拟计算，似乎A股上市公司2005年净利润增至2 102亿元，但在实际价值评估中，少数股东损益部分仍然扣除，即A股上市公司的净利润并没有增加。

亏损子公司问题将集中暴露

除此之外，注册会计师孙进山表示，合并报表准则最大的影响可能是对纳入合并范围严重资不抵债并准备持续经营子公司的处理。财政部在《关于资不抵债公司合并报表问题请示的复函》（财会函字［1999］10号）中规定，母公司确认被投资单位发生的净亏损，以投资账面价值减记至零为限；对未确认的被投资单位的亏损分担额，在编制合并报表时，可通过设立“未确认投资损失”项目来维持合并报表的平衡关系。在合并会计报表的未分配利润项目上增设“未确认的投资损失”项目；同时，在利润表的少数股东损益项目下增设“未确认的投资损失”项目。

“按照这种规定操作的直接结果就是，母公司合并报表时无须在当期将子公司的超额亏损部分确认为损失，而由此导致有些上市公司会将公司自身的亏损通过‘关联交易’等手段转移到已超额亏损的子公司身上，由于母公司在合并利润表中对该超额亏损部分无须确认，因此，可以实现提高母公司合并净利润的目的”，注册会计师孙进山表示。

但新准则改变了这一做法，采取了和国际准则趋同的做法，将应由母公司负担的超额亏损的部分也要作为母公司的损失。准则第二十一条规定，

子公司少数股东分担的当期亏损超过了少数股东在该子公司期初所有者权益中所享有的份额,其余额应当分别下列情况进行处理:

(一)公司章程或协议规定少数股东有义务承担,并且少数股东有能力予以弥补的,该项余额应当冲减少数股东权益;

(二)公司章程或协议未规定少数股东有义务承担的,该项余额应当冲减母公司的所有者权益。该子公司以后期间实现的利润,在弥补了由母公司所有者权益所承担的属于少数股东的损失之前,应当全部归属于母公司的所有者权益。

孙进山认为,这一方法的改变可能导致的结果,会使部分以前靠这一会计漏洞操纵利润的公司,在运用新准则前的2006年最后一次利用会计漏洞将严重资不抵债并准备持续经营的子公司再狠狠巨亏一次。“在2007年运用新准则时将其股权以象征性价格转让出去,不再将其纳入合并范围,超额亏损也不再由母公司承担,从而达到粉饰报表的目的。”

资料来源:陈霞,中国证券网,www.stockstar.com,2006-09-03。

本章参考资料

1.《企业会计准则第33号——合并财务报表》,经济科学出版社2006年版。

2. 财政部会计司编写组,《企业会计准则讲解》,第三十四章合并财务报表,人民出版社2009年版。

3.《美国财务会计准则第141号——企业合并》,《美国财务会计准则第142号——商誉和其他无形资产》,2007年版。

4.《国际财务报告准则第3号——企业合并》,中国财政经济出版社2008年版。

5. 中国注册会计师协会编,注册会计师全国统一考试辅导教材《会计》,第二十六章合并财务报表,中国财政经济出版社2008年版。

6. 保罗·M.费歇尔等著,耿建新等译,《高级会计》,第四章公司间内部交易:商品、厂房设备资产和票据,中国财政经济出版社2004年版。

第九章

商品期货会计

本章教学目的和要求

学习本章的目的，主要是在理解与现代期货交易有关理论的基础上，掌握我国现有的商品期货会计核算的基本要领，熟知商品期货会计在我国现阶段的表现形式及其特征，从而为熟练掌握商品期货会计，能够进行期货交易业务处理创造条件。另一方面，商品期货会计也是衍生金融工具会计的基础与前奏，学好这一章，还是下一步学习衍生金融工具会计的必要铺垫，是与下一章内容紧密衔接的重要前提。

具体来说，学习本章，首先要熟知与现代期货交易相关的各种概念，比如期货合约、商品期货交易、投机套利、套期保值、期货交易所及其工作程序、期货公司及其业务特征、期货投资企业及其业务、立仓平仓与补仓、多头与空头、期货保证金与盯市制度、平仓盈亏与浮动盈亏等；其次，要对我国现阶段关于商品期货交易的各种法规有较为透彻的理解，并初步接触国际会计准则与美国财务会计准则；最后，争取在这样的基础上，熟练掌握期货投资企业的套期保值业务、投机套利业务，期货公司的代理期货业务等的会计处理与信息披露技能。

第一节　商品期货及其交易特征

一、商品期货及其交易

（一）商品期货的概念

期货是与现货相对应的概念。我们通常所说的现货是指即期可得到的货物，这样一般意义上的期货即为过一段时期方能得到的货物。比如，我们在一般的商店支付款项、购买物品，可即时得到您所需要的物品，您得到的物品就是现货。但是您也可能在交付款项之后，过一段时期才得到您所需要的物品，这样的物品亦即我们所称为的最基本意义上的期货。进一步，如果您得到的期货是一般的金融工具，如股票、债券等，我们称之为金融期货；但如您得到的期货是某种商品物品，我们就称这样的期货是商品期货。

（二）商品期货交易

期货交易也是与现货交易相对应的概念。我们一般所说的现货交易主要是"一手交钱、一手交货"、由交易双方形成的交易方式；也包括先取得现货，一段时间后再结算，以及先进行部分或全部结算，过一段时期再取得现货等情况。

按照2007年3月国务院颁布的《期货交易管理条例》的有关规定，"期货交易是指在期货交易所内集中买卖某种期货合约的交易活动"。这样就有两个需要理解的概念：一个是期货合约，另一个是集中交易。

1. 期货合约

我们一般称谓的期货合约是指由期货交易所统一制定的、规定在将来某一特定的时间和地点交割一定数量和质量商品的标准化合约。具体来说，期货合约是由期货交易所制定的，它有着法律效力和统一的标准，制定这种合约是为了在将来交收特定数量、质量的商品。因此，期货合约是期货交易的载体和媒介，期货交易的参与者正是通过买卖期货合约来进行期货交易的。

2. 集中交易

这是说，若进行期货合约买卖的交易，必须在期货交易所内进行，禁止不通过期货交易所的场外期货交易。这样做是着眼于期货交易有着较大的风险而言的。按照集中交易的要求，对于期货交易不允许"一对一"的谈判，所允许的交易只能在交易所内通过公平竞价统一进行。

（三）商品期货交易的特征

从上述两点可以看出，期货交易具有以下的特点：

1. 交易的对象主要是标准化合约

这样可使交易者免于实物交割的诸多不便。其主要做法是：期货合约的购买者可以在合约交割日之前将所持合约卖出，免收实物；合约的出售者也可在交割日到来之前买入合约，免付实物。

2. 交易的方式是集中交易

即所有交易都在交易所内进行。与此相比，很多非期货合约方式的场外交易等，都是由交易双方私下进行的。

3. 交易的线索是保证金的支付与收回

在现代期货市场中，交易的标的物就是期货合约，而这样的交易主要是通过支付保证金及其保证金数额调整的方式实现的，因此现代期货交易又被称为保证金交易。由于进行期货交易支付的保证金只是期货合约面额的一定比率（一般在5% 左右），因此期货交易具有非常典型的“以小搏大”的特征。

4. 期货交易的结算由专门的结算所负责

这又是期货合约交易方式与其他交易方式的区别。其道理在于，由于期货交易是以小搏大的高风险交易，所以以结算所专门结算可以保证交易双方的正当权益，防止出现交易违约的情况。

这样，期货交易与现货交易相比有以下不同（见表 9-1）。

表 9-1 期货交易与现货交易的比较

比较要素	现货交易	期货交易	说明
交易对象	商品、劳务等	标准化合约	如果冲销了合约，可免付实物
商品范围	一切商品、劳务等	有限的商品	后者只是交易所中的若干标准化合约
交易方式	一般是私下的对手交易	严格的场内交易	前者知道交易对手，后者不知
交易资金	一般是全额支付款项	只缴纳少数保证金	与前者相比，后者风险更大
交易结算	一般是交易双方结算	由结算所专门结算	与前者相比，后者违约风险更小

由上面的比较可知，现代期货交易虽基于现货交易形成，但是已经与现货交易有了近乎于本质的区别。

二、商品期货交易的目的和范围

（一）期货交易的目的

期货交易的目的有两个：一是投机套利，二是套期保值。

1. 投机套利

所谓期货交易的投机套利，是指利用期货价格的变动来赚得收入，其最典型的表现即为买空卖空。比如，若期货交易者预测某种商品价格可在未来一段时间内上升，即买入该种商品的期货合约，在该种商品实际价格上升时，则可卖出合约，从中赚取因价格变动的利益；反之，若预计某种商品价格要下降，又可先卖出该商品的期货合约，待实际价格下降时，可买入获利。

2. 套期保值

又称套头交易、对冲交易，是指利用期货交易的非即期特征，以将价格波动可能造成的经营风险减小到最低限度的交易形式。具体来说，这样的交易是交易者利用期货价格与现货价格之间的相互关系，同时在现货市场和期货市场进行的两个数量上相等、方向上相反的买卖，以双方互补的关系来避免因价格变动带来风险的双向交易。比如，若某谷物生产者预计谷物收获时会有较大幅度的降价，他就可卖出谷物的期货合约，在谷物收获时节再卖出实物，并购入期货合约，从而避免因价格变动给自己造成损失。反过来，若以谷物为主要原料的加工企业在谷物收获季节预计谷物在一段时期后价格要上升，又可购入期货合约，并在价格上涨后买进实物时，再卖出期货合约。这样，企业即可通过合约的“跨期”特征，使用“套期”（即把现货交易与期货交易在跨期期间套在一起）的方法，抵消价格变动的风险，起到以期货合约“保值”的作用。

（二）期货交易目的比较

为了对期货交易的目的有更深的理解，此处再以列表的方式说明二者之间的相互关系（见表9-2）。

表 9-2　投机套利与套期保值的比较

比较要素	投机套利	套期保值	说明
交易基础	没有实物商品为对应	要以实物商品为基础	这是二者的根本区别，要特别注意
交易方式	买卖合约，到期前对冲	买卖合约，到期前对冲	二者一致，没有区别
交易损益	合约价格变动，直接记录为期货交易结果	合约价格变动，计入实物商品交易的结果	套期保值要划分套期保值项目和被套期保值项目
交易结果	形成损益	影响实物交易结果	由此形成了在会计处理与信息披露方面的一系列差异

由于投机套利与套期保值二者之间的以上关系,我国的各项法规政策一般只是允许企业对其实物交易套期保值,不允许投机套利。例如,我国证监会2001年6月20日颁布并于同日实施的《国有企业境外期货套期保值业务管理办法》中明确规定,获得境外期货业务许可证的企业在境外期货市场只能从事套期保值交易,不得进行投机交易。并且进一步规定上述企业期货持仓量不得超出企业正常交收能力,不得超过进出口配额、许可证规定数量,期货持仓时间应与现货保值所需计价期相匹配等。

进一步分析,从期货交易的上述两种目的可知,套期保值的交易人一般为正常生产经营的单位,他们要利用期货市场对冲现货(即被套期保值项目)价格波动的风险;而投机套利者,则多为期货市场中敢于承担风险的投机商,他们一般不涉及现货交易,仅对期货合约进行买卖,要通过低价买进、高价卖出或高价卖出、低价买进获利。

(三)期货交易的范围

一般意义上的商品期货是指以有形的实物商品为基础的期货商品。因此,以实物商品为依托的期货交易,就叫做商品期货交易。可以说,20世纪70年代以前,在世界各地期货交易所上市交易的期货品种主要为商品期货。从现在来看,商品期货交易的类型主要包括农产品类、能源类和金属类等。农产品类包括农作物产品的谷物、豆类、食品类,肉食产品的各种畜禽类;能源类包括石油等;金属类包括有色金属、黑色金属和贵金属(如黄金、白银)等。

与商品期货相对应的期货即为金融期货。金融期货交易的业务范围主要为利率期货、外汇期货和指数期货。这其中的利率期货包括中长短期国库券、政府抵押债券、商业票据、欧洲美元和地方债券;外汇期货包括美元、欧元、英镑、日元、加元等;而指数期货则包括标准普尔股票指数和选择权、美元指数、综合商品物价指数、日经平均指数和香港恒生指数等。

由于我国现阶段的期货业务主要是商品期货,尚没有发展到普遍的金融期货阶段。因此,相对于本书的结构安排,本章在此主要是结合我国的现有经济法规阐述商品期货的会计处理与信息披露,在下一章的衍生金融工具会计中,再着重介绍金融期货会计的相关内容。

三、期货交易的相关概念

(一)期货交易所、会员与期货公司

由于现代期货交易必须在场内进行,所以期货交易所就成了进行期货交易必不可少的特定场所。从组织形式来看,期货交易所有公司制和会员制两种。公司制的交易所是一种营利组织,其股东为交易所的所有者,但股东不得入场进行交易。会员制的交易所是一种非营利组织,由会员共同拥有,会员都是拥有一定经济实力和良好信誉的组织或个人,有权入场为自己买卖期货合约或代其他客户买卖期货合约;交易所的经费来自会员交纳的席位费、年会费及为社会公众服务收取的费用。2007 年 3 月,我国国务院颁布的《期货交易管理条例》中规定:“期货交易所不以营利为目的,按照其章程的规定实行自律管理。期货交易所以其全部财产承担民事责任。期货交易所的负责人由国务院期货监督管理机构任免。”“期货交易所会员应当是在中华人民共和国境内登记注册的企业法人或者其他经济组织。”由此可见,我国的期货交易所是一种会员制的组织。

所谓期货公司,是指接受客户委托,按照客户的指令,以自己的名义为客户进行期货交易的机构。期货公司代理的期货交易要向客户收取交易手续费,但其实质是交易结果由客户承担的经纪业务。按照我国的法规,经营期货经纪业务的,必须是依法设立的期货公司,否则其他任何单位或者个人不得经营期货经纪业务。因此,期货经纪人,亦即期货公司应当是在期货交易所内代理客户进行期货交易的专门公司。一般来说,期货公司本身是期货交易所的会员,其以自己的名义承担期货风险,并以收取佣金的方式代理客户进行期货交易。

(二) 立仓、平仓、补仓与多头、空头

立仓、平仓、补仓是期货交易中常见的术语。立仓,又称开仓,指期货交易者进行的与以前交易没有任何关系的全新交易,比如买入某份期货合约,或卖出某份期货合约。平仓,又称冲销,指期货交易者买入合约后又卖出,或者卖出合约后又买入,以避免现货交割的交易。补仓,是平仓的一种方式,专指卖出期货合约的交易者再买入同样的合约,以冲销原来持有合约的交易事项。

与此相关,也就有了多头、空头等术语。多头指期货交易者买入合约总数大于卖出合约总数,亦即未结算的买进期货部位。对于交易者来说,通过买进期货合约开始的交易被称为“做多头”。空头则指期货交易者卖出合约数大于买入合约数,亦即未结算的卖出期货部位。对于交易者来说,通过卖出期货合约开始的交易又被称为“做空头”。

(三) 保证金、盯市与手续费

保证金是期货交易中非常重要的内容之一。我们可根据保证金的不同作用以及不同的交纳时间、地点，将保证金分为会员保证金、初始保证金和可变保证金。

会员保证金是成为结算所会员必须首先支付的费用，其数额依据交易所与结算所的情况而定。初始保证金是指交易者在新开仓或者增加原持有期货部位时交付给结算所的款项，亦即交易者在未平仓合约数增加时交付的款项。如前所述，这种款项的数额常按买卖合约面值的一定比例计算，多为合约面值的5%左右。可变保证金又称追加保证金，是结算所根据每日合约价格变化情况计算出的追加款项，即由于期货合约价格变动，每日计算出的维持保证金水平与前一日不同而应补交（或提取）的款项数额。在持仓量不变时，追加保证金只有在价格出现不利变动时，才需交存；如果价格变动对交易者有利，则不仅可以不交可变保证金，还可以提取价格有利变动形成的净收入。

每日交易结束后，结算所应对期货交易进行核对、登记，确认结算会员净持仓量的变化情况，并将经过调整的保证金账户清单传递给各会员。若净持仓量增加，或价格发生不利变化，会员要增补保证金；反之，若净持仓量减少，或价格发生有利变化，结算所则应将多余的保证金退还结算会员。这种根据每日交易情况，逐日将保证金的变化情况及其因价格发生变化而受影响的情况记入保证金账户的做法即为"盯市"。这样做的目的在于杜绝交易中违约的情况。

手续费则为期货交易所向进行期货交易的会员收取的费用，也包括期货经纪人为执行交易指令而向客户收取的佣金。期货交易所向其会员收取的手续费应当是每次买入或卖出期货合约都要计算和交纳的。而期货经纪人向客户收取的佣金，则一般是在整个交易结束以后才由经纪人向客户收取，其数额的计算要有一定的依据。

我国现行法规对上述内容要求极为严格，主要包括以下内容：

1．关于初始保证金的规定

期货交易必须严格执行保证金制度。期货交易所向会员、期货公司向客户收取的保证金，不得低于中国证监会和期货交易所规定的标准，并应当与自有资金分开，专户存放。期货交易所向会员收取的保证金，属于会员所有，除用于会员的交易结算外，严禁挪作他用。期货公司向客户收取的保证金，属于客户所有，除可划转的情况外，严禁挪作他用。

2．关于追加保证金的规定

期货交易所会员的保证金不足时，应当及时追加保证金或者自行平仓。

会员未在期货交易所规定的时间内追加保证金或者自行平仓的，期货交易所应当将该会员的合约强行平仓，强行平仓的有关费用和发生的损失由该会员承担。客户保证金不足时，应当及时追加保证金或者自行平仓。客户未在期货公司规定的时间内及时追加保证金或者自行平仓的，期货公司应当将该客户的合约强行平仓，强行平仓的有关费用和发生的损失由该客户承担。

3. 关于盯市的制度

期货交易所实行当日无负债结算制度。期货交易所应当在当日及时将结算结果通知会员。期货公司根据期货交易所的结算结果对客户进行结算，并应当将结算结果按照与客户约定的方式及时通知客户。客户应当及时查询并妥善处理自己的交易持仓状况。

4. 关于手续费的规定

期货交易有严格的手续费制度。期货交易所向会员、期货公司向客户收取交易手续费，应当按照国务院有关部门的统一规定执行。

（四）平仓盈亏与浮动盈亏

在期货交易过程中，期货价格波动带来的盈亏可分为平仓盈亏与浮动盈亏。

对于期货投资企业来说，平仓盈亏是指平仓合约的初始价格与平仓时的成交价之间的差额。其计算公式为：

平仓盈亏 =（平仓价 - 开仓价）× 平仓合约数 × 交易单位

由于期货交易所执行每日盯市制度，因此，无论期货投资企业的持仓合约平仓与否，都要在每个交易日结束后计算当天的盈亏情况，并调整每一会员、客户的保证金账户。因此，若期货投资企业的合约当日平仓，计算的结果即为平仓盈亏；但若期货投资企业合约当日未平仓，计算的结果则为浮动盈亏。就此而论，浮动盈亏又被称为持仓盈亏，是指所有未平仓合约的初始成交价与结算日的结算价计算的潜在盈亏。其计算公式为：

浮动盈亏 =（结算价 - 开仓价）× 未平仓合约数 × 交易单位

期货价格必须及时公布，以使盯市和每日结算的保证金制度得以实现。为了便于理解，此处列示上海期货交易所有关铜期货合约 2008 年 5 月 9 日的报价及其 6 月 28 日我国期货市场主力合约报价（见表 9-3 和表 9-4）。

表 9-3　上海期货交易所铜期货合约报价

合约名	最新价	涨跌	持仓量	成交量	成交金额	买卖价
cu0805	63 550	−570	9 360	1 740	554 018 000	63 510/63 600
cu0806	63 600	−600	21 528	6 632	2 114 373 600	63 500/63 590
cu0807	63 280	−860	104 814	105 468	33 536 012 600	63 260/63 280
cu0808	63 280	−830	20 018	9 882	3 141 090 000	63 250/63 280
cu0809	63 360	−730	2 824	704	223 821 800	63 360/63 400
cu0810	63 160	−870	1 686	380	120 607 600	62 610/63 680
cu0811	63 220	−720	618	122	38 693 900	63 130/63 430
cu0812	63 100	−790	874	94	29 794 500	62 810/63 330
cu0901	63 080	−700	346	22	6 970 000	63 000/63 260
cu0902	63 200	−400	210	52	16 450 300	62 900/63 980
cu0903	63 100	−600	72	12	3 808 700	63 000/64 590
cu0904	65 000	170	24	0	0	62 390/63 300

资料来源:上海期货交易所网站,www.shfe.com.cn。

表 9-4　期货主力合约报价

名称	开盘	最高	最低	收盘	涨跌(元)	成交量	持仓量
大豆 0901	5 103	5 148	5 095	5 128	+85	527 682	426 762
豆粕 0809	4 250	4 300	4 210	4 282	+61	203 664	102 868
豆油 0809	11 862	11 880	11 686	11 762	+104	104 602	72 158
菜油 0809	12 666	12 700	12 524	12 558	+2	24 216	32 418
玉米 0901	1 935	1 935	1 922	1 927	+6	301 552	512 408
强麦 0901	2 185	2 188	2 156	2 164	−15	291 174	152 618
白糖 0901	3 805	3 819	3 766	3 779	+6	612 112	354 000
黄金 0812	202.99	203.49	202.00	202.58	+5.20	14 240	26 782
铜 0809	62 650	62 720	62 150	62 360	−140	36 762	65 486
铝 0809	19 175	19 180	19 065	19 095	−50	14 178	50 986
锌 0809	16 200	16 210	15 950	16 080	+135	210 760	108 648
燃油 0809	5 248	5 268	5 194	5 220	+85	84 986	42 626
PTA 0809	9 576	9 870	9 480	9 520	+30	213 860	78 692

资料来源:《北京青年报》2008 年 6 月 28 日,数据提供:格林期货,于军礼。

第二节　商品期货会计的处理要求

一、商品期货会计的形成与表现

商品期货会计随着市场的发展和经济管理需要而产生、发展,并在随着期货业务的发展而不断丰富和完善。具体来说，商品期货会计是运用财务会计的基本原理和方法，结合期货业务的特点，应用于商品期货交易所、期货公司和参与期货交易的企业的一种有其专门特色的会计。

我国现阶段的商品期货会计表现为三种具体形式：

1. 期货交易所会计

它以期货交易所为核算主体，具体核算会员入会、退会及其与期货交易有关的结算准备金、交易保证金、实物交割、风险准备金以及会员缴纳会费等事项，并计算会员单位的交易盈亏等具体业务。

2. 期货投资企业的期货业务会计

它以参与期货业务的企业为核算主体，与期货业务有关的内容包括保证金的交付与收回、计算浮动盈亏、平仓盈亏、手续费的交付等。如果企业本身就是期货交易所的会员，它就会直接面对期货交易所开展其交易业务；但若企业本身不是期货交易所的会员，它就要委托期货公司代理其进行交易业务。

3. 期货公司会计

由于期货公司要代理客户从事期货业务，因此它与期货交易所会计有很多的相似之处，如向代理客户收取有关的结算准备金、交易保证金、实物交割、风险准备金等具体业务。但是，由于期货公司本身所处的地位所致，其会计处理要大致分为两个部分，即作为经纪人代理期货投资企业进行交易的部分和作为期货交易的主体与期货交易所进行交易的部分。

由于我国现阶段的期货交易所为数不多，因此本书不对期货交易所会计进行专门阐述。本书介绍的主要是期货投资企业会计，并在期货投资企业会计的基础上对期货公司会计进行适当说明。

二、商品期货会计的相关规范

随着商品期货交易的发展，如何对期货合约的买卖进行有效的会计处理及其信息披露，成了会计界所关注的问题。美国的会计团体曾针对期货合约中的会计问题连续发表过会计公告，其中最有代表性的应属《美国财务会计准则第 80 号——期货合约》。在这个准则中，对期货合约会计的规范主要集中为市价变化的确认、套期保值的标准、以公允价值报告的套期保值项目、预期交易的套期保值、披露等相关内容。虽然美国第 80 号准则的部分内容后又被美国财务会计准则第 115 号、第 130 号修正，并被第 133 号取代，但是第 80 号准则的内容仍有其特殊意义。着眼于我国现阶段商品期货会计的特定内容,该准则中的许多内容仍然是适用的。

我们在此必须要说明的是,随着期货业务的进一步发展,金融期货逐步取代商品期货,有了其特别重要的意义。因此,美国与商品期货业务相关的会计规范又逐步被衍生金融工具会计(是本书下一章要重点讲解的内容)准则所包容。比如,美国连续颁布的有关衍生金融工具会计准则都声言将类似的业务(此处主要指商品期货)包括进来。国际会计准则颁布的《国际会计准则第 32 号——金融工具:披露和列报》、《国际会计准则第 39 号——金融工具:确认与计量》也有同样的表态。因此,国际上现阶段的有关商品期货的会计规范已尽被金融工具会计准则所表示。

相对于我国的情况而言,由于近年来对衍生品市场的重视,国家也发布了一系列的法律法规来规范商品期货的发展,主要有 2007 年 3 月国务院颁布的《期货交易管理条例》(取代了 1999 年 6 月国务院颁布的《期货交易管理暂行规定》)、2007 年 4 月证监会颁布的《期货交易所管理办法》、《期货公司管理办法》等(分别取代了 2002 年 5 月发布的《期货交易所管理办法》等旧法规)。此外,我国颁布的与商品期货相关的会计处理规范主要有:《商品期货交易财务管理暂行规定》、《企业商品期货业务会计处理暂行规定》、《企业商品期货业务会计处理补充规定》和《期货交易所商品期货业务会计处理暂行规定》等。这样的规范对我国商品期货会计处理给予了恰当的规定,为推动我国商品期货会计的发展发挥了作用。

必须提到的是,2006 年 2 月 15 日,财政部在"中国会计审计准则体系发布会"上正式发布了 38 项企业会计准则,并于 2007 年 1 月 1 日首先在上市公司中推行。其中,金融工具准则可谓是从无到有,是新准则中的一大闪光点。新准则体系中第 22 号"金融工具确认和计量"、第 23 号"金融资产转移"、第 24 号"套期保值"和第 37 号"金融工具列报"填补了我国在衍生金融工具许多会计规范上的空白。我国虽然没有直接针对商品期货的会计准则,但相关金融工具的会计准则对商品期货的会计处理是有直接借鉴意义的。

三、商品期货会计处理的基本要求

(一) 商品期货会计的账户设置

按照国际会计界的一般惯例,期货会计应设置下列账户,以分别登记不同的业务内容:

1. 设置“期货保证金”账户，登记交纳的保证金及其变化情况

该账户借方登记因购入或卖出期货合约及其增加数量交纳的保证金，以及发生价格变动、计入本期损益时的保证金变化额；贷方登记平仓时应减少的保证金，以及价格发生变动、计入本期损益时的保证金变化额；余额在借方，表示尚存于交易所账户（一般存放于某银行）的保证金数额。除此之外，还要在“期货保证金”账户下设置“套保合约”和“非套保合约”明细账户，分别核算企业进行套期保值业务和投机套利业务所占用的资金。

2. 设置“购入期货合约”、“卖出期货合约”账户，登记合约买入或卖出的业务

购入期货合约时，记入“购入期货合约”的借方，卖出期货合约时，记入“卖出期货合约”的贷方，期末余额表示尚未对冲平仓的合约数额。该账户可按自营期货或者代理期货而设置明细分类账。

3. 设置“期货交易清算”账户，登记合约的卖出与买入的辅助登记及冲销业务

在立仓后，无论是卖出合约平仓，还是买入合约补仓，均应通过该账户转出。

4. 设置“期货损益”、“套期损益”账户，登记期货价格变动形成的平仓盈亏与浮动盈亏及其进行期货交易交纳的手续费

“期货损益”是投机套利业务的结果；“套期损益”则是套期保值业务的结果。

（二）期货保证金及其手续费的处理

这是现代期货交易盯市制度的必然反应，也是商品期货日常会计处理最主要的内容。具体来说，企业在购进或卖出期货合约之初，要交纳期货保证金；在期货价格发生不利变动时，要支付追加保证金；而在期货合约平仓之时，还要将支付的保证金收回。因此保证金业务贯穿于期货合约会计处理的始终，是商品期货会计的最核心部分。

如果期货投资企业不是期货交易所的会员，则要委托期货公司代理其进行期货交易。在这种情况下，无论其是购入期货合约，还是卖出期货合约，都要向期货公司支付手续费。期货投资企业支付的手续费也是计算期货损益必须考虑的内容。

（三）期货交易损益的计算和结转

前面已述，期货交易损益的确认依据为已买入或卖出期货的价格变化。对期货交易者来说，买入合约后价格上升或卖出合约后价格下降，是价格的

有利变动;反之,买入合约后价格下降或卖出合约后价格上升,则是价格的不利变动。这都是期货会计要记录、处理的内容。发生的期货交易损益应依据不同的交易目的而结转。一般的情况是,投机套利业务要将期货交易损益计入本期损益,即其数额是企业综合收入的组成部分;套期保值业务则要将期货交易损益计入被套期保值项目,由被套期保值项目承担,即其数额将结转至被套期保值项目之中,构成被套期保值项目价值的组成内容。因此,期货投资企业在进行商品期货的会计处理时,首先要将期货业务按照其不同目的进行划分,即将期货业务划分为投机套利项目和套期保值项目;然后再根据各期货业务项目平仓与否而进行不同的会计处理。

(四) 实物交割的条件及其处理要求

如果期货投资企业在期货合约到期前未能将期货合约对冲平仓,就要进入到实物交割阶段。实物交割一般在期货交易所内处理,并在指定的仓库进行。由于实物交割业务是期货合约业务的延续,因此这种交易既表现为期货合约的对冲,又表现为现货交易的进行。期货交易的实际情况是,大约97%的成交合约都以对冲平仓的方式了结,只有不到3%的合约需要进行实物交割。此外,实物交割的业务或者是遭受流动性风险的投机套利交易,或者是有利于合约持有者的套期保值交易(因为这样有时有利于手续费的节省)。因此,着眼于本书的结构设置,我们将这样的业务在套期保值会计部分说明。

第三节　投机套利会计

一、投机套利及其会计处理要求

从最基本的意义上看,投机是一种投入资本、承担风险,以牟取利润的活动。相应地,期货投机可解释为:期货交易者以期货合约为对象,利用市场价格波动,以自投资金、承担风险的方式,通过买卖期货合约而牟取利润的交易行为。

期货投机与一般投机的共同点是:它以价格变动预测为基础,在预计期货合约价格上升时买进合约,而在预计合约价格下降时卖出合约,若其预测失败,则要自己承担损失。期货投机与一般投机不同点是:期货市场中的投机完全是买卖期货合约,无论买入、卖出,一般不进行实物交割,因此是一种典型的买空卖空。

期货市场的各类规范对期货投资企业投机套利的会计处理要求一直是

很明确的。比如,《美国财务会计准则公告第 80 号——期货合约》第 3 条指出:若期货合约不能满足套期保值项目的标准,则期货合约市场价值的变化,应在该变化期间被确认为损失或利得;如果满足套期保值项目的标准,期货会计则要按套期保值的方式处理,以便将期货合约市场价值的变化,计入被套期保值项目的价格、利率变化的结果中;在实际业务中,凡是不符合套期保值标准的期货合约市场价值的变化,都需随着保证金的变化而计入损益。我国会计处理的相关规定与上述美国的要求基本一致。

前面已述,期货合约的投机套利没有相对应的现货交易业务,因此期货合约价格的变动数额将直接记入"期货损益"账户。再就是,在确定期货交易的实际损益时,还必须考虑其手续费支出。

由于期货合约交易既可以先购入期货合约,再卖出平仓;也可以先卖出期货合约,再买入平仓。因此不同的业务顺序也是其会计处理要考虑的内容。

二、投机套利业务的会计处理

(一) 先买后卖的业务处理举例

【例 9-1】 某期货交易所会员,在取得会员资格时缴纳了 5 万元的会员资格费,并支付了 1 万元的年会费。该会员本期对大豆交易的预测为以后价格可能上涨。其交易的情况如下:在交易日购入期货合约 10 份,每份为大豆 10 吨,成交价为每份 2.9 万元,按合约价格的 5% 交纳初始保证金。在第一个价格变动日,每份合约的价格为 3 万元;第二个价格变动日,每份合约的价格为 2.95 万元;在第三个价格变动日,每份合约的价格为 2.85 万元。该会员在第三个价格变动日卖出合约平仓,并收回了保证金。该会员买入、卖出合约均按每份合约 100 元交纳了手续费。本例(以后的例题也这样考虑)假设该会员在结算所已存放结算准备金,发生的期货交易保证金和手续费随业务进展而交纳。

将该会员的期货交易核算过程列示如下:

1. 缴纳会员资格费及年会费时的会计处理

借:长期股权投资	50 000	
管理费用	10 000	
贷:银行存款		60 000

说明:会员资格费记入"长期股权投资",年会费记入"管理费用"。

2. 购入期货合约时的会计处理

(1) 购入期货合约

借:购入期货合约 290 000

贷:期货交易清算 290 000

说明:按照国际会计准则的要求,这样的业务要作为资产负债表的表内业务;但若不作为资产负债表项目,可采用表外备查登记的方式处理。

(2) 按规定交纳保证金(29 000 × 10 × 5% = 14 500 元)和手续费(1 000 元)的会计处理

借:期货保证金 14 500

期货损益 1 000

贷:银行存款 15 500

说明:期货保证金单独记录,期货手续费记入"期货损益"。

3. 在第一个价格变动日应进行的会计处理

有利价格变动额 = (30 000 - 29 000) × 10 = 10 000 元

借:期货保证金 10 000

贷:公允价值变动损益——期货损益 10 000

说明:由于此业务的目的是投机套利,发生价格变动时应将价格变动额确认为本期损益。该会员买入合约后价格上升,属于有利价格变动,因此应增加交易收益,同时增加交易保证金 10 000 元。

4. 在第二个价格变动日应进行的会计处理

不利价格变动额 = (29 500 - 30 000) × 10 = - 5 000 元

借:公允价值变动损益——期货损益 5 000

贷:期货保证金 5 000

说明:在第二个交易日市场价格下降,属于不利价格变动,因此该会员应将价格变动额计入交易损失;还有,价格变动虽然减少了保证金数额,但是已交存的保证金和上个价格变动日有利变动增加的保证金尚能维持最低持仓量的保证金水平,因此不需补交保证金。

5. 在第三个价格变动日应进行的会计处理

不利价格变动额 = (28 500 - 29 500) × 10 = - 10 000 元

借:公允价值变动损益——期货损益 10 000

贷:期货保证金 10 000

同时:

借:期货保证金 5 000

贷:银行存款　5 000

说明:在第三个交易日市场价格仍下降,也属于不利价格变动,该会员应再将价格变动额计入交易损失;此外,这种价格变动已使交存的保证金不能维持最低持仓量的保证金水平,因此需补交保证金 5 000 元(10 000 - 5 000 = 5 000 元)。

6. 卖出期货合约平仓及交纳手续费、收回保证金时的会计处理

(1) 卖出期货合约平仓

借:期货交易清算　285 000

　贷:卖出期货合约　285 000

借:卖出期货合约　285 000

　期货交易清算　5 000

　贷:购入期货合约　290 000

说明:承接以上会计处理,将期货合约在表内反映需作这两笔分录;但若未将期货合约价值作为资产负债表项目,也可按照表外备查登记的方式处理。

(2) 交纳卖出期货合约时的手续费

借:期货损益　1 000

　贷:银行存款　1 000

说明:这是由于在每次买进、卖出期货合约时都要交纳手续费的处理要求。

(3) 收回期货保证金

借:银行存款　14 500

　贷:期货保证金　14 500

说明:本期实际交付的保证金为 19 500 元,即初始保证金 14 500 元,第三个价格变动日交付的 5 000 元;本期收回的保证金数额为 14 500 元;二者之差为公允价值变动损益——期货损益,已经记入了该账户。

7. 计算该会员本期的交易盈亏

本期记入"公允价值变动损益——期货损益"的价格变动数额 = 10 000(贷方额,第一个价格变动日) - 5 000(借方额,第二个价格变动日) - 10 000(借方额,第三个价格变动日) = -5 000 元

按照将期货损益直接计入本期损益的要求,该会员应进行的会计处理为:

借:期货损益　　5 000
　贷:公允价值变动损益——期货损益　　5 000

本期交纳的手续费支出

= 1 000(购入期货合约时) + 1 000(卖出期货合约时) = 2 000 元

本期经营期货业务的亏损额 = 5 000 + 2 000 = 7 000 元

由此例可知,由于该会员对大豆预期价格的判断失误,使期货交易损失了7 000 元。

(二) 先卖后买的业务处理举例

【例 9-2】 仍以前述例题中的数据资料,将条件改为该会员先卖后买。即该会员按每份 2.9 万元的价格卖出期货合约 10 份,并在第三个价格变动日购入期货合约平仓。主要会计处理为:

1. 卖出合约、交纳初始保证金及手续费的会计处理

借:期货交易清算　　290 000
　贷:卖出期货合约　　290 000

借:期货保证金　　14 500
　期货损益　　1 000
　贷:银行存款　　15 500

2. 第一个价格变动日的会计处理

对于卖出期货合约的交易者来说,价格上升为不利变动,交易者要记录损失并补交保证金 10 000 元。

借:公允价值变动损益——期货损益　　10 000
　贷:期货保证金　　10 000

借:期货保证金　　10 000
　贷:银行存款　　10 000

3. 第二、三个价格变动日的会计处理

价格下降为卖出期货合约的有利变动,交易者在两个价格变动日合计要记录收益额 15 000 元。

借:期货保证金　　15 000
　贷:公允价值变动损益——期货损益　　15 000

4. 购入期货合约补仓、交纳手续费、收回保证金

借:购入期货合约　　285 000
　贷:期货交易清算　　285 000

借:卖出期货合约　　290 000

贷:购入期货合约		285 000
期货交易清算		5 000
借:银行存款	28 500	
期货损益	1 000	
贷:期货保证金		29 500
借:公允价值变动损益——期货损益	5 000	
贷:期货损益		5 000

根据上述的会计处理可知:该会员本期经营期货交易的收益额为3 000元,其中包括价格有利变动形成的收益5 000元和支付手续费应抵消的2 000元。价格变动形成的收益额也可以通过保证金账户的数额变动而反映,即:本期实际支付的保证金数额为24 500元(14 500+10 000),而实际收回的保证金数额为29 500元,其中相差的5 000元即是期货合约价格变动带来的收益。

三、投机套利会计的进一步分析

由于商品期货本身业务的特征所致,使得商品期货会计有了与一般财务会计大相径庭的处理方式;并且,这里列示的投机套利会计与我们将要阐述的套期保值会计仍有较大的区别,因此我们再次对投机套利会计反映出的一些特殊之处进行分析说明。

1. 期货合约价值是否入账,即是否作为资产负债表表内事项处理

上述的两个例题,都将期货合约价值作为资产负债表事项进行了处理。但经进一步分析可以看出,买入合约时,企业只是对外做了承诺将在未来时期购买商品;而在卖出期货时,同样也是做了承诺;实际支付的只是保证金和手续费。这样,是否将承诺的金额记入账中就成了有所争议的问题。

2. 期货合约价值的变动是否可当即计入本期损益

上述例题对这样的处理也是明确的,即只要是期货价格发生了变动,其对应项目就是"公允价值变动损益——期货损益"。而这样的会计处理对应的不是平仓盈亏,而是浮动盈亏。就浮动盈亏是否应该记账,也是存在不同意见的。

其实,这样问题的答案也是显而易见的。即:期货合约价值的变动直接会形成期货保证金的增加和减少,形成了实际的现金或现金等价物的流入或者流出,而这样的内容是其他合同、协议等不能具有的;会计既然是反映会计主体经济运行及其结果的管理活动或信息系统,就应当遵循重要性原

则等将其如实记录并反映出来;因此,将期货合约价值计入账中有其内在的道理,而只有这样,会计才能真正在期货会计中发挥作用。

再从国际会计领域的最新动向来看,现在的衍生金融工具会计准则都倾向于将衍生的金融资产或金融负债作为资产负债表表内事项处理,而国际会计准则从第 32 号的"披露与列报"进一步转向了第 39 号的"确认与计量",就是这种处理方法转化的证明。我国 2006 年颁布的新会计准则体系,基本实现了与国际会计准则的趋同。在衍生金融工具的会计处理上也基本上采纳了表内反映的做法,因此,将期货合约的价值及其浮动盈亏在表内进行确认和计量,符合国际主流的会计处理原则。

第四节　套期保值会计

一、套期保值的实现过程

(一) 套期保值的标准

按照美国第 80 号财务会计准则的要求,关于套期保值的要求可体现在以下几个方面:

1. 被套期保值项目会给企业带来价格或利率方面的风险

这里的首要要求是要将套期保值业务所涉及的现货交易和期货交易分成两个部分:被套期保值项目,亦即现货交易;套期保值项目,亦即为了对现货交易保值而进行的期货交易。而这里所说的被套期保值项目会给企业带来价格或利率风险(利率主指金融衍生工具),是指如果企业准备进行交易的现货发生价格变动(准备买入的商品价格升高或准备卖出的商品价格降低),则会给企业带来损失。

2. 能够减少这种风险的期货合约可以被确定为套期保值项目

即,可能会给企业带来价格变动风险的项目,可以由买入或者卖出期货合约的方式予以抵消;或者说,只有能够抵消将来准备交易的现货的价格风险的期货合约交易,才能被指定为套期保值项目。

3. 上述的被套期保值和套期保值项目之间的收益具有高敏感性和高相关性

即,只有对企业收益有高敏感性的企业现有资产、负债、公司承诺或预期交易才可以被指定为被套期保值项目;而作为套期保值项目的期货合约交易必须能够抵减现货价格变动方面的风险,即期货合约市价的变动要与被套期保值项目的公允价值变动高度相关。

若不能满足上述条件,现货交易和相关的期货交易就不能按照套期保值的要求进行业务处理,而必须视为投机套利,并按照前述的投机套利会计进行业务处理。我国《企业会计准则第 24 号——套期保值》中的相关规定虽然是针对金融资产或负债制定的,但是商品期货也应当借鉴相关的处理。对该准则更具体的介绍将在第十章中展开。

(二) 套期保值实现过程的举例说明

【例 9-3】 某企业将在 6 个月后购入 1 000 吨钢材用于产品生产,当时的现货价格为 2 000 元/吨,期货价格为 2 100 元/吨;如果钢材价格上升,企业将因价格上升而蒙受损失。该企业是某期货交易所的会员,认为若采用购入期货合约的方式,可以起到对钢材套期保值的作用。

对于这样的事项,按照套期保值的标准进行如下分析:

1. 被套期保值项目——计划购入钢材

其原因是,若钢材价格上涨,该企业可能会因此而蒙受损失。

2. 套期保值项目——计划购入的钢材期货合约

其道理为,在买入钢材期货合约之后,若钢材现货价格上涨,相对应的期货合约价格也可能会上涨;这样若在买入钢材现货时卖出期货合约,即使钢材现货蒙受了损失,也可以用钢材期货合约的收入来弥补。

3. 被套期保值项目与套期保值项目的结合可以实现套期保值的目的。或者说,套期保值的过程就是这样实现的

但是,我们可以据上述的三点解释看出,这里有一个假定,就是现货价格与期货价格之间要有一个合理的关系,即在预计的套期保值期限内,二者的价格变化要有一个符合市场变化的区间,或者是期货价格按照一定的水平高于现货价格,抑或反之,期货价格按照一定的水平低于现货价格。

(三) 套期保值关系的几个实际问题说明

我们可以将上述的套期保值关系以下表的方式说明,见表 9-5。

表 9-5　被套期保值项目与套期保值项目之间的关系说明

比较内容	被套期保值项目	套期保值项目	必要说明
交易品种	钢材	钢材期货合约	二者在内容上应当一致
交易时间	6 个月后	也应当在 6 个月后交易	二者在时间上应当一致
交易数量	1 000 吨	也应当为 1 000 吨	二者在交易数量上一致
交易方向	6 个月后买入	现在买入,在买入现货时卖出	在跨期的前提下,二者方向相反

换句话说,如果期货交易事项不符合上述要求,则只可作为投机套利处

理,不能作为套期保值。但是,在实际交易过程中,如若各方面的原因使上述的数据不完全一致,则应当按照下属原则进行处理:

1. 二者在内容的结合方面

套期保值项目应当与被套期保值项目的内容一致。即,在商品期货中,若被套期保值项目的现货交易是钢材,那么作为套期保值项目的期货交易也应当是钢材,不能是谷物。因为,套期保值与被套期保值项目内容上差异大,期货合约就难以减少现货交易的风险,亦即期货交易价格与现货交易价格的变动不具有高相关性。

2. 二者在时间的结合方面

套期保值项目应当与被套期保值项目在时间上大致相同。即,现货交易(或实际结算等)将于60天以后发生,期货交易的跨期期间也应当在60天内完成。如果期货交易的时间早于现货交易的时间,期货损益应待现货交易发生后计入被套期保值项目;反之,如果期货交易的时间晚于现货交易的时间,应当在现货交易发生时,按照期货交易的公允价值记录浮动盈亏,计入被套期保值项目,而在此之后的期货交易则视为投机套利,其结果要计入期货交易损益。

3. 二者在数量的结合方面

套期保值项目应当与被套期保值项目在数量上大致相同。即,现货交易的金额应当与期货交易的金额基本相同,如果期货交易的数额高于现货交易,高出的部分应当按照投机套利处理;但是,若期货交易的数额低于现货交易的金额,期货交易则可全部被视为套期保值。

4. 二者在交易方向的结合方面

套期保值项目应当与被套期保值项目在交易方向上完全相反。即,现货交易若是在将来买入,也就是期货交易在将来卖出;否则,期货合约套期保值的目的就无法实现。

(四) 套期保值结果的数据计算

【例9-4】 仍沿用【例9-3】,设6个月以后,钢材的现货价格为2 300元/吨,期货价格为2 450元/吨。该企业在这时买入钢材,卖出期货合约,总共交纳5万元的交易手续费。

我们根据前面所述的期货合约的业务处理要求,以及上述数据可知:

1. 由于现货价格上升,使企业的现货交易蒙受了损失。

$$\text{由于现货价格上升使企业受到的损失} = (2\,300 - 2\,000) \times 1\,000 = 30 \text{ 万元}$$

2. 由于期货价格上升,使企业的期货交易获得了收益

由于期货价格上升使企业获得的收益 $=(2\,450-2\,100)\times 1\,000-50\,000=30$ 万元

这样,按照套期保值实现的原理,我们就将期货交易的结果全部由现货交易的结果来承担。由此形成的结果是:

现货交易的实际成本为 230 万元,但由于要考虑期货交易收益的"加入",实际记入采购成本的数额是 200 万元。套期保值完全实现了预期目的。

当然,这是成功的结果。如果期货价格与现货价格变动不一致,企业很可能会再蒙受损失;若二者的变动指数不一样,也会形成采购成本会更低一点,或者更高一些的结果。

(五) 套期保值与投机套利之间的关系

在理解了套期保值的实际内容之后,我们再来分析以下套期保值与投机套利之间的相互关系。

套期保值者一般都是商品的生产者、经营者或消费者,由于他们在经营商品过程中面临着价格变动的巨大风险,所以要以与现货交易相反的期货交易来规避风险。而投机套利的目的就是依靠对市场商品价格的预测,从价格变动中获取利益。投机套利者一般都是敢于冒险的投资者,他们主要是靠承担套期保值者回避的风险,通过市场价格的涨落,买进或卖出期货合约,以获得收益。因此,套期保值与投机套利是期货市场中密切相关的两类不同业务,二者是相互依赖、相辅相成的关系。

二者的关系可从以下几点说明:

1. 套期保值可为投机套利提供冒险的环境

即:由于套期保值者要寻求价格保障而大量地买卖期货合约,这期间必然会有期货价格的高低变化,正因为有这样的交易及其价格变化,才使投机套利者有了活动的场所。

2. 投机套利可为套期保值提供避险环境

即:如果期货市场没有投机者来承担风险,套期保值者的期货合约就很难转让出去,风险无法规避。

3. 二者共同使期货市场具有流动性

只有避险、冒险的相互结合,才能使期货交易得以顺利进行,但这里要求二者的地位要相互均衡;否则,过多的投机或者过少的投机,都会阻碍期货市场的流动性。

4. 二者的结合还是期货市场价格相对波动的制衡因素

套期保值者寻求价格保护的要求，往往会因时间、商品类别等原因而引起供求价格的变动，从而形成高价、低价；投机套利者在低价时买、高价时卖，又会调整供求关系，促使价格反向变动。正是二者的这种结合，才会使期货市场富有活力，充分发挥作用。

二、套期保值的会计处理

像前述投机套利会计分为“先买后卖”和“先卖后买”一样，套期保值会计也有买入套期保值和卖出套期保值之分，因此在会计处理中会有类似的表现；但是由于套期保值的被套期保值项目会有不同的类型，如对买入后商品的套期保值、对预期购买的商品套期保值，以及对预期卖出的商品套期保值等，因此在会计处理上也就会有些许区别（可结合第十章中对公允价值套期、现金流量套期的划分来理解，对这两个概念的具体解释可参考第十章）。

（一）卖出套期保值的会计处理

【例 9-5】 某经销商月初从外地购入大豆 200 吨，每吨 2 900 元，预计在 2 个月内售出。为防止价格下降，该经销商按每吨 3 000 元卖出了 20 份，每份 10 吨的大豆期货合约。该经销商按合约价格的 5% 支付保证金，按每份合约 100 元支付手续费。在价格变动日，每吨大豆的期货价格降为 2 950 元，现货价格降为 2 880 元；在月末期货价格又降为 2 900 元，现货价格降为 2 800 元，经销商按此价格将现货售出，并按每吨 2 900 元的价格买入了 20 份同样数量的大豆合约平仓，按每份合约 100 元支付了手续费。

这项业务是对已有商品的价格变动风险进行套期保值，因此属于公允价值套期。会计处理及其说明如下：

1. 月初在现货市场上买进现货、在期货市场上卖出期货合约时的会计分录

（1）购进现货

借：库存商品　　580 000

　贷：银行存款　　580 000

（2）卖出期货合约，并交纳保证金和手续费

借：被套期项目——库存商品　　580 000

　贷：库存商品　　580 000

借：期货交易清算　　600 000

　贷：卖出期货合约　　600 000

借:期货保证金　　30 000
　套期损益(手续费)　　2 000
　贷:银行存款　　32 000

2. 价格变动日记录期货交易浮动盈亏以及现货价格盈亏的会计分录

由于此笔业务是卖出保值,合约价格下降是交易者的有利价格变动,该经销商不用补交保证金。根据公允价值套期的处理要求,套期损益是直接体现在当期利润表当中的。

浮动盈亏数额 =(2 950 - 3 000) ×10 ×20 = -10 000 元

借:期货保证金　　10 000
　贷:套期损益　　10 000

现货浮动盈亏数额 =(2 880 - 2 900) × 200 = -4 000 元

借:套期损益　　4 000
　贷:被套期项目——库存商品　　4 000

3. 月末在现货市场上卖出现货、在期货市场上购入期货合约时的会计分录

(1) 按浮动盈亏调整保证金,支付手续费,购入期货合约平仓,收回保证金

浮动盈亏额 =(2 900 - 2 950) ×10 ×20 = -10 000 元

借:期货保证金　　10 000
　贷:套期损益　　10 000
借:套期损益　　2 000
　贷:银行存款　　2 000
借:购入期货合约　　580 000
　贷:期货交易清算　　580 000
借:卖出期货合约　　600 000
　贷:购入期货合约　　580 000
　　期货交易清算　　20 000

应收回的保证金数额 = 30 000 + 10 000 + 10 000 = 50 000 元

借:银行存款　　50 000
　贷:期货保证金　　50 000

(2) 记录现货的价格下跌

(2 800 - 2 880) ×200 = -16 000

借:套期损益　　16 000

贷:被套期项目——库存商品　　16 000

(3) 卖出现货、结转成本

借:库存商品　　560 000

贷:被套期项目——库存商品　　560 000

借:银行存款　　560 000

贷:主营业务收入　　560 000

借:主营业务成本　　560 000

贷:库存商品　　560 000

4. 结转期货经营损益的会计分录

按套期保值业务的处理要求,期货交易形成的套期损益应由被套期保值项目的交易结果承担。本期发生的套期损益总共为 -4 000 元(10 000 + 10 000 - 2 000 - 2 000 - 4 000 - 16 000)。

借:主营业务成本　　4 000

贷:套期损益　　4 000

从上述账务处理过程可看出:如果不做套期保值,现货交易业务将发生亏损 20 000 元。由于进行了套期保值,期货交易形成了收益 16 000 元(期货合约价格有利变动 20 000 元,减去支付的手续费共 4 000 元),这样可以部分弥补现货交易上的损失。最终的结果是账面上记录了主营业务收入 560 000 元,主营业务成本为 564 000 元。由于该经销商进行了大豆套期保值,使得该项业务的损失减少了 16 000 元。

(二) 买入套期保值的会计处理

【例 9-6】 仍沿用上例,但反过来设该经销商将于一个月后购入大豆 200 吨,该类大豆现货现在的每吨售价为 3 000 元。为防止价格上升,该经销商按每吨 3 000 元买入 20 份,每份 10 吨的大豆期货合约。该经销商按合约价格的 5% 支付保证金,按每份合约 100 元支付手续费。但在价格变动日,每吨大豆的期货价格不仅没有上升,反而下降为 2 950 元;在月末时又降为 2 920 元。在月末时,该类大豆的本地现货价格从每吨 3 000 元降至每吨 2 900 元,经销商按此价格购入现货,并按每吨 2 920 元的价格卖出了 20 份同样数量的谷物合约平仓,按每份合约 100 元支付了手续费。

这是对未来预期交易进行的套期保值,因此属于现金流量套期。该经销商的会计处理如下(注:此处略去保证金追加与收回的会计处理):

1. 买入期货合约时的会计分录

借:购入期货合约　　600 000

贷:期货交易清算　600 000

借:资本公积——套期损益(手续费)　2 000

贷:银行存款　2 000

2. 一个月后购入现货的会计分录

借:库存商品　580 000

贷:银行存款　580 000

3. 记录价格变化以及卖出期货合约、交纳手续费的会计分录

借:期货交易清算　584 000

贷:卖出期货合约　584 000

借:资本公积——套期损益　16 000

贷:期货保证金　16 000

借:资本公积——套期损益　2 000

贷:银行存款　2 000

4. 冲销期货合约及记录手续费的会计分录

借:卖出期货合约　584 000

期货交易清算　16 000

贷:购入期货合约　600 000

同时:

借:库存商品　20 000

贷:资本公积——套期损益　20 000

此例的结果为:由于期货价格下降,该经销商又追加了保证金 16 000 元,又由于支付了 4 000 元的手续费,该项期货交易的损失合计为 20 000 元。此结果导致该经销商实际记入购买大豆的成本为 600 000 元(580 000 + 20 000)。此结果属经销商对市场估计错误所致。由此也可看出:若不进行套期保值,经销商可以享受到谷物价格下降的利益 20 000 元,但由于套期保值,现货价格下降的利益也就弥补了期货价格下降及其支付手续费的损失。

三、实物交割时的会计处理

如果期货投资企业在期货合约到期之前未能平仓,就要进行合约的实物交割程序。实物交割的原因可能有二:一是期货投资企业认为实物交割对自己有利而主动进行;二是期货投资企业未能及时平仓而被动交割。但无论是什么原因,只要进入了实物交割阶段,会计处理要求都是一样的,即都要通过结算所将现货直接出售给实物交割的另一方,从而了结期货交易。

【例 9-7】 某物资经销商,按每吨 30 000 元的价格购入现货铜 10 吨。为防止铜价下降,该经销商在期货市场按每吨 30 500 元的价格卖出同样数量的期货合约。一段时期后,铜的现货市价为每吨 28 000 元,期货市场当日的交割价为 29 500 元。该经销商决定将原购入的铜期货办理实物交割。

此处对该经销商的情况进行分析:若此时经销商买入期货合约平仓,再卖出现货,则其期货交易的毛利为 10 000 元[(30 500 - 29 500) ×10],现货的亏损额将为 20 000 元[(28 000 - 30 000) ×10]。考虑到尚需交纳手续费等,该经销商认为直接进行实物交割可按期货价格将购入的铜通过结算所交与成为多头的企业,这将对他更为有利。

实际业务处理中的有关分录如下:

1. 冲销原卖出的合约

借:卖出期货合约　　305 000

　贷:期货交易清算　　305 000

此例中的情况与买入期货合约对冲有很大的区别。即,这时的会计处理没有买入合约的业务,也就无对冲的前提。从另一方面来看,由于该经销商没有再买入合约,也就不用再交纳手续费(只需交纳交割手续费)。

2. 计算并记录期货交易盈亏(其他会计分录略)

交易盈亏额 = (29 500 - 30 500) ×10 = -10 000 元

借:期货保证金　　10 000

　贷:套期损益　　10 000

这时,经销商要向期货结算所发出实物交割通知书,并办理实物交割手续。

3. 发出货物、并收到接受货物企业通过结算所交来的款项时(略去增值税)

借:银行存款　　295 000

　贷:主营业务收入　　295 000

4. 结转期货交易损益,计入主营业务收入

借:套期损益　　10 000

　贷:主营业务收入　　10 000

从交易的结果来看,实物交割的现货交易虽亏损 5 000 元(295 000 - 300 000),但由于套期保值,又由于避免了第二次手续费,该经销商还形成了约 5 000 元(10 000 - 5 000)的盈余。

四、套期保值会计的进一步分析

套期保值会计虽是投机套利会计的对应,但是它们都是基于期货交易而形成的特殊业务。因此,它们除了在期货交易损益方面的处理有所不同之外,其他方面又有很多相近之处,比如合约的价值的处理等。但必须要指出的是,我们还要在以下方面对套期保值会计有所认识:

1. 应当充分认识并辨别套期保值成立的条件。即被套期保值项目对企业来说是否具有价格方面的敏感性;若不满足这一点,套期保值业务是难以确立的。

2. 应当充分关注套期保值项目与被套期保值项目的高相关性。即只有利用期货合约可以有效地规避被套期保值项目的风险时,期货合约才能够被确立为套期保值项目。

我们还要说明的是,国际会计界已经对当前的套期保值条件提出了较多的不同看法,但是相对于我国的具体情况和我国企业已有的教训和经验(此处主要是教训),在我国划分套期保值业务与投机套利业务的界限,并要求企业只是开展套期保值、严格限制投机套利,确实有其实际意义,值得我们认真考虑并严格执行。

第五节 期货公司会计

一、期货公司会计的特点

严格来说,期货公司会计也是一个完整的会计核算体系,即它既要对本身的盈亏进行核算,又要代理客户进行期货业务核算,而代理客户进行期货交易核算并收取佣金是其形成业务收入的主要来源。期货公司会计核算与其他几个会计核算的区别主要在代理客户进行期货合约交易,因此,本书主要介绍其代理客户进行期货交易的核算部分。

在期货公司的代理交易中,期货交易所是期货公司的"上家",需要期货公司对期货交易所承担期货交易的风险;而期货投资企业则为期货公司的"下家",要通过向期货公司交纳风险准备金的方式承担期货交易的实际风险,并向期货公司交纳一定数量的交易佣金。这样,期货公司会计就要同时反映清楚这样的"上家"与"下家"的关系,即代理期货投资企业向期货交易所缴纳保证金、手续费等,并向客户结转保证金的变化额,传递市场行情并提供会计记录资料。

我们对这样的情况进行分析可以看到,相对于期货交易所来说,期货经纪人处于“下家”的地位；但是相对于要求代理期货业务的期货经营者来说，它则是“上家”。之所以这样分析问题，是着眼于以下两点：

1. 没有期货交易所会员资格的期货投资者，必须由期货公司代理才能进行期货交易。这实际上也是期货交易所维护自身利益，保护期货交易的正常运行而采取的重要措施。试想，如果交易者的信誉、能力得不到保证，就有可能出现结算不到位等现象，而这将是期货交易的风险之一。

2. 期货公司承担着没有期货交易所会员资格的交易人的全部风险，因此要按照自身进行交易的要求，全面揭示期货交易的情况与过程。只有这样，才能从会计的角度起到既促使期货交易顺利进行，又确保期货交易所和期货结算所的利益不受侵害的作用。而要做到这一点，就需要期货经纪人在获取利益（收取交易者，亦即客户的交易佣金）的同时，承担全部风险。因此，期货经纪人在执行代理业务时，应当设置如同自身交易的账户，全面揭示交易者的交易状况，进行全套的业务核算。

根据上述要求，期货公司要尽可能详细地设置有关客户的二级明细账，如“代付期货保证金——××客户”、“购入期货合约——××客户”、“期货交易清算——××客户”等等。

二、期货公司代理期货业务的会计处理

由于代理的期货业务会涉及期货业务的方方面面，因此期货公司的会计核算也就会因不同的交易而异。此处仍以举例的方式说明。

【例 9-8】 某期货公司，同时代理两个客户进行交易。甲客户与乙客户交与期货公司的风险准备金分别为 20 万元和 15 万元，期货公司将这些风险准备金专户存储。公司代理甲客户卖出橡胶期货合约 5 份，每份 15 万元，初始保证金为每份 0.8 万元（手续费略）；代理乙客户买进燃油期货合约 10 份，每份 20 万元，初始保证金为每份 1 万元（手续费略）。一个月后，橡胶期货合约的价格上升至每份 18 万元；期货公司接受甲客户的指令按此价格平仓，并收取佣金 1 万元。而同时燃油期货合约每份价格上升至 23 万元，期货公司也按乙客户的指令平仓，并收取佣金 3 万元。设期货公司一律按照实际成交的价格进行账项记录，并通过“期货交易清算”结转应收的费用等。

期货公司应当进行的会计处理如下：

1. 收到客户交来的风险准备金时

借：银行存款——客户存入保证金	350 000	
贷：风险准备金——甲客户		200 000
——乙客户		150 000

2. 代理客户办理期货业务，并代交保证金时

为了体现对这些业务会计处理的区别和联系，以列表的方式表示。见表9-6。

表9-6　办理期货业务时的会计分录及其比较

具体业务	甲客户（卖出合约）	乙客户（买入合约）	备注
期货合约	借：期货交易清算 750 000 贷：卖出期货合约 750 000	借：购入期货合约 2 000 000 贷：期货交易清算 2 000 000	账户方向相反
保证金	借：期货保证金（甲） 40 000 贷：银行存款（甲） 40 000	借：期货保证金（乙） 100 000 贷：银行存款（乙） 100 000	账务处理一致
说明	保证金由客户存入款项支付	保证金由客户存入款项支付	

3. 期货价格变动，并补交保证金时（见表9-7）

表9-7　期货价格变动时的会计分录及其比较

具体业务	甲客户（卖出合约）	乙客户（买入合约）	备注
期货合约价格变动	为不利变动，要记录应补交数额 借：应收结算款（甲） 150 000 贷：期货保证金（甲） 150 000	为有利变动，不需要补交 借：期货保证金（乙） 300 000 贷：应付结算款（乙） 300 000	以应收、付结算款调整保证金
保证金的变动	补充不足的保证金 借：银行存款（甲） 150 000 贷：应收结算款（甲） 150 000 同时： 借：期货保证金（甲） 150 000 贷：银行存款（甲） 150 000	不用进行账务处理	账务处理一致
说明	价格不利变动时保证金由客户补足	记录价格有利变动增加的保证金	

4. 购进、卖出期货合约平仓，以及取得佣金时的相关业务处理(见表9-8)

表9-8　期货合约平仓时的会计分录及其比较

具体业务	甲客户(卖出合约)	乙客户(买入合约)	备注
购进、卖出期货合约	借：购入期货合约(甲) 900 000 贷：期货交易清算(甲) 900 000	借：期货交易清算(乙) 2 300 000 贷：卖出期货合约(乙) 2 300 000	分录方向相反
收回代垫保证金	借：银行存款(甲) 40 000 贷：期货保证金(甲) 40 000	借：银行存款(乙) 400 000 贷：期货保证金(乙) 400 000	账务处理一致
收取佣金	借：银行存款(公司) 10 000 贷：主营业务收入 10 000	借：银行存款(公司) 30 000 贷：主营业务收入 30 000	账务处理一致
说明	甲客户多支付了价格不利变动的损失(应收结算款，后补交)15万元	乙客户的账户增加了赚取的期货收入(应付结算款)30万元	客户的盈亏已反映

三、期货公司会计的进一步分析

我们通过以上的举例可以看出，应当从以下几个方面理解期货公司代理客户从事期货交易的会计处理：

1. 期货交易者的业务可能会有套期保值，也会有投机套利，但是相对于期货公司来说，它只是接受期货交易者的指令进行期货交易。因此，无论交易者是套期保值，还是投机套利，在期货经纪人的账务处理中一律按照代理期货交易的方式处理。或者说，套期保值、投机套利的会计处理在期货经纪人的会计处理中是不显示的。

2. 期货公司代理期货业务也会有买入期货和卖出期货之分，其会计处理如同期货投资企业。从例题中可以看出，例中甲客户的业务是卖出期货，而乙客户的业务则是买入期货；而在这时，期货公司同样要使用“购入(或卖出)期货合约”、“期货交易清算”等账户，以反映交易的始末。

3. 期货公司的业务结果就是期货交易者交付的手续费，亦即佣金。这又是期货公司的代理业务与其他期货业务的区别。例中的主营业务收入只是期货经纪人收取的4万元佣金(即从甲客户收取的1万元和从乙客户收取的3万元)。

4. 期货保证金的核算也有其自身的特点。即期货公司要先收取、后支用,而且以后追加的保证金和期货业务结束收回的保证金等则要通过“应收结算款”账户核算。这又是期货公司业务与期货交易所会员自营期货业务在会计处理方面的重要区别。

对上述四个问题有了清楚的认识,就能够充分理解期货公司代理期货业务的会计处理过程,从而全面掌握期货公司在会计处理方面的特征。

第六节　商品期货会计的信息披露

一、我国会计规范要求披露的数据

参照国际上的会计惯例,我国在已有的相关会计规范中提出了有关期货交易业务的信息披露要求。具体来说,在期末的财务报表中,期货投资企业应当在资产负债表的补充资料中披露有关期货交易的会计信息。具体内容与数据的取得方式为:

1. 期货交易提交的质押品的价值

即,在期货投资企业保证金账户不足,按照期货交易所或期货公司的要求需要追加保证金时,若企业有暂时的支付困难,不能及时支付,可以用企业持有的仓单或国债抵押,期货交易所或期货公司将质押品按一定比率折价并记入企业的保证金账户。在将质押品交与期货交易所或期货公司时,期货投资企业按照折合后的价格记入“其他应付款——质押保证金”账户。这样,在会计期末,若期货投资企业的“其他应付款——质押保证金”账户有贷方余额,应当作为补充资料对外披露。

2. 期货会员资格投资

我们在本章的前面部分提及,企业的会员资格费应当作为“期货交易所会员资格费”而记入“长期股权投资”账户。这也就是,若企业“长期股权投资——期货交易所会员资格费”账户有期末借方余额,即为此处要披露的内容。

3. 持仓合约的浮动盈亏

这里强调的是持仓合约,所要求的内容是持仓合约的初始成本与财务报表日期货交易所提供的当日交易价格之间的差额。按照前面所述期货投资企业会计核算的内容可知,若期货交易是投机套利,这样的浮动盈亏数额已经作为“公允价值变动损益——期货损益”而直接记入了账中；而若期货交易是套期保值，则这样的浮动盈亏数额也已被记入了“套期损益”账户或者是“资本公积”账户中。因此，这里也就是说需要对企业“公允价值变动损益——期货损益”、“套期损益”、“资本公积”账户中实际登记的数额进行披露和说明。

相对而言，我国的期货交易所会计、期货公司会计也要在期末财务报表中披露期货投资企业交来的质押品的价值以及其他有关期货交易的信息。

二、我国会计规范要求披露的其他信息

在期末的财务报表中，期货投资企业，尤其是套期保值的企业，还应当在资产负债表的附注中披露有关套期保值期货交易的会计信息。具体内容与资料的取得方式为：

1. 区分套期保值的性质

即套期保值是现金流量套期还是公允价值套期；每类套期保值的套期关系的描述；套期工具的描述及其公允价值；被套期风险的性质。

2. 关于现金流量套期

应当说，一般商品期货套期都是对预期交易进行的套期保值。这时应当披露本期在所有者权益中确认的套期工具的利得或损失的金额；本期从所有者权益中转出，直接计入当期损益的金额；本期从所有者权益中转出，直接计入预期交易形成的非金融资产或非金融负债初始确认金额的金额。

3. 关于公允价值套期

企业应当披露商品期货合约形成的利得或损失，以及相应的被套期项目因被套期风险形成的利得或损失。

本章小结

本章主要着眼于我国商品期货交易的现实状况，紧密结合我国关于商品期货业务的相关法规，对商品期货投资企业的套期保值业务与投机套利业务，及其期货公司的代理期货业务进行了较为全面、系统的解释。

在本章的第一节，我们主要解释了商品期货及其交易、期货交易的目的和范围，以及与期货交易有关的几个重要概念，以打好学习这一章的理论基础。

本章的第二节对有关商品期货会计处理的各种要求进行了解释说明。内容涉及了国际会计准则和美国会计准则,以及我国关于商品期货会计核算、财务管理的相关规定。以此为基础,这一节初步展示了以期货交易所会计、期货公司会计、期货投资企业会计为基本结构的商品期货会计的主要内容,并对商品期货会计需要设立的特殊账户及其核算内容、会计处理的基本框架进行了介绍。

本章的第三节是本章的核心内容之一。在这一节,我们以举例加讲解的方式对利用商品期货交易进行投机套利的业务处理过程按照先买后卖、先卖后买的顺序进行了全面、深入的解释,并初步分析了商品期货会计在现阶段与其他会计相比的特殊之处。

本章的第四节是本章的又一核心内容。在这一节,我们首先在讲明套期保值标准的基础上,以举例的方式展现了套期保值的实现过程,并着重分析了套期保值项目与非套期保值项目之间的关系。其次,我们按照卖出套期保值、买入套期保值的顺序,对套期保值的会计处理过程予以了全面、透彻的解释与分析。再次,我们对商品期货交易过程中可能遇到的实物交割的会计处理予以了说明。最后,我们在上述介绍的基础上,还对套期保值会计进行了进一步的分析。

本章的第五节是期货公司的会计处理。我们在这一节主要以综合会计处理的方式对此类业务进行了分析说明。

本章的第六节是对商品期货会计信息披露的解释说明,我们对商品期货会计信息披露的法规要求及其资料的取得途径、方式予以了解释。

本章主要名词

商品期货　期货交易　期货合约　投机套利　套期保值　期货交易所　期货公司　期货投资企业　立仓　平仓　补仓　多头　空头　期货保证金　初始保证金 追加保证金　盯市　期货交易佣金　平仓盈亏　浮动盈亏　期货交易所会计　期货公司会计　期货投资企业会计　实物交割　代理期货交易　期货质押品

本章思考题

1. 什么是现货？什么是期货？二者的区别主要表现在哪里？现代商品期货交易有什么样的特征？

2. 什么是投机套利？什么是套期保值？二者的区别主要表现在哪里？以何为划分的最重要标志？

3. 什么是期货交易所？什么是期货交易所会员？什么是期货公司？它们之间的各自关系如何？

4. 什么是多头、空头？什么是立仓、平仓和补仓？什么是做多头和做空头？它们之间的相互关系怎样？

5. 什么是期货保证金？什么是盯市制度？期货保证金要划分为哪几种类型？怎样与盯市制度结合？

6. 期货交易的手续费指的是什么内容？与我们一般称谓的期货交易佣金关系怎样？期货交易手续费有什么样的具体特征？

7. 什么是平仓盈亏？什么是浮动盈亏？二者的相同之处在哪里？不同之处又在哪里？明确这样的内容有什么样的重要意义？

8. 我国法规在现阶段对商品期货会计的总体框架是怎样设计的？共涉及哪些方面的内容？各自的关系怎样？

9. 进行商品期货会计核算要设置哪几个有其特色的账户？各自核算的内容是什么？

10. 投机套利会计在核算过程的特点是什么？其损益如何确定？保证金账户怎样变化？与当前一般财务会计内容的区别主要在哪里？

11. 国际上通行的套期保值的标准怎样？套期保值过程是怎样实现的？套期保值与投机套利之间的关系怎样？

12. “期货损益”与“套期损益”之间的关系怎样？各自核算的内容是什么？各自记录的结果在会计期末如何结转？对企业的当期损益会形成什么样的影响？

13. 期货商品的实物交割会在什么样的情况下发生？在会计处理上有什么样的特点？具体的核算内容怎样？

14. 期货公司在会计处理上有什么样的特殊之处？与期货投资企业相比，它们的会计处理在哪些方面存有区别？区别的原因何在？

15. 我国现阶段的相关法规对期货合约交易的信息披露有什么样的规

定？怎样才能取得相关数据？

本章练习题

一、某期货交易所会员预计一段时期后大豆的价格可能会上升。该会员在期货交易所买入为期3个月的期货合约10份，每份10吨，成交价为每吨大豆5 000元，按合约价格的4%交纳初始保证金。在买入期货合约时按每份合约200元交纳了手续费。在以后期间里，大豆期货的价格变动情况如下：

在第一个价格变动日，期货价格上升为每吨5 200元；

在第二个价格变动日，期货价格又上升至了5 300元；

在期货合约到期日，期货价格在第二个价格变动日的基础上下降为5 050元。

该会员按期货交易所的要求及时处理了保证金业务，并在期货合约到期日再按每份合约200元交纳了手续费，收回了保证金，退出期货交易。

要求：列示上述业务相关数据的计算式，直至计算出期货交易利润；做出上述业务的全部会计分录，并对交易结果进行文字解释。

二、某物品经销商为期货交易所会员，本期对将购入的A类商品的预测为上升，对已订货待售出的B类商品的预测为下降。为对这两类物品的交易套期保值，该经销商买入A类商品的期货合约，卖出了B类商品的期货合约。具体数据资料如下：

将购入的A物品的现货价格为300万元，期货价格为315万元；实际购入现货时的现货成交价为290万元，期货价格为295万元。

待售出的B类物品的现货价格为180万元，期货价格为190万元；实际售出现货时的现货成交价为170万元，期货价格为175万元。

期货交易所的初始保证金一律按买入、卖出期货合约价格的5%收取；手续费按照1%收取。

该经销商的现货交易与期货交易时间一致，在现货交易日买入、卖出了现货，并同时卖出A类物品的期货合约、买入B类物品的期货合约。

要求：列示上述业务相关数据的计算式，直至计算出物品交易的最终结果；做出上述业务的全部会计分录，并对交易结果进行文字解释。

本章小资料

小资料之一：

商品期货与期货交易所介绍

农产品期货：如棉花、大豆、小麦、玉米、白糖、咖啡、猪腩、菜籽油、天然橡胶、棕榈油。

金属期货：如铜、铝、锡、锌、镍、黄金、白银。

能源期货：如原油、汽油、燃料油。新兴品种包括气温、二氧化碳排放配额。

中国的商品期货交易所包括上海期货交易所、大连商品交易所、郑州商品交易所。

全球范围比较著名的从事期货商品期货交易的交易所有：芝加哥商品交易所(CBOT)、芝加哥商业交易所(CME)、纽约期货交易所(NYMAX)、纽约商品期货交易所(COMEX)、伦敦金属交易所(LME)等。

资料来源：和讯网，www.hexun.com。

小资料之二：

专家认为新期货交易管理条例有七大变化

同我国1999年颁布的《期货交易管理暂行条例》相比，2007年4月15日正式施行的《期货交易管理条例》有七大变化，包括适用范围的扩大、期货市场风险控制制度的完善、期货市场监管体制的改进、对国有企业参与期货交易的规定的调整、变相期货交易的认定等。

据中国证监会有关人士介绍，近年来，监管部门和期货交易所的各项制度在逐步完善，风险控制水平不断提高；期货市场运作比较规范，在为国民经济服务中发挥了越来越大的作用。旧条例的一些规定已经不能适应期货市场进一步规范发展的需要。

旧条例只适用于商品期货交易。随着我国不断深化金融体制改革和扩大对外开放，特别是证券市场股权分置改革的顺利推进，逐步推出股指期货等金融期货品种的条件和时机趋于成熟。新的条例扩大了适用范围，从原来的只适用于商品期货扩大到适用于商品和金融的期货和期权合约交易。

根据新的条例，商品期货合约的标的物包括农产品、工业品、能源和其他商品及其相关指数产品。金融期货合约的标的物包括有价证券、利率、汇率等金融产品及其相关指数产品。同时还考虑到金融期货推出后证券公司、基金管理公司、商业银行等金融机构将成为重要的市场参与者，期货公司也已明确定位为金融企业，因此删除了金融机构不得从事期货交易、不得为期货交易融资和提供担保的禁止性规定；适应金融期货交易结算的特点，增加了期货交易可以实行现金交割的规定。

针对现阶段期货市场风险特征，新条例要求期货市场进一步加强基础制度建设，不断完善风险控制制度：设立期货投资者保障基金，建立投资者利益补偿机制。建立期货保证金安全存管监控制度，设立期货保证金安全存管监控机构，对保证金安全实施每日稽核、严密监控，及时发现挪用保证金的行为。实施以净资本为核心的期货公司财务监管指标体系。证监会对期货公司的净资本与净资产的比例、净资本与各类业务规模的比例、流动资产与流动负债的比例等风险监管指标做出规定，全面反映和评估期货公司的财务和经营风险状况，及时监测和预警财务风险隐患。

新条例在总结期货市场监管体制成功实践经验的基础上，再次明确证监会对商品期货和金融期货市场实行集中统一的监督管理。同时，进一步强化期货市场的监管协作，要求证监会与有关部门建立监督管理的信息共享和协调配合机制。

新条例进一步明确和细化了证监会在期货监管中的职权，规定证监会在依法履行职责时，有权对监管对象进行现场检查、调查取证、要求说明有关事项；有权查阅、复制、封存交易和财务资料；有权查询与被调查事件有关的单位的保证金账户和银行账户；在调查操纵期货交易价格、内幕交易等重大期货违法行为时，有权限制被调查事件当事人的期货交易。

按照新条例的规定，对于期货公司及其分支机构不符合持续性经营规则或者出现经营风险的，证监会可以对期货公司及其董事、监事和高级管理人员采取谈话、提示、记入信用记录等监管措施或者责令期货公司限期整改等一系列措施。对经过整改仍未达到持续性经营规则要求、严重影响正常经营的期货公司，可以撤销其部分或者全部期货业务许可、关闭其分支机构。

在对国有企业参与期货交易的规定方面，旧条例对国有企业入市的限制性规定具体到企业参与期货交易的交易品种和交易总量。鉴于目前国有资产管理体制已经进行了重大改革，新条例规定："国有以及国有控股企业进行境内外期货交易，应当遵循套期保值的原则，严格遵守国务院国有资产监督管理机构以及其他有关部门关于企业以国有资产进入期货市场的有关规定。"

近年来，有的机构开展变相期货交易，由于没有建立完善的风险管理制度，也没有纳入严格的监督管理，客户资金的安全难以得到有效监管，风险隐患很大。但由于没有规定变相期货的认定标准，执法部门在实践中难以及时有效地对变相期货进行清理和整顿。针对变相期货的主要隐患，新条例规定了变相期货的具体认定标准。

资料来源：江国成，新华网，2007 年 4 月 17 日。

小资料之三：

期货市场吸引力超过股市了吗？

与股票市场成交日渐萎缩不同，期货市场 2008 年上半年呈现"火暴"局面，期货市场成交额已远远超过股票市场。数据显示，一季度股票市场日均成交为 1 630 亿元，随着二季度股票市场的进一步低迷，上半年平均可能低于 1 500 亿元，这一数据不仅较 2007 年 1 895 亿元的日均股票交易额下降不少，更远远低于期货市场上半年超过 2 800 亿元的日均成交金额。

面对股票市场的低迷成交与期货市场的快速增长，有人不禁要问，期货市场的吸引力正在超过股票市场吗？

显然，这个问题的答案不是简单的"是"或"否"。作为金融市场重要的组成部分，期货市场的重要性不言而喻，其快速发展所展现出的魅力正在吸引越来越多的资金与机构进入。

过去的两年间，期货市场的迅猛发展，使其成交金额不断放大，期市存量保证金数量也迅速增多。早在年初，曾有机构估计，2008 年期市交易量将突破 12 亿手，成交额将突破 100 万亿元，期市保证金存量将超过 800 亿元。尽管这一预期现在看有些乐观，但也足以说明，在业内人士眼中，期货市场未来的空间有多大。

不管是国际巨头还是国内期货公司，都从此轮期货业快速发展过程中受益匪浅。直接参与商品期货交易的国际巨头首先收益最多。以国际投行高盛为例，尽管高盛二财季净利润同比下降 11%，但其商品交易收入依然居于历史高位。国内期货经纪公司财务信息还没有公开披露,但多家公司已经表示,今年上半年财务状况要远好于去年同期。

与商品期货蓬勃发展相应的,是现在期货公司的快速扩张与大规模重组。2007年4月15日正式实施的《期货交易管理条例》,对期货公司设立营业部的限制有所放松,这加快了期货公司网点铺设的速度。有分析指出,总体上看,期货公司平均拥有的营业部数量偏少,期货公司确实有对外扩张的需要。数据显示,2007年上半年,国内期货公司营业部总数大约600家,每家公司平均不到5家。有期货行业专家估计,随着期货公司的扩张,截至2008年年底,期货公司的营业部数量或将突破2000家。

股票市场成交的缩减,虽然让目前仍然靠经纪业务生存的券商收入锐减,但随着券商对国内期货公司的并购整合,期货市场的快速发展,也让券商从中分得一杯羹。目前,国内期货公司中,大概有一半左右已经被证券公司完全控股或参股。一方面,证券公司现有的客户资源正在成为期货公司源源不断的客户,进一步推动了期货市场的保证金规模与成交活跃度;另一方面,证券公司在与期货公司分享客户的同时,也分享了期货业的收益,增加了证券公司的收入。

国内期货的发展壮大,同样吸引了国际巨头的关注。近期,业内曝出摩根大通与中山期货合作的消息,摩根大通期货期权全球业务董事长 Richard Rerland 表示:“一是对中国期货市场发展前景持有十分乐观的态度,二是我们的客户对中国市场表现出极大的兴趣。”而此前,荷兰银行已参股了银河期货,东方汇理金融联姻了中信期货。外资机构正在加快进入中国期货市场的步伐,多个设立合资公司的申请也已经提交到监管部门。

期货市场吸引力的提高,更在吸引不少股市资金的进入,这也是造成两个市场成交额相差悬殊的原因之一。有分析认为,期货市场吸引力的提高有着国内国际多重因素,尽管其成交金额超越股市,但并不能说明期市吸引力高于股市。

国际经验已经表明,期货市场尤其是金融衍生产品的成交,一般都高于股票市场。从日本市场的发展情况来看,20世纪80年代日本证券市场发展很快,90年代初,大多数证券公司都已成为实力较强的大型跨国公司,而当时的期货公司规模很小,有的还不如证券公司的一个营业部。但到了1997年、1998年,日本的期货公司迅速发展壮大,甚至吞并了几家大型的证券公司。与此同时,日本每年的期货交易量也成倍增长,而同期证券市场的交易量却大幅下降。美国在20世纪70年代之后,传统的贸易和金融交易并没有多大的增长,但金融衍生工具发展得却很快,目前的交易量是其原生产品交易量的10—15倍。

可以预见的是,随着未来商品期货品种的不断增加以及金融期货的推出,期货市场的规模仍会不断扩张,成交金额将继续实现高增长,在金融市场中的地位也会更重要。期货市场的吸引力也将与真正"全流通"后的股票市场同日而语。但要实现稳定健康发展,监管机构要做的工作还很多,因为目前期货公司的规模还偏小,且业务单一,市场投资者结构很不合理,交易品种并不丰富,"国际定价权"之路也很漫长,许多基础性建设还有待完善。

资料来源:赵洋,《金融时报》,2008年7月8日。

本章参考资料

1.《企业商品期货业务会计处理问题暂行规定》,财政部1997年10月发布。

2.《商品期货交易财务管理暂行规定》,财政部1997年3月发布。

3.《企业商品期货业务会计处理补充规定》,财政部2000年11月发布。

4.《期货经纪公司商品期货业务会计处理暂行规定》,财政部2000年11月发布。

5.《国有企业境外期货套期保值业务管理办法》,证监会2001年6月发布。

6.《国际会计准则第32号——金融工具:披露和列报》,中国财政经济出版社2003年版。

7.《国际会计准则第39号——金融工具:确认和计量》,中国财政经济出版社2003年版。

8.《期货交易管理条例》,国务院2007年3月6日公布,自2007年4月15日起施行。

9. 财政部会计司编写组,《企业会计准则讲解》,人民出版社2007年版。

第十章

衍生金融工具会计

本章教学目的和要求

本章所述内容与前一章的商品期货会计有着密切的关系,也是当今国际会计界及相关经济领域的最大难题之一。与本章内容直接相关的会计准则包括第22号《金融工具确认和计量》、第23号《金融资产转移》、第24号《套期保值》和第37号《金融工具列报》。

本章的教学目的,主要是阐明国际会计准则和我国的新会计准则所规范的内容,并在与商品期货会计比较的基础上,对衍生金融工具会计的特征进行介绍;然后,再从一般工商企业的角度,对衍生金融工具在国际上有代表性的典型业务进行示范性解释;最后,结合这一领域的最新发展,对衍生金融工具的信息披露问题进行简单说明。

学习本章,要求弄清衍生金融工具本身的特征及其在会计核算、信息披露方面的特点,并结合所举的实际例题,对较为复杂的相关会计准则有所理解;除此之外,还要以此为基础,将阐述的范围适当延伸至银行等金融企业的业务领域,为将来的深入学习打好基础。

第一节　衍生金融工具及其特征

一、衍生金融工具的概念

根据我国《企业会计准则第22号——金融工具的确认和计量》中的定义，金融工具指形成一个主体的金融资产，并形成其他单位的金融负债或权益工具的合同。金融工具包括金融资产、金融负债和权益工具。对金融工具的会计核算主要在中级财务会计中学习，本章内容主要针对衍生金融工具的会计核算。

衍生金融工具，又称派生金融工具，是20世纪70年代以后全球金融创新的结果。衍生金融工具指具有以下特征的金融工具：(1) 其价值随特定利率、金融工具价格、商品价格、汇率、价格指数、费率指数、信用等级、信用指数或其他类似变量的变动而变动；(2) 不要求初始净投资，或与对市场情况变化有类似反应的其他类型合同相比，要求很少的初始净投资；(3) 在未来某一日期结算。

从实际情况来看，衍生金融工具基于以下两点形成：第一，衍生金融工具是在传统金融工具的基础上派生的，传统金融工具（或基本金融工具），即货币资金、应收款项、应付款项和权益证券等；第二，它是一种可用合约形式表现出来的跨期交易，即它们都具有类似期货交易的非即期特征。因此，美国联邦储备局将其描述为：“　种金融合约而不是借贷资金，其主要目的在于转移由于资产价值波动所带来的神秘感”。

对上述内容进行综合，我们对衍生金融工具的定义是：衍生金融工具是指以另一些金融工具的存在为前提，以其自身表现形式为交易对象，为减少、避免或转移内含风险而以合约为主要形式进行跨期交易的金融工具。

有必要说明，商品是着眼于某一物品的使用价值而言的，但是，若将使用价值的具体特征撇开，只着眼于价值，其结果必然会是以货币或者其他金融工具全面取代各类商品的结果。可以说，商品期货与金融期货之间的关系就是如此。我国的具体情况是，目前一般非金融企业的跨期交易业务主要限于商品期货，而衍生金融工具一般在金融机构涉及较多。因此，对于我国的非金融企业而言，可能首先需要理解的是商品期货的相关知识，在此基础上再对衍生金融工具进行进一步的探索。因此，本书在上一章首先阐述了商品期货会计，再在本章阐述衍生金融工具会计。

二、衍生金融工具的分类

按照衍生金融工具的使用方向、交易性质及其交易特点，衍生金融工具可有不同标准的分类。

（一）按照不同的交易方法与特点分类

按照衍生金融工具的交易方法和特点分类，我们可将衍生金融工具分为以下四类：

1．金融远期

是指合约双方同意在未来一定日期按一定价格交换金融资产的合约，主要由远期外汇合约、远期股票合约、远期利率协议等构成。

2．金融期货

是指买卖双方在有组织的交易所内以公开竞价形式达成的、在将来某一特定时间交收标准数量特定金融工具的合约，主要由外汇期货、利率期货、股票指数期货等构成。如前所述，金融期货与商品期货不同，商品期货具有使用价值的特征，因而有较大的局限性；而在采用金融工具的形式之后，无论交易内容、交易范围都将得到极大扩展，对世界金融市场的发展也具有重大意义。

3．金融期权

是指合约双方按约定价格在约定日期内就是否买卖某种金融工具达成的协议，主要由现货期权、期货期权和可转换债券、认股权证等构成。

4．金融互换

是指两个或两个以上当事人按共同商定的条件，在约定时间内交换一定支付款项的金融交易，主要由货币互换和利率互换构成。

这样的分类是最基本、最普遍的分类。本章也将按照这样的分类对衍生金融工具的会计核算进行解释说明。但是，在实际业务中，已经又延伸出了将上述不同类别的衍生金融工具再度结合的新的混合产品，或者说衍生金融工具还包括上述四种类别中一种或多种特征的混合工具。

（二）按照不同的使用方向分类

按照衍生金融工具的不同使用方向，我们又可将衍生金融工具分为以下三类：

1．股票市场中的衍生金融工具

是指合约双方的交易都被限定于股票一级市场和二级市场，即股票市场中以合约为主要表现形式的跨期交易。运用于一级市场中的衍生金融工具主要是可转换债券和认股权证，运用于二级市场的衍生金融工具则主要是股票指数期货、股票指数期权以及在此基础上的混合交易合约。

2. 外汇市场中的衍生金融工具

是指合约双方的交易被限定于与外汇有关的各类跨期业务，主要包括外汇远期、外汇期货、外汇期权、货币互换以及在此基础上的混合交易合约。

3. 利率市场中的衍生金融工具

是指以利率或者利率的载体（如债券）为基础工具的衍生金融工具，主要包括利率期货、利率期权、利率互换、远期利率协议以及在此基础上的混合交易合约。

这样的分类可把运用于某一领域内的衍生金融工具统一起来进行综合性的比较分析，能够在对上述业务进行深入研究的过程中提供思路。

（三）按照不同的交易性质分类

按照衍生金融工具的不同交易性质，我们还可将衍生金融工具分为以下两类：

1. 远期交易性质的衍生金融工具

是指交易双方签订并履行的在将来某一日期按一定条件进行交易的合约，主要是金融远期、期货合约和互换合约。

2. 选择权交易性质的衍生金融工具

是指交易双方虽签约在未来进行交易，但合约购买方有权选择履行与否的合约，主要有期权合约、认股权证、可转换债券、利率上限、利率下限等。

这样的分类也可以起到对相同性质的衍生金融工具进行比较研究、加深认识的作用。

三、衍生金融工具交易的特征

应当说，衍生金融工具交易与商品期货交易的目的是一致的，即都是为了套期保值，或者是投机套利。但是，由于衍生金融工具的基础不是某种商品，而是具有高综合性、高流动性的金融工具，因此，它除了具有商品期货所具有的特征之外，还会有以下的特征：

1. 交易对象既有跨期的标准化合约，又有与股市相连或者以大银行为中介的跨期私下交易

前者主要指金融期货，后者则指金融期权、金融远期和金融互换。尽管交易对象可有多种情况，但是，衍生金融工具交易都具有如同商品期货交易的跨期特征。

2. 交易的范围在不断扩大，已经形成了国际化经营的趋势

由于金融市场国际化的日益发展，加之与外汇市场相关的衍生金融工

具的促进作用,衍生金融工具业务的发展已经在很大程度上成了一种国际性业务。但我们必须说明,这既是促进国际经济发展的有利因素,也是造成世界经济动荡不安的原因之一。

3. 交易结果很难确定,具有较高的风险性

衍生金融工具交易的成败会受到社会经济各个方面的影响,这决定了其交易盈亏的不确定性,使其交易与高风险紧紧相连,即使经验丰富的专业银行人士也难稳操胜券。国际证券交易组织曾经将衍生金融工具交易的风险列为:(1) 信贷风险,即交易中因对方违约可能造成的损失;(2) 市场风险,即因价格和指数的不利变动可能造成的损失;(3) 流动性风险,即因市场缺少交易对手而导致交易者不能平仓或变现可能造成的损失;(4) 结算风险,即交易对手无法按时付款或交割可能造成的损失;(5) 运作风险,即因交易或管理人员的人为错误或系统故障、控制失灵可能造成的损失;(6) 法律风险,即合约所定内容与交易对手的法律环境不符,或者无法履行可能造成的损失。

4. 交易的种类复杂多变,仍在不断创新

由于衍生金融工具的"高科技性",致使其使用者在不断利用前述几种基本类型生成"混合产品",即金融远期、金融期货、金融期权、金融互换在不断变化、组合、再衍生,形成品种繁多且总处于不断变化的状况。

四、衍生金融工具会计的确立与发展

自从衍生金融工具产生之后,其发展极为迅速,已经取代了商品期货的地位,成了跨期交易业务的主流。由此,其会计规范也随之而转型、发展,并引起了社会各界的关注。从现在的情况来看,国际会计团体都在积极采取措施,分两步改进与衍生金融工具有关的会计体系,即先从报告和揭示入手,然后再探讨在表内的确认和计量。美国财务会计准则委员会有关衍生金融工具的准则制定就经历了初始阶段、披露阶段和确认与计量阶段。初始阶段的标志为《美国财务会计准则公告第 80 号——期货合约》;披露阶段的标志为《美国财务会计准则公告第 105 号——具有表外风险或信用集中风险的金融工具的信息披露》、《美国财务会计准则公告第 107 号——金融工具公允价值的披露》和《美国财务会计准则公告第 119 号——衍生金融工具及金融工具公允价值的披露》;而确认与计量阶段的主要标志则为《美国财务会计准则公告第 125 号——金融资产转让与清偿和债务清偿会计》和《美国财务会计准则公告第 133 号——衍生工具和套期行为会计》。可以说,这一系列会计准则的制定与颁布,是衍生金融工具会计演变、发展过程

的真实体现。国际会计准则委员会制定的两个会计准则,《国际会计准则第32号——金融工具:披露和列报》和《国际会计准则第39号——金融工具:确认和计量》,也是这一思路的体现。

相比较之下,我国的股票市场、外汇市场与利率市场仍然属于新兴市场,外汇期货、外汇远期和利率期货等业务,因种种原因而未能大范围开展起来。但随着我国经济的持续发展,衍生金融工具市场的开拓已经成为不可逆转的潮流。目前,我国正在紧锣密鼓地运作股指期货。可以想见,未来中国的衍生金融品市场会有一个广阔的发展空间。2006年颁布的新会计准则,参照国际会计准则对衍生工具的会计确认、计量和列报等问题进行了规范,对于未来可能会大量涌现的衍生金融工具,给出了较为明确的会计处理依据。

第二节　金融远期会计

一、金融远期会计基础

(一) 期汇合约的相关概念

金融远期主要包括远期外汇合约、远期股票合约和远期利率合约。这里将主要介绍远期外汇合约(简称期汇合约)的会计处理。

所谓期汇合约,是指企业与经营外汇业务银行签订将由银行按照双方约定的远期汇率在未来时期将一种货币兑换为另一种货币的书面协定。在期汇合约下,未来日期进行交割的汇率已经预先约定,作为与经营外币业务银行签约的一方,就可以对预计期间可收到的或将要支付的外汇进行套期保值,从而避免由于汇率变动可能带来的风险。在实际操作中,这样的业务就是以合同的方式将预计期间要收回或支付的外汇固定于某一远期汇率;在合同中,还要把外汇买卖的数量、交割期限以及交割方式同时限定。这样,按照合同规定的内容办理外汇交割时,无论汇率发生何种变动都不会影响双方的预计数额。所以,期汇合约交易是进出口商和外汇债权、债务人用来规避外汇风险的一种措施。这种期汇合约约定下的外币交易一般在期汇市场进行,约定的外汇业务大都在1—6个月期间,但也有的可长达1年以上。

(二) 远期汇率的决定因素及升水、贴水

远期汇率的决定因素主要是不同外币之间的利息率差别。举例来说,若欧元与美元的即期汇率(按买入价)为1:1.2,按美国1年期的国库券利率为基准的美元利率是1.75%,而期限相同、风险程度相当的欧元债券的利率为3.25%,可对1年期的远期汇率进行下述计算:

1. 按即期汇率美元可换的欧元 $=1\div1.2=0.83$ 欧元

2. 将0.83欧元投资于1年的欧元债券可得本息 $=0.83\times(1+3.25\%)=0.86$ 欧元

3. 将1美元投资于1年的美国国库券可得本息 $=1\times(1+1.75\%)=1.0175$ 美元

4. 二者的远期汇率 $=1.0175\div0.86=1.18$

计算的远期汇率应恰是使欧元和美元投资能获得同等效益的比值,它体现的是美元和欧元在一定期间内利率差别的影响额。如上述欧元对美元的即期汇率为1∶1.2,则其远期汇率应为1∶1.18。上述计算也可用下式推导:

美元投资利率 - 欧元投资利率

  = [(远期汇率 - 即期汇率)/即期汇率] ÷ $n/360$

远期汇率 = 即期汇率 ×(美元投资利率 - 欧元投资利率)× $n/360$

  + 即期汇率

代入上述数值:

$$远期汇率 = 1.2\times(1.75\% - 3.25\%)\times360/360+1.2 = 1.18$$

由于各国货币的投资利率不同,签约时的远期汇率一般都与即期汇率存有差别。若远期汇率高于即期汇率,二者之间的差异一般被称为升水;反之,若远期汇率低于即期汇率,二者之间的差异则被称为贴水。例如,例中欧元与美元的远期汇率与即期汇率之差为 -0.02,即为贴水,实际业务中也常称此例数据为远期汇率低于即期汇率"20个点"。

当然,在实际业务处理的过程中,确定远期汇率的因素还会有很多,比如,交易者对货币之间的汇兑比率变动情况的预测,各国之间可能发生的政治、经济变动及其可能会对汇率产生的影响等等。

小知识:

欧元符号€

欧元符号是由英文的第三个字母C(也是希腊文的第五个字母)中间加两横组成的。这一符号的雏形来自众所周知的字母,故容易识别,中间的两条横线能让人联想到美元和日元等货币符号上的两条线。这些都基本符合欧盟对欧元标志提出的要求:象征欧洲、易于辨认和易于手写,此外还要加上美感。

欧盟最终选中的这一欧元符号的设计者是卢森堡官方出版署的原首席书画家阿图尔·艾森门格尔。带有金色星环的蓝色欧盟旗就出自他的手笔。早在1974年年底,他受命绘制与欧洲有关的图案,其中包括欧洲单一货币标志符号的设计方案。直到1997年,艾森门格尔在电视上看到,欧盟委员会主席桑特向公众展示的欧洲单一货币新符号,竟然是自己20年前的作品,感到惊喜万分。

美学专家在肯定欧元符号的同时,也指出它存在的缺陷,即两条横线的排列方式使人的眼睛看起来不舒服,这一符号也不太容易适应数千种印刷字体。尽管如此,欧盟满意地认为,这一符号的外形以希腊字母ε为蓝本,而希腊是欧洲文化的发祥地,因此它象征着欧洲文化的摇篮和欧洲文字的第一批字母,平行的双横线代表欧元的稳定。

(三)期汇合约的分类和会计处理要解决的问题

企业以期汇合约的方式进行外币交易的目的一般也有套期保值和投机套利两种。其中,套期保值的合同又可分为以下四种业务:(1)对企业外币交易中的应收、应付项目进行套期保值;(2)对外币约定承诺的套期保值;(3)对预期交易的套期保值;(4)对企业境外经营净投资的套期保值。而投机则主要是为博取远期汇率与即期汇率之差而取得收益的外币业务。期汇合约的会计处理问题主要有:(1)怎样确定期汇合约交易中的利得和损失;(2)何时对外报告利得和损失。

(四)期汇合约会计处理的要求

本章接下来仅介绍利用期汇合约进行套期保值的金融远期业务的会计处理方式。

国际会计准则和我国《企业会计准则第24号——套期保值》中将套期保值分为三种:公允价值套期、现金流量套期和境外经营净投资套期。公允价值套期,是指对已确认资产或负债、尚未确认的确定承诺,或该资产或负债、尚未确认的确定承诺中可辨认部分的公允价值变动风险进行的套期。现金流量套期,是指对现金流量变动风险进行的套期,该类现金流量变动源于与已确认资产或负债很可能发生的预期交易有关的某类特定风险,且将影响企业的损益。境外经营净投资套期,是指对境外经营净投资外汇风险进行的套期,其中境外经营净投资是指企业在境外经营净资产中的权益份额。

对这三种套期保值的会计处理是不一样的。公允价值套期中的套期工具,其公允价值变动的损益直接计入当期损益;被套期项目因被套期风险形成的利得或损失也直接计入当期损益，同时调整被套期项目的账面价值。现金流量套期工具中的有效套期部分，应当直接确认为所有者权益，并单列项目反映；无效套期的部分，直接计入当期损益；被套期项目若为预期交易，则原来直接确认为所有者权益的公允价值变动损益，在被套期预期交易影响企业损益的相同期间转出，计入当期损益。境外经营净投资套期应当按照类似于现金流量套期来进行会计处理。

本节接下来将具体介绍关于期汇合约的四种套期保值业务的会计处理。

二、外币应收、应付事项套期保值的会计处理

（一）业务内容介绍

假设公司以本国货币记录各种外币事项，若对赊销、赊购的应收、应付项目进行套期保值，就可以抵消汇率变动的风险。在这样的业务中，套期保值时的各交易环节形成的损益，就成了企业进行期汇合约交易时必须处理的会计事项。

这里就涉及对外币应收、应付事项的套期保值究竟适用哪种套期保值会计处理的问题。事实上，公允价值套期和现金流量套期之间并不存在绝对清晰的界限。例如，对于确定承诺的外汇风险，它既影响被套期项目的现金流，也影响被套期项目的公允价值。在我国新准则第 24 号第二十七条因此规定："对确定承诺的外汇风险进行的套期，企业可以作为现金流量套期或公允价值套期处理。"对于外币应收账款和应付账款外汇风险进行的套期保值，正是这样一种介于公允价值套期与现金流量套期之间的套期保值，本书接下来将用公允价值套期的方法对其账务处理进行分析。现金流量套期的方法将在本节第三、四部分介绍。

（二）业务处理举例

【例 10-1】 设美国某公司于 20×8 年 12 月 1 日购入某欧洲公司价值 6 000 欧元的存货，约定 90 天以后支付款项，交易日欧元对美元的即期汇率为 1∶1.2。为了避免汇率变动的风险，美国公司与经营外汇银行签订了将于次年 3 月 1 日按 1∶1.205 的汇率购买 6 000 欧元的期汇合约，并在 20×9 年 3 月 1 日以净额方式结算该远期外汇合约。假设之后的汇率分别为：资产负债表编表日（假设为 12 月 31 日）的即期汇率为 1∶1.23，2 个月欧元对美元的远期汇率为 1.235，美元的市场利率为 5%；20×9 年 3 月 1 日的即期汇率为 1∶1.22。美国公司应进行的会计处理如下：

1. 12月1日的会计处理

借:商品采购 7 200

贷:应付账款(1∶1.2) 7 200(€ 6 000 ×1.2)

借:应付账款 7 200

贷:被套期项目——应付账款 7 200

此时,签订的远期外汇合约的公允价值为0,不做账务处理,将套期保值进行表外登记。

2. 资产负债表日的会计处理

远期外汇合约的公允价值

$$=[(1.235-1.205)\times 6\,000/(1+5\%\times 2/12)]=178.5$$

借:套期工具——远期外汇合约 178.5

贷:套期损益 178.5

借:套期损益 180

贷:被套期项目——应付账款 180

在年报当中,体现出来的套期损益(这里是损失)为1.5美元。同时,还有被套期项目——应付账款7 380美元,套期工具——远期外汇合约178.5美元。

3. 实际结算时的会计处理

远期外汇合约的公允价值 $=(1.22-1.205)\times 6\,000=90$

因此,当期应当确认的套期损失 $=178.5-90=88.5$

借:套期损益 88.5

贷:套期工具——远期外汇合约 88.5

借:银行存款 90

贷:套期工具——远期外汇合约 90

借:被套期项目——应付账款 60

贷:套期损益 60

借:被套期项目——应付账款 7 320

贷:银行存款 7 320

(三)对交易结果的分析说明

经过这样处理后,购入存货的美国公司于结算日实际支付的货币额为7 230美元,这虽然比按业务发生日现行汇率计算的数额多30美元,但如果该公司不签订期汇合约,在实际结算日就不得不按当日的汇率支付7 320美元,在资产负债表日和实际结算日也不得不按180美元和60美元分别计入当期的损益，从而实际将120美元的汇兑损益记入账中。

使用远期外汇合约进行套期保值之后，总共的套期损失是30美元，其中1.5美元记录在20×8年的利润表中，28.5美元记录在20×9年的利润表中。可见，使用衍生金融工具之后，确实减少了汇率波动对公司业绩的影响。

外币应收事项的套期保值与此类似，可结合本章练习题练习。

三、外币约定承诺套期保值的会计处理

（一）业务内容介绍

前面我们讨论的外币应收、应付事项的套期保值是商品交易已经发生，债权债务关系已经成立的业务事项。这里我们将要讨论的是，进出口双方签订将在远期实现的以外币结算的购销约定，这样的事项即为外币承诺事项。事实上，它与前文中所述的确定承诺没有什么两样，只不过是这里商品的所有权还没有发生转移而已。因此，对外币约定承诺套期保值的处理也应当与前文一致，即可以用公允价值套期或现金流量套期的方法来进行会计处理。

接下来的业务举例，我们将分别用公允价值套期和现金流量套期来处理，以利于进一步了解公允价值套期，以及引入现金流量套期。

（二）业务处理举例

【例10-2】 X公司于20×8年11月30日与境外Y公司签订合同，约定于20×9年2月28日以每吨100美元的价格购入某原材料100吨。X公司为避免购入原材料成本的外汇风险，于签订合同当日与某金融机构签订一项3个月到期的远期外汇合约，约定汇率为\$1 = ￥6.75，合同金额为10 000美元。20×9年2月28日，X公司以净额方式结算该远期外汇合约，并购入原材料。

假定：(1) 20×8年12月31日，2个月美元对人民币远期汇率为\$1 = ￥6.88，人民币的市场利率为5%；(2) 20×9年2月28日，美元对人民币的即期汇率为\$1 = ￥6.70；(3) 该套期符合运用套期保值准则所规定的条件。

首先，我们用公允价值套期来处理这项业务。

(1) 20×8年11月30日

此时，远期合约的公允价值为0，不需做会计处理，将该套期保值进行表外登记。

(2) 20×8 年 12 月 31 日

远期外汇合约的公允价值

= [(6.88 - 6.75) × 10 000/(1 + 5% × 2/12)] = 1 289.3

借:套期工具——远期外汇合约 1 289.3

贷:套期损益 1 289.3

借:套期损益 1 289.3

贷:被套期项目——确定承诺 1 289.3

(3) 20×9 年 2 月 28 日

远期外汇合约的公允价值 = (6.70 - 6.75) × 10 000 = -500

借:套期损益 1 789.3

贷:套期工具——远期外汇合约 1 789.3

借:套期工具——远期外汇合约 500

贷:银行存款 500

借:被套期项目——确定承诺 1 789.3

贷:套期损益 1 789.3

借:商品采购——原材料 67 000

贷:银行存款 67 000

借:商品采购——原材料 500

贷:被套期项目——确定承诺 500

可见,最终原材料的采购成本被锁定在了 67 500 元人民币上。套期损益对当期的利润没有影响。

接下来,我们将用现金流量套期对这项业务进行会计处理。

(1) 20×8 年 11 月 30 日

不需做账务处理,将套期保值表外登记。

(2) 20×8 年 12 月 31 日

远期外汇合约的公允价值

= [(6.88 - 6.75) × 10 000/(1 + 5% × 2/12)] = 1 289.3

借:套期工具——远期外汇合约 1 289.3

贷:资本公积——其他资本公积(套期工具价值变动) 1 289.3

(3) 20×9 年 2 月 28 日

远期外汇合约的公允价值 = (6.70 - 6.75) × 10 000 = -500

借:资本公积——其他资本公积(套期工具价值变动)

1 789.3

贷:套期工具——远期外汇合约 1 789.3

借:套期工具——远期外汇合约 500

贷:银行存款 500

借:商品采购——原材料 67 500

贷:银行存款 67 000

资本公积——其他资本公积(套期工具价值变动) 500

这时,原计入所有者权益的这部分损失(500 元人民币),可以如上述分录所示,在确认原材料的初始入账金额时转入;也可以暂时计在所有者权益中,等该原材料影响企业损益的会计期间,再转入那一期的损益。其实,这两种方法对利润表的影响是一样的(可参见第 24 号准则的相关规定)。

(三) 对交易结果的分析说明

对比以上两种会计处理,我们发现公允价值套期下期末的资产负债表中既有套期工具又有被套期项目,二者金额相等;其实也就是资产负债同时增加,对当期损益没有影响。现金流量套期下,不记录被套期项目,仅追踪套期工具的公允价值;但是由于其公允价值的变动直接计入了所有者权益,同样不会影响当期的利润。在承诺事项发生的时候,两种方法下资产(或负债)的入账金额可能会不同(取决于现金流量套期采用哪种方式来结转资本公积),但最终对利润的影响是一致的。

四、外币预期交易套期保值的会计处理

(一) 业务内容介绍

前面我们讨论了外币应收、应付事项的套期保值,以及外币约定承诺事项的套期保值,接下来我们探讨外币预期交易的套期保值。这里预期交易是指"尚未承诺但预期会发生的交易",即交易仍没有发生(不同于外币应收、应付事项)并且没有约定承诺(不同于外币约定承诺事项),仅仅是企业预期将来可能会进行的交易。对预期交易的套期保值,准则规定必须采用现金流量套期的会计处理方法。

(二) 业务处理举例

【例 10-3】 20×8 年 3 月 31 日,美国某大型制造企业 M 公司预期在 20×9 年 3 月 31 日将向韩国支付一笔货款,货款以韩元结算,计 KRW 25 亿。为规避美元贬值的风险,该企业于 20×8 年 3 月 31 日签订一份远期外汇合约,按韩元对美元 960.00 的汇率买入 KRW 25 亿,该合约于 20×9 年 3 月 31 日到期。M 公司记账本位币是美元。

假定:20×8 年 12 月 31 日,3 个月期的远期汇率为 920.27 KRW/USD,美元的市场利率为 5%;20×9 年 3 月 31 日,美元对韩元的即期汇率为 940.70;该套期符合运用套期保值准则所规定的条件。

(1) 20×8 年 3 月 31 日

此时,远期外汇合约的公允价值为 0,不需做会计处理,将该套期保值事项进行表外登记。

(2) 20×8 年 12 月 31 日

实务中,可能每月都需要对套期保值事项进行跟踪记录;至少在半年报和季报的时候,需要对套期保值事项进行会计处理。作为例题演示,此处实际上是进行了简化处理。

远期外汇合约的公允价值 = [(1/920.27 - 1/960) × 2 500 000 000 ÷ (1 + 5% × 3/12)] = 111 039.4

借:套期工具——远期外汇合约　　111 039.4

　贷:资本公积——其他资本公积(套期工具价值变动)　　111 039.4

(3) 20×9 年 3 月 31 日

远期外汇合约的公允价值 = (1/940.70 - 1/960) × 2 500 000 000 = 53 428.7

借:资本公积——其他资本公积(套期工具价值变动)　　57 610.7

　贷:套期工具——远期外汇合约　　57 610.7

借:银行存款　　53 428.7

　贷:套期工具——远期外汇合约　　53 428.7

如果在 20×9 年 3 月 31 日,这笔预期交易并没有发生,那么应当将原来计入所有者权益的套期工具的利得或损失转出,计入当期损益。如下所示:

借:资本公积——其他资本公积(套期工具价值变动)　　53 428.7

　贷:公允价值变动损益　　53 428.7

如果预期交易如期发生了,支付货款进行采购,形成一项非金融资产。其会计处理如前文所述,原计入资本公积的相关利得或损失可以在该非金融资产影响企业损益的期间转出,计入的当期损益;或者直接将原计入资本公积的相关利得或损失转出,计入该非金融资产的初始入账价值中。若采用第二种做法,会计分录为:

借:商品采购　　　　　　　　　　　　　　　2 604 166.7
　资本公积　　　　　　　　　　　　　　　　53 428.7
　贷:银行存款　　　　　　　　　　　　　　　2 657 959.4

(三) 对交易结果的分析说明

可见,对于预期交易由于交易的发生与否具有较大的不确定性,在最后的会计处理上会有不同。如果预期交易没有发生,那么整个衍生金融工具的交易其实就被认为是一个投机套利的行为,其损益要直接反映在利润表中;如果预期交易发生了,那么利润表报告的就是套期工具和被套期项目给企业带来的整体损益情况。如上面例子所示,由于成功地对美元贬值进行了套期,使得公司的采购成本节省了 53 428.7 美元。

五、企业境外经营净投资套期保值的会计处理

(一) 业务内容介绍

境外经营净投资套期保值是指对境外经营净投资的外汇风险进行的套期。境外经营净投资是指企业在境外经营净资产中的权益份额。企业没有计划也没有可能在可预见的未来会计期间结算的长期外币货币性应收项目(含贷款),应当视同境外经营净投资的组成部分。但是,因销售商品或提供劳务等形成的期限较短的应收账款不构成境外经营净投资。

我国《企业会计准则第 24 号——套期保值》第三十二条规定:“对境外经营净投资的套期,应当按照类似于现金流量套期会计的规定处理。”也就是说,套期工具形成的利得或损失中属于有效套期的部分,应当直接确认为所有者权益,并单列项目反映;处置境外经营时,上述在所有者权益中的利得或损失应当转出,计入当期损益;套期工具形成的利得或损失中属于无效套期的部分,应当计入当期损益。

(二) 业务处理举例

【例 10-4】 20×8 年 12 月 1 日,X 公司持有欧元计价的境外经营净投资,价值人民币 5 000 000 元。X 公司将这一投资划分为长期股权投资。X 公司预期将在 3 个月后收回投资,为避免欧元的价值波动使得境外经营净投资价值受损,X 公司签订了一份 3 个月期的远期外汇合约。合约规定 X 公司将于 3 个月后出售等值的欧元。20×8 年 12 月 31 日,欧元贬值,投资缩水 6 000 元,远期合约的公允价值增加了 7 000 元。20×9 年 2 月 28 日,欧元继续贬值,投资缩水 4 000 元,远期合约的公允价值又增加了 4 500 元。

(1) 20×8 年 12 月 1 日

借:被套期项目——境外经营净投资　　　　　　5 000 000

贷:长期股权投资　5 000 000

(2) 20×8 年 12 月 31 日

假定,企业认定远期合约的公允价值变动与实际净投资的价值变动之间的差异为无效套期的部分。根据准则的规定,套期中的有效套期部分计入了所有者权益,而无效套期部分直接计入当期损益。

借:套期工具——远期外汇合约　7 000
　贷:资本公积——其他资本公积　6 000
　　公允价值变动损益　1 000
借:外币报表折算差额　6 000
　贷:被套期项目——境外经营净投资　6 000

(3) 20×9 年 2 月 28 日

借:套期工具——远期外汇合约　4 500
　贷:资本公积——其他资本公积　4 000
　　公允价值变动损益　500
借:外币报表折算差额　4 000
　贷:被套期项目——境外经营净投资　4 000
借:银行存款　11 500
　贷:套期工具——远期外汇合约　11 500

如果 X 公司不处置境外净投资,资本公积中的 10 000 元就一直在所有者权益中单独列示。如果 X 公司以账面价值处置了境外净投资,则要做的会计处理为:

借:银行存款　4 990 000
　贷:被套期项目——境外经营净投资　4 990 000
借:资本公积　10 000
　贷:投资收益　10 000

(三) 对交易结果的分析说明

经过这样的处理,我们可以看到,由于对境外经营净投资做了套期保值,使得在外币报表折算的时候产生的折算差额被套期工具所抵消了。X 公司因此消除了汇率波动可能给公司报表带来的影响。但是,我们看到其中被企业认定为无效套期的部分,仍会影响报表的利润;并且,最终计入资本公积的套期工具的利得共 10 000 元,必须在处置该被套期项目的时候转出,从而最终影响到处置该被套期项目的投资收益。

第三节　金融期货会计

一、金融期货会计基础

（一）金融期货的交易品种

前已述及，金融期货无论在交易方式、交易目的，还是在会计处理方面，都与商品期货基本一致。二者之间的差别主要是由于交易品种不同而形成的。金融期货的交易品种主要由以下内容组成：

1. 外汇期货

即以各种可自由兑换的货币为合约标的物的期货交易。

2. 利率期货

即以各种利率的载体，如债券、国库券等为合约标的物的期货交易。

3. 股票指数期货

即以股票价格指数，如恒生股票指数等为合约标的物的期货交易。

（二）与金融远期之间的关系

应当说，金融远期与金融期货在本质特征上最为相似，比如，外汇期货与期汇合约、利率期货与远期利率协议等。此处仅以外汇期货与期汇合约为例说明。相比较而言，外汇期货与期汇合约业务的交易内容都与外汇紧密相连，都能起到套期保值或投机套利的作用，且二者的会计核算内容也颇为接近。但是二者的区别也是显而易见的：(1) 外汇期货交易的标的物就是外汇期货合约，而期汇合约的交易标的物则是实际的外汇数额；(2) 外汇期货要在期货交易所内交易，而期汇合约交易则属订立合同双方的私下交易；(3) 外汇期货要严格按照期货交易的要求交纳保证金并按照“盯市”的要求进行结算，而由于期汇合约是交易双方的事情，一般按合同的要求进行相关处理；(4) 外汇期货可按照交易所的规定进行对冲平仓，而期汇合约则不应违约，多实现外汇的实际交割；(5) 相对而言，外汇期货价格变动的风险大、违约风险小，而期汇合约的价格变动风险小、违约风险大。

由于我们在上一章已结合我国的实际情况，较为详细地介绍了商品期货会计，按照本书的要求，此处主要介绍以套期保值为目的的利率期货会计与股票指数期货会计的基本内容。

二、利率期货的会计处理

(一) 业务内容介绍

由于资本市场上利率的不断波动,人们进行证券投资及从事借贷活动都要承担一定的风险,从而需要规避风险的有效手段,利率期货就是在这样的基础上产生的。利率期货的交易基础是债券、商业票据、定期存单等,这些债券票据的市场价值随着利率的变动呈反方向变化,因此这些票证的持有者或者未来持有者就可以通过在利率期货市场的操作,起到为票证价格、收益乃至费用套期保值的作用。

(二) 业务处理举例

【例 10-5】 某美国公司从事抵押业务,持有 100 000 美元的固定利率抵押债券,将其划分为可供出售金融资产,准备在 6 月份出售。为了避免债券出售前金融债券利率上升、公司持有抵押债券价值下降的风险,该公司在 5 月 1 日卖出同样面值的债券期货合约,总成交价为 98 000 美元。由于 5 月份利率上升,导致期货合约市价 5 月份下降 4 000 美元。该公司于 5 月 31 日买入同样数量的期货合约平仓。期货保证金为合约面值的 3%,单项交易的手续费率为合约面值的 0.5%。由于金融利率的上升,该公司持有的抵押债券价值实际损失了 3 000 美元,即市值为 97 000 美元。

由于该公司近期准备出售此债券,卖出期货合约是为了抵消抵押债券的价值变动风险,因此,卖出期货合约是套期保值项目,被套期保值项目为持有的债券价值。此项业务属于公允价值套期,其处理程序如下:

1. 卖出期货合约立仓

借:期货交易清算	98 000	
贷:卖出期货合约		98 000
借:被套期项目——可供出售金融资产	100 000	
贷:可供出售金融资产		100 000

2. 缴纳初始保证金和手续费

借:期货保证金	3 000	
套期损益	500	
贷:银行存款		3 500

3. 5 月份利率上升,该公司需要记录由于合约价格变动而增加的保证金数额

借:期货保证金	4 000	

贷:套期损益 4 000

4. 5 月 31 日,交纳手续费,购入期货合约平仓,合约价格为 94 000 美元(98 000 - 4 000 = 94 000)

借:套期损益 500

贷:银行存款 500

借:购入期货合约 94 000

贷:期货交易清算 94 000

借:卖出期货合约 98 000

贷:购入期货合约 94 000

期货交易清算 4 000

5. 收回期货保证金 7 000 美元(3 000 + 4 000)

借:银行存款 7 000

贷:期货保证金 7 000

6. 记录被套期项目的价值变动

我国《企业会计准则第 24 号——套期保值》第二十一条规定:公允价值套期"被套期项目因被套期风险形成的利得或损失应当计入当期损益,同时调整被套期项目的账面价值。被套期项目为按成本与可变现净值孰低进行后续计量的存货、按摊余成本进行后续计量的金融资产或可供出售金融资产的,也应当按此规定处理"。因此,这里应当记录被套期项目的公允价值变动。

借:套期损益 3 000

贷:被套期项目——可供出售金融资产 3 000

借:可供出售金融资产 97 000

贷:被套期项目——可供出售金融资产 97 000

(三) 对交易结果的分析说明

通过上面的举例可以看出,由于该公司对市场利率走向的判断准确,采用期货合约套期保值获得了成功,即期货合约交易的收益基本上弥补了市场走向给企业造成的损失。具体来说,由于期货合约价格的有利变动,使期货合约交易形成收益 4 000 美元,再减去由于期货交易的手续费 1 000 美元之后,仍有形成的期货交易收益额 3 000 美元。我们还能从保证金账户的增减变动看到这样的交易事实,即,期货合约交易总共支付期货保证金 3 000 美元,即期货合约交易开始时交付的初始保证金 3 000 美元;而收回的保证金数额为 7 000 美元。保证金的增加额再减去手续费之后,得到的净增加额即为期货交易的收益，而这样的收益正好可以弥补被套期项目价值下降(3 000 美元)给企业带来的损失。

三、股票指数期货的会计处理

(一) 业务内容介绍

股票市价的变动给股票投资者带来的风险是巨大的，因此，防范、规避由于股价变动形成的风险，成了为数众多股票投资者的客观要求。股票指数期货以反映股市行情整体变动的股票价格指数为期货交易的标的物，为股票投资者提供了规避股市系统风险的套期保值手段。其具体操作方式为：当已持有股票的投资者预计股价将下降时，可以出售股票指数期货合约；一旦股市下跌，股票投资者即可从期货市场获利，达到弥补由于股价下降所遭受的损失。在会计处理上，由于股票指数期货是为所持股票价值进行保值，因此期货交易损益应当与股票价值相连。目前，我国正在积极准备推出股指期货。

(二) 业务处理举例

【例 10-6】 某香港企业持有价值港币 60 万元的股票；7 月份，该企业预计股价将下落，为对持有的股票保值，于当月卖出恒生指数期货合约，当天的恒生指数为 12 500 点，恒生指数期货合约的价值为每点港币 50 元，即合约总值为 625 000 港币。月末时，恒生指数降为 11 000 点，企业这时买进期货合约平仓。此时，所持有股票的价格下降为 55 万元。该公司将持有的股票划分为交易性金融资产（此处只列示期货交易的主要业务，略去缴纳保证金、手续费的会计处理）。

1. 卖出期货合约立仓

借：被套期项目——交易性金融资产　　600 000

　贷：交易性金融资产　　600 000

借：期货交易清算　　625 000

　贷：卖出期货合约　　625 000

2. 股票指数下降时，记录期货交易损益 75 000 港币［(12 500 − 11 000) × 50］

借：期货保证金　　75 000

　贷：套期损益　　75 000

3. 按变动后的价格 550 000 港币(11 000 × 50)买入期货合约平仓

借：购入期货合约　　550 000

贷:期货交易清算　　550 000

借:卖出期货合约　　625 000

　贷:购入期货合约　　550 000

　　期货交易清算　　75 000

4. 记录交易性金融资产公允价值的变动

借:套期损益　　50 000

　贷:被套期项目——交易性金融资产　　50 000

借:交易性金融资产　　550 000

　贷:被套期项目——交易性金融资产　　550 000

(三) 对交易结果的分析说明

由此例可以看出:股票市场的变动结果表现为恒生指数的变动,而由于持有股票的公司利用恒生指数变动及其对持有股票的影响关系对本公司持有的股票进行了套期保值,避免了股票市场价格变动对本公司的影响;其基本结果为,将恒生指数期货交易形成的收益(75 000 元)弥补了股票价格变动给自己带来的损失(50 000 元);反过来看,若该公司未对该股票投资进行套期保值,就要将由于价格下降带来的损失 50 000 元计入"公允价值变动损益"中。

第四节　金融期权会计

一、金融期权会计基础

(一) 金融期权的特征

金融期权又称选择权,是合约双方按照约定价格在约定日期内,就是否买卖某种金融工具而达成的契约。具体来说,买方在向卖方支付一定的费用后,取得了在一定时期内按照一定价格买入或卖出约定数量金融工具的权利,而卖方在收取了一定的费用(即权利金或期权价格)后则承担了按照一定价格卖出或买入约定数量金融工具的责任;如若买方决定放弃执行期权,卖方不能要求其执行。与金融远期、金融期货乃至金融互换相比,金融期权的最大特点在于其风险与收益不对称,即一般称谓的期权是一把"单刃剑"。因为期权的买方拥有的只是权利而不是义务,他们的损失只限于权利金的范围内,但他们可以从市场价格和期权执行价格中进行选择,因此,他们的收益是无限的,取决于市场变化对他们的有利幅度;反之,期权出售者的收益只在于权利金,而其损失则可能是无限的。

（二）金融期权的分类

我们可从不同的角度对金融期权进行分类：

按照执行权利的方式，可将期权分为买方在到期日方可执行的欧式期权和在到期日或者之前均可执行的美式期权；按照进行交易的方式，可将期权分为将来购入金融工具的看涨期权和将来卖出金融工具的看跌期权；按照交易对象的内容，可将期权分为以外汇为标的物的外汇期权、以债券等为标的物的利率期权、以股票指数为标的物的股票指数期权；按照当前使用的范围，除一般用于对资产、负债套期保值的选择权之外，还可将期权具体化为可转换债券、认股权证等。本节的以后部分，将按最后一种分类对期权的会计处理进行解释。

（三）期权的价值及其风险与收益分析

期权的价值由两部分组成：一是内在价值，即现在执行期权所能获得的收益；二是时间价值，即由于在规定的期限内执行期权可能比现在执行具有更高价值而给予卖方的补偿。期权的价值一般是通过被普遍认可的数学模型而确定，因此，企业在发行金融期权时，有必要参照公认的期权模型合理制定价格。

由于金融期权风险与收益不对称的特征，处于主动地位的买方需根据市场价格的走向在期权到期日之前做出执行期权或者放弃期权的决定。其结果或者是市场和敲定价格对买方有利，从而买方行使期权；或者是买方认为期权费过高而不能行使期权，让它过期或削价出售，致使损失大部分甚至全部期权费。由此可见，期权交易的双方最担心的就是价格向着不利于自己的方向发展，他们面临的最大风险就是价格风险。

（四）金融期权会计处理的基本要求

应当说，期权的各个不同种类在会计处理上的要求并不一致。比如对于一般的选择权，其会计处理类似于金融期货，即也要将期权交易的价格总额记入账中，也要按套期保值和投机套利的不同目的分别进行核算等。但是，可转换债券、认股权证等与股票市场相关的期权则不同，其主要难点在于期权价值的确定，而其会计处理则如同一般债券，较为简单。因此，对金融期权的会计处理应根据不同的金融期权种类而定，灵活实施。

二、一般期权交易的会计处理

（一）业务内容介绍

这里所说的一般期权交易是指那些对买卖双方均只形成金融资产、金融负债的期权交易，不涉及所有者权益的事项。期权的会计处理包括买入、卖出以及转销几个环节，一般亦应设置“买入期权”、“卖出期权”、“公允价值变动损益”、“套期损益”等账户。

（二）业务处理举例

【例 10-7】 某 A 公司持有作为交易性金融资产的股票 10 000 股，每股账面价格为 10 美元。为避免股价下落造成损失，A 公司与某 B 公司签订了一份合同。该合同赋予 A 公司一项出售的权利，同时赋予 B 公司一项购买的义务，即如果 A 公司行使这份权利，则 B 公司将在次年 1 月 31 日以 98 000 美元（即每股 9.8 美元）的履约价格向 A 公司购买该 10 000 股股票。该合同将以现金进行结算。如果 A 公司不行使这一权利，则不必进行转让其持有的股票。

合同签订日为当年 2 月 1 日，行权日为次年 1 月 31 日，该合同为只能在到期日行权的欧式期权。与此业务相关的具体情况与数据见表 10-1。

表 10-1　与期权业务相关的数据表

日期	当日股价	到期日行权价	期权的公允价值
当年 2 月 1 日	10 美元		5 000 美元
当年 12 月 31 日	9.5 美元		4 000 美元
次年 1 月 31 日	9.5 美元	9.8 美元	3 000 美元

按照上述资料，A 公司是用期权工具进行了一项公允价值套期，A 公司的会计处理如下：

1. 支付费用、签订卖出期权合约时的会计处理

借：被套期项目——交易性金融资产　　100 000

　贷：交易性金融资产　　100 000

借：套期工具——卖出期权　　5 000

　贷：银行存款　　5 000

2. 在年度末时，每股股票的市价减少 0.5 美元，卖出期权的公允价值减少至 4 000 美元，其中 3 000 美元为内在价值[（行权价 9.8 – 每股市价 9.5）×10 000]，另外 1 000 美元为剩余的时间价值。作会计分录：

借：套期损益　　1 000

　贷：套期工具——卖出期权　　1 000

与此同时，A 公司也应当按照市价记录持有的交易性金融资产的减值额 5 000 美元[（9.5 – 10）×10 000）]：

借：套期损益　　5 000

贷:被套期项目——交易性金融资产　　5 000

3. 在期权到期日,每股市价仍为9.5美元,卖出期权的公允价值减少至3 000美元,即[(行权价9.8 - 每股市价9.5)×10 000],不再有时间价值。作会计分录:

借:套期损益　　1 000

贷:套期工具——卖出期权　　1 000

4. 在同一天,A公司行使了卖出期权的权利,合同以现金进行结算。B公司有义务向A公司支付98 000美元,而A公司则要向B公司交付每股市价为9.5美元的股票10 000股。作会计分录:

借:银行存款　　98 000

贷:被套期项目——交易性金融资产　　95 000

套期工具——卖出期权　　3 000

(三) 对交易结果的分析说明

上述业务事项的结果是:期权将股票交易价格锁定于每股9.8美元,高于股票的市场价格0.3美元,看似A公司由此得到了高于市价卖出股票的利益3 000美元;但实际上,由于交易之初的交易性金融资产市价为10万美元,A公司付出了5 000美元的期权费,而实际收回的数额为9.8万美元,A公司实际形成的损失为7 000美元。而如果什么也不做,不用期权进行套期保值,A公司的损失也不过是5 000美元。但是,如果股价下跌得更加厉害,那么A公司是可以通过期权工具来锁定损失的。

三、可转换债券与认股权证的会计处理

(一) 业务内容介绍

可转换债券是指债券持有人被赋予了按约定的时期内,按规定的价格将债券转换为发行人或其附属公司股票的债务性证券。应当说明,可转换债券的转换权不能单独存在,当债券持有人将其转换为公司股票之后,债券本身将不复存在;如果债券持有人不愿意行使这种转换权,就可以将债券持有到期,并获取利息。因此,可转换债券是一种介乎于债券与股票之间的混合型金融工具。认股权证是股票上市公司增发股票时可凭以认购股份的一种凭证,它表示的是持有者可以在一定期限内购买发行公司新发行股票的权利,通常是普通股认股权证。认股权证与可转换债券之间的关系是:二者均为股票期权的其他表现形式,在使用过程及会计核算上也有相似之处;只不过有的认股权证单独发行,而多数认股权证则随可转换债券一起发行。

《企业会计准则第 22 号——金融工具确认和计量》中对嵌入衍生工具进行了专门规定，当满足准则规定的两个条件[①]时，企业应当将该嵌入衍生工具从混合工具中分拆出来。可见，对于可转换债券这样的混合工具，企业应当在初始确认时将负债和权益成分进行分拆，分别进行会计处理。

分拆时，应当先确定负债成分的公允价值，以此作为其初始确认金额；在按照该可转换债券整体的发行价格扣除负债成分初始确认金额后的金额确认权益成分的初始确认金额。发行可转换债券的交易费用，应当在负债成分和权益成分之间按照各自的相对公允价值进行分摊。

（二）业务处理举例

【例 10-8】 A 公司 20×8 年 1 月 1 日按每份面值 1 000 元发行了 1 000 份可转换债券，取得总收入 1 000 000 元。该债券期限为 3 年，票面年利率为 6%，利息按年支付。每份债券均可在债券发行 1 年后的任何时间转换为 250 股普通股。A 公司发行该债券时，二级市场上与之类似但没有转股权的债券市场利率为 9%。A 公司将发行的债券划分为以摊余成本计量的金融负债。假定不考虑其他相关因素，我们首先要将该可转换债券拆分为负债部分与权益部分。计算如表 10-2 所示。

表 10-2　可转换债券相关数据计算表

计算项目	计算数额（元）	折现系数（9%）	折现计算	折现额（元）
本金的现值	期末 1 000 000	0.7721835	100 000 ×0.7721835	772 183.5
利息的现值	每年 60 000	2.5312917	60 000 ×2.5312917	151 877.5
负债部分总额				924 061
权益（扣减额）				75 939
债券发行收入				1 000 000

A 公司账务处理如下：

20×8 年 1 月 1 日，发行可转换债券：

借：银行存款　　　　　　　　　　　　1 000 000

　应付债券——利息调整　　　　　　　75 939

　贷：应付债券——面值　　　　　　　　1 000 000

① 条件一，与主合同在经济特征及风险方面不存在紧密关系；条件二，与嵌入衍生工具条件相同，单独存在的工具符合衍生工具定义。

资本公积——其他资本公积(股份转换权)　　75 939

20×8 年 12 月 31 日,计提和实际支付利息:

借:财务费用　　83 165.5

　贷:应付利息　　60 000

　　应付债券——利息调整　　23 165.5

借:应付利息　　60 000

　贷:银行存款　　60 000

假设 20×9 年 12 月 31 日,A 公司的股票价格上涨幅度很大,可转换债券持有者均于当日将其持有的可转换债券转为 A 公司股份。

首先,计算该可转换债券负债部分的摊余成本。

借:财务费用　　85 250.5

　贷:应付利息　　60 000

　　应付债券——利息调整　　25 250.5

借:应付利息　　60 000

　贷:银行存款　　60 000

至此,可转换债券负债部分的摊余成本是 972 477 元,权益部分的账面价值仍为 75 939 元。在转换日,A 公司发行股票数量为 250 000 股,A 公司作以下会计分录:

借:应付债券——面值　　1 000 000

　贷:资本公积——股本溢价　　722 477

　　股本　　250 000

　　应付债券——利息调整　　27 523

借:资本公积——其他资本公积(股份转换权)　　75 939

　贷:资本公积——股本溢价　　75 939

(三) 对交易结果的分析说明

从上述业务可以看出:由于 A 公司发行的是可转换债券,其利息率要低于不具有选择权的其他债券,因此在可转换债券的发行之初将其分解为按照市场利率计算的负债,并确定出相应的权益额,是合情合理的。例中的情况是,债券持有者将持有的债券全部转换为 A 公司的普通股;但是,如若该公司股票的市场价格低于合同中约定的转股价格,则绝大多数债券持有者将放弃行使期权而取回债券本金。这样,债券持有者会将可转换债券利息率与一般债券利息率之间的差额,亦即转股权的价值全部损失掉。在那时,该公司则应作债券到期赎回的会计处理。

四、股票期权的会计处理

（一）业务内容介绍

股票期权是西方国家上市公司对公司经营者进行物质激励的一种重要手段，也是我国现阶段上市公司对管理层进行激励的一种方式。2005 年 12 月 31 日，中国证监会发布了《上市公司股权激励管理办法（试行）》；2006 年 9 月 30 日，国务院国有资产监督管理委员会和财政部发布《国有控股上市公司（境内）实施股权激励试行办法》。这些法规的出台，无疑为我国上市公司实行股权激励扫除了制度上的障碍。随着股票期权这种激励方式的采用，如何对其进行会计核算，显然成为一个重要课题。为此，《企业会计准则第 11 号——股份支付》专门规范了这个问题。事实上，《企业会计准则第 11 号——股份支付》中不仅规范了股票期权的会计处理，它的涵盖内容更广，股票期权只是股份支付中的一种形式。本书这里只介绍关于股票期权的会计处理。

经营者股票期权将经营者的部分报酬以股票期权的形式授予，让经营者享有未来股票购买权，成为潜在的股东。这样，不仅可以使经营者将公司的业绩和长远发展与其自身利益紧密相连，从而自觉地提高经营管理水平，减少偷懒和机会主义行为，而且可以吸引高素质的职业经理人加入上市公司，全面改善上市公司的经营管理。目前要提高我国上市公司的经营业绩，这样的报酬激励机制是十分必要的。相对于公司的经营者来说，股票期权是一种买入期权，即可以被认为是公司与经理人之间的一种合约，是公司（股东大会或董事会）授予经理人在未来某个确定的时间内以某一确定的价格购买公司股票的权利。相对而言，经理人有对这一权利的选择权，即他可以根据实际情况来决定，他在确定的时间是否会行使这样的权利。如果他行使这样的权利，即可买入股票；如果他不行使这样的权利，亦即放弃行权，不购买公司的股票。

（二）业务处理举例

【例 10-9】 某上市公司于 20×2 年 1 月 1 日与其 200 名管理层人员签订了股票期权合同，允许每人持有公司普通股 100 股（面值 1 元）。合同约定这些人员从 20×2 年 1 月 1 日起在公司连续服务 3 年之后，就可以每股 5 元的价值购买公司股票 100 股，行权有效期为 2 年。公司估计该期权在授予日的公允价值为 15 元（这样的股票期权往往没有市场价格，需要企业根据股票期权的合同条款，采用期权定价模型来估计公允价值）。

准则规定，企业应在等待期内的每个资产负债表日，以对可行权权益工具数量的最佳估计为基础，按照权益工具在授予日的公允价值，将当期取得的服务计入相关资产成本或当期费用，同时计入资本公积中的其他资本公积。

该公司第一年有20名管理人员离开公司，该公司估计三年中离开的人员比例为20%；第二年又有10名管理人员离开公司，公司将职员离开比率修正为15%；第三年又有15名员工离开。

1. 费用的计算过程如下所示

20×2年，200×100×(1－20%)×15×1/3＝80 000

20×3年，200×100×(1－15%)×15×2/3－80 000＝90 000

20×4年，155×100×15－80 000－90 000＝62 500

2. 20×2年1月1日

授予日不做账务处理。

3. 20×2年12月31日

借：管理费用　　80 000

　贷：资本公积——其他资本公积　　80 000

4. 20×3年12月31日

借：管理费用　　90 000

　贷：资本公积——其他资本公积　　90 000

5. 20×4年12月31日

借：管理费用　　62 500

　贷：资本公积——其他资本公积　　62 500

6. 假设全部155名员工都在20×5年12月31日行权

借：银行存款　　77 500

　资本公积——其他资本公积　　232 500

　贷：股本　　15 500

　　资本公积——股本溢价　　294 500

（三）对交易结果的分析说明

这里管理人员之所以要行权，一定是因为该公司的股票市价高于股票期权的行权价格。对于行权人来说，他如果想要获得收益，只要将从公司低价得来的股票在二级市场上按市场价格出售即可。也就是说，这部分价差就是公司给予管理人员的奖励。上例中，如果行权时，该上市公司股票上涨为15元，则每位员工可以实现1 000元[(15－5)×100]的收益。

第五节 金融互换会计

一、金融互换会计基础

金融互换是指两个或两个以上的当事人按照共同商定的条件,在约定的时间内,交换一系列支付款项的金融交易。美国财务会计委员会对互换的界定是:互换是指双方当事人基于互补的需要,运用不同金融市场的不同信用评级所设计而成的定期契约。作为广义的概念,互换可包括货币互换、利率互换、权益互换、指数互换等,但一般提及的金融互换主要为货币互换和利率互换。本节主要介绍货币互换。

所谓货币互换是指交易双方交换相同期限、相同金额的不同币种以及在此基础上的利息支付义务的一种预约业务。货币互换按目的不同可分为管理债务互换和筹措资金互换。管理债务互换的内容为:企业借入一种货币进行项目建设,但项目完工后的收入是另一种货币,因此企业必须将收到的货币兑换成借入款项的货币才能归还债务;为避免不同货币之间因汇率等原因形成的风险,企业就通过大银行等与有相反货币债务的另一方达成协议,双方按照约定的汇率相互支付债务利息,于互换交易结束日再互换债务本金;进行这样的交易,双方不仅可以规避汇率风险,还能降低债务成本。筹措资金互换与管理债务互换基本相同,其区别仅在于管理债务互换不需要进行期初的本金互换,而筹措资金互换则必须互换期初本金。

二、货币互换的会计处理

(一) 业务处理举例

【例 10-10】 假设国内 A 公司于年初筹措到一笔价值为 5 万美元的外币借款,期限 1 年,固定利率 4%,年末一次性还本付息;该笔资金用于某项目的购建,该项目投产后带来的收入以人民币计算。A 公司为防止美元汇率变动而增加 1 年后的还债成本,通过银行寻找互换对手,以对该外币债务进行套期保值。银行协助找到的 B 公司有一笔人民币债务 40 万元,期限 1 年,固定利率 4%,年末一次性还本付息的对应业务;B 公司的未来收入为美元。A 公司与 B 公司之间签订了按照年末实际市场汇率进行货币互换的协议,并于签约日向中介银行支付了手续费 1 000 元。设签约时美元对人民币的汇率为 1∶8.08,年末互换时汇率为 1∶8.05。A 公司在年末与 B 公司按照实际汇率交换了本金和利息,并及时偿付了美元借款。A 公司的会计处理如下：

1. 在交易日记录互换的本金数额，并交纳手续费

借：银行存款——美元　　$50 000 × 8.08 = ¥404 000

　贷：短期借款——美元　　¥404 000

借：应收互换款——美元（1:8.08）

　　$50 000 × 8.08 = ¥404 000

　贷：应付互换款　　¥400 000

　　财务费用——互换损益　　4 000

借：待摊费用——互换手续费　　1 000

　贷：银行存款　　1 000

（在互换期间，A 公司应于每月将互换手续费摊入财务费用的互换损益，会计分录略）

2. 在交易日记录全年应交换的全年利息

借：财务费用——利息支出　　16 000

　贷：应付互换利息　　16 000

借：应收互换利息——美元（1:8.08）

　　$2 000 × 8.08 = ¥16 160

　贷：短期借款——美元　　¥16 160

3. 在年末记录由于汇率变动形成的互换损益

$$(8.08 - 8.05) \times 50\,000 = 1\,500$$

$$(8.08 - 8.05) \times 2\,000 = 60$$

借：财务费用——互换损益　　1 560

　贷：应收互换款——美元　　1 500

　　应收互换利息——美元　　60

4. 在年末记录实际收到的互换本金与利息、实际支付的互换本金与利息

（1）收到互换本金与利息

借：银行存款——美元（1:8.05）

　　$52 000 × 8.05 = ¥418 600

　贷：应收互换款——美元　　$50 000 × 8.05 = ¥402 500

　　应收互换利息——美元　　2 000 × 8.05 = ¥16 100

（2）支付互换本金与利息

借：应付互换款　　400 000

应付互换利息 16 000

贷:银行存款 416 000

5. 归还美元借款

借:短期借款——美元 $418 600

贷:银行存款——美元 $418 600

(二) 对交易结果的分析说明

通过此笔交易可以看出,由于采用了互换这一套期保值的手段,A 公司规避了汇率变动的风险,即在签订互换协议的时候,A 公司就锁定了汇率。至于这笔交易会带来什么样的结果,则取决于后来汇率的变动情况。从本例题来看,A 公司对汇率的判断失误,导致发生了互换损失 2 560 元(1 000 元的手续费加 1 560 元的汇率变动损失),但再考虑一开始签约时的转换汇率不等于即期汇率,带给该公司 4 000 元的好处,该笔互换总体上并没有亏损。互换的好处是,A 公司在年初时就可以锁定汇率,只要管理层认为这样的利息代价是可以承受的即可。

第六节 衍生金融工具的列报与披露

一、信息披露遇到的问题及其演变过程

总的来说,由于衍生金融工具是近期新兴起的复杂业务,在确认、计量方面争议较大,因此,如何进行衍生金融工具的信息披露,是一个至今仍在继续探讨的问题。

从衍生金融工具信息披露的发展情况来看,可将其信息披露的演变大致分为两个阶段:

1. 充分认识到衍生金融工具潜在的高风险时,采取了将其作为"表外业务"或"中间业务"披露的最初阶段。在这一阶段,按照传统的会计理论不能将衍生金融工具的合约价值作为资产负债表表内业务处理,因此,只能采用财务报表附注的方式将这方面的信息在财务报表之外说明。

2. 逐步将部分衍生金融工具作为表内项目列报,并对一些内容进行详细披露的阶段。随着衍生金融工具作用的进一步显现,尤其是与之有关的一些国际重大金融事件的发生,人们充分认识到了披露衍生金融工具有关信息的重要性;随着将衍生金融工具作为表内项目确认、计量做法的实施,对其进行披露的内容、方法也在不断完善。

美国会计准则和国际会计准则的演变过程也充分说明了以上特点。美

国的 FASB 先后发布 SFAS 105 号《具有表外风险和集中信用风险的金融工具的披露》、SFAS 107 号《金融工具的公允价值的披露》和 SFAS 119 号《衍生金融工具的披露及金融工具的公允价值》,并最终于 1998 年 6 月发布了 133 号《衍生工具和套期活动的会计处理》。国际会计准则也是先有表外披露的 32 号准则,后有表内确认的 39 号准则。

我国《企业会计准则第 37 号——金融工具列报》对衍生金融工具的披露做了详细规定。企业应当将衍生金融工具区分为交易类和套期工具类,并披露以下内容:

1. 衍生工具的性质、合同金额和名义金额;

2. 衍生工具的到期日、失效日和合同执行日;

3. 衍生工具的期末公允价值。

对于运用衍生金融工具进行套期保值,还需要额外披露很多事项,如下文所述。

二、套期会计信息披露的要求

(一) 信息披露的总体要求

按照《企业会计准则第 37 号——金融工具列报》的要求,披露会计信息的主体应当说明其金融风险管理的目标和政策,应当对各类套期(现金流量套期、公允价值套期和境外经营净投资套期)进行如下披露:

1. 套期关系的描述;

2. 套期工具的描述及其在资产负债表日的公允价值;

3. 被套期风险的性质。

(二) 对套期会计的具体披露信息

首先,对于现金流量套期,企业应当披露现金流量预期发生的期间,以及预期计入当期损益的时间。对于套期工具产生的利得或损失需要披露相关的信息如下:

1. 本期直接在所有者权益中确认的金额;

2. 本期计入当期损益的金额(即无效套期的部分);

3. 本期从所有者权益中转出、直接计入当期损益中的金额;

4. 本期从所有者权益中转出、直接计入因被套期且很可能发生的预期交易而确认的非金融资产的初始成本,或所承担非金融负债的初始入账价值中的金额;

对于那些以前期间采用了现金流量套期的会计处理,但本期预期不会发生的预期交易的信息也需要披露。

其次，对于公允价值套期，企业应当披露本期发生的套期工具利得或损失，以及被套期风险引起的被套期项目利得或损失。

再次，对于境外经营净投资套期，企业应当披露本期无效套期形成的利得或损失。

（三）其他方面的披露要求

例如，主体若发行了某项既包括负债部分又包括权益部分的金融工具，而且该工具具有多重嵌入衍生特征（即这些特征的价值相互依赖，如可赎回的可转换债券），则主体应当披露这些特征的存在以及负债部分的实际利率。

再就是，各相关主体应当披露与已确认的或未确认的衍生金融工具相联系的各种风险。由于衍生金融工具交易伴随着利率风险和信用风险等重大风险，因此也必须在财务报表附注中予以披露。对于利率风险，需要披露有关衍生金融工具内含利率和市场利率方面的信息；对于信用风险，则需要披露如果交易对手违约可能带来的最大损失额，并要说明企业防范信用风险的措施和有关信用风险的重要约束。

此外，为了增加财务报表使用者对衍生金融工具信息的理解程度，还可以进行一些附加揭示，如揭示与已确认的金融资产和金融负债有关的损益变化情况等。这些信息与利用信息进行决策紧密相关，很受报表使用者的欢迎。

三、衍生金融工具信息披露的方式

我国旧的会计准则和会计制度将衍生金融工具作为表外业务披露，而且相关的规定很少，也不系统。例如，原来对利用衍生品进行套期保值，只是涉及商品期货的套期保值，没有对其他更复杂的衍生金融工具套期保值的规范；再如，关于股票期权，很多高科技企业早就开展这项业务了，但原来的会计规范在相应领域却是空白。《企业会计准则第 37 号——金融工具列报》与国际会计准则趋同，对金融工具的列报和披露做了详细规定。

对于以上信息，准则要求在附注中予以披露，但并没有具体规定披露的方式。即企业可以根据自身的实际情况来自由决定以什么样的方式披露衍生金融工具。当然，为了便于新准则的执行和推广，财政部出版的《企业会计准则讲解》中，对于金融工具的披露（其中自然涉及衍生金融工具）给出了一些示例。从中可见，企业可以运用多种形式——表格、文字、图形等来披露衍生金融工具的相关信息。

本章小结

本章所述内容是当前国际会计界最为复杂的问题之一。本章着眼于会计学专业高年级本科生以及研究生的专业知识程度，对这一复杂问题进行了基础性的解释和说明。学习这一章，要与上一章的商品期货会计紧密结合，或者说以商品期货会计的理论与方法为基础展开，以求扎实地掌握本章中的一些基本概念和基本操作方法，为将来的深入学习打好基础。

在本章的第一节，我们主要解释了衍生金融工具的概念，以及衍生金融工具所具有的基本特征，并对衍生金融工具形成的两个方面的来源进行了初步分析。在此基础上，我们对衍生金融工具的分类进行了探讨，即衍生金融工具按照不同的交易方法与特点的分类；衍生金融工具按不同的使用方向分类和衍生金融工具按照不同的交易性质分类。接下来，我们探讨了衍生金融工具交易的特征和衍生金融工具会计的确立与发展，以使读者能够对衍生金融工具会计有全面的认识。

从本章的第二节开始，我们即转入了对衍生金融工具会计实务的分析和探讨。第二节首先探讨的是金融远期会计。由于金融远期的主要内容即为期汇合约，因此我们在本节先说明了期汇合约的概念、远期汇率的决定因素，进而分析了期汇合约会计要处理和解决的问题，并对期汇合约会计的处理要求进行了初步说明。在实际业务处理部分，着眼于期汇合约会计的实质性内容，我们重点举例解释了对外币交易中应收、应付项目的套期保值、对外币约定承诺的套期保值、对预期交易的套期保值和对企业境外经营净投资的套期保值。

本章的第三节是关于金融期货会计的相关内容。类似于本章第二节的内容，我们仍是先说明基本理论问题，即金融期货的交易品种，金融期货与金融远期之间的关系。在说明理论问题之后，我们依据上一章对商品期货讨论的基础，主要对利率期货的会计处理，股票指数期货的会计处理两个方面的问题进行了分析说明。我们的说明基本上遵循了业务内容介绍、业务处理举例和对交易结果的分析说明的三步骤格式，努力使读者对业务处理过程有一个清楚的认识。

本章的第四节是关于金融期权会计的介绍。由于金融期权具有“单刃剑”的特征，其分类也较为复杂，因此本节的理论说明部分所占的篇幅较大。有关金融期权的业务处理多处于争论之中，在论述时有较大的难度。尤其是关于可转换债券以及股票期权，国际、国内都有不同的看法，因此我们在撰写这样的内容时,基本上是按照我国现行会计准则的相关规定展开的。

本章的第五节是关于金融互换问题的分析说明。由于我国当前面临的主要是货币互换的相关问题,利率互换还很少涉及,因此,我们主要对货币互换的会计处理进行了介绍。

本章的最后一节是衍生金融工具的信息披露。我们主要也是按照我国现行准则的相关规定,对衍生金融工具的信息披露做了介绍。

本章主要名词

衍生金融工具　金融远期　金融期货　金融期权　金融互换　股票市场中的衍生金融工具　外汇市场中的衍生金融工具　利率市场中的衍生金融工具　远期交易性质的衍生金融工具　选择权交易性质的衍生金融工具　期汇合约　升水　贴水　对现金流量的套期　境外经营净投资的套期　外币承诺事项套期　外汇期货　利率期货　股票指数期货　一般期权交易　可转换债券　认股权证　货币互换　管理债务互换　筹措资金互换　利率互换

本章思考题

1. 什么是衍生金融工具？它与基本金融工具之间的关系怎样？具有什么样的特征？

2. 按照不同的交易方法和特点分类,衍生金融工具可以分成哪些类别？各自的具体内容是什么？

3. 按照不同的使用方向分类,衍生金融工具可以分成哪些类别？各自的具体内容是什么？

4. 按照不同的交易性质分类,衍生金融工具可以分成哪些类别？各自的具体内容是什么？

5. 与商品期货交易相比,衍生金融工具交易具有什么样的特征？其较高的交易风险主要体现在哪些方面？

6. 衍生金融工具会计的发展可分为哪些阶段？各自的特点和标志怎样？我们为什么要研究衍生金融工具会计？

7. 什么是期汇合约？期汇合约的远期汇率应当怎样确定？什么是升水？什么是贴水？怎样对二者进行计算？

8. 期汇合约的业务主要有哪些？期汇合约会计将主要处理哪些问题？

9. 什么是外币应收、应付事项套期保值业务？它应当属于什么样的套期？怎样进行会计处理？

10. 什么是境外经营净投资套期业务？怎样进行会计处理？

11. 什么是外币承诺事项套期业务？怎样进行会计处理？

12. 什么是金融期货？包括哪些具体内容？与商品期货的区别主要表现在哪里？与金融远期的区别主要表现在哪里？

13. 利率期货的交易基础是什么？怎样发挥作用？怎样进行会计处理？

14. 股票指数期货的交易基础是什么？怎样发挥作用？怎样进行会计处理？

15. 什么是金融期权？包括哪些具体内容？可以怎样分类？与金融远期的区别主要表现在哪里？与金融期货的区别主要表现在哪里？

16. 一般期权交易指的是什么？怎样发挥作用？怎样进行会计处理？

17. 可转换债券的交易基础是什么？与认股权证之间的关系怎样？怎样发挥作用？怎样进行会计处理？

18. 什么是金融互换？包括哪些具体内容？可以怎样分类？与金融远期的区别主要表现在哪里？与金融期货的区别主要表现在哪里？与金融期权的区别主要表现在哪里？

19. 货币互换的交易基础是什么？怎样发挥作用？怎样进行会计处理？

20. 衍生金融工具的信息披露过程经历了哪几个阶段？具体内容是什么？

21. 套期会计信息披露的总体要求是什么？相对于衍生金融工具应当包括什么样的具体内容？

22. 对套期业务的披露要求是什么？具体包括哪些内容？

23. 对现金流量套期业务的披露要求是什么？具体包括哪些内容？

24. 对套期会计的其他披露还包括哪些内容？比如，对可转换债券的信息披露应当具体包括些什么？

本章练习题

一、设某美国公司向欧洲公司于12月1日销售价值10 000欧元的商品，约定90天后收回货款，货款以欧元结算。商品交易日欧元对美元的即期汇率为1:1.2。为了避免（减少）汇率变动的风险，美国公司与经营外汇银行签订了将于次年3月1日按1:1.22的汇率卖出10 000欧元的期汇合约。设以后的实际汇率分别为：资产负债表日（设为12月31日）的即期汇率为1:1.21，远期汇率为1:1.22；实际结算日（3月1日）的汇率为1:1.23。请就上述数据作出美国公司的全部会计处理记录，并对交易结果进行解释。

二、仍以上面第一题的数据，设美国公司在12月1日只是签订了向欧洲公司的售货合同，约定于90天后发出商品，并进行直接结算。但美国公司预测欧元对美元的汇率将上涨，因此向经营外汇的银行签订了将于次年3月1日按1:1.22的汇率卖出10 000欧元的期汇合约。设实际的汇率变动情况与上述第一题完全一致，请就上述数据作出美国公司的全部会计处理记录，并对交易结果进行解释。

三、设某美国公司4月份计划与7月份发行总值为100万美元的1年期债券，债券的票面利率为5%，与市场利率一致。由于市场上普遍预测利率可能上升，为保证7月份发行债券时不受过大的损失，该公司卖出了10份面值为10万美元的短期国债期货合约。4月中旬卖出期货合约时，短期国债期货市场价格指数为90，4月30日时的价格指数为91，5月31日时的价格指数为89，6月份的价格指数为88。7月份该公司发行债券时，由于市场利率上升高于票面利率，债券折价发行，期货保证金是合约价值的2%，价格指数变动的每点价值为25美元。请就上述数据作出美国公司的全部会计处理记录，并对交易结果进行解释。

（注：价格指数是用100减去利率所得的值，如90点就是利率在10%时的价格指数，每一个变动点指的是利率变动0.01%时价格指数的变动，如从91变到89，价格指数就降低了200点，实际表示利率升高了2%。本题手续费的记录略。）

四、某香港公司于7月10日持有价值为HKD 50 000的股票投资。该公司预计股市将下跌，于当日卖出恒生指数期货10份，当日的恒生指数为2 800点，每份恒生指数期货合约的价值为指数乘以HKD 50，即HKD 50 × 2 800 = 140 000。7月底，股市略有上涨，恒生指数为2 850点，但到8月末，股市下跌，恒生指数为2 600点，该公司这时买进合约平仓。设期货保证金为合约价值的5%。请作出上述业务的全部会计分录，并对交易结果进行解释。

五、设某公司发行面值为1 000元的可转换债券500张，每年支付利息的票面利率为4%，期限为2年；而当期其他债券的年利率为7%，发行债券的合同约定，债券到期以前的任何时候可按照每股4元的价格将债券本金转换为公司的普通股。债券的发行价格为每张1080元,发行总收入为540000元。至到期日,该公司的股票价格升至每股6元,债券的持有者按认股权证规定的每股4元的价格认购了该公司的股票。请作出上述业务的全部会计分录,并对交易结果进行解释。

又,假设至债券到期日,该公司的股票降至每股3元,债券持有者没有将持有的债券转换为该公司的股票,而是赎回了债券本金。也请作出上述业务的全部会计分录,并对交易结果进行解释。

六、设某美国公司,于某年7月1日筹措到一笔资金,金额为10万欧元,期限1年,利率4%,年末一次还本付息。公司筹措资金所投资的项目将取得美元收益。为了避免年内汇率变动的风险,该公司通过经营外币业务的中介机构签订互换协议,将欧元债务以1∶1.2的汇率转换为美元,对方的债务年利率为3%,也是年末一次还本付息。在此期间,汇率的变化情况为:签约日(7月1日),即期汇率为1∶1.21;财务报告日(12月31日),即期汇率为1.19;结算日(6月30日),即期汇率为1∶1.22。请作出上述业务的全部会计分录,并对交易结果进行解释。

本章小资料

小资料之一:

股指期货:金融领域的避险工具(节选)

上周的A股市场可谓是大大打击了投资者的信心,也让股民对我国股市未来的走向感到茫然,至少短期如此。上周A股市场继续延续前期的低迷走势,周二开盘即跌破前期整理平台,并于周五再创新低。周K线以一根长阴线收盘,量能上也持续缩量,这种状况已经持续了1个多月。宏观方面,为加强银行体系流动性管理,6月7日中国人民银行决定上调存款类金融机构人民币存款准备金率1个百分点,于2008年6月15日和25日分别按0.5个百分点缴款。地震重灾区法人金融机构暂不上调。而准备金率上调1个百分点,也创下了17.5%的历史高位。这项宏观紧缩措施有望冻结可贷款资金逾4200亿元。根据国家统计局公布的数据,5月份,居民消费价格总水平同比上涨7.7%。外围金融市场,美国、日本、香港股市持续回落。可以说,不管是国内的宏观环境还是国外的金融市场环境,都对我国的股市很不利。而这也直接导致,周二当日上证创下7.73%的年内最大单日跌幅。从盘面来看,A股市场处于下跌的阴影当中,短时能维持低位横盘就已经非常不错,即使有所反弹,其反弹的力度也是有限的。从各板块的走势来看,权重板块领跌,市场缺乏领涨板块。

众所周知,股市只能做多,一旦股市下跌,我们要么持有货币,要么持有股票。持有货币让我们损失了投资的机会,尤其是在当前,我国金融市场可投资的金融工具不多的情况下。而持有股票,就意味着我们要承担股市下跌的风险。当前股市暴跌的情景,让我们对此深有体会。那么,在这种情况下,我们该如何做呢。一旦有了股指期货,一切都显得那么水到渠成。大家都知道,股指期货主要有套利、套期保值、价格发现等功能,这些功能均有助于资本市场的稳定,有助于从制度上防范股市的大起大落,促进资本市场健康发展。可以说,股指期货已经日益成为金融领域重要的避险工具之一。2006年,股指期货、期权和个股期货、期权交易量合计已经占到了全球期货、期权(包括商品期货、期权和利率、外汇、股指等金融期货、期权)61.8%的市场份额,对金融市场的稳定和快速发展作出巨大贡献。

资料来源:王永锋,《证券日报》,2008年6月18日。

小资料之二:

航空业:燃油费对冲 航空业舒缓航油上涨之压(节选)

国际原油价格由2000年年底的25美元/桶左右,上涨到了2007年年末的94美元/桶,涨幅逾270%,而进入2008年以后,油价更是突飞猛进,目前已经突破了145美元/桶。

面对如此的高油价,国内航空公司除了调升燃油附加费和开展节油活动外,利用金融衍生工具对冲亦成为一项应对之策。

国航在2007年利用燃油衍生工具实现收益净额为2.36亿元,较2006年1.13亿元增加108.4%。南航则在其2007年年报中披露,集团允许审慎利用掉期及期权等经批准使用的衍生工具,在获批限额内与经批准的对手进行交易,以规避燃油价格上涨的风险。“虽然去年公司利用衍生工具盈利了7000万元左右,但对于成本来说还是杯水车薪。今年来看,数量还是不大”,南航证券事务代表告诉记者。长城伟业期货公司的张良认为:“在金融衍生工具市场如此发达的今天,航空公司完全可以通过现代金融衍生工具将航油涨价的风险进行转移,通过期货、期权和远期合约等金融衍生工具对燃油进行套保。”

原油价格不断上涨导致的航空公司燃料成本的急速上升，国外航空公司同样"窘迫"。

先是美国前线航空于4月11日向法院递交了破产保护的申请；同月，美国大陆航空公司宣布第一季度出现亏损。张良表示，"在这方面，美国西南航空相对于其他航空公司而言做得更好。其成功就在于有效利用了航油与原油、取暖油价格的相关关系，即利用相关商品进行套保。"他解释，"美国西南航空公司针对金融衍生品市场上并没有航油期货合约这一现实，巧妙地利用了原油及取暖油与航油之间的价格高度相关性特点，并通过在原油和取暖油衍生品市场上构建套保组合达到了规避风险的目的。"

"这一点对于我国企业来说尤其重要，由于我国金融衍生品市场发展较晚，上市交易的合约品种非常有限，对于很多企业来说，他们需要采购的原材料和生产的产品都无法在市场上找到相应的合约。西南航空公司的套保案例给了我们很多启示，也就是可以用相关商品进行套期保值，而且还可以利用现货、期货、远期合约、期权等各种衍生品工具构建套保组合以达到更好的套保效果。"

资料来源：潘明杰，《21世纪经济报道》，2008年7月7日。

小资料之三：

金融衍生品：避险之险

几乎所有的金融教科书上都这样介绍：金融衍生工具是规避和降低风险的有效工具。但纵观多次危机，事实却是：金融衍生工具非但没有淡化风险，有时在实体经济出现问题的苗头时，反而放大了风险，给实体经济带来了更大的波动。那么，到底为什么金融衍生工具会具有如此惊人的"杀伤力"呢？

一、规模庞大且愈演愈烈，对冲基金发展迅猛

有数据显示，全球每天70%—80%的流动性是衍生工具交易造成的。英格兰银行的一份报告也指出：截至2007年11月，全球金融衍生市场规模高达415万亿美元，已占全球GDP的8倍到10倍之多。"避险工具"的超规模创设反而提高了全球金融系统的总体风险水平。

众所周知，对冲基金是专门投机于衍生工具的另类投资基金。根据数据研究机构Hedge Fund Intelligence公布的调查结果：截至2008年初，全球对冲基金管理的资产规模已达2.65万亿美元，比2006年增长逾85%。全

世界惊呼"坏孩子们长大了"，而"坏孩子们"则是最希望看到经济剧烈波动的投机力量。

二、机构投资者高估自身风险管理水平，过度投机，风险成倍放大

次贷危机中，花旗银行损失110亿美元，美林损失84亿美元，瑞银集团更是以巨亏120亿美元成为次贷的"首席受害者"，仅2007年华尔街五大投行整体利润就"蒸发"了一半以上。大洋彼岸，德意志银行、巴克莱银行、苏格兰皇家银行等一个个耳熟能详的名字统统被次贷"斩于马下"。另据高盛公司预计，次贷动荡导致的全球信贷损失将达到1.5万亿美元。

在这一张张血淋淋的"成绩单"曝光之前，上面的这些名字几乎被世人公认为拥有全球"最先进的金融工程技术"和"最完善的风险监控系统"。然而，面对次贷，它们的"技术和系统"却如"纸糊"的一般脆弱，不堪一击。

三、评级机构的"责任缺失"

次贷危机中，多数评级机构对次级抵押债券及其相关机构的评级过高和反应过慢，与评级机构宣称的评级预警功能大相径庭。就在美联储施援的前一周，标准普尔评贝尔斯登仍保持在BBB级——"投资级"，然而却无法解释它的股价从150美元飞流直下到2美元的现实。

数据显示，评定同等价值的次级债券所得到的费用是前者的两倍，仅穆迪公司在2002年到2006年间评定此类证券的收入就高达30亿美元。这一方面显示出评级机构的"责任缺失"、"有奶便是娘"的缺点所在；另一方面也警示投资者不能盲信评级，因为某些评级就是"买来的"。

四、对数学模型的"顶礼膜拜"

最近三十年，无数的数学模型出现在金融衍生工具市场。对数学模型的狂爱，似乎达到有了数学模型测试，风险就消失了的地步。岂不知，所有的数学模型都是有假设的，都是建立在历史数据的基础上的……

五、"包装外卖"，变身"结构性产品"

近年来，一些国际金融机构开始将衍生产品打包，美名为"结构性产品"，通过代理机构的"如簧巧舌"出售给新兴市场投资者。而随着近两年商品期货的暴涨，市场上甚至出现了"时髦"的挂钩石油、黄金和矿石期货的高风险"结构性产品"。事实上，由于普通投资者并不需要对这些风险进行对冲，也不具备充分识别这些风险的能力，他们基本上就成了机构倾销的"砧板鱼肉"，也就稀里糊涂地变成了纯粹的投机者。

资料来源：毕耜文，《第一财经日报》，2008年6月27日。

本章参考资料

1.《国际会计准则第 32 号——金融工具:披露和列报》,中国财政经济出版社 2005 年版。

2.《国际会计准则第 39 号——金融工具:确认和计量》,中国财政经济出版社 2005 年版。

3.《美国财务会计准则第 84 号——可转换债务的引致性转换》,经济科学出版社 2002 年版。

4.《美国财务会计准则第 133 号——衍生工具和套期活动的会计处理》,经济科学出版社 2002 年版。

5.《企业会计准则第 22 号——金融工具确认和计量》,中国财政部 2006 年。

6.《企业会计准则第 23 号——金融资产转移》,中国财政部 2006 年。

7.《企业会计准则第 24 号——套期保值》,中国财政部 2006 年。

8.《企业会计准则第 37 号——金融工具列报》,中国财政部 2006 年。

9. 财政部会计司编写组,《企业会计准则讲解》,人民出版社 2007 年版。

10. 耿建新、徐经长,《衍生金融工具会计新论》,中国人民大学出版社 2002 年版。

第十一章

租赁会计

本章教学目的和要求

租赁是现代经济社会企业经常要面临的业务。本章在介绍租赁及租赁会计一些基本概念的基础上，对融资租赁、经营租赁和售后租回业务的会计处理及其信息披露进行了说明和解释。

本章的教学目的，是使读者了解租赁业务的特点和类别，理解融资租赁的特殊性和其会计核算的要求，掌握经营租赁、售后租回业务的核算内容和方法。

本章的教学要求，一是掌握租赁的主要类别及各自的特点；二是掌握租赁，尤其是融资租赁一些特殊概念和特定标准；三是要熟悉租赁业务中承租人和出租人的会计处理，掌握融资租赁、经营租赁以及售后租回业务中融资费用或收益的递延分摊，折旧费用计提、销售损益递延分摊等会计处理，理解不同租赁业务中同一事项会计处理的差异。

第一节 租赁业务概述

一、租赁的概念和特点

租赁是现代经济社会较为常见的一种经济活动,它是指在约定的期间内,出租人将资产的使用权转让与承租人以获取租金的行为。租赁通常是以协议或合同的形式存在,是出租人和承租人这两个经济主体之间通过签订协议,约定转让资产使用权的时间、支付对价以及期满后的资产处理等内容的过程。因此,会计准则也常将租赁定义为一项协议。如《国际会计准则第17号——租赁》将租赁定义为,在一个议定的期间内,出租人将某项资产的使用权让与承租人,以换取一项或一系列支付的协议。《美国会计准则公告第13号——租赁》将租赁定义为,在一个规定的期间转让固定资产(土地和/或可折旧资产)的使用权的协议。我国《企业会计准则第21号——租赁》对租赁所下的定义为:租赁是指在约定的期间内,出租人将资产使用权让与承租人,以获取租金的协议。

租赁作为一项经济活动或一项协议,其主要特征有二,一是协议双方在租赁期内转移的是资产的使用权,而非资产的所有权,由此区别于资产所有权发生转移的资产买卖协议,以及资产的使用权不从合同的一方转移给另一方的服务合同,如劳务合同、运输合同、保管合同、仓储合同等;二是这种转移是有偿的,即使用权的转移以租金的收付为条件,从而有别于无偿提供使用权的借用合同。租赁的上述特征决定了租赁资产必须以资产所有权和使用权可相互分离为前提,能够将使用权单独转出和收回,因此,租赁的对象通常是机器、房屋建筑物以及土地等可供企业长期使用的固定资产等可辨认资产,而电影、文稿、专利和版权等项目的许可使用协议一般不属于租赁的范畴。

二、租赁的分类

租赁按照不同的标准,可以进行不同的分类,其中最基本和最重要的一种分类方式是按照租赁的目的进行分类。

(一)按租赁的目的分类

根据租赁的目的,以与租赁资产所有权相关的风险和报酬归属于出租人或承租人的程度为依据,可以将租赁分为融资租赁(Capital Leases)和经营租赁(Operating Leases)两大类别。如果实质上转移了与租赁资产所有权有关的全部风险和报酬,无论资产的所有权最终转移与否,该项租赁都为融资租赁;反之,则为经营租赁。这也是从会计核算角度来说最重要的一种租赁分类方式。国际会计准则以及英国会计准则即按与资产所有权有关的风险和报酬的转移将租赁分为融资租赁和经营租赁,我国会计准则也对租赁作了类似的分类。

可见,对租赁进行分类首先要理解与租赁资产所有权相关的风险和报酬的含义。所谓与资产所有权相关的风险,是指由于经营情况变化造成相关收益的变动,以及由于资产闲置或技术陈旧而发生的损失等;所谓与资产所有权相关的报酬,是指在资产可使用年限内直接使用资产而获得的经济利益、资产增值,以及处置资产所实现的收益等。对特定租赁项目而言,只有在实质上转移了与资产所有权有关的全部风险和报酬,才能认定为融资租赁,否则就应认定为经营租赁。

经营租赁主要是出于承租人经营上的临时需要,或季节性需要。在经营租赁下,租赁资产的所有权不转移,租赁期届满后,承租人只有退租或续租的选择权,而不存在优惠购买选择权;出租人保留了与资产使用权有关的大部分风险和报酬,租赁的租赁期一般也明显短于资产的使用年限。

在租赁的分类中,应该注意两个问题,其一,与资产所有权有关的风险和报酬的转移并不意味着所有权的必然转移。如果一项租赁的承租人在租赁资产使用寿命的大部分时期内,获得租赁资产在使用上的各种经济利益,同时,作为取得这项权利的代价,需支付大致相当于该项资产公允价值的金额和有关的财务费用;而出租人在资产使用寿命的大部分时期内让渡资产的使用权,同时取得相应的租金作为回报,那么,即便租赁资产最终归还给出租人,没有发生所有权的转移,由于此时这项资产的价值与其出租前相比已不重要,这项租赁也应认定为融资租赁。其二,租赁的分类应视租赁的经济实质而不是法律形式进行。一项租赁是否应认定为融资租赁,不在于租赁合同的形式,而应视出租人是否将资产所有权有关的风险和报酬转移给了承租人。如果实质上转移了与资产所有权有关的全部风险和报酬,那么,无论租赁合同的称谓如何,都应当将其认定为融资租赁。

(二) 按出租人取得租赁资产的来源和方式分类

按出租人租赁资产的来源为标准,租赁可以分为销售租赁(Sales-type Leases)、直接融资租赁(Direct Financing Leases)、售后租回(Sale-leaseback)、杠杆租赁(Leveraged Leases)和转租赁(Subleases)等。

1. 销售型租赁

顾名思义,是指具有销售性质的租赁,它是制造商或经销商营销商品的一条途径,即制造商或经销商作为出租人,将其制造或经销的商品以一定租金提供给承租人使用。在这种情况下,出租人获取的收益不仅含有融资收益,还包括产销差价或进销差价,即租赁开始日租赁资产的公允市价或最低租赁付款额的现值大于或小于资产的成本或账面价值。销售型租赁与分期付款方式较为接近,主要区别是前者的资产所有权没有转移,而后者的所有权发生了转移。

2. 直接融资租赁

是指出租人将自行购入的资产租给出租人、并收取租金的租赁业务。它在形式上与销售型租赁十分类似,主要的区别是在直接融资租赁中,出租人所赚取的主要是融资收益,换言之,在租赁开始日,租赁资产的公允价值等于该资产成本或账面价值。从事金融业务的出租人通常提供的是直接融资租赁。

3. 售后租回

又称回租租赁。它是一项特殊的租赁业务,是指卖主(即承租人)将一项自制或外购的资产出售后,又将该项资产从买主(即出租人)那里租回。在这种租赁方式下,卖主同时是承租人,买主同时是出租人。承租人通过售后回租,在不影响其对租赁资产的占有、使用和收益的前提下,将一次性的固定投入转化为未来的分次支出,可以既保证正常的生产经营活动,又有效缓解自身的资金压力,是一种灵活的租赁方式。售后租回也可以按照前述的分类标准划分为融资租赁和经营租赁。

4. 杠杆租赁

又称举债经营租赁。它是一种出租人以自筹加信贷方式筹措资金购置资产并对外出租形成的租赁。在这种租赁中,出租人一般只要投资20%—40%,即可获得租赁资产名义上的所有权,其余投资由银行等金融机构提供不可追索的贷款来解决,但出租人需以第一抵押权、租赁合同和收益租金的受让权作为借款担保。若出租人借贷成本低、收益租金高,即可获取较好的租赁收益。可见,这种租赁至少涉及三方当事人,即承租人、长期贷款人、出租人,而且这种租赁的出租人多为专业的租赁公司,租赁的方式同样也可分为融资租赁和经营租赁。

5. 转租租赁

它是指租赁中间人先向资产的所有者承租资产,再将资产出租给需要使用资产的承租人,从而构成有双层租赁关系的租赁行为。这种租赁业务的中间人一般是专门的租赁公司,它们从租入、租出资产之间的租金差额获取转租的收益。而租赁业作为一个特殊的行业,一方面是通过购入资产对外租赁取得收益,另一方面就要依靠转租租赁获取利润。

三、租赁的相关概念

租赁作为一类性质特殊且较为复杂的经济业务,有着一些特有的概念。在租赁业务的核算中,也会涉及一些特定的概念。明确这些概念的含义是掌握租赁业务特性及其会计核算的基础。

1. 租赁开始日

即租赁协议日与租赁各方就主要租赁条款做出承诺日中的较早者,它意味着租赁期的开始。租赁开始日是一个很重要的时点,在进行租赁业务的会计处理时,要在租赁开始日对租赁的类型做出判断,并以此日为基准计算或估计最低租赁付款额的现值、最低租赁收款额的现值以及资产余值等款项的数额,作为租赁资产入账的基础。

2. 租赁期

指租赁合同规定的不可撤销的租赁期间。所谓不可撤销,主要是从承租人角度来说的,即承租人一般不能撤销该项租赁,除非经出租人同意、或是承租人与出租人就同一资产或同类资产签订了新的租赁合同,或者是发生某些很少会出现的或有事项。进一步看,不可撤销也不意味着承租人完全没有撤销租赁合同的权利,如果发生了例如企业破产倒闭等特殊情况,或是承租人支付了一笔足够大的赔偿,该项租赁合同也可以撤销,但支付大额赔偿对于承租人来说是一种相当大的损失,因此他一般不会撤销合同。通常,租赁期与租赁合同中约定的租赁时间是一致的,但在某些情况下,二者也可能出现差异。如果租赁合同约定承租人有权选择期满继续租赁该资产,而且续租的租金预计将远低于其当时的正常租金,由此在租赁开始日就可以合理确定承租人未来将会续租资产,这时,续租期也应当包括在租赁期内;如果租赁合同规定承租人享有优惠购买选择权,而且购买价格预计将远低于其当时租赁资产的公允价值,由此在租赁开始日就可以合理确定承租人将会行使这种选择权,则租赁期应自租赁开始日起至约定的优惠购买选择权行使日止。

3. 资产余值

即租赁开始日估计的租赁期满时租赁资产的公允价值。资产余值按是否有担保分为担保余值和未担保余值两部分。担保余值是指得到担保的那部分资产余值,租赁期满能够保证收回。它对于承租人和出租人来说是不完全一致的,就承租人而言,担保余值是由承租人及与其有关的第三方担保的资产余值;就出租人而言,则不仅包括承租人或与其有关的第三方提供的担保,还包括独立于承租人和出租人、但在财务上有能力担保的第三方提供担保的资产余值。未担保余值则是指租赁资产余值中扣除就出租人而言的担保余值后的资产余值。由于未担保余值没有人提供担保,它的收回没有切实可靠的保证,最终将由出租人自身负担。

4. 最低租赁付款额

是指在租赁开始日就能够估计的租赁期内承租人应支付或可能被要求支付的各种款项(不包括或有租金和履约成本),加上由承租人或与其有关的第三方担保的资产余值。实际上,最低租赁付款额的主要内容就是租赁期内的租金总额以及就承租人而言的担保余值。但如果承租人有优惠购买租赁资产的选择权,而且购价预计将远低于行使选择权时租赁资产的公允价值,由此在租赁开始日就可以合理确定承租人将会行使这种购买权,那么购买价格也应当包括在最低租赁付款额以内。

5. 或有租金

是指其金额不固定、以时间长短以外的其他因素(如销售量、使用量、物价指数等)为依据计算的租金。在租赁合同中,可能约定在租赁期内根据生产经营的具体情况额外支付租金,如根据租赁资产所生产产品的销售比例、租赁资产的使用情况、亦或是根据物价指数等具体因素来计算支付的租金。这样的租金可能发生,但金额难以在租赁开始日准确确定,因而不包括在最低租赁付款额之中。

6. 履约成本

是指在租赁期内为租赁资产正常工作所支付的各种使用费用,如技术咨询和服务费、人员培训费、维修费、保险费等。它也不包括在最低租赁付款额中。

7. 最低租赁收款额

是指在租赁开始日能够预计的、租赁期内出租人能够收到的各种款项,加上就出租人而言的担保余值,它也等于最低租赁付款额加上独立第三方提供担保的资产余值。

8. 租赁内含利率

是指在租赁开始日,使最低租赁收款额的现值与未担保余值的现值之和等于租赁资产原账面价值的折现率。它实质上是出租人提供融资租赁实际获取的融资收益，也是承租人在融资租赁中实际负担的融资费用。

第二节 融资租赁

一、融资租赁的经济实质和具体标准

如前所述，融资租赁是指实质上转移了与资产所有权有关的全部风险和报酬的租赁。转移与资产所有权有关的全部风险和报酬，关键在于转移过程中所支付的代价和所获取的利益。也就是说，如果承租人承担支付大致等于租赁资产的公允价值和有关融资费用的责任，换取了在租赁资产大部分经济寿命内获得使用租赁资产的经济利益，就可以认定与资产所有权有关的全部风险和报酬发生了转移，由此可以认定为融资租赁。融资租赁的另一个特性在于它的“融资”特征，即承租人实质上是通过出租人的融资才取得资产的有关利益，因此要承担相应的利息费用，而利息费用以及资产价值都将通过未来租金的支付来体现。所以，融资租赁的经济结果是，承租人实质上取得一项资产，同时承担了包含资产价值和相关利息的一项债务；出租人转出一项资产，同时获得了未来收取资产对价和相关利息的债权。

根据融资租赁的经济实质，人们总结出一些判断融资租赁的具体标准，如租赁期届满时租赁资产所有权是否转移给承租人、承租人是否有优惠购买租赁资产的选择权、租赁期占租赁资产尚可使用年限的比例等。根据我国会计准则的规定，满足以下一项或数项标准的租赁，应当认定为融资租赁：

1. 在租赁期届满时，租赁资产的所有权转移给承租人。

2. 承租人有购买租赁资产的选择权，所订立的购价预计将远低于行使选择权时租赁资产的公允价值，因而在租赁开始日就可以合理确定承租人将会行使这种选择权。一般而言，购价远低于行使选择权时租赁资产的公允价值，可以按照低于公允价值的5%来衡量，这时购价只是象征性的，其实是一种名义购买价。

3. 即使资产的所有权不转让，其租赁期也占租赁资产使用寿命的大部分。“大部分”一般是指租赁期占租赁开始日租赁资产尚可使用年限的75%以上。但是，如果租赁资产在租赁开始日前已使用年限超过该资产全新时可使用年限的大部分(75%以上)，则该项标准不能用以判断租赁的类别。

4. 就承租人而言，租赁开始日最低租赁付款额的现值几乎相当于租赁开始日租赁资产原账面价值；就出租人而言，租赁开始日最低租赁收款额的现值几乎相当于租赁开始日租赁资产原账面价值。“几乎相当”一般是指

90%以上。

5. 租赁资产性质特殊，如果不作较大修整，只有承租人才能使用。即租赁资产具有专购专用的性质。

二、融资租赁的核算内容和基本规定

租赁业务包含租赁期内发生的一系列经济活动，这些经济活动都是会计要反映的对象。对于融资租赁而言，会计核算主要包括以下所述的具体内容。

（一）租赁开始日

1. 租赁类型的确定

融资租赁和经营租赁在经济实质及其经济结果上存在较大差异，会计核算也有着明显的区别。对于租赁业务的核算，首先应当判断租赁的类型，只有符合上述标准的租赁，才能按照融资租赁的原则和方法进行核算。租赁的类型应当在租赁开始日予以确定，而且对于同一项租赁，出租人和承租人所认定的租赁类型应当是一致的。

2. 租赁资产的转移

融资租赁中，虽然租赁资产的所有权在法律形式上没有转移，但与租赁资产所有权有关的全部风险和报酬发生了转移，资产已经由承租人实际控制，这时，会计上本着实质重于形式的原则，应当将租赁资产由出租人账上转出，记入承租人资产。资产转移过程中资产的计价是一个关键，按照我国会计准则的规定，出租人应按资产账面价值予以转出，承租人则应遵循谨慎原则，按资产原账面价值和最低租赁付款额二者中较低者入账。

3. 债权债务的发生

资产的转移伴随着对价的支付，租赁资产的转移则伴随着未来支付租金的义务，由此承租人承担了一项债务；相应地，出租人取得一项债权。由于在融资租赁中，出租人为承租人提供了融资，相应地要收取利息，因此债权债务的计价不仅要考虑资产的价值，还要考虑利息的因素。

4. 初始直接费用

初始直接费用是指承租人在租赁谈判和签订租赁合同过程中发生的，可归属于租赁项目的手续费、律师费、差旅费、印花税等初始直接费用。这样的费用应当计入租入资产价值。

（二）租赁期间

1. 租金的支付

租赁期内租金的逐期支付相当于债务的分期偿付，它将减少承租人的债务和出租人的债权。租金包含债务本金和利息两部分，即资产价值和融资费用两部分。

2. 融资费用和收益的分摊

伴随租金的逐期支付,承租人应在各期确认融资费用,出租人则要确认相应的融资收益。融资费用或收益在各期的确认和分摊可以采用实际利率法、直接法以及年数总和法等。

3. 租赁资产的折旧

融资租赁一般都是固定资产租赁,需要按期计提折旧。由于租赁资产实际已成为承租人的资产,因此应当由承租人计提折旧。租赁资产的折旧政策应与承租人自有资产的折旧政策相一致,折旧年限则应当视情况按租赁期或资产尚可使用年限确定。

4. 或有租金和履约成本

在租赁期内发生的或有租金应当在发生当期计入费用;就为了保证资产正常使用而发生的履约成本而言,其中受益期较长的资产改良支出、人员培训费等,可以按照受益期间进行递延和分摊,金额较小的经常性支出,如修理费、保险费等则可以直接计入当期费用。

(三) 租赁期满

租赁期满时,租赁资产的处理有三种情况:返还、续租和留购。承租人和出租人应当根据具体情况,记录可能发生的资产转移和债权、债务清结。

三、承租人的会计处理

(一) 租赁资产和相应负债的确认和计价

融资租赁的承租人以承担未来支付租金等款项的义务为代价,取得租赁资产大部分经济寿命中的经济利益,只有将这一租赁业务反映在资产负债表中,才能完整、恰当地反映其所拥有和控制的经济资源以及所承担的经济责任。因此,在租赁开始日,承租人应当将租赁资产在表内确认,同时确认一笔未来支付租赁款项的负债。按照实际成本原则,租赁资产的入账价值应当是对未来租赁付款额的资本化,它可以通过最低租赁付款额在租赁开始日的现值加以确定。根据国际会计准则的规定,承租人应当根据最低租赁付款额的现值确认租赁资产,但如果最低租赁付款额的现值高于租赁资产的公允价值,按照谨慎原则,承租人应当按照租赁资产的公允价值进行资产的计价。我国会计准则规定,在租赁期开始日,承租人应当将租赁开始日租赁资产公允价值与最低租赁付款额现值两者中较低者作为租入资产的入账价值,将最低租赁付款额作为长期应付款的入账价值,其差额作为未确认融资费用。承租人以最低租赁付款额的现值和租赁资产原账面价值中较低者作为资产入账的价值。

承租人租赁资产的取得伴随着其负债的增加,租赁开始日也需要进行负债的确认,但对于负债的计价,国际会计准则与我国会计准则的规定也存在着差异。按照国际会计准则的要求,承租人的负债应以与租赁资产相同的金额在资产负债表内予以确认。而按照我国会计准则的要求,承租人应按照最低租赁付款额确认一项长期负债;资产和负债入账价值的差额由于主要是因融资租赁而承担的、未来要支付的利息费用,因此被列入未确认融资费用而单独进行处理。

由于最低租赁付款额的现值是确定资产入账价值和未确认融资费用的关键,确定计算最低租赁付款额现值的折现率就显得非常重要。对于折现率的确定,我国会计准则也作出了规定,如果承租人知悉出租人的租赁内含利率,应当采用内含利率作为折现率;否则,应当采用租赁合同规定的利率作为折现率;如果租赁内含利率和租赁合同规定的利率均无法知悉,应当采用同期银行贷款利率作为折现率。

【例 11-1】 2005 年 12 月 1 日,A 公司与租赁公司签订了一份租赁合同。合同主要条款如下:

1. 租赁标的物:某产品生产线。
2. 起租日:2006 年 1 月 1 日。
3. 租赁期:2006 年 1 月 1 日—2008 年 12 月 31 日,共 3 年。
4. 租金支付方式:每年年初支付租金 108 000 元。
5. 租赁期届满时该生产线的估计余值:46 800 元。其中:由 A 公司担保的余值为 40 000 元;未担保余值为 6 800 元。
6. 该生产线的维护等费用由 A 公司自行承担,每年 10 000 元。
7. 该生产线在 2006 年 1 月 1 日的账面价值亦即其公允价值,为 334 000 元。
8. 租赁合同规定的年利率为 6%。
9. 该生产线估计使用年限为 6 年。承租人采用年数总和法计提折旧。
10. 2008 年 12 月 31 日,A 公司将该生产线交回租赁公司。

此外,假设该生产线占 A 公司资产总额的 30% 以上,且不须安装。

承租人(A 公司)在租赁开始日的会计处理如下:

第一步,判断租赁类型。

由于最低租赁付款额的现值 339 564 元(计算见后)大于租赁资产原账面价值 334 000 元的 90% 即 300 600 元(334 000 元 ×90%),符合融资租赁第 4 条判断标准,所以这项租赁应当认定为融资租赁。

最低租赁付款额 = 各期租金之和 + 承租人担保的资产余值

= 108 000 × 3 + 40 000 = 364 000 元

第二步,计算租赁开始日最低租赁付款额的现值,确定租赁资产入账价值。

由于承租人不知悉出租人的租赁内含利率,所以选择租赁合同规定的利率 6% 作为折现率。

计算现值的过程如下:

每年年初支付租金 108 000 元,三年租金的现值 = 108 000 + 108 000 × PA(2,6%) = 108 000 + 108 000 × 1.833 = 305 964 元

担保余值 40 000 元的复利现值 = 40 000 × PV(3,6%)

= 40 000 × 0.84 = 33 600 元

现值合计 = 305 964 + 33 600 = 339 564 元 > 334 000 元

由于最低租赁付款额的现值 339 564 元高于资产原账面价值 334 000 元,根据孰低原则,租赁资产的入账价值应为其原账面价值。

第三步,计算未确认融资费用。

未确认融资费用 = 最低租赁付款额 - 租赁开始日资产的入账价值

= 364 000 - 334 000 = 30 000 元

会计分录:

2001 年 1 月 1 日:

借:固定资产——融资租入固定资产　　334 000

　未确认融资费用　　30 000

　贷:长期应付款——应付融资租赁款　　364 000

(二) 租金的支付和融资费用的分摊

租赁期内租金的逐期支付相当于债务的分期偿付,它将减少承租人的负债。租金既包括租赁资产的价值,也包括因融资租赁而承担的利息费用,这些利息费用应当伴随租金的支付在租赁期内的各个会计期间予以确认。按照我国会计准则的规定,在租赁开始日确定的未确认融资费用将在租赁期内分摊确认,分摊时应采用实际利率法。而按照国际会计准则的规定,在租赁开始日并不确认“未确认融资费用”,租金要按比例分摊计入融资费用并减少尚未结算的负债;此外,国际会计准则还要求融资费用的分摊应使各期的负债余额承担一个固定的利率,这实际要求按照实际利率法进行分摊。

承前例,在租赁期内各年支付租金并分摊融资费用。

1. 租金的支付

2006—2008 年每年 1 月 1 日支付租金:

借：长期应付款——应付融资租赁款　　108 000

　贷：银行存款　　108 000

2. 融资费用的分摊

首先，确定融资费用分摊率。

由于租赁资产入账价值为其原账面价值，因此应重新计算融资费用分摊率，该分摊率应当使租赁开始日最低租赁付款额的现值等于租赁开始日租赁资产的原账面价值。

即：$108\,000 \times PA(2,r) + 108\,000 + 40\,000 \times PV(3,r) = 334\,000$ 元

分摊率的计算可在多次测试的基础上，运用插值法加以确定。

当 $r = 7\%$ 时：

$$108\,000 \times (1.808 + 1) + 40\,000 \times 0.816 = 335\,904(\text{元}) > 334\,000\text{元}$$

当 $r = 8\%$ 时：

$$108\,000 \times (1.783 + 1) + 40\,000 \times 0.794 = 332\,324(\text{元}) < 334\,000\text{元}$$

因此，$7\% < r < 8\%$。用插值法计算如下：

$$(335\,904 - 334\,000)/(335\,904 - 332\,324) = (7\% - r)/(7\% - 8\%)$$

$r = 7.53\%$

即，融资费用分摊率为 7.53%。

其次，采用实际利率法，在租赁期内分摊未确认融资费用，见表 11-1。

表 11-1　未确认融资费用分摊表（实际利率法）

日期	租金	确认的融资费用	应付本金减少额	应付本金余额
①	②	③ = 期初⑤ × 7.53%	④ = ② - 上期③	期末⑤ = 期初⑤ - ④
(1) 2006 年 1 月 1 日				334 000
(2) 2006 年 1 月 1 日	108 000		108 000	226 000
(3) 2006 年 12 月 31 日		17 017.8		226 000
(4) 2007 年 1 月 1 日	108 000		90 982.2	135 017.8
(5) 2007 年 12 月 31 日		10 166.8		135 017.8
(6) 2008 年 1 月 1 日	108 000		97 833.2	37 184.6
(7) 2008 年 12 月 31 日		2 815.4*	-2 815.4	40 000
合计	3 240 000	30 000	294 000	40 000

* 做尾数调整：2 815.4 元 = 40 000 元 - 37 184.6 元。

会计分录如下：

2006 年 12 月 31 日，确认本年应分摊的融资费用：

借：财务费用　　17 017.8

　贷：未确认融资费用　　17 017.8

2007 年 12 月 31 日，确认本年应分摊的融资费用：

借：财务费用　　10 166.8

　贷：未确认融资费用　　10 166.8

2008 年 12 月 31 日，确认本年应分摊的融资费用：

借：财务费用　　2 815.4

　贷：未确认融资费用　　2 815.4

至租赁期满的 2008 年 12 月 31 日，未确认融资费用已全部分摊完毕，相应账户余额减记至零。

以上是按照我国会计准则进行的会计处理，如果按照国际会计准则的规定，有关的会计分录如下：

2006 年 1 月 1 日，确认租赁资产和相应的债务：

借：固定资产——融资租入固定资产　　334 000

　贷：长期应付款——应付融资租赁款　　334 000

2006 年，支付第一年的租金并分摊一定的融资费用：

借：长期应付款——应付融资租赁款　　90 982.2

　财务费用　　17 017.8

　贷：银行存款　　108 000

2007 年，支付第二年的租金并分摊一定的融资费用：

借：长期应付款——应付融资租赁款　　97 833.2

　财务费用　　10 166.8

　贷：银行存款　　108 000

2008 年，支付第三年的租金并分摊一定的融资费用：

借：长期应付款——应付融资租赁款　　105 184.6

　财务费用　　2 815.4

　贷：银行存款　　108 000

（三）租赁资产计提折旧

承租人融资租入一项固定资产后，应当对其计提折旧，折旧政策应与承租人自有资产的折旧政策相一致。如果承租人或与其有关的第三方对租赁资产余值提供了担保，则应计折旧总额为租赁开始日固定资产的入账价值扣除担保余值后的余额；如果承租人或与其有关的第三方没有对租赁资产余值提供担保，则应计折旧总额为租赁开始日固定资产的人账价值。关于折旧年限，能够合理确定租赁期满时将会取得租赁资产所有权的，应当在租赁资产尚可使用年限内计提折旧；无法合理确定租赁期满时能够取得租赁资产所有权的，应当在租赁期和租赁资产尚可使用年限两者中较短的期间内计提折旧。

承前例，由于在租赁开始日，无法合理确定租赁期满时能够取得租赁生产线的所有权，而生产线的估计使用年限为6年，租赁期为3年，公司应当按照其中较短者3年计提生产线的折旧。采用年数总和法计提折旧见表11-2。

表11-2　固定资产折旧计提表

日期	固定资产原价	担保余值	折旧率*	当年折旧费	固定资产净值
(1) 2006年1月1日	334 000	40 000			294 000
(2) 2006年12月31日			3/6	147 000	187 000
(3) 2007年12月31日			2/6	98 000	89 000
(4) 2008年12月31日			1/6	49 000	40 000
合计	334 000	40 000	1	294 000	

会计分录：

2006年，计提本年折旧：

借：制造费用——折旧费　　147 000

　贷：累计折旧　　147 000

2007年，计提本年折旧：

借：制造费用——折旧费　　98 000

　贷：累计折旧　　98 000

2008年，计提本年折旧：

借：制造费用——折旧费　　49 000

　贷：累计折旧　　49 000

(四) 租赁相关费用和支出

在租赁业务中，除租金的支付外，承租人还可能发生一些相关的费用，主要是租赁期内应当计入租入资产价值的初始直接费用；再就是按照销售百分比、资产使用量等具体因素支付的或有租金。按照我国会计准则的规定，或有租金等一般在发生的当期计为费用，对于资产的其他费用也应当计入相关费用。

承前例，各年支付该生产线的维护费，会计分录如下：

借：制造费用　　10 000

　贷：银行存款　　10 000

（五）租赁期满

租赁期满时，租赁资产的处理有三种情况：返还、续租和留购。承租人须根据实际情况，记录可能发生的资产转移和债权、债务清结。

1. 返还

租赁期满，承租人向出租人返还租赁资产时，应减少公司资产，同时结清债务。

承前例，2008 年 12 月 31 日，公司将生产线退还租赁公司。

在支付了三年租金后，公司的“长期应付款”账户余额即担保余值 40 000 元，在返还生产线后，公司的债务全部结清，会计分录如下：

借：长期应付款——应付融资租赁款　　40 000

　累计折旧　　294 000

　贷：固定资产——融资租入固定资产　　334 000

如果在租赁期满生产线已经报废，公司应就其提供的担保向租赁公司支付相应的款项，会计分录如下：

借：长期应付款——应付融资租赁款　　40 000

　贷：银行存款　　40 000

2. 优惠续租

如果承租人行使优惠续租选择权，则视同该项租赁一直存在进行会计处理；如果租赁期满没有续租，根据租赁合同承租人须向出租人支付违约金时，应将其计入当期“营业外支出”核算。

3. 留购

如果承租人享有并行使优惠购买选择权，应当在行权支付价款时，结清债务，同时将固定资产进行重新分类，将其由“融资租入固定资产”明细科目转至其他有关明细科目。

（六）相关信息披露

按照我国会计准则的要求，承租人应在财务报告中（主要是在财务报表附注中）披露与融资租赁有关的事项，主要包括：

1. 各类租入固定资产的期初和期末原价、累计折旧额。

2. 资产负债表日后连续三个会计年度每年将支付的最低租赁付款额，

以及以后年度将支付的最低租赁付款额总额。

3. 未确认融资费用的余额,以及分摊未确认融资费用所采用的方法。

承前例,假定A公司无其他租赁事项,其2006年12月31日资产负债表及附注的相关内容如下。

表11-3　资产负债表(局部)

2006年12月31日　　单位:元

资产	年末数	负债和所有者权益	年末数
固定资产:		流动负债:	
固定资产原价	1 500 000	一年内到期的长期负债	90 982.2*
其中:融资租入固定资产	334 000	长期负债:	
		长期应付款	135 017.8
		其中:应付融资租赁款	135 017.8**

* 90 982.2元=2007年应支付的租金108 000元-2006年应分摊的融资费用17 017.8元;

** 137 833.2元="长期应付款——应付融资租赁款"科目的年末余额256 000元-"未确认的融资费用"年初余额30 000元-90 982.2元=135 017.8元。

财务报表附注:

1. 融资租入固定资产系2006年1月1日从租赁公司租入的生产线,该生产线的账面原值334 000元,累计折旧为147 000元,账面净值为187 000元。

2. 资产负债表日后连续三个会计年度每年将支付的最低租赁付款额及以后年度将支付的最低租赁付款额总额:

项目	会计年度	金额(元)
最低租赁付款额	2007年	108 000
	2008年	148 000*
	以后年度	0
最低租赁付款额总额		256 000

3. 未确认融资费用的余额为12 982.2元。

4. 采用实际利率法分摊未确认的融资费用。

* 148 000=2008年应支付的租金108 000元+担保余值40 000元。

四、出租人的会计处理

(一)租赁资产的转出和相应债权的确认

融资租赁中,伴随租赁资产与所有权有关的风险和报酬的转移,出租人实际控制的资产减少，同时获得一项对承租人的债权。因此，在租赁开始日，出租人要在判断租赁类型的基础上，记录资产的转出和债权的增加。按照我国会计准则的要求，对于租赁资产的转出，一般按照资产的账面价值进行记录，租赁资产公允价值与其账面价值如有差额，应当计入当期损益。对于债权的确认，则应按租赁开始日最低租赁收款额予以确认；同时，还要确认租赁资产的未担保余值；对于资产公允价值与租赁开始日最低租赁收款额与未担保余值之和的差额，应确认为未实现融资收益，它是出租人提供融资租赁要收取的利息。应指出的是，根据内含利率的定义，就出租人来说，资产的账面价值等于最低租赁收款额和未担保余值按照内含利率折现的现值之和，因此，租赁开始日确认的未实现融资收益金额也可以表述为最低租赁收款额和未担保余值之和与二者现值之和的差额。

对于出租人的会计核算，国际会计准则的规定也与我国存在一定差异。与承租人租赁债务的入账金额相对应，国际会计准则要求出租人的债权按照租赁项目的投资净额进行确认，投资净额即出租人的最低租赁收款额与未担保余值之和，减去未实现的融资收益，即最低租赁收款额和未担保余值按照内含利率折现的现值之和。这意味着，在租赁开始日，国际会计准则并不对未实现融资收益加以确认，这部分融资收益将伴随租金的支付逐期确认。

承【例 11-1】，按照我国会计准则，租赁公司在租赁开始日的会计处理如下：

首先，判断租赁类型。本例中，租赁开始日最低租赁收款额的现值为 328 767.2 元，大于租赁资产价值的 90%（334 000 × 90% = 300 600 元），符合融资租赁第 4 条判断标准，因此，这项租赁应认定为融资租赁。

最低租赁收款额及其现值的计算如下：

最低租赁收款额 = 最低租赁付款额 + 第三方担保的余值

= 各期租金之和 + 承租人担保的资产余值

+ 第三方担保的资产余值

= (108 000 × 3 + 40 000) + 0 = 364 000 元

计算最低租赁收款额的现值，需要计算租赁内含利率 R。根据第一节中租赁内含利率的定义，它应使：最低租赁收款额的现值 + 未担保余值的现值 = 租赁资产原账面价值，即：

$$108\,000 \times PA(2,R) + 108\,000 + 40\,000 \times PV(3,R) + 6\,800 \times PV(3,R)$$

$$= 334\,000 \text{ 元（租赁资产的原账面价值）}$$

由此：$108\,000[PA(2,R)+1] + 46\,800 \times PV(3,R) = 334\,000$ 元

当 $R=10\%$ 时：

$$108\,000\times(1.736+1)+46\,800\times0.751=330\,634.8(\text{元})<334\,000\text{元}$$

当 $R=9\%$ 时：

$$108\,000\times(1.759+1)+46\,800\times0.772=334\,101.6(\text{元})>334\,000\text{元}$$

因此，$9\%<R<10\%$。用插值法计算如下：

$$(334\,101.6-334\,000)/(334\,101.6-330\,634.8)=(9\%-R)/(9\%-10\%)$$

$R=9.03\%$

最低租赁收款额的现值

$=108\,000+108\,000+\text{PA}(2,9.03\%)+40\,000\times\text{PV}(3,9.03\%)$

$=108\,000\times(1+1.7584)+40\,000\times0.7715=328\,767.2$ 元

租赁开始日的会计处理如下：

借：应收融资租赁款——A 公司　　364 000
　　未担保余值　　6 800
　贷：融资租赁资产　　334 000
　　　递延收益——未实现融资收益　　36 800

（二）租金的收取和融资收益的确认

对于出租人来说，租赁期内租金的逐期收取相当于债权的分期收回，租金既包括租赁资产的价值，也包括因提供融资租赁收取得的利息收入，这些利息收入应当伴随租金的收取在租赁期内的各个会计期间予以确认。按照我国会计准则的规定，在租赁开始日确定的未实现融资费用将在租赁期内分摊确认。同承租人的未确认融资费用一样，出租人应当采用实际利率法计算当期应确认的融资收入。在采用实际利率法进行分摊时，所依据的利率即出租人的租赁内含利率。

在国际会计准则中，在租赁开始日并不确认“未实现融资费用”，出租人收取的租金按比例分别计入各期的融资收益并减少尚未结算的债权；此外国际会计准则要求融资收益的确认应使出租人在融资租赁中的未收回投资净额在每个期间实现固定回报率，这实际要求按照实际利率法进行收益的分摊。

承前例，在租赁期内各年收取租金并分摊融资收益。

2006—2008 年每年 1 月 1 日，收到租金时：

借：银行存款　　108 000
　贷：应收融资租赁款——A 公司　　108 000

采用实际利率法分配未实现融资收益。计算租赁期内各期应分配的未实现融资收益,见表 11-4。

表 11-4 未实现融资收益分配表(实际利率法)

日期	租金	确认的融资收入	租赁投资净额减少额	租赁投资净额余额
①	②	③ = (期初⑤ - ②) × 9.03%	④ = ② - ③	⑤ = 期初⑤ - ④
(1) 2006 年 1 月 1 日				334 000
(2) 2006 年 1 月 1 日	108 000		108 000	226 000
(3) 2006 年 12 月 31 日		20 407.8		226 000
(4) 2007 年 1 月 1 日	108 000		87 592.2	138 407.8
(5) 2007 年 12 月 31 日		12 498.2		138 407.8
(6) 2008 年 1 月 1 日	108 000		95 501.8	42 906
(7) 2008 年 12 月 31 日		3 894*	-3 894	46 800
合计	324 000	36 800	287 200	46 800

* 做尾数调整:3 894 元 = 46 800 元 - 42 906 元。

确认融资收益的会计分录:

2006 年 12 月 31 日,确认融资租赁收入:

借:递延收益——未实现融资收益　　20 407.8

　贷:主营业务收入——融资租赁收入　　20 407.8

2007 年 12 月 31 日,确认融资租赁收入:

借:递延收益——未实现融资收益　　12 498.2

　贷:主营业务收入——融资租赁收入　　12 498.2

2008 年 12 月 31 日,确认融资租赁收入:

借:递延收益——未实现融资收益　　3 894

　贷:主营业务收入——融资租赁收入　　3 894

以上是按我国会计准则进行的会计处理,若按照国际会计准则,则有关的会计分录可能会有下述情况。

租赁开始日,资产转出和债权的确认:

借:应收融资租赁款——A 公司　　327 200

　　未担保余值　　6 800

　贷:融资租赁资产　　334 000

2006 年,确认融资收入:

借:银行存款　　108 000

　贷:应收融资租赁款——A 公司　　87 592.2

主营业务收入——融资租赁收入 20 407.8

2007 年 12 月 31 日,确认融资租赁收入:

借:银行存款 108 000

贷:应收融资租赁款——A 公司 95 501.8

主营业务收入——融资租赁收入 12 498.2

2008 年 12 月 31 日,确认融资租赁收入:

借:银行存款 108 000

贷:应收融资租赁款——A 公司 104 106

主营业务收入——融资租赁收入 3 894

(三) 未担保余值的估价变动

我国会计准则规定,出租人应当至少于每年年度终了,对未担保余值进行复核。未担保余值增加的,不作调整。有证据表明未担保余值已经减少的,应当重新计算租赁内含利率,将由此引起租赁投资净额的减少,计入当期损益;以后各期根据修正后的租赁投资净额(租赁投资净额是融资租赁中最低租赁收款额及未担保余值之和与未实现融资收益之间的差额)和重新计算的租赁内含利率确认融资收入。已确认损失的未担保余值得以恢复的,应当在原已确认的损失金额内转回,并重新计算租赁内含利率,以后各期根据修正后的租赁投资净额和重新计算的租赁内含利率确认融资收入。

承前例,假设 2006 年 12 月 31 日,租赁公司对未担保余值进行定期审核时,发现该生产线的未担保余值发生了永久性减少,未担保余值由 6 800 元降为 2 800 元。

针对此种情况,出租人应重新计算其租赁内含利率,由此引起的租赁投资净额的减少应确认为当期损失,并在 2007 年和 2008 年根据修正后的租赁投资净额和重新计算的租赁内含利率确定融资收益。

第一步,重新计算租赁内含利率:

最低租赁收款额 + 未担保余值

$= (108\,000 \times 3 + 40\,000) + 2\,800 = 366\,800$ 元

最低租赁收款额现值 + 未担保余值现值

$= 108\,000\mathrm{PA}(2, R') + 108\,000 + 40\,000\mathrm{PV}(3, R') + 2\,800\mathrm{PV}(3, R')$

$= 108\,000(\mathrm{PA}(2, R') + 1)$

$+ 42\,800\mathrm{PV}(3, R')$

原账面价值 = 334 000 元

因此有:$108\,000(\mathrm{PA}(2, R') + 1) + 42\,800\mathrm{PV}(3, R') = 334\,000$

当 $R'=9\%$ 时：

$$108\,000\times(1.759+1)+42\,800\times0.772$$
$$=331\,013.6(\text{元})<334\,000\text{ 元}$$

当 $R'=8\%$ 时：

$$108\,000\times(1.783+1)+42\,800\times0.794$$
$$=334\,547.2(\text{元})>334\,000\text{ 元}$$

因此，$8\%<R'<9\%$。用插值法计算如下：

$$(334\,547.2-334\,000)/(34\,547.2-331\,013.6)$$
$$=(8\%-R')/(8\%-9\%)$$

$R'=8.15\%$

即，修正后的租赁内含利率为 8.15%。

第二步，计算未实现融资收益：

未实现融资收益 =（最低租赁付款额 + 未担保余值）

－（最低租赁收款额的现值 + 未担保余值的现值）

= 366 800 － 334 000 = 32 800 元

第三步，进行相关数据的计算：

即计算因未担保余值发生永久性减少而引起的租赁投资净额的减少额，并重新计算租赁期内各期应分配的融资收益。具体内容见表 11-5。

表 11-5 未实现融资收益分配表（实际利率法）

日期	租金	确认的融资收入	租赁投资净额减少额	当期确认的损失	租赁投资净额余额
①	②	③ =（期初⑥ －②）× 8.15%	④ = ② － ③	⑤	⑥ = 期初⑥ － ④
(1) 2006 年 1 月 1 日					334 000
(2) 2006 年 1 月 1 日	108 000		108 000		226 000
(3) 2006 年 12 月 31 日		18 419*		1 988.8**	
(4) 2007 年 1 月 1 日	108 000		89 581		136 419
(5) 2007 年 12 月 31 日		11 118.1			
(6) 2008 年 1 月 1 日	108 000		96 881.9		39 537.1
(7) 2008 年 12 月 31 日		2 862.9***	－2 862.9		42 800
合计	324 000	32 400	291 200	1 988.8	

* 18 419 = 226 000 × 8.15%；

** 1 988.8 = 20 407.8 － 18 419（20 407.8 为已确认融资收入，计算见表 11-4）；

*** 做尾数调整：2 862.9 = 42 800 － 39 537.1。

第四步，编制会计分录：

收取租金的会计分录同前，有关融资收入和未担保余值的相关分录如下：

2006年12月31日，确认融资租赁收入：

借：递延收益——未实现融资收益 20 407.8

贷：主营业务收入——融资租赁收入 20 407.8

2006年12月31日，调整未担保余值和未实现融资收益：

借：递延收益——未实现融资收益 4 000

贷：未担保余值 4 000

2006年12月31日，确认未担保余值发生永久性减少所产生的损失：

借：营业外支出 1 988.8

贷：递延收益——未实现融资收益 1 988.8

2007年12月31日，确认融资租赁收入：

借：递延收益——未实现融资收益 11 118.1

贷：主营业务收入——融资租赁收入 11 118.1

2008年12月31日，确认融资收入：

借：递延收益——未实现融资收益 2 862.9

贷：主营业务收入——融资租赁收入 2 862.9

（四）租赁期内发生的初始直接费用和收取的或有租金

出租人同承租人一样，可能在租赁谈判和合同签订中发生印花税、佣金、律师费、差旅费、谈判费等初始直接费用，根据我国会计准则的规定，出租人发生的初始直接费用应当与最低租赁收款额一起确认为应收融资租赁款的入账价值；而或有租金则应当在实际发生时计入当期损益。比如，出租人若在融资租赁下收到或有租金，就应在实际发生时贷记“主营业务收入——融资租赁收入”等账户。

（五）租赁期满

租赁期届满时，出租人同样面临租赁资产返还、续租和留购等三种情况，出租人应区别情况进行会计处理：

1. 租赁期届满

这时，承租人将租赁资产交还出租人。这时有可能出现四种情况：

（1）存在担保余值，不存在未担保余值。在这种情况下，出租人收到承租人交还的租赁资产时，借记“融资租赁资产”科目，贷记“应收融资租赁款”科目。

（2）存在担保余值，同时存在未担保余值。在这种情况下，出租人收到承租人交还的租赁资产时,借记“融资租赁资产”科目,贷记“应收融资租赁款”、“未担保余值”等科目。

(3) 存在未担保余值,不存在担保余值。在这种情况下,出租人收到承租人交还的租赁资产时,借记“融资租赁资产”科目,贷记“未担保余值”科目。

(4) 担保余值和未担保余值均不存在。在这种情况下,出租人无须作账务处理,只需作相应的备查登记。

2. 优惠续租租赁资产

如果承租人行使优惠续租选择权,则出租人应视同该项租赁一直存在而做出相应的账务处理;如果租赁期届满时承租人没有续租,根据租赁合同规定应向承租人收取违约金时,借记“其他应收款”科目,贷记“营业外收入”科目。同时,将收回的租赁资产按上述规定进行处理。

3. 留购租赁资产

租赁期届满时,承租人行使了优惠购买选择权。出租人应按收到的承租人支付的购买资产的价款,借记“银行存款”等科目,贷记“应收融资租赁款”科目。

承前例,租赁期内,若生产线未担保余值没有发生减少,2008 年 12 月 31 日,租赁公司收回该生产线,会计处理如下:

借:融资租赁资产	40 000	
贷:应收融资租赁款——A 公司		40 000
借:融资租赁资产	6 800	
贷:未担保余值		6 800

(六) 财务报告中的列示与披露

按照我国会计准则的要求,出租人应在财务报告中(主要是在财务报表附注中)披露与融资租赁有关的事项,主要包括:

1. 资产负债表日后连续三个会计年度每年将收到的最低租赁收款额,以及以后年度将收到的最低租赁收款额总额;

2. 未实现融资收益的余额,以及分摊未实现融资收益所采用的方法。

承前例,假定租赁公司无其他租赁事项,2006 年 12 月 31 日的资产负债表(局部)及附注见表 11-6。

表 11-6　资产负债表(局部)

2006 年 12 月 31 日

资产	期末数	负债和所有者权益	期末数
流动资产:			
银行存款	108 000		
长期资产:			
未担保余值	6 800		
应收融资租赁款	219 200*		

* 219 200 元 =“应收融资租赁款”科目的期末余额 256 000 元 -“递延收益——未实现融资收益”科目期初余额 36 800 元。

财务报表附注:

1. 资产负债表日后连续三个会计年度每年将收到的最低租赁收款额及以后年度将收到的最低租赁收款额总额:

项目	会计年度	金额(元)
最低租赁收款额	2007 年	108 000
	2008 年	148 000*
	以后年度	0
最低租赁收款额总额		256 000

2. 未实现融资收益的余额为 16 392.2 元。

3. 采用实际利率法分配未实现融资收益。

第三节　经 营 租 赁

一、经营租赁的核算内容和基本规定

经营租赁在风险和报酬转移方面与融资租赁存在实质区别,按照实质重于形式的原则,其会计核算相应也存在明显差异。

(一) 租赁资产的转移

与融资租赁不同,经营租赁中租赁资产只是实体暂时转移,与所有权有关的风险和报酬没有转移,因此,租赁资产的转移不需要在表内反映。但承租人应当将通过租赁取得的资产在表外账户进行登记,以反映和监督租赁资产的使用;出租人也应将租赁资产记入单独的明细账户进行反映。

(二) 租金的收付

租金收付是经营租赁业务会计处理的主要内容。在经营租赁中,承租人没有实际控制或拥有租赁资产，资产不在表内确认，支付的租金也不须资本化，只需将租金确认为租赁期内各期的费用。相应地，出租人也应在租赁期内各个期间将收取的租金直接确认为业务收入。

（三）租赁相关费用

经营租赁同样会发生印花税、佣金、律师费、差旅费以及修理费、培训费等初始直接费用。与融资租赁不同的是，在经营租赁中，承租人和出租人发生的初始直接费用应当在发生当期确认为费用。经营租赁关于或有租金的会计处理则与融资租赁一样，承租人支付的或有租金在发生当期确认为费用，出租人收取的或有租金确认为当期收入。此外，对于固定资产租赁来说，由于租赁资产与所有权有关的风险和报酬仍然留在出租人一方，应当由出租人按期计提固定资产折旧。

（四）相关会计信息披露

关于经营租赁的信息披露，应当遵循重要性原则，承租人应当对重大的经营租赁作如下披露：(1) 资产负债表日后连续三个会计年度每年将支付的不可撤销经营租赁的最低租赁付款额。(2) 以后年度将支付的不可撤销经营租赁的最低租赁付款额总额。

经营租赁的出租人应当按资产的性质，将用作经营租赁的资产包括在资产负债表上的相关项目内；同时，出租人应当按照资产类别披露租出资产在资产负债表日的账面价值。账面价值是指原值扣除已提折旧和已确认减值后的净值；如果租出资产进行了摊销，应披露其摊余价值。

二、承租人的会计处理

经营租赁中，承租人的会计处理主要是租金的费用化，具体一点说，就是所付租金在租赁期内的各个会计期间进行分摊确认。我国会计准则规定，承租人应当将租金在租赁期内的各个期间按直线法确认为费用；如果其他方法更合理，也可以采用其他方法，比如根据租赁资产的使用量来确认租金费用。承租人确认的租金费用，可按实际情况记入“营业费用”、“管理费用”或“制造费用”等科目。

某些情况下，出租人可能对经营租赁提供一些激励措施，如免租期、承担承租人的某些费用等。按照实质重于形式的原则，在出租人提供了免租期的情况下，承租人应将租金总额在整个租赁期内，而不是在租赁期扣除免租期后的期间内进行分摊；在出租人承担了承租人的某些费用的情况下，承租人应将该费用从租金总额中扣除，将实际承担的租金额在租赁期内进行分摊。

【例11-2】　2006年1月1日，甲公司从乙公司租入全新办公用房一套，租期为3年。办公用房原账面价值为600000元，预计使用年限为25年。租赁合同规定，租赁开始日甲公司向乙公司一次性预付租金24000元，第一年年末支付租金20000元，第二年年末支付租金20000元，第三年年末支付租金5000元。租赁期满后预付租金不退回，乙公司收回办公用房使用权。

分析：在该项租赁业务中，办公用房是临时的使用权转移，承租人没有实际拥有或控制该房产，租赁合同的约定也不符合融资租赁的任何一条标准，因此，应将其作为经营租赁进行会计处理。对于承租人而言，确认各期租金费用时，不能按各期实际支付的租金额来确定，而应按直线法在租赁期内平均分摊租金总额。此项租赁租金总额为69000元（24000 + 20000 + 20000 + 5000），按直线法计算，三年租赁期内每年应分摊的租金为23000元。

承租人（甲公司）的会计分录为：

2006年1月1日：

借：长期待摊费用	24000	
贷：银行存款		24000

2006年12月31日：

借：管理费用——租赁费	23000	
贷：银行存款		20000
长期待摊费用		3000

2007年12月31日：

借：管理费用——租赁费	23000	
贷：银行存款		20000
长期待摊费用		3000

2008年12月31日：

借：管理费用——租赁费	23000	
贷：银行存款		5000
长期待摊费用		18000

三、出租人的会计处理

与承租人租金的费用化相对应，经营租赁中，出租人应当将租金在租赁期内的各个期间按直线法确认为收入；当然，如果其他方法更合理，也可以采用其他方法。同样，如果出租人提供了免租期或承担了承租人的某些费用，应当将租金总额扣除这部分费用后的余额，在包含免租期在内的整个租赁期内进行分摊。

对于经营租赁的固定资产，出租人要计提折旧，一般是要求按出租人所拥有的其他类似资产奉行的折旧政策计提折旧；对于其他经营租赁资产，应当采用合理的方法进行摊销。

承前例，出租人（乙公司）在确认这项经营租赁的租金收入时，不能依据各期实际收到的租金额确认各期租金收入，而应按直线法在租赁期内平均分摊确认各期的租金收入。此项租赁租金总额为69 000元，按直线法计算，每年应确认的租金收入为23 000元。

会计分录为：

2006年1月1日：

借：银行存款	24 000	
贷：其他应收款		24 000

2006年12月31日：

借：银行存款	20 000	
其他应收款	3 000	
贷：主营业务收入——经营租赁收入		23 000

2007年12月31日：

借：银行存款	20 000	
其他应收款	3 000	
贷：其他业务收入——经营租赁收入		23 000

2005年12月31日：

借：银行存款	5 000	
其他应收款	18 000	
贷：其他业务收入——经营租赁收入		23 000

第四节　售后租回业务

一、售后租回业务及其会计处理特征

售后租回交易是一种特殊形式的租赁业务，是卖主（即资产的所有者）将资产出售后，又将该项资产从买主（即资产的新所有者）那里租回的经济业务。从交易的效果来看，通过售后租回交易，企业可以在不影响其对资产的占有、使用、收益的前提下，将固定资产转变为流动资产，增强资金的流动

性，提高资金使用效率，从而解决企业流动资金不足的难题。从交易的形式上看，售后租回交易包含了两项经济活动——销售和租赁，交易的双方也由此具有了双重身份——卖主同时是承租人，买主同时是出租人。但从交易的实质来看，在售后租回交易中，资产的售价和租金是相互关联的，一般以一揽子方式谈判和计算，因此资产的出售和租回这两项经济活动并非相互独立，而是密切相关，甚至可以视为一项业务。在会计核算时，本着实质重于形式的原则，也应当将两项活动联系起来进行会计处理。

作为一种租赁业务，售后租回交易的会计核算同样要首先判断租赁的类型，即是融资租赁还是经营租赁。无论是承租人还是出租人，会计核算都应在租赁开始日按照融资租赁的标准对售后租回交易的类型进行认定，并且认定的结果应当一致。在认定了交易类型后，出租人一方面要对资产的购入进行记录，另一方面根据是融资租赁还是经营租赁进行相应的资产出租业务处理。一般来说，出租人对于售后租回业务的核算与其他租赁业务没有什么区别。但对于承租人来讲，他既是资产的承租人，又是资产的出售者，由于在出售资产时会发生销售损益，他要将销售损益与资产租回的成本相联系进行核算，会计处理同其他租赁业务相比有一些特殊之处。

二、售后租回交易形成融资租赁

如果售后租回交易满足融资租赁的标准，实质上转移了买主（即出租人）所保留的与该项租赁资产所有权有关的全部风险和报酬，则应将该交易认定为融资租赁。我国会计准则规定，对于形成融资租赁的售后租回交易，卖主（即承租人）应将售价与资产账面价值的差额（无论售价是高于资产账面价值还是低于资产账面价值）——销售损益予以递延，并按该项租赁资产的折旧进度进行分摊，作为折旧费用的调整。之所以将销售损益递延，调整折旧费用，是因为在售后租回业务中，销售的价格和租赁的租金是联系在一起的，租赁双方可能会以提高或压低各期租金为代价，抬高或压低销售价格，这时售价就难以可靠地反映资产的实际交易价格和由销售产生的损益。可以想象，若直接在销售当期完全确认销售损益，并按售价确定资产入账价值，并由此计提折旧，不仅难以反映经济业务的实质，也会为租赁双方人为操纵利润留下明显空间。因此，会计准则规定售后租回损益要递延分摊调整租赁资产的折旧费用。

销售损益递延后，要按租赁资产的折旧进度进行分摊。所谓按折旧进度进行分摊，是指在对租赁资产计提折旧时，按与该资产折旧率相同的比例对未实现售后租回损益进行分摊。承租人应设置“递延收益——未实现售后租回损益(融资租赁)”科目,来核算售后租回交易中售价与资产账面价值的差额。

对于形成融资租赁的售后租回交易,国际会计准则也明确规定:“销售收入超过账面金额的部分,不应立即在卖主的财务报表中确认为收益,而是将其递延并分摊于整个租赁期。”但对于如何分摊,国际会计准则没有明确规定。

【例 11-3】 假设 2005 年 12 月 1 日,B 公司签订合同,将一条生产线按 400 000 元的价格销售给 C 公司。该生产线的账面原价为 350 000 元,已提折旧 16 000 元。B、C 公司同时又签订了一份租赁合同将生产线租回,合同条款同【例 11-1】。

卖主即承租人(B 公司)的会计处理:

根据前面的分析,该租赁合同可以认定为融资租赁,租赁开始日最低租赁付款额的现值及融资费用分摊率的计算过程与结果见【例 11-1】。

计算未实现售后租回损益:

$$\begin{aligned}未实现售后租回损益 &= 售价 - 资产的账面价值 \\ &= 400\,000 - (350\,000 - 16\,000) = 66\,000 元\end{aligned}$$

在租赁期内分摊未确认融资费用,同时在折旧期内按折旧进度(年数总和法)分摊未实现售后租回损益(见表 11-7)。

表 11-7 未实现售后租回收益分摊表

日期	售价	固定资产原价	担保余值	折旧率	折旧额	分摊率	未实现售后租回收益摊销额
(1) 2006 年 1 月 1 日	400 000	334 000	40 000				
(2) 2006 年 12 月 31 日				3/6	147 000	3/6	33 000
(3) 2007 年 12 月 31 日				2/6	98 000	2/6	22 000
(4) 2008 年 12 月 31 日				1/6	49 000	1/6	11 000
合计		334 000	40 000	1	294 000	1	

会计分录:

1. 2006 年 1 月 1 日,向 C 公司出售生产线

借:银行存款	400 000	
贷:固定资产清理		334 000
未实现融资收益——售后租回(融资租赁)		66 000

2. 2006 年 1 月 1 日，结转出售固定资产的成本

借：固定资产清理　　334 000

　累计折旧　　16 000

　贷：固定资产　　350 000

3. 2006 年 12 月 31 日，确认本年度应分摊的未实现售后租回损益

借：未实现融资收益——售后租回　　33 000

　贷：制造费用——折旧费　　33 000

借：制造费用——折旧费　　147 000

　贷：累计折旧　　147 000

从上可见，公司在租赁期第一年计提的折旧额为 147 000 元，但由于在出售固定资产时售价高于原账面价值出现了销售收益，销售收益递延分摊使公司当年实际承担的折旧费用减少 33 000 元。

三、售后租回交易形成经营租赁

如果售后租回交易没有在实质上转移与租赁资产所有权有关的全部风险和报酬，则应将该交易认定为经营租赁。对于形成经营租赁的售后租回交易，我国会计准则规定，卖主（即承租人）应将售价与资产账面价值的差额，即销售损益予以递延；但是，有确凿证据表明售后租回交易是按照公允价值达成的，售价与资产账面价值的差额应当计入当期损益。与融资租赁不同的是，经营租赁未实现售后租回损益的递延分摊应依据租赁期内租金支付的比例，而不是租赁资产计提折旧的进度。所谓按租金支付比例进行分摊，是指在确认当期该项租赁的租金费用时，按与确认当期租金费用所采用的支付比例相同的比例对未实现售后租回损益进行分摊。这也就是说，在经营租赁下，在租赁期内按租金支付比例分摊的未实现售后租回损益应作为当期租金费用的调整项目，而不是折旧费用的调整项目。

对于形成经营租赁的售后租回交易，我国会计准则与国际会计准则基本相同。国际会计准则在这方面的规定是："如果售后租回交易形成一项经营租赁，而且交易明显是按公允价值达成的，则销售损益应当立即确认。如果售价低于公允价值，则任何损益应立即予以确认；但若损失将由低于市价的未来租赁付款额补偿时，则应将其递延，并按照租赁付款比例分摊于预计的资产使用期限内。如售价高于公允价值，其高出公允价值的部分应予递延，并在预计的资产使用期限内摊销。"由此可见，国际会计准则对于形成经营租赁的售后租回交易，要按照售价是否符合公允价值来决定会计核算的

方法,并在售价不符合公允价值时,遵循谨慎性原则,将销售损失在当期确认,而将销售收益予以递延。

【例 11-4】 续【例 11-2】,2006 年 1 月 1 日,甲公司将全新办公用房一套,按照 620 000 元的价格售给乙公司,并立即签订了一份租赁合同,该合同主要条款与【例 11-2】的合同条款内容相同。

1. 卖主即承租人(甲公司)的会计处理

根据前面例题的分析,该项租赁不符合融资租赁的标准,应认定为经营租赁。

计算未实现售后租回损益:

未实现售后租回损益 = 售价 - 资产的账面价值

= 620 000 - 600 000 = 20 000 元

未实现售后租回损益在租赁期内按租金支付比例分摊(见表 11-8)。

表 11-8 未实现售后租回收益分摊表

日期	售价	固定资产账面价值	支付的租金	租金支付比例	摊销额	未实现售后租回收益
(1) 2006 年 1 月 1 日	620 000	600 000				20 000
(2) 2006 年 12 月 31 日			44 000	63.77%	12 754	7 246
(3) 2007 年 12 月 31 日			20 000	28.99%	5 798	1 448
(4) 2008 年 12 月 31 日			5 000	7.24%	1 448	0
合计	620 000	600 000	69 000	100%	20 000	

会计分录:

1. 2006 年 1 月 1 日,向乙公司出售办公用房

借:银行存款 620 000

贷:固定资产清理 600 000

未实现融资收益——售后租回(经营租赁) 20 000

2. 2006 年 1 月 1 日,结转出售固定资产的成本

借:固定资产清理 600 000

贷:固定资产——办公用房 600 000

3. 2006 年 12 月 31 日,确认本年应分摊的未实现售后租回损益

借:未实现融资收益——售后租回(经营租赁) 12 754

贷:管理费用——租赁费 12 754

2006 年有关租金支付和分摊的会计分录:

借:长期待摊费用 24 000

贷:银行存款 24 000

借：管理费用——租赁费　23 000

　贷：银行存款　20 000

　　长期待摊费用　3 000

可见，在该项租赁中，公司2003年原本应承担的租赁费用为23 000元，而由于出售固定资产时取得了20 000元的收益，分摊到租赁期3年，公司2003年实际承担的租赁费用降低了12 754元。

出租人（乙公司）的会计处理与一般经营租赁业务的会计处理相同，此处略。

四、售后租回交易的披露

售后租回交易作为一种特殊交易，应特别加以披露。我国会计准则规定，承租人和出租人除应当按照一般情况下融资租赁或经营租赁对售后租回交易进行披露外，还应当对售后租回交易和售后回租合同中的重要条款作出披露。这里的"重要条款"是指售后租回合同中规定的区别于一般租赁交易的条款，比如租赁标的物的售价等。

本章主要名词

租赁　融资租赁　经营租赁　销售型租赁　直接融资租赁　杠杆租赁　转租租赁　售后租回业务　租赁开始日　租赁期　担保余值　未担保余值　最低租赁付款额　最低租赁收款额　或有租金　履约成本　租赁内含利率

本章思考题

1. 请说明融资租赁和经营租赁的主要区别，以及我国会计准则认定融资租赁的标准。

2. 请说明经营租赁和融资租赁会计处理的主要区别。

3. 请说明融资租赁中租金包含的具体内容。对于融资费用，应当如何进行确认？

4. 最低租赁付款额和最低租赁收款额的含义分别是什么，二者的区别在哪里？

5. 我国会计准则对融资租赁和经营租赁在信息披露方面分别有何要求？

6. 如果售后租回业务属于融资租赁，相关的折旧如何计提？

本章练习题

一、2007 年 12 月 20 日，A 公司与租赁公司签订了一份租赁合同，合同主要条款如下：

（1）租赁标的物：甲设备。

（2）起租日：设备运抵 A 公司车间之日（2008 年 1 月 1 日）。

（3）租赁期：起租日起 36 个月（2008 年 1 月 1 日—2010 年 12 月 31 日）。

（4）租金支付方式：起租日起每年年末支付 200 000 元。

（5）该设备 2008 年 1 月 1 日在租赁公司的账面价值为 520 000 元。

（6）租赁合同规定年利率为 8%。

（7）设备为全新设备，估计使用寿命 5 年。

（8）2009 年和 2010 年两年，A 公司每年按该设备生产的 X 产品年销售收入的 1% 向租赁公司支付经营分享收入。

此外，A 公司租入设备占该公司资产总额 30% 以上，采用实际利率法确认融资费用，采用直线法计提折旧。2009 年和 2010 年 A 公司分别实现 X 产品销售收入 2 000 000 元和 3000 000 元。2010 年 12 月 31 日，A 公司将该设备退还给租赁公司。

要求：分别为 A 公司和租赁公司就该项租赁业务进行会计处理。

二、2008 年 1 月 1 日，B 公司向租赁公司租入办公设备一台，租期 3 年，设备价值 300 000 元，预计使用寿命 10 年，租赁合同规定，租赁开始日（2008 年 1 月 1 日）B 公司向租赁公司一次性预付租金 45 000 元，第一年年末支付租金 45 000 元，第二年年末支付租金 60 000 元，第三年年末支付租金 75 000 元。租赁期满后，租赁公司收回设备，3 年租金总额 225 000 元（假定 B 公司和租赁公司均在年末确认租金费用和租金收入，并且不存在租金逾期支付的情况）。

要求：分别为 B 公司和租赁公司就该项租赁业务进行会计处理。

本章小资料

中国租赁业的发展概况

1979年10月,中国国际信托投资公司成立,由荣毅仁担任公司的董事长,从事创办国际租赁业务,探讨引进外资的新渠道。1980年10月召开了首届租赁研讨会,并邀请了日本租赁公司、美华银行等参加。

1981年4月,由中国国际信托投资公司、北京机电设备公司和日本奥力可思股份有限公司,三家公司共同创建的中外合资租赁公司——中国东方租赁有限公司,标志着我国第一家融资租赁公司的诞生。其后一些租赁公司的建立,标志着我国现代租赁业的诞生。

到20世纪80年代后期,我国已建立专业租赁公司近50家,兼营租赁业务的信托投资公司、银行,外贸、物资企业以及其他机构附属的租赁公司已达200多家。租赁业务不断增长,从1981年到1999年年底累计引进租赁项目为10000多项,金额达到40亿美元。租赁的业务范围还涉及到飞机等各种运输工具、工农商等各个领域的设备,以及二手设备,同时还将国内生产的设备、船只出租到国外。90年代以来,我国的租赁业又有了很大的发展,1994年已有专业租赁公司70多家,其他的兼营租赁机构400多家,从1991年到1994年累计租赁金额达到150亿美元,每年以融资租赁的方式引进外资约有8亿美元。到90年代末专业租赁公司已有100多家,这些租赁公司包括中外合资公司和中资公司,遍布我国十多个省市。据不完全统计,截至1998年年底,通过金融机构和中外合资租赁公司经营的仅融资租赁一项租赁业务余额就达276.73亿元人民币。

这些租赁公司为我国改革开放以来引进国外先进的大型技术设备和资金起到了积极的作用,促进了企业设备的更新换代,提高竞争力,为企业发展注入了新的活力。

资料来源:引自天津租赁网,www.tjleasing.com,2006年2月21日。

本章参考资料

1.《企业会计准则第21号——租赁》,中国财政部2006年版。
2.《国际会计准则第17号——租赁》,中国财政经济出版社2005年版。

3. 中国注册会计师教育教材编审委员会编,《高级财务会计》,经济科学出版社 2002 年版。

4. 张文贤、高建兵,《高级财务会计》,首都经济贸易大学出版社 2002 年版。

5. 中国注册会计师协会编,注册会计师全国统一考试辅导教材《会计》,第二十二章,中国财政经济出版社 2008 年版。

第十二章

上市公司的信息披露：首次披露

本章教学目的和要求

本章内容主要是围绕上市公司的首次披露展开的。所谓首次披露就是股份有限公司第一次面向公众发行股票，并且公开发行的股票首次在上海或深圳交易所挂牌交易成为上市公司的过程中进行的信息披露活动。通过学习本章，应该了解企业上市的基本条件、信息披露的意义、上市的流程、招股说明书的主要内容以及上市公告书的主要内容。

本章介绍的都是到目前为止最新的上市公司信息披露的相关要求，可以说是理论与实践结合非常紧密的部分。学习本章应当注意结合具体的实例学习，读者可以找来几份真正的招股说明书和上市公告书研读，以求对首次披露的相关内容有一个直观、生动的了解。

第一节　上市公司信息披露的意义

一、上市公司及其上市条件

上市公司是指所发行的股票经国务院证券监督管理机构核准在证券交易所上市交易的股份有限公司。也可以说,上市公司是股份有限公司中的一个特定组成部分,它最鲜明的特征即为公开发行股票,经依法核准后其股票可以进入证券交易市场进行交易。

在我国新颁布的《公司法》中,对股份有限公司的设立、股份发行和转让做了明确规定。其中第八十七条为,发起人向社会公开募集股份,必须公告招股说明书并制作认股书;招股说明书应当附有发起人制定的公司章程并载明下列事项:发起人认购的股份数,每股的票面金额和发行价格,无记名股票的发行总数,募集资金的用途,认股人的权利、义务,本次募股的起止期限及逾期未募足时认股人可以撤回所认股份的说明。关于招股说明书的具体内容将在第二节具体介绍。

在我国颁布的新《证券法》的第五十条中,直接针对股票上市做出了规定。即,股份有限公司申请股票上市,应当符合下列条件:股票经国务院证券监督管理机构核准已公开发行;公司股本总额不少于人民币 3 000 万元;公开发行的股份达到公司股份总数的 25% 以上;公司股本总额超过人民币 4 亿元的,公开发行股份的比例为 10% 以上;公司最近 3 年无重大违法行为,财务会计报告无虚假记载。证券交易所可以提出高于前款规定的上市条件,并报国务院证券监督管理机构批准。

2006 年 5 月 17 日,中国证券监督管理委员会(以下简称中国证监会)根据新《证券法》和《公司法》的有关内容出台了《首次公开发行股票并上市管理办法》,其中第三十三条规定发行人应当符合下列条件:(1) 最近 3 个会计年度净利润均为正数且累计超过人民币 3 000 万元,净利润以扣除非经常性损益前后较低者为计算依据;(2) 最近 3 个会计年度经营活动产生的现金流量净额累计超过人民币 5 000 万元,或者最近 3 个会计年度营业收入累计超过人民币 3 亿元;(3) 发行前股本总额不少于人民币 3 000 万元;(4) 最近一期末无形资产(扣除土地使用权、水面养殖权和采矿权等后)占净资产的比例不高于 20%;(5) 最近一期末不存在未弥补亏损。

二、上市公司信息披露的意义

对证券市场而言,信息的价值较一般商品市场更为重要。如果我们对诸多研究证券市场的文献进行梳理就可以发现,有关证券市场的主流理论与文献都是围绕证券市场信息及其披露展开的。例如,有效市场假说中的强式、半强式和弱式的市场效率分类,实际就是信息在证券市场中被开发和利用的广度和深度;市场微观结构的相关研究则主要是分析市场中的交易者获取和处理信息的行为对证券交易过程的影响;行为金融学、基本面分析和技术分析等则是针对市场存在信息不对称的现实,研究投资者如何从市场中获得有用的信息,从而做出决策和判断。

所谓信息披露就是用公开的方式,通过一定的传播媒介,用一定的格式,将公司财务状况和经营成果以及其他各种资料公布于众。实施信息披露基于这样的认识:证券市场各参与者都能够利用公开披露的信息进行决策,从而使证券价格反映信息的基本特征。作为高级会计学的构成内容,本章在此主要探讨信息的供给方,即上市公司进行信息披露的意义。

(一) 信息披露是证券市场的基石,是确保建立公平、公正、公开证券市场的根本前提

美国大法官路易斯·布兰戴斯(Louis Brandeis)早在1914年就指出:“(信息)披露能够矫正社会及产业上的弊病,因为阳光是最佳的防腐剂,灯光是最有效的‘警察’。”莫茨和夏洛夫(Mautz & Sharaf)也指出,“信息披露本身就是限制舞弊和差错,这样做的理论依据是公众有知情权,要求通过立法来预防盘剥行为。”会计信息的优质披露对提高证券市场效率具有特别重要的影响。首先,它导致资本在生产者之间的优化配置。某些有良好业绩的公司因披露了有用信息而筹集到了必要的资本金,并因此获得了丰厚的利润,社会财富也因而得到了增长。其次,它有助于投资者拥有一个合理的证券投资组合。投资者可以通过对会计信息的分析,权衡不同证券的市场价格所反映的投资风险与回报,寻找一种合理的证券投资组合,避免资金过度流向经营效益差的公司,减少社会资金的浪费。与此相反,会计信息的劣质披露会对证券市场造成不良的影响。投资者会因缺乏对披露信息的信任而失去投资信心,庄家们则可能利用劣质信息操纵市场,这无疑都会降低证券市场的效率。因此,证券价格对会计信息反应的灵敏度、准确度,将直接对社会资金的流向及其调节产生作用,从而影响到证券市场效率的高低。

（二）上市公司披露会计信息，是筹资的客观需要

证券市场的基本功能是筹集资金和配置资源。筹集资金功能是指证券市场能为资金需求者聚集社会闲散资金，与之对应的就是为资金供给者提供投资对象的功能。所以，证券市场上的任何交易证券既是筹资工具也是投资工具。证券市场的信息披露主体主要是筹资者，而信息披露的需求主体则主要是投资者。这样，通过股票上市，筹资企业可以获得持续发展所需要的资金，企业创始人原有的股票价值可能通过市场杠杆被迅速放大、增值，企业还可能获得更多外来融资的机会致使企业的地位获得提升等。总之，公司发行股票并使股票上市的利益是诱人的，以至于众多公司对此趋之若鹜。

但“天下没有免费的午餐”，公司在上市的时候也必须面对相应的公共义务和负面影响。其中，信息披露是上市公司承担和履行的最重要的一项责任和义务。信息披露的目的是为了让投资者了解公司，确立对公司的投资信心。上市公司披露自己的经营策略、募集资金投向、销售渠道、采购渠道、高管薪酬、关联交易等各种各样的财务或非财务信息、数据，就是为了让外部的潜在投资者了解企业，以便其做出是否投资的决策。此外，信息披露可以让投资者对未来可能的回报有一个自己的预期，还可以满足其他的利益相关者，例如债权人、交易所、证监会等相关部门进行决策和管理的要求。可见，上市公司若要筹集资金，就要把自己推销出去，因此信息披露是必须的。

（三）上市公司披露会计信息，可以推进其自身持续发展

由于有着外在的强制规定，上市公司必须遵循有关强制信息披露的相关规范。当有关企业经营不善的消息发布之后，一些投资者（一般是小股东）可能会抛售股票，从而引发股价下跌，进而影响到大股东的利益。因此，股东会和董事会当然希望公司能够报出较为良好和符合预期经营状况的信息。就此而论，董事会最好的选择就是“励精图治”、做好企业。这样，外部的市场力量即成为了一种能够促进企业自我完善的推动力。

上市公司披露的信息也有助于企业之间优胜劣汰的竞争。企业在经营不佳的时候，很可能成为被并购的对象；同时，并购企业也应当披露相应并购进程的有关信息。因此，外部的并购市场也就成为一种制约经理人的有利武器，是督促他们“勤勉尽责”的一种外在力量。

除强制性信息披露之外，越来越多的企业开始重视自愿性信息披露，这也是投资者关系话题中重要的课题。上市公司的自愿性信息披露主要通过

以下三种途径:第一,在公司定期财务报告中,如上市公司的年报、中报、季报中公布。上市公司倾向于以这种形式披露一些“定性”的信息,如公司治理信息、管理层的分析与评价、环境保护与社会责任等。除非法律规定强制披露,经理人员一般不愿意在定期报告中披露“定量”的具体预测信息。这是因为投资者对这些信息更为敏感,一旦不准确,遭遇投资者诉讼的可能性很大。第二,与券商、机构投资者、专业证券分析师的信息沟通。这种沟通具有私人沟通的性质,一般是在定期报告之后或公司宣布了重大投资行为之后,券商、机构投资者以及专业证券分析师常常要求上市公司就定期报告内容及投资行为的动机和效果进行进一步的解释和澄清。上市公司经理人员通常会利用这些沟通机会有意无意地将一些“适宜”的信息传输出去。第三,上市公司通过新闻媒体将有关公司核心竞争能力、环境保护和社会责任的信息发布出去。这种形式的自愿信息披露传播速度快,影响面广,市场反应及时;缺点是成本较高、风险较大。因为一旦公开承诺的事情没有实现,除可能面临投资者诉讼外,经理人员还可能会在人力资本(信誉、能力)方面遭受损失。

在资本市场中,有很多上市公司仅披露有利于本公司的财务信息,而对“坏消息”却三缄其口、默不作声;更有的上市公司故意披露一些没有充分可信度,希望靠投资者的“人气”助其成功的“诱导性”信息。这就需要证券市场监管部门在重要性和成本效益原则的前提下,处理好上市公司自愿信息披露与强制信息披露之间的关系,鼓励并规范上市公司的自愿信息披露。

可见,充分的信息是证券市场有效的基石;而公司想要上市筹集资金,就必须提供相应的信息;强制性和自愿性的信息披露又可以反过来对上市公司的良性发展形成助推力。

三、我国上市公司信息披露法规体系

本章主要介绍强制性信息披露的有关内容。我国上市公司信息披露法规体系包括四个层次:国家法律、行政法规、部门规章和自律规则。

国家法律是第一层次,主要包括《公司法》、《证券法》、《刑法》等法律中的有关条款。这一层次属于原则性规范,可以为其他层次的规范提供依据和框架。

行政法规属于第二层次,主要包括 1993 年 4 月国务院发布的《股票发行与交易管理暂行条例》、1994 年 8 月《国务院关于股份有限公司境外募集股份及上市的特别规定》、1995 年 12 月《国务院关于股份有限公司境内上市外

资股的规定》、1999 年 9 月《境内企业申请到香港创业板上市审批与监管指引》、2005 年 12 月《国务院办公厅关于做好贯彻实施修订后的公司法和证券法有关工作的通知》等。

部门规章属于第三层次,主要包括证监会制定并颁布实施的适用于上市公司信息披露的各种规范。例如,2001 年 1 月《关于首次公开发行股票公司招股说明书网上披露有关事宜的通知》、2002 年 1 月《上市公司治理准则》、2004 年 1 月《关于进一步提高上市公司财务信息披露质量的通知》、2006 年 5 月《首次公开发行股票并上市管理办法》、2007 年 1 月《上市公司信息披露管理办法》等等。从 2000 年至今,证监会还发布了一系列专门针对信息披露的规范。这一层次的信息披露规范特点是主要针对上市公司、操作性很强、较为及时。

自律规则是第四层次,主要包括上海证券交易所和深圳证券交易所的《股票上市规则》等。

四、上市公司信息披露的总体要求

在证监会 2007 年 1 月发布的《上市公司信息披露管理办法》中,规定上市公司应当真实、准确、完整、及时地披露信息,不得有虚假记载、误导性陈述或者重大遗漏;公司应当同时向所有投资者公开披露信息,在境内、境外市场发行证券及其衍生品种并上市的公司在境外市场披露的信息,应当同时在境内市场披露。

发行人、上市公司的董事、监事、高级管理人员应当忠实、勤勉地履行职责,保证披露信息的真实、准确、完整、及时、公平;在内幕信息依法披露前,任何知情人不得公开或者泄露该信息,不能利用该信息进行内幕交易。

信息披露文件主要包括招股说明书、上市公告书、定期报告和临时报告等。

上市公司应当将公告文稿和相关备查文件报送证券交易所登记,并在中国证监会指定的媒体上发布。上市公司可以在其公司网站或其他媒体上发布信息,但是发布时间不得先于指定媒体;而且不能以新闻发布或者答记者问等任何形式代替应当履行的报告、公告义务,不能以定期报告形式代替应当履行的临时报告义务。上市公司应当将信息披露公告文稿和相关备查文件报送上市公司注册地证监局,并置备于公司住所供社会公众查阅。信息披露文件应当采用中文文本。同时采用外文文本的,上市公司应当保证两种文本的内容一致。两种文本发生歧义时,以中文文本为准。

中国证监会依法对信息披露文件及公告的情况、信息披露事务管理活动进行监督,对上市公司控股股东、实际控制人和信息披露义务人的行为进行监督。证券交易所应当对上市公司及其他信息披露义务人披露信息进行监督,督促其依法及时、准确地披露信息,对证券及其衍生品种交易实行实时监控。

上市公司的信息披露按照时序来划分,可以分为首次披露、持续披露和临时披露三种情况。

首次披露是指在股份有限公司第一次面向公众发行股票并且公开发行的股票首次在上海或深圳交易所挂牌交易成为上市公司的过程中进行的信息披露活动。披露的主要内容有招股说明书和上市公告书。持续披露是指公司成为上市公司后对外进行的信息披露,主要包括公司的年报、半年报和季报等。临时披露是为了对上市公司在日常经营过程中出现需要及时披露的和应予披露的重大事件进行跟踪,它能够满足投资者对信息及时性和完备性的需求,主要包括对公司发生的重大事件、并购信息和股东大会、董事会决议等其他事项的披露。

按照我们的设想,本书将按照时序介绍上市公司可能面临的信息披露问题。本章将涉及上市公司从招股到首发上市这个过程中涉及的信息披露问题,也就是"首次披露"的内容。上市之后的信息披露内容,包括年度报告、分部报告(其实是年报中的一部分)、中期报告和其他披露事项,将在第十三章中介绍,也就是"持续披露"和"临时披露"的内容。

第二节　招股说明书

一、预先披露制度

我国2005年底修订的《证券法》第二十一条规定:"发行人申请首次公开发行股票的,在提交申请文件后,应当按照国务院证券监督管理机构的规定预先披露有关申请文件。"这就是本章称谓的预先披露制度。这条规定旨在充分发挥社会监督的作用,增加审核透明度,提高审核效率。需要指出,这里的预先披露其实就是招股说明书(申报稿)。

根据《证券法》的上述授权,《首次公开发行股票并上市管理办法》第五十八条、第五十九条和第六十条对预先披露制度进行了具体的安排:"申请文件受理后、发行审核委员会审核前,发行人应当将招股说明书(申报稿)在中国证监会网站(www. crsr. gov. cn)预先披露。发行人可以将招股说明书(申报稿)刊登于其企业网站,但披露内容应当完全一致,且不得早于在中国证监会网站的披露时间。”可见,对于预先披露的时间,《首次公开发行股票并上市管理办法》仅做了原则性规定,即在申请文件受理后、发行审核委员会审核前进行预先披露。在此之前的审核实践中,预先披露的具体时间是在发审委会议召开5天前进行的(与发审委会议公告同步)。2008年7月证监会发布了《关于调整预先披露时间的通知》,通知规定自2008年7月1日起,对所有新受理首次公开发行申请,证监会发行监管部将在发行人和保荐机构按照反馈意见修改申请文件后的五个工作日内在网上公开招股说明书(申报稿)。预披露时间的提前,有利于使拟发行人和中介机构更早地接受社会监督,督促保荐机构和发行人强化责任意识、提高项目质量,方便投资者尽早了解情况、更有效地发挥社会监督作用,也可以使证监会的审核更加公开透明。

发行人及其全体董事、监事和高级管理人员应当保证预先披露的招股说明书(申报稿)的内容真实、准确、完整。需要强调的是,预先披露的招股说明书(申报稿)不是发行人发行股票的正式文件,不能含有价格信息,发行人也不能据此发行股票。发行人应当在预先披露的招股说明书(申报稿)的显要位置声明:“本公司的发行申请尚未得到中国证监会核准。本招股说明书(申报稿)不具有据以发行股票的法律效力,仅供预先披露之用。投资者应当以正式公告的招股说明书全文作为做出投资决定的依据。”

如果在证监会的发行审核委员会会议上该公司的发行申请获得审核通过,上市公司就可以公布正式的招股说明书了。正式的招股说明书中自然不需要有上面那段“声明”。

二、招股说明书的内容

招股说明书是上市公司在向机构投资者、社会公众募集股份时,由发行人起草,就发行中的有关事项向公众做出披露,并向非特定投资人提出购买或者销售其股票的要约邀请性文件。招股说明书是公开发行股票公司必须公开披露的信息。我国《公司法》第八十六条规定,发起人向社会公开募集股份时,必须公告招股说明书。国务院发布的《股票发行与交易管理暂行条例》第十三条和第十四条规定,申请公开发行股票,招股说明书是应当向地方政府、中央企业主管部门以及证监会报送的文件之一。

2006年5月证监会修订后的《公开发行证券的公司信息披露内容与格式准则第1号——招股说明书》(以下简称《招股说明书》)正式发布。该准则将招股说明书确定为向证监会申请首次公开发行股票的必备法律文件,还详细规定了现阶段在我国申请上市时招股说明书的内容与格式,包括封面、书脊、扉页、目录、释义、概览、主要披露内容、摘要等的详细操作性规范。

(一) 在目录之前披露的信息

一般来说,在招股说明书正文开始之前,发行人通常会将一些与本次发行相关的重大内容置于招股说明书的最前面。例如,发行概况、发行人声明和重大事项提示等。

发行概况中要披露:发行股票类型;发行股数;每股面值;每股发行价格;预计发行日期;拟上市的证券交易所;发行后总股本;发行境外上市外资股的公司还应披露在境内上市流通的股份数量和在境外上市流通的股份数量;本次发行前股东所持股份的流通限制、股东对所持股份自愿锁定的承诺;保荐人、主承销商;招股说明书签署日期。

发行人声明部分是法规要求必须披露的,声明的内容也是规定好的范式,其目的是为了提醒发行人注意披露信息的真实性、准确性和完整性;其中关于财务信息也有专门的声明,即"公司负责人和主管会计工作的负责人、会计机构负责人保证招股说明书及其摘要中财务会计资料真实、完整"。声明的另一个作用是提醒投资者注意投资风险。

重大事项提示则是发行人自己根据需要来披露的,可以披露发起人关于锁定股票的一些承诺、公司的重要财务数据以及公司面临的主要风险等内容。

(二) 概览、发行概况和风险因素

概览是对招股说明书全文所做的扼要提示。其内容主要包括发行人及其控股股东、实际控制人的简要情况,发行人的主要财务数据及主要财务指标,本次发行情况及募集资金用途等。由于招股说明书内容详尽但不便于普通投资者阅读和了解,为增强招股文件的易解性,尽可能广泛、迅速地向社会公众投资者提供和传达有关股票发行的简要情况,发行人需要编写概览,简要地提供招股说明书的主要内容。但需要注意的是,概览仅仅是一个引导性阅读文件,因为在概览部分发行人做出如下声明:"投资者做出投资决策前,应认真阅读招股说明书全文"。

本次发行概况其实在前面就已经作为非常重要的事项披露过了,这里的再次披露与前面的相比会多出一些信息,例如:标明计算基础和口径的市盈率;预测净利润及发行后每股收益;发行前和发行后每股净资产;标明计量基础和口径的市净率;发行方式与发行对象;承销方式;预计募集资金总额和净额;发行费用概算(包括承销费用、保荐费用、审计费用、评估费用、律师费用、发行手续费用、审核费等)。此外,还需要披露发行涉及的各个机构(例如,发行人、保荐人、主承销商、律师事务所、会计师事务所、资产评估机构、股票登记机构、收款银行)的名称、法定代表人、住所、联系电话、传真等。发行人还应披露预计发行上市的重要日期,主要包括:询价推介时间;定价公告刊登日期;申购日期和缴款日期;股票上市日期。

风险因素的披露要遵循重要性原则。《招股说明书》中列出了七大类的风险因素,例如:产品或服务的市场前景、经营模式的变化、内部控制有效性不足、技术风险、管理风险、政策变动风险、环境风险等等。同时也规定发行人应披露的风险因素应当包括这些内容但不限于这些内容。

（三）发行人基本情况、业务和技术、同业竞争与关联交易

发行人基本情况中介绍发行人名称、注册资本、法人、成立日期、住所和邮政编码、电话、传真号码、互联网网址、电子信箱等基本信息。发行人还应当详细披露改制重组情况,以及与控股股东、实际控制人及其控制的其他企业,在资产、人员、财务、机构、业务方面的独立状况,说明是否具有完整的业务体系及面向市场独立经营的能力。发行人要披露发起人、持有发行人5%以上股份的主要股东及实际控制人的基本情况,还要披露发行人的控股子公司、参股子公司的简要情况。此外,关于股本、内部职工股(若发行过)、员工及其社会保障等的情况也需要披露。

业务和技术主要介绍发行人的主营业务、主要产品(或服务)。第一,发行人要介绍其所处行业的基本情况及其在行业中的竞争地位。例如,发行人的市场占有率、近三年的变化情况及未来变化趋势,主要竞争对手的情况等。第二,披露发行人的主营业务具体情况,包括:(1) 主要产品或服务的用途;(2) 主要产品的工艺流程图或服务的流程图;(3) 主要经营模式,包括采购模式、生产模式和销售模式;(4) 列表披露报告期内各期主要产品(或服务)的产能、产量、销量、销售收入等生产和销售情况;(5) 报告期内主要产品的原材料和能源及其供应情况;(6) 董事、监事、高级管理人员和核心技术人员,主要关联方或持有发行人5%以上股份的股东在供应商或客户中所占的权益,若无,亦应说明;(7) 存在高危险、重污染情况的,应披露安全生产及

污染治理情况。第三,发行人需列表披露与其业务相关的主要固定资产及无形资产。第四,发行人应披露主要产品生产技术所处的利用阶段,如处于基础研究、试生产、小批量生产或大批量生产阶段。第五,若发行人在境外拥有资产,应详细披露该资产的具体内容、资产规模、所在地、经营管理和盈利情况等。第六,产品质量控制的相关情况。

同业竞争与关联交易中发行人披露是否存在与控股股东、实际控制人及其控制的其他企业从事相同、相似业务的情况。对存在相同、相似业务的,发行人应对是否存在同业竞争作出合理解释。发行人的控股股东、实际控制人应当做出避免同业竞争的承诺。发行人根据《公司法》和《企业会计准则》的相关规定披露关联方、关联关系和关联交易。

(四) 董事、监事、高级管理人员与核心技术人员与公司治理

招股说明书中发行人应披露董事、监事、高级管理人员及核心技术人员的简要情况。主要包括:姓名、国籍及境外居留权;性别;年龄;学历;职称;主要业务经历;曾经担任的重要职务及任期;现任职务及任期;对核心技术人员还要披露其主要成果及获得的奖项。发行人还需披露这些人的持股(包括其近亲属)、收入待遇、兼职、签订协议或承诺等情况。

公司治理中发行人需要披露股东大会、董事会、监事会、独立董事、董事会秘书制度的建立、健全及运行情况,说明上述机构和人员履行职责的情况,还需要披露董事会下设战略、审计、提名、薪酬与考核等各专门委员会的情况。发行人还需披露近三年内是否存在违法违规行为;近三年内是否存在资金被控股股东、实际控制人及其控制的其他企业占用或对外担保的情况;公司管理层对内部控制完整性、合理性及有效性的自我评估意见以及注册会计师对公司内部控制的鉴证意见。

(五) 财务会计信息、管理层讨论与分析

财务会计信息是招股说明书中非常重要的内容,我们将其单独放在本节第三部分来讲。

管理层讨论与分析部分是公司的管理层对企业的财务状况、盈利能力及现金流量的报告期内情况及未来趋势进行的分析。这部分内容不会仅限于财务因素,还应包括非财务因素;不应当仅是简单重复财务报表的内容,而应选择使用逐年比较、与同行业对比分析等便于理解的形式进行。其具体内容一般为:(1) 关于财务状况的一般性披露。包括资产、负债的主要构成;流动比率、速动比率、资产负债率、息税折旧摊销前利润及利息保障倍数

的变动趋势，并结合公司的其他信息，分析说明公司的偿债能力；利用应收账款周转率、存货周转率等指标分析说明公司的资产周转能力；分析说明公司的金融资产等。(2) 关于盈利能力的披露：包括营业收入的构成及比例；利润的主要来源；经营成果变化的原因；价格变动对公司利润影响的敏感性分析；运用具体数据说明相关因素对毛利率变动的影响程度；以及非经常性损益因素等对公司经营成果的影响。(3) 关于资本性支出的披露：包括重大的资本性支出情况；未来可预见的重大资本性支出计划及资金需求量等。(4) 分析重大会计政策或会计估计的差异或变更对公司利润产生的影响。(5) 说明目前存在的重大担保、诉讼、其他或有事项和重大期后事项对发行人财务状况、盈利能力及持续经营的影响。(6) 对公司财务状况和盈利能力的未来趋势进行分析。

(六) 业务发展目标、募集资金运用、股利分配政策

在业务发展目标中，发行人应披露发行当年和未来两年的发展计划，包括提高竞争能力、市场和业务开拓、筹资等方面的计划。披露的发展计划应当具体，说明拟订计划所依据的假设条件，实施计划可能面临的主要困难，以及确保实现发展计划拟采用的方式、方法或途径；还应当披露业务发展计划与现有业务的关系。

募集资金运用应当披露的内容为：预计募集资金数额；列表披露预计募集资金投入的时间进度及项目履行的审批、核准或备案情况；若所筹资金不能满足项目资金需求的，应说明缺口部分的资金来源及落实情况。《招股说明书》中对募集资金运用于不同的项目情况(例如，运用于扩大现有产品产能、运用于新产品生产、运用于合资、运用于收购资产等)，分别进行了规范，明确了需要披露的信息。

在股利分配政策中，发行人应披露最近三年股利分配政策、实际股利分配情况以及发行后的预计股利分配政策。

(七) 其他重要事项，董事、监事、高级管理人员及有关中介机构声明，备查文件

发行人在其他重要事项中应披露：(1) 有关信息披露和投资者关系的负责部门、负责人、电话号码等，以让感兴趣的投资者能够直接联系发行人了解情况。(2) 交易金额在500万元以上或者虽未达到前述标准但对生产经营活动、未来发展或财务状况具有重要影响的合同内容。(3) 对外担保的情况。(4) 重大诉讼或仲裁事项。(5) 控股股东或实际控制人、控股子公司，

发行人董事、监事、高级管理人员和核心技术人员作为一方当事人的重大诉讼或仲裁事项,以及董事、监事、高级管理人员和核心技术人员涉及刑事诉讼的情况。

"董事、监事、高级管理人员及有关中介机构声明"是在招股说明书正文尾页必须披露的声明。声明的内容是规定好的,主要是要求发行人的董事、监事、高级管理人员承诺招股说明书及其摘要不存在虚假记载、误导性陈述或重大遗漏,并对其真实性、准确性、完整性承担个别和连带的法律责任。而有关的中介机构则要按照各自的职责做出相应的承诺。

招股说明书结尾应列明备查文件,并在指定网站上披露。备查文件包括:发行保荐书;财务报表及审计报告;盈利预测报告及审核报告(如有);内部控制鉴证报告;经注册会计师核验的非经常性损益明细表;法律意见书及律师工作报告;公司章程(草案);中国证监会核准本次发行的文件;其他与本次发行有关的重要文件。

三、招股说明书中的财务会计信息

(一)招股说明书中对财务会计信息的总体要求

在招股说明书中,发行人运营三年以上的,应披露最近三年及一期的资产负债表、利润表和现金流量表;运营不足三年的,应披露最近三年及一期的利润表以及设立后各年及最近一期的资产负债表和现金流量表。发行人编制合并财务报表的,应同时披露合并财务报表和母公司财务报表。

发行人应披露会计师事务所的审计意见类型。财务报表被出具带强调事项段的无保留审计意见的,应全文披露审计报告正文以及董事会、监事会及注册会计师对强调事项的详细说明。

发行人应披露财务报表的编制基础、合并财务报表范围及变化情况。发行人运营不足三年的,应披露设立前利润表编制的会计主体及确定方法;存在剥离调整的,还应披露剥离调整的原则、方法和具体剥离情况。

发行人应结合业务特点充分披露报告期内采用的主要会计政策和会计估计,包括:收入确认和计量的具体方法;金融资产和金融负债的分类方法,金融工具、金融资产转移的确认依据和计量方法;发出存货成本的计量方法,存货可变现净值的确定依据及存货跌价准备的计提方法;长期股权投资的初始计量、后续计量及收益确认方法;投资性房地产的种类和计量模式;固定资产的确认条件、分类、计量基础和折旧方法,各类固定资产的使用寿命、预计净残值和折旧率；无形资产的计价方法和摊销方法；除存货、投资性房地产及金融资产外，其他主要资产的资产减值准备的确定方法；股份支付的种类及权益工具公允价值的确定方法；借款费用资本化的依据及方法；其他对发行人报告期内财务状况、经营成果有重大影响的会计政策和会计估计；报告期内存在会计政策或会计估计变更的，变更的内容、理由及对发行人财务状况、经营成果的影响金额等。

除此之外，发行人还应当披露分部信息；最近一年及一期内收购兼并的情况；经注册会计师核验的非经常性损益明细表；最近一期末主要固定资产类别、折旧年限、原价、净值；对外投资项目及各项投资的核算方法；最近一期末主要无形资产；最近一期末的主要债项；所有者权益变动表；经营活动产生的现金流量、投资活动产生的现金流量、筹资活动产生的现金流量的基本情况及不涉及现金收支的重大投资和筹资活动及其影响；期后事项、或有事项及其他重要事项。发行人应列表披露最近三年及一期的流动比率、速动比率、资产负债率（母公司）、应收账款周转率、存货周转率、息税折旧摊销前利润、利息保障倍数、每股经营活动产生的现金流量、每股净现金流量、每股收益、净资产收益率、无形资产（扣除土地使用权、水面养殖权和采矿权等后）占净资产的比例等各项指标。

如果发行人认为提供盈利预测报告将有助于投资者对发行人及投资于发行人的股票作出正确判断，且发行人确信有能力对最近的未来期间的盈利情况做出比较切合实际的预测，发行人可以披露盈利预测报告（包括盈利预测表及其说明）。发行人披露盈利预测报告时应声明："本公司盈利预测报告是管理层在最佳估计假设的基础上编制的，但所依据的各种假设具有不确定性，投资者进行投资决策时应谨慎使用。"盈利预测的编报将在之后述及。

发行境内上市外资股和境外上市外资股的发行人，由于在境内外披露的财务会计资料所采用的会计准则不同，导致净资产或净利润存在差异的，发行人应披露财务报表差异调节表，并注明境外会计师事务所的名称。境内外会计师事务所的审计意见类型存在差异的，还应披露境外会计师事务所的审计意见类型及差异原因。

发行人在设立时以及在报告期内进行资产评估的，应扼要披露资产评估机构名称及主要评估方法，资产评估前的账面值、评估值及增减情况，增减变化幅度较大的应说明原因。发行人应扼要披露设立时及以后历次验资报告，简要说明历次资本变动与资金到位情况。

接下来，本书将在上述财务会计信息中着重讲解财务报表、主要会计政策和会计估计、经注册会计师核验的非经常性损益明细表、主要财务指标和盈利预测。讲解时会使用一些上市公司招股说明书中的实例，但并不是所有数据均出自一家案例公司。这主要是考虑到所选示例的典型性，分别采用了不同公司的数据。

(二) 财务报表的编报

发行人应当披露最近三年及一期的合并报表和母公司报表。现举例说明财务报表的编报方式及其在招股说明书中的列示(见表 12-1、表 12-2)。

表 12-1 资产负债表 单位:万元

资产	20×7 年 6 月 30 日	20×6 年 12 月 31 日	20×5 年 12 月 31 日	20×4 年 12 月 31 日
流动资产				
货币资金	11 777.09	7 222.53	5 118.31	3 299.11
交易性金融资产				
应收票据	50.25			475.56
应收账款	3 048.98	1 061.43	1 115.52	4 166.85
预付账项	3 480.16	3 222.92	3 399.47	5 601.00
其他应收款	1 028.28	1 020.80	1 059.24	274.93
存货	725.11	876.16	601.13	1 046.62
一年内到期的流动资产				
其他流动资产				140.17
流动资产合计	20 109.86	13 403.84	11 293.66	15 004.23
非流动资产				
持有至到期投资			376.99	7 094.03
长期股权投资				856.57
固定资产	75 522.72	76 435.16	75 594.15	64 104.58
在建工程	1 333.65	2 751.74	4 778.96	2 047.52
工程物资	476.34	398.28	1 488.46	3 345.16
无形资产	1 474.83	1 506.66	1 431.80	1 630.29
长期待摊费用				100.23
递延所得税资产	161.62	133.27	113.27	127.29
其他非流动资产				
非流动资产合计	78 969.15	81 225.11	83 783.61	79 305.66
资产总计	99 079.01	94 628.94	95 077.27	94 309.89

（续表）

负债和股东权益	20×7年 6月30日	20×6年 12月31日	20×5年 12月31日	20×4年 12月31日
流动负债				
短期借款	17 500.00	18 000.00	24 000.00	27 904.50
应付账款	1 777.35	2 843.18	3 705.72	4 001.47
预收款项	431.43	1 399.19	626.30	491.91
应付职工薪酬	541.41	453.40	432.91	248.39
应交税费	1 210.99	1 182.39	1 642.95	799.46
应付股利	—	6 540.20	—	—
其他应付款	3 452.94	2 889.84	2 274.43	3 823.12
一年内到期的非流动负债	23 669.25	15 301.67	2 345.04	5 879.42
流动负债合计	48 583.36	48 609.86	35 027.33	43 148.26
非流动负债				
长期借款	20 019.38	23 313.62	39 005.30	37 194.17
非流动负债合计	20 019.38	23 313.62	39 005.30	37 194.17
负债合计	68 602.73	71 923.48	74 032.63	80 342.43
股东权益				
股本	20 420.94	20 420.94	20 420.94	12 905.00
盈余公积	1 089.26	1 089.26	93.56	159.37
未分配利润	8 966.09	1 195.28	530.16	903.10
股东权益合计	30 476.28	22 705.47	21 044.65	13 967.47
负债和股东权益总计	99 079.01	94 628.94	95 077.27	94 309.89

可见,一般每个会计年度的数据应当从左向右列示,最左侧一栏为最近一期的报表数字,每一栏的栏顶行应注明所对应的会计年度。如果发行人设有子公司,那么它必须同时披露合并会计报表和母公司会计报表。案例中的发行人不仅披露了20×4年、20×5年和20×6年的年度报告,还披露了20×7年的半年报,这里就体现了相关法规中的"最近三年及一期"的含义,说明这家公司是在20×7年下半年的时候申请上市的(并且第三季度报表还没出,如果第三季度报表已出,最近一期就是三季度报表了)。

表 12-2 利润表 单位:万元

项目	20×7 年 1—6 月	20×6 年	20×5 年	20×4 年
营业收入	42 965.87	67 280.89	55 277.96	42 231.12
减:营业成本	30 648.81	49 736.11	40 919.68	31 291.02
营业税金及附加	586.73	918.64	770.87	583.39
销售费用	82.22	117.13	90.54	58.50
管理费用	888.82	1 620.03	1 191.13	845.24
财务费用	1 393.56	2 983.83	3 083.42	2 806.42
资产减值损失	54.49	-18.75	-65.27	144.19
加:公允价值变动损益				
投资收益	12.68	0.00	187.46	189.53
营业利润	9 323.94	11 923.90	9 475.06	6 691.90
加:营业外收入	29.13	15.56	9.00	0.00
减:营业外支出	5.70	54.52	1 873.43	0.72
其中:非流动资产处置损失	5.70	0.00	1 435.77	0.72
利润总额	9 347.36	11 884.93	7 610.63	6 691.18
减:所得税费用	1 576.55	1 927.92	1 557.11	594.43
净利润	7 770.81	9 957.02	6 053.52	6 096.76
(一) 基本每股收益(元)	0.38	0.49	0.33	0.49
(二) 稀释每股收益(元)	0.38	0.49	0.33	0.49

同样,利润表的列示也是按照从左向右的顺序列示最近三年及一期的数据,便于投资者了解和分析企业的获利情况。同样地,企业也应当披露现金流量表,限于篇幅,这里不再列示。

(三) 主要会计政策和会计估计

主要的会计政策和会计估计部分其实就是年度报告中报表附注中关于会计政策和会计估计的说明。因此,这部分内容是按照我国的《企业会计准则》及其应用指南来编制的。一般来说,这里需要介绍:收入确认原则及方法;金融工具核算方法;存货核算方法;长期股权投资的核算方法;固定资产计价及其折旧的核算办法;无形资产的计价和摊销方法;主要资产的资产减值准备的确定方法;借款费用资本化的依据和方法;会计政策或会计估计变更对公司的影响;其他重要的会计政策等。

下面仍举例来说明在招股说明书中这些会计政策和估计的信息如何列示。考虑篇幅,有些内容是节选的(有"本公司"的表示方式),有些是本书作者整理的(有"该公司"的表示方式)。

1. 收入确认原则及方法

此处案例公司是一家软件企业，该公司披露收入确认原则时，将收入划分为自行开发研制的软件产品销售收入、外购及自制硬件产品销售收入、系统集成收入、让渡资产使用权的收入、定制软件收入等。企业完全可以根据自身的行业特点和业务特征，来披露收入确认的原则和方法，当然基本的方法应当符合我国《企业会计准则第 14 号——收入》的规定。

2. 金融工具的核算方法

该软件公司并没有相关金融工具，因此不须披露。对于那些拥有相应金融工具的企业来说，应当依据《企业会计准则第 22 号——金融工具确认和计量》的相关规定，将金融工具划分为交易性、可供出售或持有至到期的金融工具，并分别适用不同的会计确认、计量方法。如果涉及衍生工具及其套期保值，也需要披露相应的会计政策（如本书第九章、第十章所述）。

3. 存货核算方法

公司的存货分为原材料、低值易耗品、包装物、半产品、产成品等。存货在取得时按实际成本计价；领用或发出存货，按照实际成本核算的，采用加权平均法确定其实际成本。低值易耗品单位价值较小的，在领用或发出时采用一次摊销法；单位价值较大的，除特殊规定外，一般采用五五摊销法；包装物在领用或发出时一次计入当期产品销售成本。本公司存货跌价准备按单类存货项目期末账面成本高于可变现净值的差额提取，可变现净值按估计售价减去估计完工成本、销售费用和相关税金后确定。

4. 长期股权投资的核算方法

依据《企业会计准则第 2 号——长期股权投资》，该公司分别披露了对长期股权投资的初始成本的确定和后续计量。在初始成本的确定中，分为企业合并（同一控制和非同一控制）和非企业合并（支付现金、发行权益性证券、投资者投入、非货币性交换、债务重组等）两种情况；后续计量中规定，对具有控制能力的长期股权投资采用成本法核算，编制合并财务报表时，按照权益法进行调整；对具有共同控制或重大影响的长期投资按照权益法核算；对不具备重大影响或共同控制的长期投资按照成本法核算。

5. 固定资产及固定资产折旧核算办法

固定资产的标准是为生产商品、提供劳务、出租或经营管理而持有的，使用寿命超过一个会计期间的有形资产。固定资产按其成本作为入账价值。除已提足折旧仍继续使用的固定资产等情况外，本公司对所有固定资产计提折旧。折旧方法采用直线法。

固定资产分类、折旧年限和折旧率如表 12-3 所示。

表 12-3　固定资产分类、折旧年限和折旧率一览表

类别	折旧年限(年)	残值率	年折旧率
房屋建筑物	30 — 50	5%	1.90% —3.17%
机器设备	3—10	5%	9.50% —31.67%
运输设备	10	5%	9.50%
电子设备	3—5	5%	19.00% —31.67%
办公设备	4—5	5%	19.00% —23.75%

公司于每年年度终了,对固定资产的使用寿命、预计净残值和折旧方法进行复核。使用寿命预计数与原先估计数有差异的,应当调整固定资产使用寿命。净残值预计数与原先估计数有差异的,应当调整预计净残值。与固定资产有关的经济利益预期实现方式有重大改变的,应当改变固定资产折旧方法。

6. 无形资产的计价和摊销方法

无形资产在取得时,按实际成本计量。购入的无形资产,按实际支付的价款作为实际成本;投资者投入的无形资产,按投资各方确认的价值作为实际成本(价值不公允的除外);公司内部研究开发项目的支出,按照研发支出的规定核算。公司于取得无形资产时分析判断其使用寿命。无形资产的使用寿命如为有限的,应当估计该使用寿命的年限或者构成使用寿命的产量等类似计量单位数量;无法预见无形资产为企业带来未来经济利益的期限的,应当视为使用寿命不确定的无形资产。使用寿命有限的无形资产,在使用寿命内系统合理摊销。使用寿命无限的无形资产不做摊销。公司于每年年度终了,对使用寿命有限的无形资产的使用寿命及未来经济利益消耗方式进行复核。无形资产的预计使用寿命及未来经济利益的预期消耗方式与以前估计不同的,改变摊销期限和摊销方法。公司在每个会计期间对使用寿命不确定的无形资产的使用寿命进行复核。如果有证据表明无形资产的使用寿命是有限的,估计其使用寿命,按照使用寿命有限的无形资产进行处理。

7. 主要资产的资产减值准备的确定方法

(1) 坏账准备,对于单项金额重大的应收款项,单独进行减值测试。有客观证据表明其发生了减值的,根据其未来现金流量现值低于其账面价值的差额,确认减值损失,计提坏账准备。对于单项金额非重大的应收款项与经单独测试后未减值的应收款项一起按类似信用风险特征划分为若干组合,再以以前年度与之类似信用风险特征的应收款项实际损失率为基础,结合现时情况确定本期各项组合计提坏账准备的比例,按这些应收款项组合在资产负债表日余额及确定的比例计算确定减值损失,计提坏账准备。

结合公司实际情况,经公司董事会批准,应收账款和其他应收款的具体计提比例如表 12-4 所示。

表 12-4　应收账款账龄提取比率表

账龄	提取比率
1 年以内	5%
1—2 年	10%
2—3 年	30%
3 年以上	50%

本公司对除应收账款和其他应收款外的应收款项,结合公司的实际情况,确定预计损失率为 0,对于个别信用风险特征明显不同的,单独分析确定实际损失率。本公司合并会计报表范围内子公司之间及母子公司之间发生的应收款项实际损失率为 0,无须计提坏账准备。对于有确凿证据表明确实无法收回的应收款项,经批准后列作坏账损失,冲销提取的坏账准备。

(2) 资产减值,是指资产的可收回金额低于其账面价值。资产的可收回金额低于其账面价值的,将资产的账面价值减记至可收回金额,减记的金额确认为资产减值损失,计入当期损益,同时计提相应的资产减值准备。可收回金额根据资产的公允价值减去处置费用后的净额与资产预计未来现金流量的现值两者之间较高者确定。资产减值损失一经确认,在以后会计期间不再转回。

8. 借款费用资本化的依据和方法

公司发生的借款费用,可直接归属于符合资本化条件的资产的购建或者生产的,予以资本化,计入相关资产成本;其他借款费用,应当在发生时根据其发生额确认为费用,计入当期损益。当以下三个条件同时具备时,借款费用可以开始资本化:(1) 资产支出已经发生;(2) 借款费用已经发生;(3) 资产购建活动已经开始。在所购建或者生产的符合资本化条件的资产达到预定可使用或者可销售状态时,停止借款费用资本化,其后发生的借款费用记入当期损益。

9. 会计政策或会计估计的变更对公司的影响

(1) 会计政策变更对财务报表的影响。公司 2007 年 1 月 1 日以前执行企业会计制度,2007 年 1 月 1 日始执行《企业会计准则》。根据《企业会计准则第 38 号——首次执行企业会计准则》的规定,对 2007 年以前的财务报表进行了追溯调整和追溯重述。(2) 会计估计变更对财务报表的影响。报告期内无会计估计变更。(3) 会计差错更正对财务报表的影响。报告期内无会计差错更正。

10. 其他重要的会计政策

(1) 研发支出。公司内部研究开发项目的支出,区分研究阶段支出与开发阶段支出,全部在“研发支出”科目归集核算。研究阶段的支出于期末转入“管理费用”。开发阶段项目达到预定用途形成无形资产时,转入“无形资产”科目核算。(2) 政府补助。政府补助,是指企业从政府无偿取得货币性资产或非货币性资产,但不包括政府作为企业所有者投入的资本。政府补助分为与资产相关的政府补助和与收益相关的政府补助。与资产相关的政府补助,应当确认为递延收益,并在相关资产使用寿命内平均分配,计入当期损益。但是,以名义金额计量的政府补助,直接计入当然损益。与收益相关的政府补助,应当分别下列情况处理:用于补偿企业以后期间的相关费用或损失的,确认为递延收益,并在确认相关费用的期间,计入当期损益;用于补偿企业已发生的相关费用或损失的,计入当期损益。

(四) 经注册会计师核验的非经常性损益明细表

对于非经常性损益,证监会出台了非常明确的解释性文件。在 2007 年 2 月修订的《公开发行证券的公司信息披露规范问答第 1 号——非经常性损益》中,对非经常性损益的概念、所含项目、披露要求都做了明确说明。

什么是非经常性损益呢?非经常性损益是指公司发生的与主营业务和其他经营业务无直接关系,以及虽与主营业务和其他经营业务相关,但由于该交易或事项的性质、金额和发生频率,影响了正常反映公司经营、盈利能力的各项交易、事项产生的损益。非经常性损益应包括以下项目:(1) 非流动资产处置损益;(2) 越权审批或无正式批准文件的税收返还、减免;(3) 计入当期损益的政府补助,但与公司业务密切相关,按照国家统一标准定额或定量享受的政府补助除外;(4) 计入当期损益的对非金融企业收取的资金占用费,但经国家有关部门批准设立的有经营资格的金融机构对非金融企业收取的资金占用费除外;(5) 企业合并的合并成本小于合并时应享有被合并单位可辨认净资产公允价值产生的损益;(6) 非货币性资产交换损益;

(7) 委托投资损益;(8) 因不可抗力因素,如遭受自然灾害而计提的各项资产减值准备;(9) 债务重组损益;(10) 企业重组费用,如安置职工的支出、整合费用等;(11) 交易价格显失公允的交易产生的超过公允价值部分的损益;(12) 同一控制下企业合并产生的子公司期初至合并日的当期净损益;(13) 与公司主营业务无关的预计负债产生的损益;(14) 除上述各项之外的其他营业外收支净额;(15) 中国证监会认定的其他非经常性损益项目。公司在编报招股说明书、定期报告或发行证券的申报材料时,应将上述项目作为非经常性损益处理,并对非经常性损益项目内容及金额予以充分披露。

表 12-5 是某公司招股说明书中披露的非经常性损益明细表。

表 12-5　非经常性损益明细表　　单位:万元

项目	20×7 年 1—6 月	20×6 年	20×5 年	20×4 年
非流动资产处置损益	-5.7	—	-1 435.765	-0.715
委托投资损益	12.675	—	187.455	189.53
除上述各项之外的其他营业外收支净额	29.125	-38.965	-428.665	—
小计	36.1	-38.965	-1 676.975	188.815
所得税影响	7.125	3.82	-23.425	28.535
扣除少数股东损益	—.	—	—	—
合计	28.975	-42.785	-1 653.55	160.28
扣除非经常性损益后的净利润	7 741.835	9 999.8	7 707.065	5 936.475
非经常性损益与当期净利润的比值	0.37%	-0.43%	-27.32%	2.63%

发行人应当对非经常性损益表进行解释,尤其是对于异常数额变动。例如,此例中 20×5 年的非经常性损益对利润的影响很大。发行人管理层专门解释道:"导致比重较高的原因是由于当时公司将非经营性资产进行处置给××集团时,按处置资产的账面价值直接冲减当期损益,导致非经营性损益较大,仅此一项,减少当期利润 1 436 万元。"

注册会计师为公司招股说明书、定期报告、申请发行新股材料中的财务报告出具审计报告或审核报告时,应单独对非经常性损益项目予以充分关注,对公司在财务报告附注中所披露的非经常性损益的真实性、准确性与完整性进行核实。

了解发行人的非经常性损益,有助于投资者对企业盈利的持续性和稳定性进行判断,是投资者在阅读招股说明书时应当注意的内容。

(五) 主要财务指标

前面已经述及在招股说明书中应当披露的一些主要财务指标。一般发行人都会列表来披露主要财务指标,如表 12-6 所示。

表 12-6 主要财务指标表

项目	20×7 年	20×6 年	20×5 年
流动比率	1.19	0.94	0.82
速动比率	0.73	0.69	0.54
资产负债率(母公司)	46.25%	52.34%	58.90%
应收账款周转率(次)	16.32	13.24	14.11
存货周转率(次)	3.05	3.70	2.93
利息保障倍数	6.11	4.41	3.42
每股经营活动产生的现金流量(元)	0.41	0.48	0.41
每股净现金流量(元)	-0.07	0.17	-0.08
无形资产(不含土地使用权)占净资产的比例	3.48%	5.10%	7.58%
研发费用占主营业务收入比	6.39%	9.78%	10.45%

随后,该公司还给出了这些指标的计算公式,这里略去。

其中有两个指标没有在上表中列示,它们是净资产收益率和每股收益。由于这两个指标是投资者非常关注的,也是在实务中往往出现不同算法的指标,因此为了统一口径,2007 年 2 月证监会修订了《公开发行证券的公司信息披露编报规则第 9 号——净资产收益率和每股收益的计算及披露》,在这个规则中对净资产收益率和每股收益的计算有很具体的规定。按照这个规定,该公司列表披露其净资产收益率和每股收益,如表 12-7 和表 12-8 所示。

表 12-7 净资产收益率

报告期利润	全面摊薄净资产收益率			加权平均净资产收益率		
	20×7 年	20×6 年	20×5 年	20×7 年	20×6 年	20×5 年
归属于公司普通股股东的净利润	20.28%	16.40%	13.61%	22.51%	18.48%	15.91%
扣除非经常性损益后归属于公司普通股股东的净利润	18.56%	15.81%	9.68%	20.61%	17.81%	11.31%

表 12-8 每股收益

报告期利润	基本每股收益(元)		
	20×7 年	20×6 年	20×5 年
归属于公司普通股股东的净利润	0.34	0.23	0.20
扣除非经常性损益后归属于公司普通股股东的净利润	0.31	0.22	0.14

该公司不存在复杂的股权结构,因此只列示基本每股收益。如果发行

人有可转换债券等股权稀释性因素存在的话,还应当披露稀释后每股收益。这些财务指标的列出,方便投资者进行投资分析判断,因此是很有用的信息。但如果财务报表使用者对财务报表足够熟悉,也完全可以利用财务报表中的数据来计算一些自己认为有用的分析指标。

(六) 盈利预测

盈利预测是发行人对最近未来期间(一般为一年左右)盈利情况所做的预测。在我国,盈利预测并不是必须编制的,从前面总体要求中对盈利预测的介绍就可以看出,这是企业可以自由选择的事项。只有发行人自己认为盈利预测对投资者进行分析判断很有用,并且有能力编制可靠的盈利预测时,才予以编制。

1. 盈利预测的编制要求

发行人应遵循谨慎性原则,合理编制盈利预测报告。盈利预测报告中应载明:"本公司盈利预测报告的编制遵循了谨慎性原则,但盈利预测所依据的各种假设具有不确定性,投资者进行投资决策时不应过分依赖该项资料。"

发行人在编制盈利预测报告时,应当正确确定盈利预测的期间。凡在会计年度的前6个月编制盈利预测报告的,预测期间应截至本会计年度末;凡在会计年度的后6个月编制盈利预测报告的,预测期应截至下一会计年度末。

在编制盈利预测报告时,发行人应当正确确定盈利预测基准,合理提出盈利预测基本假设,科学运用盈利预测的方法,所选用的会计政策应与前期保持一致。由于新旧准则转换的问题,证监会2006年11月发布的《关于做好与新会计准则相关财务会计信息披露工作的通知》中明确要求,相关盈利预测应按新会计准则编制,同时应说明执行新会计准则后已发生的会计政策、会计估计变更,以及对公司财务状况和经营成果的影响,并视影响的程度作"特别风险提示"。

盈利预测的结果要形成"盈利预测报告"。盈利预测报告的内容包括盈利预测基准、盈利预测基本假设、盈利预测表和盈利预测说明四个部分,当然还要有注册会计师的审核意见。如果发行人编制盈利预测报告,全部的整体报告就要作为招股说明书最后的备查文件供投资者查阅。但在招股说明书正文中也会列示盈利预测表和相关假设及说明。

2. 盈利预测的编制步骤

首先,了解盈利预测的编制基准,也就是要掌握历史数据和企业计划。

主要包括以下三个方面：经具有证券相关业务许可证的注册会计师审计的公司前三年经营业绩；预测期间公司的生产经营能力、投资计划、生产计划和营销计划；公司采用的会计政策。

其次，明确盈利预测的基本假设。盈利预测基本假设是公司根据经济形势和行业特点对预测期间的一般经济环境、经营条件、相关的金融与税收政策、市场情况等盈利预测的编制前提所作出的合理假设。盈利预测报告中应说明编制盈利预测所依据的法律、法规、利率、汇率、税率、能源和原材料供应、产品价格等假定条件。

再次，在假设基础上，编制盈利预测表。盈利预测表是反映预测期间利润来源和构成的预测报表。盈利预测表应按利润表格式编制，下文会有示例。在盈利预测表中应分项提供上年实现利润数和本年预测利润数等的构成情况。本年预测数应分栏列示已审实现数、未审实现数、预测数和合计数。凡有控股子公司并需要编制合并财务报表的，应分别编制母公司盈利预测表与合并盈利预测表。

主营业务收入应从销售量和销售价格两方面进行预测。预测销售量应以前三年同期实际销售量的历史资料为依据，结合预测年度合同订货量、生产经营计划和已实现销售量，考虑预测期间销售量的变动趋势进行测算。销售量预测方法包括定性分析法和定量分析法。销售价格的预测应根据市场价格水平、供求关系及企业的定价策略来进行测算。主营业务成本预测数应根据单位产品营业成本和预测销售量确定。单位产品生产成本从直接材料成本、直接人工成本和制造费用等方面预测。主营业务税金及附加应按税法规定根据主营业务收入和税法规定的营业税率、消费税率、城建税率、教育附加费率等进行预测。其他各个项目的预测在《新股发行公司盈利预测报告编制指南》中也都有一些指导性的编制意见。

最后，对盈利预测进行说明。盈利预测说明是对预测期间利润形成的原因、计算依据、计算方法所做出的详细分析。这部分内容非常重要，有经验的投资者可以据此判断盈利预测的可靠性。

3. 盈利预测的编制举例

下面是一家公司在招股说明书中披露的盈利预测信息。

本公司20×7年度盈利预测报告已经××会计师事务所审核，该盈利预测报告是本公司董事会在最佳估计假设的基础上编制的，但盈利预测所依据的各种假设具有不确定性，投资者进行投资决策时应谨慎使用。

表 12-9　盈利预测表（合并）　单位：万元

项目	20×6 年已审实际数	20×7 年度预测数		
		1—4 月未审实现数	5—12 月预测数	20×7 年预测合计
一、营业收入	127 234.76	34 306.95	109 072.10	143 379.05
减：营业成本	85 193.94	24 288.26	71 657.84	95 946.10
营业税金及附加	958.57	200.26	1 044.08	1 244.34
营业费用	1 236.11	351.47	1 137.94	1 489.41
管理费用	16 081.85	4 962.41	12 918.88	17 881.29
财务费用	1 233.84	630.12	2 845.10	3 475.22
资产减值损失	939.21	0.00	0.00	0.00
加：公允价值变动收益	0.00	0.00	0.00	0.00
投资收益	135.21	78.07	151.93	230.00
二、营业利润	21 726.45	3 952.50	19 620.19	23 572.69
加：营业外收入	284.89	3.78	0.00	3.78
减：营业外支出	1 230.01	143.61	0.00	143.61
三、利润总额	20 781.33	3 812.67	19 620.19	23 432.86
减：所得税费用	6 224.44	1 245.53	5 137.49	6 383.02
四、净利润	14 556.89	2 567.14	14 482.70	17 049.84
归属于母公司所有者的净利润	9 698.12	2 551.63	13 955.31	16 506.94
少数股东损益	1 002.44	15.51	527.39	542.90
被合并方在合并前实现的净利润	3 856.33	0.00	0.00	0.00

接下来，该公司在招股说明书中披露了编制基础和编制假设，就每个预测项目做了编制说明，还对盈利预测结果实现的主要问题进行了分析，并说明公司为确保盈利预测的实现而准备采取的具体措施。

第三节　公司上市过程

前文阐释了，发行人要想上市，就必须编制招股说明书。我们在上一节也详细介绍了招股说明书的具体内容。在这一节中，我们将从全过程的角度观察一家公司从决定上市到最终上市这个流程的全部内容。

一、做出上市的决定

对于企业来说，没有资金的支持，别说发展，恐怕生存都是问题。所以，当一些企业在高速发展需要资金但自身资金又难以满足需要时，最有效的途径可能就是通过发行股票筹集资金了；此外，企业通过上市融资一般能够迅速做大规模，甚至成为某一行业中的"老大"，从而巩固自身优势；所有这些，对企业发展都是极为有利的。但是，发行股票及其股票上市对企业来说也会有一些必须要事先处理好的事情，必须符合企业整体的战略安排和需要。上市有哪些好处呢？总体来看，对企业来说有以下几点：

第一，有助于理清企业的产权关系。这主要是对于那些有国有或集体背景的企业来说，只有及早理清了产权关系，企业才能轻装上阵。第二，上市可以谋得稳定的长期融资渠道。第三，上市之后成为公众公司，有利于提升企业市场形象，有利于扩张市场份额。第四，有利于获得银行贷款，这个道理比较明显，越是有实力的大公司就越容易借到钱。第五，有利于招揽人才。第六，股东的财富可能迅速膨胀，一夜暴富的神话在资本市场上总是在上演着。

但是，正如前面所说，并不是所有的企业都急着上市。在我国也有一些大家公认的非常优质的企业，但它们却并不是上市公司。这些企业不急于上市的原因，可能有：第一，不缺钱。企业本身的现金流足够用了，暂时不需要融资。第二，产权结构不清晰，并且要想理清成本太高。第三，不想接受上市公司监管。上市后不自由，需要按照相关的各种各样的规定提供信息，需要建立完善的公司治理机制，而这可能会影响"老板"本人的发号施令。第四，上市周期较长、程序复杂、上市后的费用增加等因素。这些都可能成为企业权衡上市与否时考虑的因素。

董事长是企业上市的决策者，董事会秘书是上市具体工作的操作者。如果企业经过反复严格的上市论证之后，选择了要上市，那么就要立即制定上市规划。由企业一把手牵头，成立上市领导小组，指导上市筹备组的工作。聘请中介机构——会计师、证券公司及保荐人、评估师、律师等，与之签署合作协议后，企业在中介机构指导下开始股份制改组及上市的准备工作。

二、向证监会报送申请材料

在企业股份制改组阶段，工作的重心是要确定发行人主体资格，以及公司治理和运作规范。股份有限公司的设立和变更需要参照《公司法》的有关规定，这里不再赘述。发行人主体资格、公司治理和规范运作，要符合证监会颁布的《首次公开发行股票并上市管理办法》（以下简称《办法》）。

股份有限公司规范运行一段时间后，根据上述《办法》的规定，已具备发行人条件的，可在中介机构的配合下制作上市申报文件，聘请主承销商汇总并出具推荐函，最后由主承销商完成内部审核后将申报文件报送中国证监会审核。事实上，中间这个筹备过程非常复杂，涉及很多工作（包括企业、各中介机构、当地政府各个部门以及当地证监局之间的工作），本书重点不在此，不再详细阐述。

需要向证监会提交的申请文件包括：(1) 招股说明书与发行公告；(2) 发行人关于本次发行的申请及授权文件；(3) 保荐人关于本次发行的文件；(4) 注册会计师关于本次发行的文件；(5) 发行人律师关于本次发行的文件；(6) 发行人的设立文件；(7) 关于本次发行募集资金运用的文件；(8) 与财务会计资料相关的文件；(9) 其他文件。

证监会在收到申请文件后，在5个工作日内做出是否受理的决定。证监会受理申请文件后，由相关职能部门对发行人的申请文件进行初审。如果有反馈意见，发行人应当根据反馈意见修订自己与发行相关的文件——例如招股说明书。初审过程中，将会征求发行人注册地省级人民政府是否同意发行人发行股票的意见，并就发行人募集资金投资项目是否符合国家产业政策和投资管理的规定征求国家相关部门的意见。在证监会发行审核委员会审核之前，要将招股说明书（申报稿）披露在指定网站上（即前面讨论过的预先披露制度）。发行审核委员会依照法定条件过会讨论发行人的发行申请，做出予以核准或者不予核准的决定，并出具相关文件。

自证监会核准发行之日起，发行人应在6个月内发行股票；超过6个月未发行的，核准文件失效，须重新经证监会核准后方可发行。

三、股票发行及上市

取得证监会同意发行的批文之后，发行人在指定媒体刊登正式的招股说明书，通过媒体巡回进行路演，按照发行方案来发行股票。

（一）向证券交易所提交申请股票上市的文件

此处，引用《上海证券交易所股票上市规则》中的相关规定。这些文件包括：

1. 上市报告书（申请书）。
2. 证监会核准其股票首次公开发行的文件。
3. 申请股票上市的董事会和股东大会决议。
4. 营业执照复印件。
5. 公司章程。
6. 依法经具有执行证券、期货相关业务资格的会计师事务所审计的发行人最近三年的财务会计报告。

7. 首次公开发行结束后发行人全部股票已经中国证券登记结算有限责任公司上海分公司(以下简称“登记公司”)托管的证明文件。

8. 首次公开发行结束后具有执行证券、期货相关业务资格的会计师事务所出具的验资报告。

9. 关于董事、监事和高级管理人员持有本公司股份的情况说明和《董事(监事、高级管理人员)声明及承诺书》。

10. 发行人拟聘任或者已聘任的董事会秘书的有关资料。

11. 首次公开发行后至上市前按规定新增的财务资料和有关重大事项的说明(如适用)。

12. 首次公开发行前已发行股份持有人自发行人股票上市之日起一年内持股锁定证明。

13. 发行人申请其股票上市时,控股股东和实际控制人应当承诺:自发行人股票上市之日起 36 个月内,不转让或者委托他人管理其已直接和间接持有的发行人股份,也不由发行人收购该部分股份;发行人在刊登招股说明书之前 12 个月内进行增资扩股的,新增股份的持有人应当承诺:自发行人完成增资扩股工商变更登记手续之日起 36 个月内,不转让其持有的该部分新增股份。

14. 最近一次的招股说明书和经中国证监会审核的全套发行申报材料。

15. 按照有关规定编制的上市公告书。

16. 保荐协议和保荐机构出具的上市保荐书。

17. 律师事务所出具的法律意见书。

18. 交易所要求的其他文件。

向交易所提交申请之后,发行人需要进行路演推介,最终确定发行价格。也就是询价和定价的过程。

(二) 询价和定价

2005 年 1 月 1 日起,我国股票的发行定价实行的是询价制度。而在此之前,我国首发股票价格主要是卖方定价,一般都是利用市盈率来确定发行价格。本书主要介绍现行的询价制度。

发行人及其保荐机构应通过向机构投资者询价的方式确定发行价格。这里的机构投资者包括:证券投资基金、合格境外机构投资者(QFII)、证券公司、信托投资公司、财务公司、保险机构投资者以及其他中国证监会认可的机构投资者。

在询价过程中,发行人需要发布《股票发行安排和初步询价公告》以及

《股票发行网上路演公告》等消息,以履行信息披露责任,并积极推进股票发行。

询价分为初步询价和累计投标询价。初步询价阶段,发行人及其保荐机构应当将由承销商的专职研究人员撰写的投资价值研究报告提供给询价对象,并在征求询价对象意见的基础上确定发行价格区间。累计投标询价阶段,发行人及其主承销商应当在发行价格区间内通过累计投标询价确定发行价格。发行人及其主承销商应当在刊登首次公开发行股票招股意向书和发行公告后向询价对象进行推介和询价,并通过互联网向公众投资者进行推介。

发行人及其主承销商在发行价格区间和发行价格确定后,应当分别报中国证监会备案,并予以公告。

2006 年 9 月证监会颁布的《证券发行与承销管理办法》第 22 条规定:“上市公司发行证券,可以通过询价的方式确定发行价格,也可以与主承销商协商确定发行价格。”

这条规定意味着,发行价格的确定可以采用上面所说的“向机构投资者询价定价”的方法,也可以采用“协商定价”的方法。所谓协商定价,就是股票发行价格经过路演之后,发行价格由发行人与承销的证券公司协商确定,报中国证监会核准。

询价制度给了一个市场上的买卖双方交流价格信息的机会,有助于股票的供需双方了解市场,从而最大限度地达到资源有效配置。

(三) 股票发行

确定了发行价格之后,就可以发行股票了。这个阶段发行人需要披露《股票网上发行公告》、《股票网下发行公告》、《股票定价、网下发行结果及网上中签率公告》以及《网上资金申购发行摇号中签结果公告》。在《股票网上发行公告》中,发行人公告发行结构、发行对象、通过询价形成的价格区间和市盈率、申购时间和程序、结算与登记方式等。在《股票网下发行公告》中,公告内容与网上发行基本一致,区别在于申购程序和结算登记方式稍有不同,另外就是对回拨机制有较为详细的说明。《股票定价、网下发行结果及网上中签率公告》中,发行人要说明锁定金额、验资情况,网上、网下的中签率以及是否启动回拨机制及其原因;列明各投资者的申购数、获配数和退款金额,简述最终的发行结果。《网上资金申购发行摇号中签结果公告》中,按照申购号码公布摇号结果,确定认购资格。

（四）股票上市交易

公司股票成功发行之后，应当公布上市公告书，宣布股票可以在二级市场上流通了。证监会规定发行人应当于其股票上市前5个交易日内，在指定媒体上披露下列文件和事项：(1) 上市公告书；(2) 公司章程；(3) 申请股票上市的股东大会决议；(4) 上市保荐书；(5) 法律意见书；(6) 其他文件和事项。可见，上市公告书是发行人股票获准上市流通的很重要的信息披露文件。

第四节　上市公告书

上市公告书是指上市公司按照证券法规和证券交易所业务规则的要求，于其股票上市之前，就其公司自身情况及证券上市的有关事宜，通过证券上市管理机构指定的媒体向社会公众公布的宣传和说明材料。2006 年 5 月上海证券交易所发布的《股票上市公告书内容与格式指引》对上市公告书的内容与格式进行了详细的规定。

上市公告书中的主要内容是披露与股票上市有关的信息，例如：上市地点；上市时间；股票简称；股票代码；总股本；首次公开发行股票增加的股份；发行前股东所持股份的流通限制及期限；发行前股东对所持股份自愿锁定的承诺；本次上市股份的其他锁定安排；本次上市的无流通限制及锁定安排的股份；股票登记机构；上市保荐人等。还须披露上市前首次公开发行股票的相关信息，例如：发行数量；发行价格；发行方式；募集资金总额及注册会计师对资金到位的验证情况；发行费用总额及项目、每股发行费用；募集资金净额；发行后每股净资产；发行后每股收益等。

在上市公告书中还应当披露招股说明书刊登日至上市公告书刊登前已发生的可能对发行人有较大影响的其他重要事项，主要包括：主要业务发展目标的进展；所处行业或市场的重大变化；原材料采购价格和产品销售价格的重大变化；重大关联交易事项；重大投资；重大资产（或股权）购买、出售及置换；发行人住所的变更；董事、监事、高级管理人员及核心技术人员的变化；重大诉讼、仲裁事项；对外担保等或有事项；财务状况和经营成果的重大变化；其他应披露的重大事项。

此外，由于在股票发行与上市之间往往存在时间间隔，因此对不同的时间间隔也有不同的处理要求。如果公司股票自发行结束日到挂牌交易的首日不超过90 天，或者招股说明书尚未失效的，发行人可以只编制简要上市公告书。简要上市公告书的内容应包括:发行人股票发行责任和承诺的声明;发行人股票获准在证券交易所上市的日期和批准文号;股票发行情况、股权结构和前 10 名股东的名单及持股数量;公司创立大会或股东大会同意公司股票在证券交易所上市交易的决议;发行人已经披露的目前仍然有效的招股说明书所刊登的报刊名称和刊登时间;自招股说明书披露至上市公告书刊登期间所发生的重大事项、重大变化等;证券交易所要求载明的其他事项。

若公司股票自发行结束日到挂牌交易的首日超过 90 天,或者招股说明书已经失效的,发行人必须编制内容完整的上市公告书。此时的上市公告书中包含的内容很多与招股说明书类似,必须披露公司最近三年及一期的财务报表以及盈利预测(若有)。这相当于将更新后的资料再次完整地公布给投资大众。由于这类上市公告书的内容与招股说明书十分类似,相关介绍略去。

本章小结

本章内容紧密结合了目前上市公司信息披露的相关法规,对上市公司首次披露涉及的主要内容进行了系统介绍。

在第一节中,首先明确了公司要想上市,需要满足一定的基本条件;接下来阐述了信息披露对于证券市场和上市公司而言所具有的十分重要的意义,介绍了我国目前关于上市公司信息披露的法规体系,解释了目前我国上市公司信息披露的总体要求。本节进而指出可以将上市公司的信息披露按照时序分为三个阶段:首次披露、持续披露和临时披露。本章介绍首次披露的内容,第十三章介绍持续披露和临时披露的内容。

第二节介绍了招股说明书的主要内容。首先介绍了与招股说明书相关的预先披露制度;然后介绍招股说明书包含的主要内容;对于招股说明书中的财务会计信息部分,重点用示例的方法进行了介绍。

第三节描述了股票的上市过程。内容包括由发行人做出上市的决定,向证监会提出申请,申请批准之后股票的发行,以及股票上市的全部过程,详细说明了在这个过程中发行人需要注意的信息披露事项。

第四节讲解了股票发行成功之后,上市前需要公布的上市公告书的主要内容。由于上市公告书中大部分内容与招股说明书类似,因此这里就从简介绍了。

本章主要名词

上市公司　信息披露　首次披露　持续披露　临时披露　招股说明书　预先披露制度　非经常性损益　盈利预测　上市过程　上市公告书

本章思考题

1. 企业要想上市,需要符合哪些基本条件?

2. 什么是上市公司信息披露?上市公司信息披露有何意义?

3. 我国现行的上市公司信息披露的法规体系是怎样的?

4. 上市公司的信息披露按照时序划分,可以分为哪些情况?

5. 什么是预先披露制度?预先披露制度有什么要求?预先披露制度有什么好处?

6. 招股说明书包含哪些主要内容?

7. 招股说明书在目录之前需要披露哪些信息?为什么要披露这些信息?

8. 招股说明书中的管理层讨论与分析部分,包含哪些信息?

9. 招股说明书中的财务会计信息部分,包含哪些重要信息?

10. 解释什么是“非经常性损益”?如何编制非经常性损益明细表?

11. 招股说明书中应当披露哪些主要财务指标,分别如何计算?

12. 什么是盈利预测?对盈利预测披露的标准是什么?如何编制盈利预测?

13. 企业在衡量是否上市时,应当综合考虑哪些因素?

14. 什么是询价制度?股票的发行价格是如何确定的?

15. 上市公告书包含哪些主要内容?与招股说明书有什么不同?

本章练习题

1. 选定一家最近上市的上市公司招股说明书,分析招股说明书中的内容。如果您是一名潜在的个人投资者,通过阅读招股说明书,您是否打算参与该公司的网上发行呢?

2. 找到第1题中您选用的上市公司的上市公告书,对比分析上市公告书和招股说明书有什么不同。观察在股票公开发行和获准上市之间有没有发生重大事项?假如您已经参与网上发行,并幸运地中签了,那么这些重大事项是否会影响您在股票上市后对该公司股票的投资决策?是继续持有还是转让?

本章小资料

小资料之一:

通海高科案开庭 欺诈发行路线图完全解密(节选)

……1998 年 2 月,吉林省电子集团和广东江门高路华集团达成初步协议,合作筹建吉林通海高科技股份有限公司,并准备发行股票上市。两集团为此成立了上市工作办公室,拟上市公司董事长为邢彦文,总经理为黄卓灵(另案处理),李长有为具体负责人,财务组由黎金源负责。浙江证券为主承销商,北京京融律师事务所、上海中华会计师事务所、中华财务会计咨询公司为中介机构。

同年 5 月,主承销商更换为中国国际金融有限公司,项目负责人为许桂林。许介入后,为通海高科筹委会设计完成了申请上市的预选材料,此材料是以吉电集团出资 51%,江门高路华集团出资 49%,两家发起人以募集设立方式设立股份有限公司发行股票的模拟方式形成的。此后的 5 次江门会议成为了通海高科欺诈上市的开端……5 次所谓的中介机构协调会,主要就通海高科不符合上市要求研究如何造假,并进行了明确分工……

目前已经确认的造假事实是:江门电视机厂和江门销售公司的业绩主要是通过采取虚构销售收入和销售成本的方法。内容为:……在这样一番努力下,1999 年 3 月,经过有关部门协调,中国证监会下发对通海高科预选材料的反馈意见,同意通海高科以发起方式上报材料。

这是中国第二例因涉嫌欺诈发行股票上市而由法院审理的案件,第一件是麦科特。当然,麦科特是在上市后东窗事发。

发行被热捧,上市前两天被突然叫停,重组失败,取消上市资格,吉林电力换股上市,过去的三年中,通海高科为投资者上演的一幕幕悲喜剧依然让人记忆犹新……

资料来源:何晓鹤,《经济观察报》,2003 年 11 月 22 日。

小资料之二：

欺诈发行股票，中捷股份是否退还募资

2008 年 5 月 26 日，中捷股份在全景网作致歉说明会，笔者认为这是历史创举，中捷为资本市场公司治理做出了贡献，因为中捷股份违规金额不高，民企挪用上市公司资金也是普遍现象，中捷是坏孩子中的好孩子，至少比那些躲在背后还在违规的公司高尚几百倍。

但与此同时，正如该公司董事长所言，中捷股份犯了很大错误，最大错误在于 2007 年 10 月欺诈增发 2 800 万股募集资金总额 44 884 万元。根据《证券法》规定：

公司发行股票和公司债券时，必须如实地向社会公告招股说明书、认股书、公司债权募集办法及有关财务报告。公司如果在招股说明书、认股书、公司债权募集办法上作虚假记载欺骗公众的，就会损害他人利益，扰乱社会正常经济秩序。制作虚假的招股说明书、认股书、公司债权募集办法发行股票或公司债权的，责令停止发行，退还所募资金及利息，处以非法募集资金金额 1% 以上 5% 以下的罚款。构成犯罪的，依法追究刑事责任。

根据笔者半桶水的法律知识理解，因为中捷在增发招股书中隐瞒了巨额占资事实，已构成欺诈发行股票行为。根据法律规定，中捷股份认购者可以据此认定认购无效，要求中捷股份退还募资 4.48 亿元，并赔偿认购者的相关损失。当然这些中签者有些可能早已抛售，而且获利不少，还不知这些是否应该在民事赔偿的原告之列。

除此之外，根据最高人民法院《关于审理证券市场因虚假陈述引发的民事赔偿案件的若干规定》“法释[2003]2 号”，中捷股份行政处罚书一旦下达，投资者就可以据此向法院提起侵权诉讼，中捷股份及控制人、高管、光大证券、立信会计师事务所、北京京泽律师事务所等都将成为被告，中捷股份最高价 17 元以上，如今只有 8 元多，扣除大盘下跌的系统性风险，笔者粗算，根据其 1.5 亿股流通盘计算，中捷事件相关责任人至少要赔偿 5 亿元左右。

资料来源：夏草，和讯网，www.hexun.com，2008 年 5 月 27 日。

本章参考资料

1. 阎达五、耿建新、戴德明,《高级会计学》,中国人民大学出版社 2007 年版。

2. 肖华,《中国证券市场信息披露伦理研究》,中国经济出版社 2008 年版。

3. 财政部会计司编写组,《企业会计准则讲解》,人民出版社 2007 年版。

4. 周红,《企业上市全程指引》,中信出版社 2008 年版。

5. 中国证券监督管理委员会网站——法律法规,www.csrc.gov.cn。

6. 上海证券交易所网站——法律法规库,www.sse.com.cn。

第十三章

上市公司的信息披露：持续披露和临时披露

本章教学目的和要求

本章对上市公司上市之后的信息披露进行讲解，主要包括持续披露和临时披露。持续披露就是定期报告，本章具体介绍了年度报告、半年度报告和季度报告的主要内容，还讲解了中期财务报告（半年报和季报）的编制方法；定期报告中涉及的分部报告也一并在这一章中讲解。临时披露就是上市公司的临时公告，本章介绍了临时公告的起因及其主要内容。最后，强调上市公司进行信息披露是非常重要的，我国相关法规对违反信息披露相关规则也有一定的惩处措施，因此本章在此将其专门列为一节进行说明。

本章与第十二章一样，都是理论与实践紧密结合的部分。我们建议读者查找一份上市公司的年度报告、中期报告仔细阅读，以了解它们所包含的内容，并辨别它们之间的异同。此外，读者还需关注上市公司临时公告的内容，从而加深对上市公司信息披露的理解。

第一节　上市后的信息披露概述

企业在完成上市发行,成为公众公司后,便有责任切实维护公司、股东及其他利益相关者的合法权益,需要根据国家的相关法规及企业章程提高公司信息披露管理水平和信息披露质量,确保公司信息披露的及时性和公平性,以及信息披露内容的真实、准确、完整。一家成熟诚信的企业不仅仅是被动地接受法规的约束,披露相关信息,而是要站立在股东的立场上,对有可能影响到股东投资决策的信息进行主动的披露。

我国一直致力于建立完善的上市公司信息披露管理体系。对企业的信息披露有约束性的法规有:《公司法》、《证券法》、《上市公司信息披露管理办法》、证券交易所的《股票上市规则》与《信息披露事务管理制度指引》等;在企业内部则有公司章程、企业内部的信息披露管理制度;证监会还明文规定上市公司的董事长、董事会秘书要对企业的信息披露承担法律责任,并要求董事会秘书必须作为企业的高管成员,对公司的重大经营事项有参与知情权。这些均对降低公众股东的信息不对称起到了积极的作用。

企业内部对信息披露需要承担职责的人员或部门包括:(1) 公司董事会秘书和信息披露事务管理部门;(2) 公司董事和董事会;(3) 公司监事和监事会;(4) 公司高级管理人员;(5) 公司总部各部门以及各分公司、子公司的负责人;(6) 公司控股股东和持股5%以上的大股东;(7) 其他负有信息披露职责的公司人员和部门。需要注意的是,信息披露职责不仅包括披露信息,也包括不披露不应该披露的信息。因此在职责人员中出现的公司高管人员与部门、子公司负责人等虽然不承担直接向公众披露信息的责任,但是他们有责任不得泄露公司内幕信息,不得进行内幕交易或者配合他人操纵公司股票及其衍生品种价格。而对于公司的控股股东或持有5%以上股份的股东,由于其一些行为,特别是针对上市公司的股东管理行为,会对企业的经营与股票形成重大影响,也需要承担相应的信息披露义务。

上市公司的信息披露工作还包括针对传言及媒体的报道采取积极的、正面回应的态度。公司及其信息披露义务人需要关注公共传媒,特别是传播速度快的网站关于公司的报道,以及公司股票及其衍生品种的交易情况,并根据企业内部的真实情况,及时就相关情况作出公告。为避免信息误导,应当使用事实描述性语言,简明扼要、通俗易懂地说明事件真实情况,信息披露文件中不得含有宣传、广告、恭维或者诋毁等性质的语句。

如果上市公司同时在境内与境外上市,若境外证券市场对信息披露的要求与国内不同,应遵循报告内容从多不从少,报告要求从严不从宽的原则,并应当在同一日期公布年报及相关信息。

信息披露义务人披露信息,应当将公告文稿和相关备查文件报送证券交易所登记,同时需要将信息披露公告文稿和相关备查文件报送上市公司注册地证监局,并置备于公司住所供社会公众查阅,并在中国证券监督管理委员会指定的媒体发布。信息披露义务人在其他媒体发布信息的时间(包括网络)不得先于指定媒体,不得以新闻发布或者答记者问等任何形式代替应当履行的报告、公告义务,不得以定期报告形式代替应当履行的临时报告义务。实际上,报纸的核心作用是用书面方式规范信息披露行为,因此我们在现阶段可以说报纸并不是大部分投资者获得信息的主要通道。目前的公众股东获取信息多是通过网络媒体实现的,在这其中各类证券交易软件是获得信息的主要通道。目前各大证券公司与多家金融信息服务公司提供此类软件服务,例如大智慧、证券之星、万得理财终端等。这些软件中均有大量的数据分析、行业信息、专家评论等服务,更有利于公众股东综合做出判断。

公司上市之后的信息披露可以分为持续披露和临时披露。持续披露就是定期报告,主要包括年度报告和中期报告(半年报和季报);临时披露则主要是对一些特殊事项的临时公告。本章第二节介绍定期报告,包括年度报告、半年度报告和季度报告;分部报告是定期报告中的一部分,我们将其单独拿出来在第三节中介绍;第四节介绍临时公告;第五节主要介绍如果未履行信息披露义务,企业会受到什么样的处理。

第二节 定期报告

定期报告顾名思义是指必须按照固定时间周期披露的信息。按时间不同划分,定期报告包括年度报告和中期报告(半年度报告和季度报告)。在这些报告中,披露的信息包括财务、经营、市场风险、管理人员的变动等情况。凡是对投资者做出投资决策有重大影响的信息,均是要求披露的。年度报告中的财务会计报告应当经具有证券、期货相关业务资格的会计师事务所审计,而中期报告则不一定要经过审计。接下来,我们分别看一下年度报告、半年度报告和季度报告的主要内容。

一、年度报告

《企业会计准则第30号——财务报表列报》中详细规定了财务报表（主要是指年报）中应当披露的内容。而年度报告中不仅应当包含年度财务报表，还应当披露一些其他重要的事项。2007年12月证监会修订的《公开发行证券的公司信息披露内容与格式准则第2号——年度报告的内容与格式》中对此进行了规范。年度报告的内容主要包括以下几个方面：

（一）目录之前的重要提示

上市公司应在年度报告目录之前的扉页刊登如下重要提示：“本公司董事会、监事会及董事、监事、高级管理人员保证本报告所载资料不存在任何虚假记载、误导性陈述或者重大遗漏，并对其内容的真实性、准确性和完整性承担个别及连带责任。”

如有董事、监事、高级管理人员对年度报告内容的真实性、准确性、完整性无法保证或存在异议的，上市公司还应当声明：“××董事、监事、高级管理人员无法保证本报告内容的真实性、准确性和完整性，理由是：……，请投资者特别关注。”如有董事未出席董事会，应当单独列示其姓名。

如果执行审计的会计师事务所对公司出具了非标准审计报告，重要提示还应当有下列陈述：“××会计师事务所为本公司出具了带强调事项段的无保留意见（或保留意见、无法表示意见、否定意见）的审计报告，本公司董事会、监事会对相关事项亦有详细说明，请投资者注意阅读。”

公司负责人、主管会计工作负责人及会计机构负责人（会计主管人员）应当声明：“保证年度报告中财务报告的真实、完整。”

重要提示还可以包含上市公司认为还需要提醒投资者注意的其他事项。可见，这里就是在告知报告阅读者这份报告是上市公司管理层承诺其真实性的，并告知可能的高风险点在哪里。

（二）公司基本情况简介、会计数据和业务数据摘要

目录之后，介绍公司的基本情况。包括：公司的法定中、英文名称及缩写；公司法定代表人；公司董事会秘书及其证券事务代表的姓名、联系地址、电话、传真、电子信箱；公司注册地址，公司办公地址及其邮政编码，公司国际互联网网址、电子信箱；公司选定的信息披露报纸名称，登载年度报告的中国证监会指定网站的网址，公司年度报告备置地点；公司股票上市交易所、股票简称和股票代码等等。

基本情况介绍之后，列示出主要的会计数据和业务数据，这是为了方便

读者可以很快对公司的关键数据有所了解。上市公司都采用数据列表方式(可以附有图形表),提供截至报告期末公司近3年的主要会计数据和财务指标,包括:营业收入、利润总额、归属于上市公司股东的净利润、归属于上市公司股东的扣除非经常性损益后的净利润、总资产、所有者权益(或股东权益)、经营活动产生的现金流量净额、每股经营活动产生的现金流量净额、归属于上市公司股东的每股净资产、净资产收益率、每股收益等。由此可见,列示在这里的都是一些非常常用的和关键的数据。

(三)股本变动及股东情况,董事、监事、高级管理人员和员工情况

上市公司应当披露"股份变动情况表"(按照《公开发行证券的公司信息披露内容与格式准则第5号——公司股份变动报告的内容与格式》进行编制),还应当披露到报告期末为止的前3年历次证券发行情况,包括股票、可转换公司债券、分离交易的可转换公司债券、公司债券及其他衍生证券的种类、发行日期、发行价格(或利率)、发行数量、上市日期、获准上市交易数量、交易终止日期等。对在报告期内因各种原因引起的公司股份总数及结构的变动、公司资产负债结构的变动,应予以说明。

上市公司还应当披露其股东和实际控制人的情况。关于股东情况需要披露:报告期末股东总数;持有本公司5%以上(含5%)股份股东的相关信息,若持股5%以上(含5%)的股东少于10人,则应列出至少前10名股东的持股情况(前十大股东之间存在关联方关系的,要说明)。关于控股股东,无论是法人还是自然人均需要披露其相关信息。关于公司的实际控制人,上市公司应以方框图及文字的形式披露公司与实际控制人之间的产权和控制关系。上市公司还需要披露其他持股10%以上(含10%)的法人股东的相关信息,以及前10名无限售流通股股东的相关信息。

接下来,上市公司应当披露公司董事、监事、高管人员的信息,包括个人的基本信息、最近5年主要工作经历、年度报酬的情况、人员的变动等。公司还应当披露员工的情况,包括在职员工的数量、专业构成(如生产人员、销售人员、技术人员、财务人员、行政人员)、教育程度及公司需承担费用的离退休职工人数。

(四)公司治理结构、股东大会情况简介、董事会报告

上市公司应在年报中披露公司治理的实际状况。首先,上市公司应介绍独立董事履行职责情况。其次,公司应说明其与控股股东在业务、人员、资产、机构、财务等方面是否做到分开,并说明公司是否具有独立完整的业务及自主经营能力。再次,公司应该说明其内部控制制度的建立和执行情

况。2008 年 6 月财政部、证监会、审计署、银监会、保监会联合发布了我国第一部《企业内部控制基本规范》，这一规范被称为是中国的 SOX 法案，将在 2009 年 7 月 1 日首先在上市公司范围内施行。根据这一基本规范，上市公司应当对本公司内部控制的有效性进行自我评价，披露年度自我评价报告，并可聘请具有证券、期货业务资格的中介机构对内部控制的有效性进行审计。最后，公司还应披露报告期内对高级管理人员的考评及激励机制、相关奖励制度（如有）的建立、实施情况。

上市公司应当介绍报告期内召开的年度股东大会和临时股东大会的有关情况，包括：会议届次、召开日期、会议决议刊登的信息披露报纸及披露日期。

董事会报告的内容较为丰富，上市公司应采用逐年比较、数据列表或其他方式对相关事项进行列示。按照规范的要求，这部分不应当仅仅是对财务报告的重复，而应当针对企业未来的不确定因素进行分析。一般来看，董事会报告通常是首先回顾一下公司经营情况，如果有重大变动，需要解释原因；然后要对以下方面的内容进行披露：对公司未来的发展进行展望，应当披露新一年度的经营计划等；公司对已募集资金的使用情况；对董事会的日常工作情况进行总结，例如历次董事会会议的情况等；本次利润分配预案或资本公积金转增股本预案等。

（五）监事会报告、重要事项

监事会报告中应披露报告期内监事会的工作情况，包括召开会议的次数、各次会议的议题等。我国法规规定有些事项是必须由监事会发表独立意见的，例如：公司依法运作情况；检查公司财务的情况；公司最近一次募集资金实际投入项目是否和承诺投入项目一致，实际投资项目如有变更，变更程序是否合法；公司收购、出售资产交易是否合规合法；关联交易是否公平，有无损害公司利益；如果会计师事务所出具了非标准审计报告的，或者公司报告期利润实现数较利润预测数低 20% 以上或较利润预测数高 20% 以上的，监事会应就董事会对上述事项的说明明确表示意见。

还有一些重要事项是需要披露的，例如：重大诉讼、仲裁事项；破产重整相关事项；持有的其他上市公司和金融企业股权情况（进行重点披露）；收购及出售资产、企业合并事项；股权激励计划；重大关联交易事项；重大合同及其履行情况；公司或 5% 以上股东在报告期内所做的各种承诺；聘任、解聘会计师事务所情况；受到国家有关部门调查的情况等。

（六）财务报告、备查文件目录

首先应当披露审计报告的正文，然后披露经过审计的财务报表。

财务报表包括公司报告期末及其前一个年度末的比较式资产负债表、两年度的比较式利润表、现金流量表、该年度所有者权益（股东权益）变动表和财务报表附注。财务报表附注应对比较式报表的两个日期或期间的数据均作出说明。附注应当按照《公开发行证券的公司信息披露编报规则第15号——财务报告的一般规定》（2007年修订）来编制。通常附注内容很丰富，从篇幅上看，财务报告部分大概会占整个年度报告的一半以上篇幅，因此是年报的重要组成部分。

年报的最后要附上可供备查的文件目录，主要包括：载有法定代表人、主管会计工作负责人（如设置总会计师，须为总会计师）、会计机构负责人（会计主管人员）签名并盖章的财务报表；会计师事务所盖章、注册会计师签名并盖章的审计报告原件；报告期内公开披露过的所有公司文件的正本及公告的原稿；在其他证券市场公布的年度报告等。

由于年度报告往往篇幅较长，信息含量丰富，为了便于报告使用者阅读，上市公司还应当根据年度报告编制年度报告摘要，并公开披露。摘要的内容是年度报告的浓缩与精简，主要内容应当与年度报告完全一致。

公司应当在每个会计年度结束之日起4个月内将年度报告刊登在中国证监会指定的网站上，将年度报告摘要刊登在至少一种中国证监会指定报纸上。公司可以将年度报告刊登在其他网站和其他报刊上，但不得早于在中国证监会指定的网站和报刊上披露的时间。

二、中期报告

我国目前要求上市公司披露季度报告、半年度报告和经审计的年度报告。2007年6月证监会修订的《公开发行证券的公司信息披露内容与格式准则第3号——半年度报告的内容与格式》中，对半年度报告如何披露进行了详细规范。

（一）半年度报告的主要内容

半年度报告的报告期是指年初至半年度期末，需要披露的内容包括：

1. 在目录之前也要有重要提示。这些重要提示与年报中的提示十分类似，均是公司董事会、监事会、董事、监事及高管对半年度报告的真实性、准确性、完整性的保证和声明。由于半年度报告可以不经过审计，因此一般也就不需要涉及关于非标准无保留审计意见需要做的重要提示；如果上市公司对半年度报告进行了审计,公司应当明确表述“公司半年度财务报告已经××会计师事务所审计并出具标准审计报告”;如果被出具的是“非标准审计报告”,与年报中类似,上市公司需披露:“公司半年度财务报告已经××会计师事务所审计并出具带强调事项段的无保留意见(或保留意见、否定意见或无法表示意见)的审计报告,本公司董事会、监事会对相关事项已作详细说明,请投资者注意阅读”。

2. 要进行半年度公司基本情况的介绍。对公司基本情况的介绍与年报中的解释方式相同。

3. 半年度主要财务数据和指标。应当说,披露的主要财务数据和指标与年报中的相同,只不过披露的时间区间不同,公司此时应采用列表方式,提供报告期期末和上年末(或报告期和上年相同期间)的数据。

4. 股本变动和主要股东持股情况的说明。这部分内容的披露可以参照2007年6月证监会修订的《公开发行证券的公司信息披露内容与格式准则第5号——公司股份变动报告的内容与格式》相关要求进行。

5. 董事、监事、高级管理人员情况。上市公司应当在此部分披露报告期内董事、监事、高级管理人员持有本公司股份、股票期权、被授予的限制性股票数量的变动情况,以及这些人员的新聘或解聘情况。

6. 公司的经营情况、投资情况。董事会报告中要讨论这方面实际执行及其与预测对比的情况;公司对上年年度报告中披露的本年度经营计划做出修改的,应说明调整的内容;董事会如果预测本年至下一报告期期末的净利润可能为亏损或者与上年同期相比发生大幅度变动的,应当予以警示;若半年报经过审计,并被出具了非标准审计报告,董事会应对所涉及事项予以说明;若上年年度报告中的财务报告被注册会计师出具非标准审计报告的,董事会应就所涉及事项的变化及处理情况予以说明。

7. 对重要事项的说明。例如:公司治理实际状况与相关文件要求存在差异的,应披露已采取的整改措施及整改情况;披露以前期间拟定、在报告期实施的利润分配方案、公积金转增股本方案或发行新股方案的执行情况;披露股权激励方案的执行情况;重大诉讼、仲裁事项进展情况或审理结果;重大股权投资的进展情况;重大资产收购、出售及企业合并事项的简要情况及进程;重大关联交易事项;重大合同及其履行情况;公司或持有公司股份5%以上(含5%)的股东的承诺;半年度报告经审计的,应当披露会计师事务所的名称、注册会计师的姓名以及审计费用;更换会计师事务所的,公司应披露解聘原会计师事务所的原因,以及是否履行了必要的程序等。

8. 财务会计报告。公司应当在半年度报告中披露比较式利润表、资产负债表、现金流量表、所有者权益变动表及报表附注。如果财务报告未经会计师事务所审计,公司应当注明“未经审计”字样。财务报告经过审计的,若注册会计师出具标准审计报告,公司应明确说明注册会计师出具标准审计报告;若注册会计师出具非标准审计报告,公司应披露审计报告正文。

与年度报告一样,半年度报告也要附上一些备查文件,而且也需要编制半年度报告摘要,此处从略。

公司应当在每个会计年度上半年结束之日起 2 个月内将半年度报告刊登在中国证监会指定的网站上,将半年度报告摘要刊登于至少一种中国证监会指定的报纸上。公司可以将半年度报告刊登在其他网站和其他报刊上,但不得早于在中国证监会指定的网站或报刊上披露的时间。

在了解了年度报告和半年度报告的主要内容之后,我们会发现从格式上来看,年度报告和半年度报告实际上是差不多的;从内容上看,半年度报告比年度报告要简略些,有些没有变动的内容就不需要在半年度报告里重复了,只需要着重披露那些在这半年变动了的情况。同样的,季度报告更是如此。

(二) 季度报告的主要内容

2007 年 3 月证监会修订的《公开发行证券的公司信息披露内容与格式准则第 13 号——季度报告内容与格式特别规定》中对季度报告信息披露进行了规范。季度报告的报告期系指季度初至季度末 3 个月期间。

首先,在目录之前也是重要提示,内容与年报、半年报差不多。与半年报相同,季报不一定要经过审计,如果经过审计并被出具非标准审计意见,就需要在重要提示中说明一下了。

对公司基本情况的说明,也是采用列表形式来披露截至报告期末公司主要会计数据和财务指标,涉及的数据和指标与年报、半年报中的相同。同样需要披露报告期末股东总数、前 10 名流通股东或前 10 名无限售条件股东的持股情况。

对重要事项进行说明,例如:主要财务报表项目、财务指标发生大幅度变动的情况和原因;其他将要发生或以前期间发生但延续到报告期的重大事项(公司已在临时公告披露过的信息,可直接注明刊登的中国证监会指定报刊名称及日期,无须重复披露);公司、股东及实际控制人的承诺事项;公司如果预测年初至下一报告期期末的累计净利润可能为亏损或者与上年同期相比发生大幅度变动,应当予以警示并说明原因。

在季度报告的附录部分披露比较财务报表，如果季度财务报告经过审计，还要披露审计报告正文。

上市公司应在会计年度前 3 个月、9 个月结束后的 1 个月内编制季度报告，并将季度报告正文刊登于至少 1 种中国证监会指定的报纸上，将季度报告全文（包括正文及附录）刊登于中国证监会指定的互联网网站上。第一季度季度报告的披露时间不得早于上一年度年度报告。

可见，季度报告较之半年度报告又简略了一些，只述及在本期间内重要的事项，或者与之前相比发生重大变化的事项。至此，我们了解了中期报告（半年度报告和季度报告）披露的主要内容，我们要在上述内容的基础上理解编制中期财务报表的具体要求。

（三）中期财务报告的编制

《企业会计准则第 32 号——中期财务报告》对如何编制中期财务报告做出了规范。准则中的"中期"，是指短于一个完整的会计年度（自公历 1 月 1 日起至 12 月 31 日止）的报告期间，它可以是一个季度或者半年，也可以是其他短于一个会计年度的期间，如 1 月 1 日至 9 月 30 日的期间等。因此，会计准则中的中期财务报告一般包括季度财务报告和半年度财务报告，也包括年初至本中期末的财务报告。

1．中期财务报告的基本编制要求

中期财务报告至少应当包括资产负债表、利润表、现金流量表和附注，至于是否包括所有者权益变动表等，企业可以根据需要自行决定。中期资产负债表、利润表和现金流量表应当是完整报表，其格式和内容应当与上年度财务报表相一致。基本每股收益和稀释每股收益应当在中期利润表中单独列示。上年度编制合并财务报表和母公司财务报表的，中期期末应当编制合并财务报表和母公司财务报表。

中期财务报告应当遵循与年度报告相一致的会计政策并遵循重要性原则和及时性原则。其中与年度报告相一致的会计政策，要求企业在编制中期财务报告时不得随意变更会计政策；重要性原则的判断应当基于中期财务数据，而不是基于预计的年度数据；而为了体现及时性原则，中期财务报告中的很多会计计量会较多地依赖会计估计。比如，对于存货，如果期中进行实地盘点在时间和成本上不够经济合理，则对中期末存货的计价很大程度上就要依赖会计估计了。

中期财务报告应当按照下列规定提供比较财务报表：本中期末的资产负债表和上年度末的资产负债表；本中期的利润表、年初至本中期末的利润表以及上年度可比期间的利润表；年初至本中期末的现金流量表和上年度年初至可比本中期末的现金流量表。

例如，X 公司是我国 A 股的上市公司，按要求需要披露季度财务报告和半年度财务报告，那么，按照会计准则，X 公司在 20×8 年的中期财务报告中应当提供如表 13-1 所示的各种报表。

表 13-1　比较中期财务报表

报表类型		本年度中期财务报表时间（或期间）	上年度比较财务报表时间（或期间）
1 季度报告	资产负债表	20×8 年 3 月 31 日	20×7 年 12 月 31 日
	利润表	20×8 年 1 月 1 日至 3 月 31 日	20×7 年 1 月 1 日至 3 月 31 日
	现金流量表	20×8 年 1 月 1 日至 3 月 31 日	20×7 年 1 月 1 日至 3 月 31 日
半年报	资产负债表	20×8 年 6 月 30 日	20×7 年 12 月 31 日
	利润表	20×8 年 1 月 1 日至 6 月 30 日	20×7 年 1 月 1 日至 6 月 30 日
	现金流量表	20×8 年 1 月 1 日至 6 月 30 日	20×7 年 1 月 1 日至 6 月 30 日
3 季度报告	资产负债表	20×8 年 9 月 30 日	20×7 年 12 月 31 日
	利润表（本中期）	20×8 年 7 月 1 日至 9 月 30 日	20×7 年 7 月 1 日至 9 月 30 日
	利润表（年初至本中期末）	20×8 年 1 月 1 日至 9 月 30 日	20×7 年 1 月 1 日至 9 月 30 日
	现金流量表	20×8 年 1 月 1 日至 9 月 30 日	20×7 年 1 月 1 日至 9 月 30 日

我们可以看出，上述的表中没有列出第二季度报告，实际上，根据会计准则的要求，第二季度报告与第三季度报告十分类似，即利润表都需要报告本中期的利润表和年初至本中期末的利润表；还有，在我国的上市公司信息披露实务中，只需要披露第一季度季报、半年度报告、第三季度季报和年度报告，不需要披露第二季度报告；并且实务中，2008 年之前，第三季度季报中的利润表编制 1 月 1 日至 9 月 30 日的即可，不需要编制第三季度内的利润表，从 2008 年起，第三季度报告中的利润表才同时提供本中期，以及年初至本中期末的数据。

2. 中期财务报告的附注披露

中期财务报告中的附注应当以年初至本中期末为基础编制，披露自上年度资产负债表日之后发生的，有助于理解企业财务状况、经营成果和现金流量变化情况的重要交易或者事项。例如，B 公司是 A 股的上市公司，该公司在 20×8 年 3 月 17 日对外进行重大投资，设立一家子公司。对于这一重大事项，B 公司不仅应当在 20×8 年第一季度季报中披露，在半年报和第三季度季报中也应当予以披露。对于理解本中期财务状况、经营成果和现金流量有关的重要交易或者事项，也应当在附注中作相应披露。

中期财务报告中的附注至少应当包括下列信息:(1) 中期财务报表所采用的会计政策与上年度财务报表相一致的声明。会计政策发生变更的,应当说明会计政策变更的性质、内容、原因及其影响数;无法进行追溯调整的,应当说明原因。(2) 会计估计变更的内容、原因及其影响数。影响数不能确定的,应当说明原因。(3) 前期差错的性质及其更正金额。无法进行追溯重述的,应当说明原因。(4) 企业经营的季节性或者周期性特征。(5) 存在控制关系的关联方发生变化的情况。关联方之间发生交易的,应当披露关联方关系的性质、交易类型和交易要素。(6) 合并财务报表的合并范围发生变化的情况。(7) 对性质特别或者金额异常的财务报表项目的说明。(8) 证券发行、回购和偿还情况。(9) 向所有者分配利润的情况。包括在中期内实施的利润分配和已提出或者已批准但尚未实施的利润分配情况。(10) 根据《企业会计准则第 35 号——分部报告》规定应当披露分部报告信息的,应当披露主要报告形式的分部收入与分部利润(亏损)(分部报告的具体内容将在下一节中阐述)。(11) 中期资产负债表日至中期财务报告批准报出日之间发生的非调整事项。(12) 上年度资产负债表日以后所发生的或有负债和或有资产的变化情况。(13) 企业结构变化情况。包括企业合并,对被投资单位具有重大影响、共同控制或者控制关系的长期股权投资的购买或者处置,终止经营等。(14) 其他重大交易或者事项。包括重大的长期资产转让及其出售情况、重大的固定资产和无形资产取得情况、重大的研究和开发支出、重大的资产减值损失情况等。

证监会对于定期报告均有具体的准则要求,这有力地提高了上市公司信息披露工作的质量,方便了投资者的阅读,也方便了多家公司进行多年度信息的录入与整理分析。几年来,随着这些制度的规范,以及市场上会计师、律师、券商等中介机构专业能力的提升,上市公司的定期报告信息披露质量有了飞跃性的提高。但是问题同样存在,大多数上市公司的定期报告读来如同读"八股文",连最体现上市公司个性部分的"管理层讨论与分析"也千篇一律,难见几篇对投资者负责的"分析"报告,这还需要我们的上市公司不断提高公众意识,提高与信息披露有关的自身专业能力。

第三节　分部报告

分部报告是企业定期报告中需要披露的信息(通常是在报表附注中披露),前文主要是对定期报告主要内容的介绍。由于分部报告的编制有一定特殊性,会计准则也专门对其进行了规范。因此,本章将其单独进行讲解。

一、编制分部报告的必要性

我们可以说,从最基本的角度上看,分部报告是对合并报表的必要补充与说明。

由于现代大型公司往往都是大的企业集团,跨越很多地区,并且业务非常复杂。为了很好地反映企业集团的经营业绩和财务状况,会计上要编制合并财务报表。合并财务报表通过对集团内企业间的内部交易进行抵消,使信息使用者可以从整体上把握整个企业集团的财务状况和经营成果。但是,合并财务报表也有其不足之处,即尽管它可以展示出集团的全貌,可它所表达的集团财务状况和经营成果仅是对各个经营分部的盈利水平、增长趋势和风险情况的简单平均,未能反映出集团对各个经营分部的依赖程度,不利于信息使用者对集团整体风险与报酬进行更精确的预测。

正因如此,作为对合并财务报表解释与补充的分部报告就应运而生了。合并财务报表与分部报告之间是一种综合—分解—再综合的关系。首先是合并财务报表在抵消内部交易的基础上对各个经营分部财务状况、经营成果进行简单综合,接着是分部报告按照一定标准对合并财务报表进行分解,最后是信息使用者在分部分析的基础上综合形成对企业整体经营情况、未来前景的判断。从这一意义上说,企业集团的合并财务报表是企业分部报告的立足点。

单就是否应该以分部报告的形式披露会计信息而论,会计界有着不同看法。有些学者认为分部报告可能会使得企业的竞争对手、客户、供应商或其他利益相关者得到有关企业的更多信息,从而影响到企业在市场上的竞争实力;但是更多的学者认为,公布分部资料并不会给那些有多种经营业务或跨地区经营的企业增加更多的麻烦,如果企业不提供分部信息,信息需要者也还是会从其他途径得到。因此,现在实务中是要求那些有多种经营业务或跨地区经营的企业在合并报表的基础上再披露分部报告,从而为报表使用者提供有用的数据,使得他们对企业过去的经营情况和未来前景有较为正确的评价。

二、报告分部的确定

我国《企业会计准则第35号——分部报告》中规定,企业存在多种经营或跨地区经营的,应当按规定披露分部信息。企业应当以对外提供的财务报表为基础披露分部信息，例如，对外提供合并财务报表的，就应当以合并财务报表为基础披露分部信息。

既然要提供分部信息，首要的任务就是要判断分部报告的单位。准则规定企业披露分部信息，要区分业务分部和地区分部。

所谓业务分部，是指企业内可区分的、能够提供单项或一组相关产品或劳务的组成部分。该组成部分承担了不同于其他组成部分的风险和报酬。企业在判断业务分部时，应当结合企业内部管理要求，并考虑下列因素：(1) 各单项产品或劳务的性质，包括产品或劳务的规格、型号、最终用途等；(2) 生产过程的性质，包括采用劳动密集或资本密集方式组织生产、使用相同或者相似设备和原材料、采用委托生产或加工方式等；(3) 产品或劳务的客户类型，包括大宗客户、零散客户等；(4) 销售产品或提供劳务的方式，包括批发、零售、自产自销、委托销售、承包等；(5) 生产产品或提供劳务受法律、行政法规的影响，包括经营范围或交易定价限制等。

所谓地区分部，是指企业内可区分的、能够在一个特定的经济环境内提供产品或劳务的组成部分。该组成部分承担了不同于在其他经济环境内提供产品或劳务的组成部分的风险和报酬。企业在确定地区分部时，结合企业内部管理要求，还需考虑下列因素：(1) 所处经济、政治环境的相似性，包括境外经营所在地区经济和政治的稳定程度等；(2) 在不同地区经营之间的关系，包括在某地区进行产品生产，而在其他地区进行销售等；(3) 经营的接近程度大小，包括在某地区生产的产品是否需在其他地区进一步加工生产等；(4) 与某一特定地区经营相关的特别风险，包括气候异常变化等；(5) 外汇管理规定，即境外经营所在地区是否实行外汇管制；(6) 外汇风险。

做了对业务分部和地区分部的判断之后，如果两个或两个以上的业务分部或地区分部同时满足以下这两个条件：(1) 具有相近的长期财务业绩，包括具有相近的长期平均毛利率、资金回报率、未来现金流量等；(2) 确定业务分部或地区分部所考虑的因素类似，我们就可以把原来判断的多个分部合并为一个分部。

一个大型企业的业务分部和地区分部可能很多，并不是所有的分部信息都要对外披露的，而是将主要的分部信息对外披露即可。何为“主要”？会计准则中给出了具体的判断标准。

具体来说，业务分部或地区分部的大部分收入是对外交易收入，且满足下列条件之一的，就应当将其确定为报告分部：(1) 该分部的分部收入占所有分部收入合计的10%或者以上。(2) 该分部的分部利润（亏损）的绝对额,占所有盈利分部利润合计额或者所有亏损分部亏损合计额的绝对额两者中较大者的10%或者以上。(3)该分部的分部资产占所有分部资产合计额的10%或者以上。将上述几点概括起来,就是“10%标准”,收入、利润、资产这三方面任一方面达到10%,就必须作为报告分部。

如果业务分部或者地区分部没有满足“10%标准”,可以按照下列规定处理:(1)不考虑该分部的规模,直接将其指定为报告分部。(2)不将该分部直接指定为报告分部的,可将该分部与一个或一个以上类似的、未满足规定条件的其他分部合并为一个报告分部。(3)不将该分部指定为报告分部且不与其他分部合并的,应当在披露分部信息时,将其作为其他项目单独披露。

最终报告的分部还需要满足一条“75%标准”,即报告分部的对外交易收入合计额占合并总收入或企业总收入的比重未达到75%的,应当将其他的分部确定为报告分部(即使它们未满足10%标准),直到该比重达到75%。

在确定报告分部时,还应当考虑不同会计期间分部信息的可比性和一贯性。对于某一分部而言,在上期可能满足报告分部的确认条件从而被确认为报告分部,但本期并不满足报告分部的确认条件,此时,如果企业认为该分部仍然很重要,单独披露该分部信息有助于报表使用者了解企业的整体情况,那么就不需要考虑分部的规模,可以仍将该分部确定为本期的报告分部。

三、分部报告的报告形式

我国准则对分部报告的报告形式做出规范,要求区分主要报告形式和次要报告形式。所谓报告形式也就是报告时是以业务分部为主,还是以地区分部为主。

如果企业的风险和报酬主要受产品和劳务差异影响的,披露分部信息的主要形式应当是业务分部,次要形式是地区分部。但如果企业的风险和报酬主要受企业在不同的国家或地区经营活动影响的,披露分部信息的主要形式应当是地区分部,次要形式是业务分部。如果风险和报酬同时较大地受企业产品和劳务的差异以及经营活动所在国家或地区差异影响的,披露分部信息的主要形式应当是业务分部,次要形式是地区分部。

对于主要报告形式,企业应当在附注中披露分部收入、分部费用、分部利润(亏损)、分部资产总额和分部负债总额等。分部收入,是指可归属于分部的对外交易收入和对其他分部交易收入。分部的对外交易收入和对其他分部交易收入,应当分别披露。分部费用,是指可归属于分部的对外交易费用和对其他分部交易费用。分部的折旧费用、摊销费用以及其他重大的非现金费用,应当分别披露。分部利润(亏损),是指分部收入减去分部费用后的余额。在合并利润表中,分部利润(亏损)应当在调整少数股东损益前确定。分部资产,是指分部经营活动使用的可归属于该分部的资产,不包括递延所得税资产。分部资产的披露金额应当按照扣除相关累计折旧或摊销额以及累计减值准备后的金额确定。披露分部资产总额时,当期发生的在建工程成本总额、购置的固定资产和无形资产的成本总额,应当单独披露。分部负债,是指分部经营活动形成的可归属于该分部的负债,不包括递延所得税负债。同时,分部报告的提供者要注意分部报告中这些财务数据与企业财务报表中的总额信息要能够衔接、一致。

如果企业分部信息的主要报告形式是业务分部,在次要报告形式中应当披露:(1) 对外交易收入占企业对外交易收入总额 10% 或者以上的地区分部,以外部客户所在地为基础披露对外交易收入。(2) 分部资产占所有地区分部资产总额 10% 或者以上的地区分部,以资产所在地为基础披露分部资产总额。

如果企业分部信息的主要报告形式是地区分部,在次要报告形式中应披露下列信息:(1) 对外交易收入占企业对外交易收入总额 10% 或者以上的业务分部,应当披露对外交易收入。(2) 分部资产占所有业务分部资产总额 10% 或者以上的业务分部,应当披露分部资产总额。

在分部报告中仅披露那些与合并财务报表会计政策有差异的政策即可,而且可能的话,需要提供前期比较数据。

四、分部报告示例

从我国目前的信息披露实务中看,许多上市公司并没有在附注中单独披露分部报告的信息。更多的公司是在董事会报告中的"主营业务及其经营状况"这部分,提到公司的主营业务收入、主营业务成本和主营业务利润率按照行业和产品分类的情况,以及主营业务收入按照地区分类的情况。如表 13-2 和表 13-3 所示。

表 13-2 主营业务分行业、产品情况表 单位:万元

分行业或分产品	主营业务收入	主营业务成本	主营业务利润率(%)	主营业务收入比上年增减(%)	主营业务成本比上年增减(%)	主营业务利润率比上年增减(%)
行业						
A 行业	835 582	527 247	36.9%	73.39%	74.23%	-0.30%
产品						
X 产品	539 950	315 475	41.57%	66.91%	64.87%	0.73%
Y 产品	295 632	211 771	28.37%	86.62%	90.34%	-1.40%
合计	835 582	527 246	36.90%	73.39%	74.23%	-0.30%

表 13-3 主营业务分地区情况 单位:万元

地区	主营业务收入	主营业务收入比上年增减(%)
国际	165 819	190.36%
国内	669 763	57.67%
合计	835 582	73.39%

可见,这样的分部信息披露与准则的要求是有相当差距的。当然,有些上市公司确实是因为业务单一、地区也单一不需要披露分部报告。在这种情况下,有些上市公司会在财务报表附注中声明,"本公司绝大多数业务都在某领域和某地区,不需要披露分部报告"。

也有一些上市公司按照准则的要求编制了分部报告,并详细在附注中披露。例如,Z 公司是 A 股上市公司,它将业务分部确认为主要报告形式,对业务分部的分部报告如表 13-4 所示。

表 13-4 20×8 年度及 20×8 年 12 月 31 日分部信息 单位:万元

项目	X 类业务	Y 类业务	其他	抵消	合计
营业收入	54 102	610 619	4 804	-27 060	642 465
其中:对外交易收入	28 966	610 619	2 880	—	642 465
分部间交易收入	25 136	—	1 924	-27 060	—
营业费用	908	14 278	35	-500	14 721
营业利润	9 415	17 733	249	-5 274	22 123
资产总额	133 127	170 724	3 319	-30 773	276 397
负债总额	28 241	127 779	1 334	-7 942	149 412
折旧和摊销费用	1 088	1 825	38	-26	2 925
资产减值损失	-166	-68	-16	105	-145
资本性支出	5 699	4 240	20	-2 464	7 495
折旧和摊销等以外的其他非现金费用	—	—	—	—	—

同时,Z公司还按照准则的要求列报了比较分部信息,也就是20×7年度和20×7年12月31日的分部信息,这里略去。

总体而言,目前上市公司对分部信息的披露并不十分充分,很少有上市公司在附注中明确列示完整的分部报告。随着上市公司规模扩大、业务复杂化,对准则的理解和掌握的加深,最重要的是相关部门的明确指导,分部报告应该会越来越多地出现在年报当中。

第四节　临时公告

前面讨论了上市公司的持续披露,也就是定期报告,这一节里我们来阐述临时披露。

如果您留意资本市场,就会发现上市公司经常发布一些公告,即一些不属于定期报告之外的公告,那就是临时公告,也就是我们这里要讨论的临时披露问题。可见,临时披露涉及的事项林林总总,是非常丰富的。

一、临时公告的起因

发布临时公告的原因,仍是为了及时、完备地进行信息披露。当发生可能对上市公司股票交易价格产生较大影响的重大事件、投资者尚未得知时,上市公司应当立即将有关该重大事件的情况向国务院证券监督管理机构和证券交易所报送临时报告,并予公告,说明事件的起因、目前的状态和可能产生的法律后果。

二、临时公告的内容

什么样的事件构成了重大事件,必须进行临时公告呢?这是理解临时公告首先要明确的事项。

下列情况就是所谓的"重大事件":(1)公司的经营方针和经营范围的重大变化;(2)公司的重大投资行为和重大的购置财产的决定;(3)公司订立重要合同,可能对公司的资产、负债、权益和经营成果产生重要影响;(4)公司发生重大债务和未能清偿到期重大债务的违约情况;(5)公司发生重大亏损或者重大损失;(6)公司生产经营的外部条件发生的重大变化;(7)公司的董事、三分之一以上监事或者经理发生变动;(8)持有公司5%以上股份的股东或者实际控制人,其持有股份或者控制公司的情况发生较大变化;(9)公司减资、合并、分立、解散及申请破产的决定;(10)涉及公司的重大诉讼,股东大会、董事会决议被依法撤销或者宣告无效;(11) 公司涉嫌犯罪被司法机关立案调查,公司董事、监事、高级管理人员涉嫌犯罪被司法机关采取强制措施。

例如,对于重大交易、对外担保、关联交易、诉讼仲裁、募集资金投向、业绩预告、利润分配、股票交易异常波动、澄清传言等方面,我国现行法规做了一些具体的规定。

对于重大交易(提供担保除外)达到下列标准之一的,就应当及时披露:(1) 交易涉及的资产总额(同时存在账面值和评估值的,以高者为准)占上市公司最近一期经审计总资产的10%以上;(2) 交易的成交金额(包括承担的债务和费用)占上市公司最近一期经审计净资产的10%以上,且绝对金额超过1 000万元;(3) 交易产生的利润占上市公司最近一个会计年度经审计净利润的10%以上,且绝对金额超过100万元;(4) 交易标的(如股权)在最近一个会计年度相关的主营业务收入占上市公司最近一个会计年度经审计主营业务收入的10%以上,且绝对金额超过1 000万元;(5) 交易标的(如股权)在最近一个会计年度相关的净利润占上市公司最近一个会计年度经审计净利润的10%以上,且绝对金额超过100万元。上述指标涉及的数据如为负值,取绝对值计算。

公司发生"提供担保"的交易事项,应当提交董事会或者股东大会进行审议,并及时披露。下述担保事项则必须在董事会审议通过后提交股东大会审议:(1) 单笔担保额超过公司最近一期经审计净资产10%的担保;(2) 公司及其控股子公司的对外担保总额,超过公司最近一期经审计净资产50%以后提供的任何担保;(3) 为资产负债率超过70%的担保对象提供的担保;(4) 按照担保金额连续12个月内累计计算原则,超过公司最近一期经审计总资产30%的担保。

对于关联交易,如果上市公司与关联自然人发生的交易金额在30万元以上的关联交易(上市公司提供担保除外),应当及时披露。上市公司与关联法人发生的交易金额在300万元以上,且占公司最近一期经审计净资产绝对值0.5%以上的关联交易(上市公司提供担保除外),应当及时披露。上市公司为关联人提供担保的,不论数额大小,均应当在董事会审议通过后及时披露,并提交股东大会审议。

公司应当及时披露涉案金额超过1 000万元,并且占公司最近一期经审计净资产绝对值10%以上的重大诉讼、仲裁事项。即使没有达到这个披露标准,只要董事会基于案件特殊性认为可能对公司股票及其衍生品种交易价格产生较大影响,或者上海证券交易所认为有必要的,以及涉及股东大会,董事会决议被申请撤销或者宣告无效的诉讼,公司也应当及时披露。

公司拟变更募集资金能投资项目的,应当在董事会形成相关决议后及时披露,并将该事项提交股东大会审议。

上市公司预计年度经营业绩将出现净利润为负值,或净利润与上年同期相比上升或下降50%以上,或者公司实现扭亏为盈等情况时,应当及时进行业绩预告。业绩预告公告的刊登时间最迟不得晚于该报告期结束后1个月。公司披露业绩预告后,又预计本期业绩与已披露的业绩预告情况差异较大的,应当及时刊登业绩预告更正公告。公司可以在年度报告和中期报告披露前发表业绩快报。公司预计本期业绩与已披露的盈利预测有重大差异的,应当及时披露盈利预测更正公告。

公司应当在董事会审议通过利润分配和资本公积金转增股本方案后,及时披露方案的具体内容,并于实施方案的股权登记日前3至5个交易日内披露方案实施公告。

公司股票交易被中国证监会或者证券交易所根据有关规定认定为异常波动的,公司应当及时了解造成证券及其衍生品种交易异常波动的影响因素并在下一个交易日披露股票交易异常波动公告。股票交易异常波动的计算从公告之日起重新开始。

公司应当关注媒体关于公司的报道,公共传媒传播的消息可能或者已经对公司证券及其衍生品种的交易产生重大影响时,公司应当及时向相关各方了解真实情况,必要时应当以书面方式问询。公司应当及时向证券交易所提供传闻传播的证据,并发布澄清公告。

三、临时公告的时间

通常上市公司应当在最先发生的以下任一时点,及时履行重大事件的信息披露义务:(1) 董事会或者监事会就该重大事件形成决议时;(2) 有关各方就该重大事件签署意向书或者协议时;(3) 董事、监事或者高级管理人员知悉该重大事件发生并报告时。

如果在上述时点之前,公司出现下列情况:(1) 该重大事件难以保密;(2) 该重大事件已经泄露或者市场出现传闻;(3) 公司证券及其衍生品种出现异常交易情况;那么,上市公司一般应当立即披露相关事项的现状以及可能影响事件进展的风险因素。

为规范上市公司临时公告的信息披露,交易所专门制定了《上市公司临时公告格式指引》,对各类临时公告的格式指定了具体格式,有利于披露的统一性和规范管理。

第五节 未履行信息披露义务的处理

作为一家公众公司,信息披露是必须履行的义务。我国相关法规也规定了如果上市公司未能履行信息披露义务,将会受到一定的惩处。根据沪深两市交易所的上市规则,如果上市公司违反上市规则(包含信息披露义务),交易所可视情节轻重给予以下三种处分:一责令改正;二内部通报批评;三在指定报纸网站上公开谴责,并要求上市公司有关责任人支付3万元以上30万元以下的惩罚性违约金。

对于上市公司信息披露违规,最常见的处理措施是停牌。如果上市公司临时报告披露不够充分、完整或可能误导公众,且拒不按照交易所的要求作出修改的,交易所可以对该公司股票及其衍生品种停牌,直至上市公司作出补充或更正公告的当日下午开市时复牌;交易所审核上市公司定期报告时,要求上市公司就有关内容进行解释说明或补充公告,公司不按照要求办理的,交易所可以视具体情况对其股票及其衍生品种停牌,直至公司作出解释说明或补充公告的当日下午开市时复牌;上市公司没有在法定期限内披露定期报告的,交易所可以将其股票及其衍生品种停牌,直至定期报告披露的当日下午开市时复牌;当上市公司在公司运作和信息披露方面涉嫌违反法律法规,情节严重,在被有关部门调查期间,经证监会批准,交易所可以对其股票及衍生品种停牌,待有关处理决定公告之后,再行决定;上市公司因某种原因使交易所失去对其有效信息来源时,交易所可以对其股票及其衍生品种停牌,直至有效信息来源恢复(例如,在这次举国同殇的"5·12"大地震中,很多四川的上市公司通讯中断,因而被停牌)。

如果上市公司违规情节严重,就会遭到暂停上市或终止上市的处罚。例如,连续两年亏损的上市公司,未能在法定期限内公布第三年年度报告的,自年度报告披露的法定期限到期之日起,交易所对其股票实施停牌,并在停牌后五个工作日内作出暂停上市的决定,报证监会备案;上市公司不按照规定公开其财务状况或者对财务报告做虚假记载的,交易所根据证监会的决定可以暂停其股票上市;上市公司的上述违规情节经查实且后果严重的,交易所将根据证监会终止其上市的决定,终止该股票上市。

本章小结

本章对上市公司上市之后的信息披露进行了阐述。上市之后的信息披露分为持续披露和临时披露。持续披露就是定期披露,包括年报、半年报和季报的披露;临时披露就是临时公告。

第一节对上市公司信息披露的概况进行了介绍,说明在企业内部对信息披露负责的人员和部门有哪些,以及信息披露工作应当注意的一般性规则。

第二节讲解定期报告,分别详细描述了年度报告、半年度报告和季度报告的主要内容。其中,半年度报告和季度报告属于中期报告,关于中期报告的编制,我国有专门的会计准则规范,所以在这里介绍了中期财务报告的编制。

第三节分析了分部报告。分部报告其实是定期报告中的一部分内容,由于分部报告的编制有其特殊性,我国也有专门的会计准则对其进行规范,因此单独在第三节中讲解。首先阐明为什么需要分部报告,然后介绍报告分部的确定(涉及业务分部、地区分部,以及报告分部的认定等内容),接下来讲解分部报告的报告形式(如何确定主要报告形式和次要报告形式),最后用上市公司的示例来将概念具体化。

第四节讲解临时公告。我们从临时公告的起因谈起,重点描述了临时公告会涉及的主要内容。临时公告的最重要特性即为其及时性,因此其披露的时间也是需要注意的。

第五节强调了如果上市公司违反信息披露的有关规定,会受到轻则批评、重则停牌、暂停上市,甚至终止上市的处罚。因此,按照法定规范进行信息披露是上市公司应尽的义务。

本章主要名词

持续披露　临时披露　定期报告　年度报告　半年度报告　季度报告　分部报告　业务分部　地区分部　主要报告形式　次要报告形式　临时公告　信息披露违规

本章思考题

1. 上市公司持续披露的含义是什么？包含哪些内容？

2. 年度报告的主要内容有哪些？您认为关于企业未来前景的相关信息可能会在哪里找到？

3. 中期报告是何含义？包含哪些内容？

4. 半年度报告的主要内容有哪些？与年度报告有何区别？

5. 季度报告的主要内容包括什么？与年度报告、半年度报告相比有何不同？

6. 按照准则的要求，中期财务报告应如何编制？上市公司在实际业务中披露的中期报告是否与现行会计准则的规定完全一致？若不一致，其原因何在？

7. 什么是业务分部？什么是地区分部？

8. 分部报告中，如何确定报告的形式？

9. 临时公告有何作用？列出至少五种临时公告。

10. 上市公司违反相关信息披露法规，会受到什么处罚？

本章练习题

1. 找到一家您感兴趣的上市公司某一年度的全部定期报告，包括一季度季报、半年报、三季度季报和最终的年报，对比分析季报、半年报和年报在内容与格式上有何不同。

2. 关注在第 1 题中的上市公司在该年度公布的临时公告，看看这些公告分部涉及什么事项，结合教材中所述事项，对实务中的临时公告有一个感性的认识。看看有没有关于业绩的预告、业绩预告更正公告等，并与最终报表中的数字对比验证预告的准确性。

3. 搜集一下最近期间（近一个月、半年或一年）证监会、交易所公开谴责或者处罚的上市公司，看看上市公司到底因为什么原因而受到处罚？

本章小资料

小资料之一:

后股权分置时期上市公司信息披露行为及监管对策研究(节选)

一、股权分置改革后上市公司虚假披露行为的新动机

上市公司信息披露质量不高,一直是困扰我国证券市场的顽疾。股权分置改革完成后,上市公司非流通股与流通股将实现同股同权、同股同利,客观上将促使上市公司原有非流通股股东与流通股东的利益趋同,在此基础上实施的股权激励制度也将促使管理层利益与股东的利益趋同,这一方面有助于遏制上市公司盲目圈钱以及控股股东通过关联交易、占用资金等形式侵害流通股东合法权益的动机,但另一方面却进一步强化了上市公司虚假披露的利益驱动机制。这主要表现在:

(一)控股股东操控上市公司虚假披露的动机增强。控股股东取得其股票流通权后,可以直接从二级市场股价变化获得巨额利益,而且国资部门拟将公司股价列为考核控股股东业绩的重要指标,将导致其有更强烈的提升股价的需求,从而增强操控上市公司虚假披露的动机。

(二)股权激励制度强化造假动机。股权分置改革启动以来,与之配套的股权激励制度陆续推出,中国证监会颁布的《上市公司股权激励管理办法(试行)》于2006年1月1日生效,国务院国资委也即将颁布《国有控股上市公司(境内)实施股权激励试行办法》。截至2006年9月11日,已有40家上市公司在股权分置改革中推出了股权激励方案,约150家上市公司在股改承诺中提出股改后要积极推进股权激励探索工作。随着股权激励制度的实施,上市公司管理层在二级市场巨大利益和业绩考核压力的驱使下,也将有更强的造假诱因。

(三)股权分置改革后,随着对价的支付和非流通股股东减持股票,控股股东的持股比例将呈下降趋势,而原流通股东持股比例大幅上升。据统计,截至2006年9月14日已完成股权分置改革的1 038家上市公司第一大股东平均持股比例为36.05%,较改革前下降7.22%,其流通股东平均持股比例为46.49%,较改革前上升10.26%。在这种情况下,二级市场的庄家有可能顺势取得公司实际控股权,也就更容易胁迫上市公司管理层配合二级市场操作,进行虚假披露。

（四）非流通股东具有降低支付股改对价成本的强烈需求。股权分置改革期间，许多上市公司非流通股东为了获得流通股东对股改方案的支持，做出了与“追送股改对价”挂钩的业绩承诺。股改完成后，非流通股东尤其是控股股东在业绩承诺难以兑现的情况下，很可能操控上市公司披露虚假业绩，使得非流通股东不触及追送对价的“红线”。

二、股权分置改革后上市公司虚假披露行为的新特点

从境内外资本市场实践情况看，在强烈的利益驱动下，股权分置改革后的上市公司虚假披露行为将呈现以下新特点：

（一）虚假披露行为将有可能更为普遍。受利益驱使无论绩优、绩差公司均有可能出现造假，国有大盘蓝筹上市公司不作假、少作假的情况也将可能会改变。以美国资本市场为例，尽管处于全流通的市场环境下，其法制比较健全，监管力度比较到位，公司治理机制相对完善，但近年来上市公司重大造假事件仍时有发生，安然、世通、环球电讯、施乐、戴尔等多家大型跨国公司纷纷传出财务欺诈丑闻，给投资者信心乃至社会经济产生较大的冲击。有关研究指出，1999—2001 年已有 700 多家美国上市公司的财务报表因披露不当等问题进行了重编，数量逐年上升，其中 1999 年有 234 家，2000 年有 258 家，2001 年达到 305 家。

（二）虚假披露、舞弊的手法更加隐蔽。鉴于直接侵占资金、担保等显性作假行为易为市场所识别，二级市场将会自动作出反应，届时控股股东将得不偿失，因此上市公司虚假披露、舞弊行为将更趋隐蔽，通过金字塔结构编造业绩、关联交易非关联化、非经常性交易经常化、假账真做（有业务及现金流配合）、期间造假期末转回、滥用会计差错等情况可能会更加突出。另外，可能出现控股股东以二级市场收益通过非显性关联交易向上市公司输送利润等方式进行会计造假，其违规收益也将从二级市场直接获得，无须在上市公司报表中体现，难以直接查证，给我们的监管带来更大挑战。如科龙，其实际控制人顾雏军通过注册成立与科龙名义上无关联关系的企业，与科龙发生交易，作为其编造业绩和侵占资金的工具。又如东方电子，将其炒作本公司股票的收益 10.39 亿元转回公司，并编造虚假销售合同、发票，以此粉饰业绩。

（三）虚假披露与内幕交易、操纵市场结合更加紧密。控股股东获得股票流通权后，与庄家互为转换，可能成为二级市场更大的庄家，利用其资金、信息优势，更易操纵市场。上市公司虚假披露行为将更多地为控股股东操纵市场服务。从国内已查处的琼民源、亿安科技、中科创业、银广夏、北大车

行等案例来看，这些公司发生的虚假披露行为大都是与庄家操纵公司股价相关联的。

（四）并购重组中的虚假披露将更加频繁。股权分置改革后，随着价值投资理念的倡导，上市公司“壳”资源的价格将呈下降趋势，并购成本将更低，重组活动将大大增加。在并购重组过程中，控股股东和上市公司很可能通过内幕交易、虚假陈述来达到操纵市场、获取更高收益的目的。如2006年上半年三一公司高管人员在其博客网页上连续发表抨击外资收购国内某机械行业龙头企业的文章，并发出巨资竞购该企业的要约。受此影响，该公司股价出现异动，数天之内上升了24%之多。

（五）选择性披露更为普遍。近年来，随着市场投资者结构的不断调整，以基金、券商、保险公司、QFII为主的机构投资者已逐步成为市场的主导。股改后上市公司及控股股东为资本运作的需要，更愿意将对公司股价有重大影响的未公开信息通过机构调研、投资者沟通会等形式告知机构投资者等特定群体。深交所对2005年上市公司年度报告审核结果显示，上市公司已经出现选择性信息披露的新动向，即上市公司为了吸引机构投资者，将部分重大的未公开信息事先向机构投资者透露；或为配合大股东的资本运作，根据大股东的意图进行倾向性披露。

资料来源：广东证监局课题组，课题组负责人：冯玉华，执笔人：聂旺标、季王锋，中国证监会网站，www.csrc.gov.cn，2007年3月20日。

小资料之二：

虚假陈述受害者可依法起诉（节选）

2006年7月4日，中国证监会对科龙电器及其前负责人顾雏军等人作出《行政处罚决定书》。经查实，该公司存在重大虚假陈述行为：其在2002—2004年间采取虚构主营业务收入、少计坏账准备、少计诉讼赔偿金等手段编制虚假财务报告，导致虚增利润38 719.27万元；其在2003年年报现金流量表披露中存在大量虚假记载；其在2002—2004年间未披露会计政策变更等重大事项，也未披露与关联方共同投资、购买商品等关联交易事项等。2008年1月30日，广东佛山市中级人民法院对顾雏军等人作出一审刑事判决，判处顾雏军有期徒刑10年，罚金680万元，而顾雏军则提起了上诉。同时，100多名权益受损的科龙电器股民，则根据中国证监会的行政处罚决定，在广州市中级人民法院提起虚假陈述民事赔偿诉讼，该案目前尚未开庭。

律师点评：

虚假陈述是指信息披露义务人对证券发行、交易及其相关活动事实、性质等事项作出不实、严重误导或包含有重大遗漏的任何形式的陈述，致使投资者在不了解事实真相的情况下作出投资决定的行为。《证券法》第63条规定："发行人、上市公司依法披露的信息，必须真实、准确、完整，不得有虚假记载、误导性陈述或者重大遗漏。"从行政监管的角度，监管机构或证券交易所制定了相当数量的信息披露要求和标准。在《刑法》中，也专门规定了虚假陈述方面的罪种，如编制虚假财务报告罪等，公安部也在证券犯罪追诉标准中作了规定。从沪深证券交易所设立至今，因虚假陈述受到刑事制裁和行政处罚的案件，已达数百件。

资料来源：宋一欣，《中国证券报》，2008年3月13日。

本章参考资料

1. 阎达五、耿建新、戴德明，《高级会计学》，中国人民大学出版社2007年版。

2. 肖华，《中国证券市场信息披露伦理研究》，中国经济出版社2008年版。

3. 财政部会计司编写组，《企业会计准则讲解》，人民出版社2007年版。

4. 周红，《企业上市全程指引》，中信出版社2008年版。

5. 中国证券监督管理委员会网站——法律法规，www. csrc. gov. cn。

6. 上海证券交易所网站——法律法规库，www. sse. com. cn。

第十四章

公司清算与重组会计

本章教学目的和要求

公司清算和重组是现代经济社会经常要面临的业务。本章在介绍公司解散和破产、清算和重组等概念及其程序的基础上，对相关的会计处理和财务报表编制进行了说明和释例。

本章的教学目的，是使读者了解公司解散和破产的清算程序及二者的区别，理解在会计主体非持续经营下会计计价和会计报告的特殊性，掌握相关的清算业务核算和报告，并了解准改组和破产重整的概念及相关的会计核算业务。

本章的教学要求，一是掌握解散和破产的原因，熟知解散清算和破产清算的主要程序及其二者之间的主要异同；二是掌握解散清算和破产清算中有关业务的会计处理和报告；三是了解准改组和破产重整的概念及二者的联系和区别，对相关业务的会计处理要求有清楚的认识。

第一节 解散清算

一、公司解散及其原因、类别

(一) 公司解散及其原因

公司解散又称公司解体,是指公司注销法人资格的法律行为。公司解散有着种种原因,我国《公司法》规定,公司可以因下列原因解散:

1. 公司章程规定的营业期限届满或者公司章程规定的其他解散事由出现。这实际包含了两种情况,一是公司章程规定的存立期,即营业期限届满,自行解体;二是公司章程规定的终止事由发生。在公司章程中,公司的存立期和终止事由不是绝对必要事项,但一旦约定,就应当遵照执行,这属于公司正常的解散。如果公司在发生上述事项时希望继续存续,可以修改公司章程,有限责任公司经持有三分之二以上表决权的股东通过,股份有限公司经出席股东大会会议的股东所持表决权的三分之二以上通过,公司就可以继续存续。

2. 股东会或者股东大会决议解散。在发生某些特殊事项,使公司经营无法持续经营,或公司设立的宗旨已经实现,没有必要继续存续时,有限责任公司或股份有限公司经股东会或股东大会形成解散决议,也可以终止公司经营。

3. 因公司合并或者分立需要解散。企业在吸收合并或新设合并时,会出现被吸收公司的解散或原合并各方的解散;在一个公司分立为两个或两个以上的公司时,也常常会伴随原公司法人主体注销、公司解散的情况。

4. 依法被吊销营业执照、责令关闭或者被撤销。若公司在经管过程中在经营内容、方式等方面严重违反国家的法律法规,国家行政机关可以依法吊销公司营业执照或责令其关闭或予以撤销,这属于强制解散。公司在规定的期限内没有营业,或长期停业,也有可能被依法撤销。

5. 公司经营管理发生严重困难,继续存续会使股东利益受到重大损失,通过其他途径不能解决的,持有公司全部股东表决权 10% 以上的股东,可以请求法院解散公司。当公司出现这种情况时,人民法院可依法予以解散公司。

(二) 公司解散的分类

从上述公司解散的原因看,公司解散也可分为自愿解散和强制解散两种。

1. 自愿解散

即由公司自行决议，自行宣布的解散。这种解散又包括以下三种：

（1）创办人提出的自愿解散。即公司在尚未正式开始营业、也没有对外筹资时，创办人自愿解散公司。

（2）股东提出的自愿解散。即经股东提出并经股东会议通过的解散。

（3）公司提出的自愿解散。公司根据公司章程或具体情况，向股东会议提出申请，经股东会议通过后，履行法律程序的解散。

2. 强制解散

公司违反法律规定，被行政机关强令终止的解散，属于强制解散。

值得注意的是，公司因经营不善、长期亏损导致无力偿付到期债务而被法院宣告破产的情况不属于公司解散的范畴。

此外，从公司经济实体实质是否继续存续来看，公司解散还可以分为产权转让方式和完全解散方式两种。

1. 产权转让方式

在产权转让方式下，公司解散时资产不变现，而是由公司的某一投资方将其产权转让给其他投资方，公司经营活动继续。这样的事项经常发生在公司合并、分立过程中，也适用于公司部分投资者希望退出、公司重新注册登记的情况。在这种方式下，虽然公司资产不需变现，但往往也需要对资产、负债进行清理，并重新明确有关的债权债务关系。

2. 完全解散方式

完全解散，是指公司彻底终止经营活动，对资产负债全面清理的解散。在完全解散中，要变现资产，清收债权，清偿债务，并将剩余财产进行分配。完全解散也即一般狭义理解上的解散。

二、解散清算

（一）清算

清算，是指公司在终结法人资格的过程中，全面清理资产（包括清理财产、清收债权等）、清偿债务，并将剩余财产在投资各方或股东之间进行分配的行为。从法律程序看，清算可以被解释为，公司在解散过程中，发出清算公告，收回债权，偿还债务，分配剩余资产，依法向政府管理机构办理法人注销登记手续，最终结束公司现有法律关系、使公司法人资格完全消失的一种法律行为。

实际上，清算包括解散清算和破产清算两种。二者的区别是它们是归因于两种不同的公司终止形式,解散清算源于公司解散,破产清算则源于公司破产。但在公司解散清算过程中,如果发现资不抵债、无法完全偿付债务,则解散清算将转为破产清算程序。

（二）解散清算的程序

公司的解散清算必须按照一定的程序,分清公司应承担的责任,及时处理债权债务,合理分配财产、费用,避免因公司解散造成的各种经济损失和纠纷,维护正常的社会经济秩序。

公司解散清算的程序如下:

1．确定清算人,组成清算组

公司因前述事项而解散的,应当在解散事由出现之日起 15 日内成立清算组,开始清算。在自愿清算的情况下,公司应由股东会议确定清算人,组成清算组。有限责任公司的清算组由股东组成,股份有限公司的清算组由董事或者股东大会确定的人员组成。逾期不成立清算组进行清算的,债权人可以申请法院指定有关人员组成清算组进行清算。清算人产生及清算组成立后,即应负担起清算职责,依法进行清算活动。清算组的主要职责包括:清理公司财产,分别编制资产负债表和财产清单;通知、公告债权人;处理与清算有关的公司未了结的业务;清缴所欠税款以及清算过程中产生的税款;清理债权、债务;分配公司清偿债务后的剩余财产;代表公司参与民事诉讼活动等。

2．登记债权

公司解散时,先要清偿债务,然后才能向股东分配财产,这是法律为保护债权人合法权益作出的规定。清偿债务首先要进行债权登记,对公司的债权人及其债权进行彻底的清理。按照我国《公司法》的规定,清算组成立后 10 日内要通知债权人,并于 60 日内在报纸上公告。债权人应当自接到通知书之日起 30 日内,未接到通知书的自公告之日起 45 日内,向清算组申报其债权。申报时,债权人必须向清算组说明其债权的有关事项,如债权是否有财产担保,并提供相关证明材料,以便清算组进行债权登记。在申报债权期间,清算组不得对债权人进行清偿。

需要强调的是,在进行债权登记时,必须严格区分有财产担保的债权和无财产担保的债权,因为公司在清算时,对两种债权承担的偿债义务以及偿债顺序是不同的。

3．清理公司财产,编制资产负债表和财产清单

除了对公司的债权进行登记外,清算组还必须对公司的财产进行全面、

彻底的清理。通常,对公司财产的清理工作是聘请有经验的注册会计师及其他专业人士来完成的。对公司财产的清理主要包括如下内容:

(1) 对于公司的现金和实物资产(如存货、固定资产等),应在注册会计师的监督下进行盘点;

(2) 对于银行存款,应通过银行提供的对账单或其他证明文件予以核实;

(3) 对于公司的债权(如应收账款),由清算组或者聘请的注册会计师向债务人发函询证,以核实账款的可收回性;

(4) 对于公司的投资,如果属于有价证券投资的,应对其进行盘点或作其他方式的核实,如果属于其他投资的,则必须核查有关的投资文件,如投资协议等,以核实投资是否实际存在;

(5) 对于长期待摊费用等,应分别进行审查核实,并留待清算开始后予以注销。

此外,公司在宣布解散前6个月内,下列行为无效,清算组有权追回其财产,作为清算财产入账:隐匿私分或无偿转让财产;非正常压价处理财产;对原来没有财产担保的债务提供财产担保;对未到期的债务提前清偿;放弃自己的债权。

清算组在对公司财产作上述清理后,应根据清理的结果分别编制公司的财产清单以及资产负债表,即公司清算开始日的资产负债表。在清理公司财产、编制资产负债表和财产清单后,发现公司财产不足清偿债务的,应向法院申请宣告破产。在法院裁定并宣告破产后,清算组应当将清算事务移交给人民法院。

4. 在对公司资产进行估价的基础上制订清算方案

清算组在清理公司财产、编制资产负债表和财产清单后,应当制订清算方案,并报股东会、股东大会或者人民法院确认。在此过程中,公司资产的估价有着十分重要的意义。首先,公司资产的估价直接影响着对公司偿债能力的估计。其次,对公司资产的客观估价也是制订乃至执行公司清算方案的可靠依据。因此,清算组一般均很重视对公司资产的估价工作。

在对公司的资产进行估价后,清算组即可制订公司的清算方案。清算方案主要包括清算的程序和步骤、财产定价方法及估计结果、债权收回和财产变卖的具体方案、债务的清偿程序、剩余资产的分配以及对公司遗留问题的处理等内容。清算方案必须得到公司股东会议或上级主管机关的确认后方可执行。

5. 执行清算方案

在清算方案的执行过程中需要特别注意公司财产的分配顺序。按照各国法律的规定，公司财产均应首先清偿全部债务，然后对于剩余财产，有限责任公司按照股东的出资比例分配，股份有限公司按照股东持有的股份比例分配。对于有优先股的公司，应先对优先股东按股份面值进行分配，剩余部分再按普通股股东的股份比例分配。如果是国有企业，剩余财产要上交国家财政。

在清算财产的分配中，债务的偿付有着特定的顺序。这包括两个层次：一是特定债权人的优先权，这种优先权在各国的法律中都有明文规定。比如，我国《公司法》规定，公司清算资产要优先支付清算费用，职工的工资、社会保险费用和法定补偿金，缴纳所欠税款，然后才能清偿公司一般债务。这主要是优先保证公司职工和国家的利益，维护社会稳定。二是对于公司一般债权人，也有特定的清偿顺序。如前所述，在对公司的债权人进行登记时，必须严格划分有财产担保的债权人和无财产担保的债权人。所谓有财产担保的债权人，是指其债权已由公司的特定资产作为偿债的抵押，或在公司清偿其债权前对公司的特定资产享有留置权。在清算时，如果抵押资产的变现收入超过其担保的债权，差额部分可以分配给无财产担保的债权人；如果变现收入低于其担保的债权，则无法抵偿的那部分债权就要转作无担保债权。无财产担保的债权人对抵押财产的变现收入无要求权，但是可以参与有财产担保的债权得到清偿后的财产分配。

综上所述，清算时公司债务清偿的顺序是：尚未偿付的有担保债务；应付未付的职工工资、劳动保险费和法定补偿金；应交未交的国家税金；尚未偿付的无担保债务。公司财产在未清偿上述债务前，不得分配给股东。公司清偿债务的最高额度是其实收资本，如果实收资本没有缴足，要缴纳补足。

6. 办理公司解散的法律手续

公司清算结束后，清算组应当制作清算报告，报股东会议或者法院确认，然后向有关部门办理公司注销的手续，包括向当地的税务部门注销税务登记，并公告公司终止。至此，公司解散清算的全部程序结束。

三、解散清算的会计处理

解散清算会计处理的具体程序及其相关内容如下：

1. 编制清算开始日的财务报表。公司开始清算时，应作为当期会计期间的结束，一个特殊会计期间的开始，在此时点，需要编制清算开始日资产负债表。

2. 收回债权，变卖财产物资，清偿债务，核算相关的清算损益和清算费用。公司清算期间，应作为特殊的所得税纳税年度处理，并对清算费用和清算损益进行单独核算。企业清算中发生的财产盘盈盘亏、财产变价净损益、无法归还的债务、坏账损失以及清算期间的经营损益，要计入清算收益或损失。如果清算收益大于清算费用和清算损失，超过部分为清算净收益，在依照税法规定弥补以前年度亏损后，要视同利润，依法缴纳所得税。

3. 编制清算报告，包括清算损益表、清算期内的现金和银行存款收支表、清算结束日资产负债表等。这些报告作为清算这一特殊会计期间的财务报表，要向股东及债权人报送。

4. 向股东分配剩余财产，结清各个账户，结束会计主体地位。

企业在清算时要设置“清算费用”和“清算损益”账户，前者核算所支付的清算组成员的酬劳，聘请注册会计师、律师的费用及其他一切清算费用；后者用以核算财产物资的变卖、债权的收回、债务的清偿所发生的损益，以及清算费用的结转。“清算损益”账户借方余额表示清算损失，贷方余额为清算收益，该账户余额在清算结束后即应转入“未分配利润”账户。

（一）产权转让方式下的清算业务

在产权转让方式下，清算业务一般不需要变现资产、清偿债务，但需要对债权债务进行清理，以及对财产物资进行清查。在产权转让方式下，合理确定所转让产权的价格非常关键。有关的定价方法有两种，账面净值法和重新估价法。

1. 账面净值法

这种方法即按照解散日资产负债表上列示的资本净值减去清算费用及清算损失后的净额，按投资各方的出资比例进行分配，以确定转让产权价款的方法。

【例 14-1】 假定 X 公司营业期满，决定以产权转让方式进行解散，投资者甲接受投资者乙转让的资本，公司重新进行注册登记，并承接原公司的债权债务。公司在清理财产和债权债务的基础上，编制清算开始日资产负债表如表 14-1 所示。

表 14-1　清算开始日资产负债表　单位:元

资产	金额	负债及所有者权益	金额
货币资金	480 000	短期借款	400 000
应收账款	500 000	应付账款	200 000
存货	600 000	实收资本	1 600 000
固定资产原值	2 000 000	其中:甲(60%)	960 000
减:累计折旧	800 000	乙(40%)	640 000
固定资产净值	1 200 000	资本公积	200 000
		盈余公积	180 000
		未分配利润	200 000
资产总计	2 780 000	负债及所有者权益总计	2 780 000

有关的清算业务及其会计处理如下:

(1) 支付清算组成员工资 12 000 元

借:清算费用　　12 000
　贷:银行存款　　12 000

(2) 支付清算杂务费用 4 000 元

借:清算费用　　4 000
　贷:银行存款　　4 000

(3) 结转清算费用 16 000 元,并结转清算损益。由于按账面价值进行结算,没有发生其他清算损益

借:清算损益　　16 000
　贷:清算费用　　16 000
借:未分配利润　　16 000
　贷:清算损益　　16 000

(4) 结转资本公积和盈余公积账户余额

借:资本公积　　200 000
　盈余公积　　180 000
　贷:未分配利润　　380 000

(5) 未分配利润余额为 564 000 元(200 000 - 16 000 + 200 000 + 180 000),按出资比例分配,甲方 338 400 元,乙方 225 600 元

借:未分配利润　　564 000

贷:实收资本——甲　　338 400

——乙　　225 600

(6) 乙方转让产权,转让额为 865 600(原账面数额 640 000 + 结转未分配利润 225 600)元,由于企业解散日货币资金仅 480 000 元,不够支付,甲方补充投入资金 617 600 元

借:银行存款　　617 600

贷:实收资本——甲　　617 600

(7) 将乙方应得款项 865 600 元支付给乙方

借:实收资本——乙　　865 600

贷:银行存款　　865 600

清算结束日,公司的资产负债表如表 14-2 所示。公司重新办理工商登记,即成为甲投资的独资公司。

表 14-2　清算结束日资产负债表　　单位:元

资产	金额	负债及所有者权益	金额
货币资金	216 000	短期借款	400 000
应收账款	500 000	应付账款	200 000
存货	600 000	实收资本	1 916 000
固定资产原值	2 000 000		
减:累计折旧	800 000		
固定资产净值	1 200 000		
资产总计	2 516 000	负债及所有者权益总计	2 516 000

1. 重新估价法

重新估价法是指解散清算时,清算组对企业现存的财产物资进行重新估价,以此确定转让产权价款的方法。重新估价时,重估增值和重估减值相抵后的重估损益扣除清算费用后,即为清算净损益。

沿用前例,公司对资产负债进行重新估价,编制资产负债重估表如表 14-3 所示。

表 14-3　资产负债表——重估价值　单位:元

资产	账面价值	重估价值	负债及所有者权益	账面价值	重估价值
货币资金	480 000	480 000	短期借款	400 000	400 000
应收账款	500 000	400 000	应付账款	200 000	200 000
存货	600 000	400 000	实收资本	1 600 000	1 600 000
固定资产净值	1 200 000	1 600 000	其中:甲(60%)	960 000	960 000
			乙(40%)	640 000	640 000
			资本公积	200 000	200 000
			盈余公积	180 000	180 000
			未分配利润	200 000	200 000
			清算损益		100 000
资产总计	2 780 000	2 880 000	负债及所有者权益总计	2 780 000	2 880 000

有关的清算业务及其会计处理如下:

(1) 支付清算组工资和相关费用

借:清算费用　16 000
　贷:银行存款　16 000

(2) 调低应收账款价值

借:清算损益　100 000
　贷:应收账款　100 000

(3) 调低存货价值

借:清算损益　200 000
　贷:存货　200 000

(4) 调高固定资产价值

借:固定资产　400 000
　贷:清算损益　400 000

(5) 结转清算费用。计算清算收益为 84 000 元(－16 000－100 000－200 000＋400 000),视同企业利润,缴纳所得税,税率为 25%

借:清算损益　16 000
　贷:清算费用　16 000

借:清算损益　21 000
　贷:应交所得税　21 000

(6) 结转清算净收益 63 000 元(84 000－21 000)

借:清算损益　63 000

贷:未分配利润　　63 000

(7) 结转资本公积和盈余公积

借:资本公积　　200 000

　盈余公积　　180 000

　贷:未分配利润　　380 000

(8) 未分配利润为 643 000 元(200 000 + 180 000 + 63 000 + 200 000),按出资比例,甲方 385 800,乙方 257 200 元

借:未分配利润　　643 000

　贷:实收资本——甲　　385 800

　　　　　——乙　　257 200

(9) 甲方再投入 649 200 元,弥补资本转让付款的不足

借:银行存款　　649 200

　贷:实收资本——甲　　649 200

(10) 将乙方应得款项付给乙方

借:实收资本——乙　　897 200

　贷:银行存款　　897 200

清算结束,编制清算结束日资产负债表如表 14-4 所示。

表 14-4　清算结束日资产负债表　　单位:元

资产	金额	负债及所有者权益	金额
货币资金	216 000	短期借款	400 000
应收账款	400 000	应付账款	200 000
存货	400 000	应交所得税	21 000
固定资产原值	2 400 000	实收资本	1 995 000
减:累计折旧	800 000		
固定资产净值	1 600 000		
资产总计	2 616 000	负债及所有者权益总计	2 616 000

(二) 完全解散下的清算业务

企业完全解散后,一切都不复存在,企业的经济实体及其法人地位均消失,现存的一切财产、债权账务都要进行全面清理。这一般需要将财产全部变换成现金,并以财产的变现价值作为清偿债务、分配财产的依据,因此会计计价方法属于变现价值法。

【例 14-2】　沿用【例 14-1】,假定 X 公司经营前景黯淡,投资各方均无

意继续经营，决定完全解散公司。其解散日资产负债表同前。

有关的清算业务及其会计处理如下：

（1）支付清算组成员工资和清算费用共16 000元

借：清算费用	16 000	
贷：银行存款		16 000

（2）收回应收账款400 000元，另有100 000元确认无法收回

借：银行存款	400 000	
清算损益	100 000	
贷：应收账款		500 000

（3）变卖全部存货，总收入计550 000元

借：银行存款	550 000	
清算损益	50 000	
贷：存货		600 000

（4）变卖固定资产，收入计1 250 000元

借：银行存款	1 250 000	
累计折旧	800 000	
贷：固定资产		2 000 000
清算损益		50 000

（5）全额偿还短期借款400 000元；因债权人原因，应付账款中20 000元无法偿付，其他均付清

借：短期借款	400 000	
应付账款	200 000	
贷：银行存款		580 000
清算损益		20 000

（6）结转清算损益96 000元（16 000 + 100 000 + 50 000 − 50 000 − 20 000）。

借：未分配利润	96 000	
贷：清算损益		96 000

根据上述清算业务及会计处理结果，编制结束日资产负债表见表14-5。

表 14-5 清算结束日资产负债表 单位:元

资产	金额	负债及所有者权益	金额
货币资金	2 084 000	实收资本	1 600 000
		其中:甲(60%)	960 000
		乙(40%)	640 000
		资本公积	200 000
		盈余公积	180 000
		未分配利润	104 000
资产总计	2 084 000	负债及所有者权益总计	2 084 000

按出资比例,甲乙双方分配剩余财产,即变现的资金。

借:实收资本——甲	960 000	
资本公积	120 000	
盈余公积	108 000	
未分配利润	62 400	
贷:银行存款		1 250 400
借:实收资本——乙	640 000	
资本公积	80 000	
盈余公积	72 000	
未分配利润	41 600	
贷:银行存款		833 600

分配结束后,该公司账户完全结清,清算工作宣告结束。

第二节 破产清算

一、破产及其清算过程

破产不同于解散,它是公司由于不能清偿到期债务而导致的公司终止,因此它是一种特殊形式的公司终止。根据我国《破产法》的规定,企业因经营管理不善造成严重亏损,不能清偿到期债务的,要依法宣告破产。

在实际业务中,我国企业破产需要向人民法院提出申请,由法院主持相关法律程序并最终宣告公司破产。有关的破产申请可以由债务人提出,也可以由债权人提出。公司因无法清偿到期债务,若由公司(即债务人)向法院提出申请,为自愿性申请;若由债权人提出破产申请,则为非自愿性申请。

一般来说,如果提出破产申请,无论是由债务人提出(亦即企业自身提出)还是由债权人提出,一般会附有一个挽救或和解决议,以使法庭在对债务人采取行动之前有一个缓冲的时期。若破产申请是由债权人提出,而债务人对法庭发出的挽救决议做了答复,法庭要观察挽救决议的执行情况。若挽救决议能够达到预期的效果,或者说债务人将来能够按照挽救决议清偿债务,法庭可以宣布决议有效,终结债务人的破产程序;反之,若挽救决议不能达到预期效果,法庭可宣布债务人破产。

根据我国《破产法》的规定,债权人提出申请的,人民法院应当在规定的日期内通知债务人,若债务人对破产申请有异议,可向法庭提出,作为人民法院作出裁定的考虑因素;若法院作出了裁定,债务人则应当在规定的时日内向人民法院提交财产状况说明、债务清册、债权清册、有关财务会计报告、职工安置预案以及职工工资的支付和社会保险费用的缴纳情况。

在宣布破产之后,法庭往往明确一个管理人或称临时受托人,以监理破产企业的情况,直至破产企业的债权人组成了债权人会议为止。债权人会议成立后,应当组成清算组,确认破产债权,清理破产财产,全面进行债务人的破产清算工作。待完成财产清理、偿还各类债务、乃至于分配完毕剩余财产之后,清算组、债权人会议还应提出清算报告,直至注销破产企业的法人资格。

从业务实践的角度看,无论是哪种情况下的破产,一般都要有以下的法定程序和业务流程:指定管理人,成立债权人会议和清算组、通知债权人申报债权、召开债权人会议、确认破产债权、确认破产财产、确定破产财产清偿顺序、破产清算的结束。

二、破产债权、破产财产与破产费用

破产债权与破产财产是企业破产清算过程中非常重要的两个概念,破产费用也是企业破产清算过程中经常遇到的术语。由于这几个概念在内容上相关紧密,此处一并介绍。

(一) 破产债权及其构成内容

破产债权是指破产宣告之前成立的无财产担保的债权和放弃优先受偿权利的有财产担保的债权。一般来说,破产债权由以下内容构成:

1. 宣告破产前成立的无财产担保的债权。这类债权是在破产宣告前成立的,不具有优先受偿的权利。一般说来,它在应偿债总额中所占的比重大,而且债权人多,但每位债权人的相对金额较小,主要表现为应付账款、其他应付款等。

2. 放弃优先受偿权利的有财产担保的债权。这本是一种有财产担保、可以优先得到清偿的债权,但获得优先受偿权就丧失了在债权人会议上的表决权。因此,在一些情况下,持有这种债权的人可能出于对自身更有利的考虑放弃优先受偿的权利。比如,当债务人的破产在很大程度上会波及债权人自身的生存时,以放弃优先受偿权来换取在债权人会议上的表决权,对债务人的破产重整施加影响,避免债务人的破产,对于债权人来说就可能比优先受偿部分债务更有吸引力。

3. 宣告破产时未到期的债权。这样的债权应被视为已到期债权,但是应当减去宣告破产至到期日的利息。

4. 担保差额债权。即有财产担保,但债权额超过担保财产变现价值而未得到清偿的那部分债权,这部分债权等同于无财产担保的债权。

5. 保证人代偿的债权。是指破产企业不能清偿的有保证人担保的债务,并且保证人已代为清偿,这时,保证人可以向破产企业要求相应的债权。

6. 赔偿债权。指企业在破产时尚未履行合同,清算组决定解除合同,使另一方当事人利益受损而发生的损失赔偿款。

破产债权不包括优先清偿债权、破产费用、有财产担保的债权、抵消债权(即破产企业对某一债权人可以用债权抵消债务)、未申报或逾期申报的债权,以及债权人参与破产程序的费用等。

(二) 破产财产及其构成内容

破产财产指企业被宣告破产后用来进行财产清算和偿债的全部财产。破产财产的构成内容一般有以下几项:

1. 宣告破产时破产企业经营管理的全部财产。包括出资方资本形成的资产,企业借入债务形成的资产,也包括部分无形资产,如专利权、版权等。

2. 破产企业在破产宣告后至破产程序终结前取得的财产。包括在破产清算期间企业得到偿还的债权,破产企业尚未收回的对外投资,由于破产企业的无效行为而由清算组或法庭追回的违法转移财产等。

3. 超额担保财产。即以某财产对债务进行担保,但担保财产变现价值超过被担保债务部分的财产。

4. 将来的未到期财产请求权。指破产程序结束时尚未到期,应由破产企业在将来行使的财产请求权,如购入在途货物的所有权等。值得强调的是,已作为担保物的财产不属于破产财产,破产企业内属于他人的财产不属于破产财产。

由于破产清算实质是要变卖财产清偿债务,所以,对破产财产中非货币性项目的计价一般采用可变现价格法,亦即清算价格法。清算价格与破产企业账面记录的差异额,即应作为清算损失记录于清算过程中。

（三）破产费用及其支付方向

破产费用是在执行破产程序中为维护破产债权人的共同利益而从破产财产中支付的费用。其主要内容包括：

1. 破产财产的管理、变卖和分配所需要的费用,包括聘任工作人员的费用。破产财产的管理是指对破产程序进行清理;变卖是指对破产财产估价并按一定的方式出售;分配是指根据已确定的分配方案,对破产财产按法定顺序进行清偿。管理人对破产财产进行管理、变卖和分配过程中所支付的一切费用,均属于破产必须支付的费用。

2. 破产案件的诉讼费用。是指法院审理破产案件所收取的各项费用,包括破产案件受理费和破产程序中必须实际支付的费用。

3. 为债权人的共同利益而在破产程序中支付的其他费用。即在破产程序中,为保护债权人的共同利益,采取适当措施而支付的费用。

为了使破产清算工作得到必要的工作条件,保障破产清算费用的及时支付,破产费用依法可以从破产财产中优先拨付。在破产处理之前,管理人应先作破产费用的预算,如果破产财产较少,不足以支付破产费用,便不能按法定程序进行破产程序。管理人应当将此情况通知债权人会议,并报法院,法院经查实即应宣告破产程序终结。

三、破产清算的会计处理

破产清算的会计处理实际涉及破产企业和管理人（或受托人）两方面的工作。

（一）破产企业

在宣告破产且债权人会议成立后,破产企业应接受人民法庭和债权人会议指派的管理人（受托人）的指导,协助对企业的资产进行全面清理登记,编制清册,同时对各项资产损失、债权债务进行全面核查。

破产企业应于宣告破产日,按照办理年终决算的要求,进行财产清查,结转利润,在此基础上编制破产日资产负债表,自年初至破产日的利润表以及科目余额表,并将有关报表报送主管部门和管理人。破产企业按规定编制报表后,应向管理人办理会计档案的移交手续。

（二）管理人

按照我国《破产法》的规定,管理人可以由有关部门、机构的人员组成的清算组或者依法设立的律师事务所、会计师事务所、破产清算事务所等社会中介机构担任；应当依照《破产法》规定执行职务，向人民法院报告工作，并接受债权人会议和债权人委员会的监督；应当列席债权人会议，向债权人会议报告职务执行情况并回答询问。

管理人应当履行的职责为：(1) 接管债务人的财产、印章和账簿、文书等资料；(2) 调查债务人财产状况，制作财产状况报告；(3) 决定债务人的内部管理事务；(4) 决定债务人的日常开支和其他必要开支；(5) 在第一次债权人会议召开之前，决定继续或者停止债务人的营业；(6) 管理和处分债务人的财产；(7) 代表债务人参加诉讼、仲裁或者其他法律程序；(8) 提议召开债权人会议；(9) 人民法院认为管理人应当履行的其他职责。

（三）进行破产清算需要设立的账户及其处理的内容

管理人应接管属于破产企业的财产和有关会计账册，并对破产清算过程中的有关事项加以如实记录。一般来说，管理人应于清算开始日另立新账，设置的账户与一般企业大体相同。具体内容为：

1. 应收款，记录被清算企业除应收票据外的各种应收款项；

2. 投资，记录被清算企业持有的各种投资，包括股票投资、债券投资和其他投资；

3. 固定资产，记录被清算企业所有的固定资产净值；

4. 借款，记录被清算企业需偿还的各种借款，包括短期借款和长期借款；

5. 其他应付款，记录被清算企业需偿付的除应付票据外的各种款项。

此外，为反映清算业务，还应增设以下账户：

1. 清算费用，用以记录破产企业在破产清算期间发生的各项费用。

2. 土地转让收益，用以记录破产企业转让土地使用权取得的收入以及用土地使用权转让所得支付的职工安置费等。我国有关法律规定，破产企业的土地使用权转让所得要优先支付破产企业离退休职工的离退休费和医疗保险费，并对自谋职业的职工支付一次性安置费，这是国家为保障破产企业职工利益制定的措施。“土地转让收益”账户还要记录企业发生的与转让土地使用权有关的成本、税费，如应缴纳的有关税金、支付的土地评估费用等。

3. 清算损益，用以记录破产企业在破产清算期间处置资产、确认债务等发生的损益。被清算企业的所有者权益，也可转入本账户反映。

破产清算过程有关清算损益的会计处理主要涉及如下几个方面：

1. 结转期初余额。即应于清算开始日，根据破产企业移交的科目余额表，将有关会计科目的余额转入新的账户，并编制新的科目余额表。“累计折旧”、“坏账准备”等备抵类账户在清算时已没有意义，为简化会计处理，应与固定资产、应收账款等账户合并，以净额反映。尚未摊销的“长期待摊费用”（不包括“期初进项税额”）账户的余额，“预计负债”、“待处理财产损溢”等转入新设置的“清算损益”账户。

2. 处理破产财产。对于应收款等债权，实收金额或预计可变现金额与账面价值间的差额记入清算损益；材料、产成品等存货的变现，变卖机器设备、房屋等固定资产以及在建工程，转让商标、专利权等无形资产以及对外投资，变现收入与其账面价值的差额记入清算损益；破产清算期间发生的产品销售行为，比照存货变卖处理。清算期间所取得的其他各种收入或发生的损失，均记入“清算损益”账户。

3. 支付破产费用。支付的破产清算费用，如管理人的人员工资，破产财产管理、变卖和分配所需费用，破产案件诉讼费用，审计评估费用，为债权人共同利益而支付的其他费用（如债权人会议会务费、破产企业催收债务差旅费及其他费用），均按实际发生额记入“清算费用”账户。

4. 转让土地使用权，支付职工有关费用。这是处理破产财产、支付破产费用的特殊情况。转让土地使用权所取得的收入与账面价值的差额以及所交纳的有关税费记为“土地转让收益”；按规定从土地使用权转让所得中支付未参加养老、医疗社会保险的离退休职工的离退休费和医疗保险费，以及对自谋职业的职工支付一次性安置费，也记入“土地转让收益”账户；土地使用转让所得不足以支付职工安置费的金额，记入“清算损益”账户。

5. 清偿债务。破产财产在优先支付破产费用后，按法定的顺序清偿债务，并按实际支付的金额注销各项债务，若在清算中形成差额，也记入“清算损益”账户。

6. 结转清算损益。清算终结时，应将清算费用、土地转让收益、待核销的资产、不能抵扣的期初进项税额，不再清偿的债务，转入“清算损益”账户。破产财产按照法定顺序清偿后的剩余部分，按规定应在各利益相关者之间分配，并结清“清算损益”账户。若实际清算收入小于清算费用，应立即终止清算程序，未清偿的破产债务不再清偿，并结清所有账户。

（四）业务处理举例

【例 14-3】 Y 公司近年连续严重亏损，无力偿付到期债务，由债务人申请破产，法院调停无效，2008 年 9 月宣告企业破产。

公司在被宣告破产后，经过财产清查，编制资产负债表如表 14-6 所示。此外，公司还编制了自年初至破产日的利润表，以及科目余额表，并在债权人会议成立后向管理人移交了会计档案。以下重点说明管理人的会计处理。

表 14-6　资产负债表

2008 年 9 月 30 日　　单位:元

资产	金额	负债和股东权益	金额
货币资金	2 400	应付账款	52 000
交易性金融资产	5 600	应付票据——银行	20 000
应收账款净值	20 000	应付票据——客户	4 000
存货	40 000	应付职工薪酬	10 400
		应交税费	1 600
固定资产——房屋(净)	44 000	其他应付款——利息	5 600
固定资产——设备(净)	24 000	长期借款	40 000
无形资产	4 800	股本	80 000
长期待摊费用(保险合同)	3 200	资本公积	48 000
		盈余公积	32 000
		未分配利润	(149 600)
资产合计	144 000	负债和股东权益合计	144 000

1. 清算开始日资产负债表的编制

在清算开始日，清算组应当将公司的科目余额转入有关新账，并编制清算开始日资产负债表，公司的资产预计在 2 个月内变现，预计可变现价值见表 14-7。

表 14-7　预计可变现价值　　单位:元

货币资金	2 400
交易性金融资产	5 600
应收账款	17 600
存货	44 000
固定资产——房屋	48 000
固定资产——设备	9 600
无形资产	0
长期待摊费用(保险合同)	0
合计	127 200

根据上述资料，清算组编制的清算资产负债表如表 14-8 所示。

表 14-8 清算开始日资产负债表

2008 年 9 月 30 日　　单位:元

资产	账面金额	预计可实现净值	债务及清算净损益	账面金额	确认数
用作担保的资产:			有担保的债务:		
固定资产——房屋(净)	44 000	44 000	长期借款	40 000	40 000
应收账款	20 000	17 600	应付借款利息	4 000	4 000
合计	64 000	61 600	应付票据——银行	20 000	20 000
一般资产			应付利息	1 600	1 600
货币资金	2 400	2 400	合计	65 600	65 600
交易性金融资产	5 600	5 600	一般债务:		
实物资产	64 000	57 600	应付职工薪酬	10 400	10 400
无形资产	4 800		应交税费	1 600	1 600
长期待摊费用	3 200		应付账款	52 000	52 000
合计	80 000	65 600	应付票据——客户	4 000	4 000
			合计	68 000	68 000
			清算净损益	10 400	(6 400)
资产总计	144 000	127 200	债务及清算净损益总计	144 000	127 200

对表 14-8 的数据说明如下:

(1) 有关资产项目及其账面金额是管理人按原报表项目适当归并得到的。

(2) 公司破产前已将房屋作为长期借款的抵押,将应收账款作为应付票据(银行)的抵押。房屋的可变现净值为 48 000 元,但由于长期借款的本息仅为 44 000 元,超过的 4 000 元被列为“一般资产”的“实物资产”中。

(3) 清算损益的账面金额 10 400 元系原股东权益转入,确认栏金额 -6 400 是债务确认值超出全部资产可变现净值的金额,反映了预计无法偿付的债务。

(4) 全部债务都得到确认,且债权人申报的金额与企业记录一致。

表 14-8 的作用在于向法院和债权人提供管理人接管时有关破产企业财务状况以及预计资产变现情况的信息,便于一般债权人了解其债权的可清偿程度。但此表的“预计可变现净值”并不代表资产清算的实际情况。

2. 变现、清算业务的记录。清算期间,破产企业发生的各项费用和负债,产生的新的债权,都要进行相应记录。

假设 Y 公司 2008 年 10 月开始清算,当月发生的业务及会计处理如下:

(1) 收到水电费账单

借:清算损益　　400

　贷:其他应付款——水电费　　400

（2）无形资产因不再具有价值而被冲销

借：清算损益　　4 800

　贷：无形资产　　4 800

（3）存货出售。全部存货出售得款 45 600 元，其中 7 200 元为增值税销项税，收到银行存款 31 200 元，14 400 元的货款尚未收到

借：银行存款　　31 200

　　应收账款　　14 400

　　清算损益　　1 600

　贷：存货　　40 000

　　　应交税费——增值税　　7 200

（4）设备出售得到 11 360 元

借：银行存款　　11 360

　　清算损益　　12 640

　贷：固定资产——设备（净）　　24 000

（5）支付宣告破产时所欠的应付工资及应交税金

借：应付职工薪酬　　10 400

　　应交税费　　1 600

　贷：银行存款　　12 000

（6）房屋出售收到 51 200 元，应支付税款 800 元，同时以该笔款项偿付长期借款及其利息

借：银行存款　　51 200

　贷：固定资产——房屋（净）　　44 000

　　　应交税金　　800

　　　清算损益　　6 400

借：长期借款　　40 000

　　其他应付款——利息　　4 000

　贷：银行存款　　44 000

（7）取消宣告破产后的保险合同，并按规定退回 800 元款项

借：银行存款　　800

　　清算损益　　2 400

　贷：长期待摊费用　　3 200

2. 公司收回原应收账款 16 800 元，剩余的 3 200 元无法收回

借：银行存款　　16 800

　　清算损益　　3 200

贷:应收账款　　20 000

3. 以收到应收账款的 16 800 元支付应付银行票据及其利息

借:应付利息　　1 600

应付票据——银行　　15 200

贷:银行存款　　16 800

4. 支付清算组员工工资 2 320 元,诉讼费 320 元,公司设备设施维护费 960 元,审计评估费 240 元,财产保管费 160 元

借:清算费用　　4 000

贷:银行存款　　4 000

在将上述变现、清算业务记入账册后,清算组可以根据法院的规定或需要编制清算损益表、清算财产表和清算资产负债表,分别见表 14-9、表 14-10 和表 14-11。

表 14-9　清算财产表

2008 年 10 月 31 日　　单位:元

项目	期初账面金额	预计可变现金额	本期变现金额	期末账面金额
用作担保的财产:				
应收账款(净)	20 000	17 600	20 000	0
实物资产:				
房屋	44 000	48 000	44 000	0
合计	64 000	65 600	64 000	0
一般财产:				
货币资金				
现金	240	240		240
银行存款	2 160	2 160		36 720
交易性金融资产				
股票	5 600	5 600		5 600
应收账款(新)				14 400
实物资产:				
存货	40 000	44 000	40 000	0
设备	24 000	9 600	24 000	0
无形资产:				
商标权	4 800		4 800	0
长期待摊费用:				
预付保险费	3 200		3 200	0
合计	80 000	61 600	72 000	56 960
资产总计	144 000	127 200	136 000	56 960

表 14-10　清算损益表

2008 年 10 月　　单位：元

	预计数	本期数	累计数
一、清算收益（损失）		（18 640）	
二、清算费用			
职工生活费		2 320	
诉讼费		320	
设备设施维护费		960	
审计评估费		240	
财产保管费		160	
三、土地转让净收益			
土地转让收入			
安置职工支出			
四、清算净收益（损失）		（22 640）	

表 14-11　清算资产负债表

2008 年 10 月 31 日　　单位：元

资产	账面金额	预计可实现净值	债务及清算净损益	账面金额	确认数
用作担保的资产			有担保的债务：		
—	—	—	—	—	—
合计			合计		
一般资产：			一般债务：		
货币资金	36 960	36 960	应交税费（新）	8 000	8 000
交易性金融资产	5 600	5 600	其他应收款（新）	400	400
应收款	14 400	14 400	应付账款	52 000	52 000
实物资产			应付票据（客户）	4 000	4 000
无形资产			应付票据（银行）	4 800	4 800
长期待摊费用					
合计	56 960	56 960	合计	69 200	69 200
清算净损益					
			清算净收益（损失）	（12 240）	（12 240）
资产总计	56 960	56 960	债务及清算净损益总计	56 960	56 960

表 14-11 中的清算净损失 12 240 元，应当等于表 14-10 中清算净损失 22 640 元减去公司破产清算时股东权益 10 400 元的差额，否则此表编制有误。同时该表中资产账面金额应当等于表 14-9 最后一栏“期末账面金额”的数据。

3. 清算业务的终结。2008 年 11 月，管理人收回应收账款 14 400 元，交易性金融资产出售得 5 840 元，此外，按规定应优先偿付应交税金，其余货币资金归还其他债权人。管理人对这些业务的会计处理如下：

(1) 全额收回应收账款

借：银行存款　14 400

　贷：应收账款　14 400

(2) 出售持有的股票，并收到银行存款

借：银行存款　5 840

　贷：交易性金融资产　5 600

　　清算损益　240

(3) 上缴增值税等税款

借：应交税费　8 000

　贷：银行存款　8 000

在将上述分录记入有关账户后，管理人账上的账户余额如下：

项目	借方	贷方
货币资金	49 200	
其他应付款		400
应付账款		52 000
应付票据(客户)		4 000
应付票据(银行)		4 800
清算损益	12 000	
合计	61 200	61 200

这时剩余的货币资金为 49 200 元，债务为 61 200 元，由于这些债权处于同一清偿顺序中，应按比例加以分配，清偿比例为 80.4%（49 200/61 200）。记录按比例清偿债务的会计分录为：

借：其他应付款(新)　321.6

　应付账款　41 804

　应付票据(客户)　3 216

　应付票据(银行)　3 858.4

　贷：银行存款　49 200

破产程序终结时，清算组应作如下分录：

借：其他应付款(新)　78.4

　应付账款　10 196

应付票据(客户) 784

应付票据(银行) 941.6

贷:清算损益 12 000

编制这一分录后,清算组的账户已全部结平。最后,根据规定,清算组尚需编制清算损益表和债务清偿表。清算损益表的格式与编法与前相同,不再赘述。当月债务清偿表见表 14-12。

表 14-12 债务清偿表

2008 年 11 月

单位:元

债务	账面金额	确认金额	偿还比例	本期偿还金额	累计偿还金额	尚未偿还金额
有担保债务:						
长期借款	40 000	40 000	100%		40 000	
应付借款利息	4 000	4 000	100%		4 000	
应付票据(银行)	20 000	20 000	95.3%	3 858.4	19 058.4	
应付利息	1 600	1 600	100%		1 600	
合计	65 600	65 600	98.6%	3 858.4	64 658.4	
一般债务:						
应付职工薪酬	10 400	10 400	100%		10 400	
应交税费	9 600	9 600		8 000	9 600	
应付账款	52 000	52 000	80.4%	41 804	41 804	
应付票据(客户)	4 000	4 000	80.4%	3 216	3 216	
其他应付款(新)	400	400	80.4%	321.6	321.6	
合计	76 400	76 400	85.5%	53 341.6	65 341.6	
总计	142 000	142 000	91.5%	57 200	130 000	

第三节 公司重整

一、准改组及其会计处理

从国际惯例的角度分析,与公司破产重整相关较为密切的一种业务即为"准改组"。所谓准改组,是指不经过法院宣告解散而进行的改组,是由公司自己内部调整资产与资本的会计基础的过程,公司的对外权利义务关系以及法人地位一概不受影响。从国际上的一般惯例来看,当企业长期严重亏损,留存收益出现巨额赤字,且有些资产的账面价值严重不符合实际时,站在公司管理当局的立场,或从会计的观点看,可以进行准改组。事实上,准改组可以说是一种会计上的改组,即对某些资产、法定资本及留存收益重新开始记录。我国法律迄今尚未出现“准改组”一词，有关行为还受到法律的限制。但是，着眼于这样的业务的特征及其未来发展，本书倾向于在此处对其进行介绍。

在美国，相关的法规允许公司进行准改组，并提出了以下几项具体要求：

1. 准改组完成时，留存收益必须为零；
2. 准改组完成时，公司股东权益账户不得有红字；
3. 准改组事先应经股东会议核准，事后应详实地向股东会议进行报告；
4. 准改组完成时，应编制一张公允而稳健的资产负债表，所作的调整必须完整，以免将来可能再作同样的调整。

准改组业务的会计处理一般应遵循以下原则：第一，将某些不符合实际的资产的账面价值予以调减，调减的数额应借记留存收益；第二，股东权益要重新调整，将留存收益的余额改计为零，这通常要先用资本公积弥补累计亏损，若还有留存利润红字，则通过减少注册资本来弥补。但在我国，《公司法》尚不允许用资本公积或实收资本弥补累计亏损。

【例 14-4】 2008 年底，美国 Z 公司因连年亏损准备进行准改组，已通过股东会议批准。公司 2008 年 12 月 31 日的资产负债表如表 14-13 所示。

表 14-13　资产负债表

2008 年 12 月 31 日　　　　单位：美元

应收账款	80 000	负债	600 000
存货	300 000	股本	3 000 000
其他流动资产	20 000	资本公积	200 000
固定资产	2 600 000	留存收益	(800 000)
资产合计	3 000 000	负债和股东权益合计	3 000 000

在准改组时，公司清查核实各项资产价值，确认存货价值减少 100 000 元，固定资产价值减少 700 000 元。有关准改组的会计分录如下：

（1）存货减值 100 000 元

借：留存收益　　100 000

　贷：存货　　100 000

（2）固定资产减值 700 000 元

借：留存收益　　700 000

　贷：固定资产　　700 000

(3) 用资本公积弥补留存收益

借:资本公积　　200 000

　贷:留存收益　　200 000

(4) 减少股本,使留存收益减记为零。股本减少数为 1 400 000 元(800 000 +100 000 +700 000 -200 000)

在美国,股本的减少可采用两种方法:一是修改公司章程,降低每股面值;二是减少流通在外的股数。

借:股本　　1 400 000

　贷:留存收益　　1 400 000

经过上述准改组,公司的资产、负债和股东权益如表 14-14 所示。

表 14-14　资产负债表

单位:美元

应收账款	80 000	负债	600 000
存货	200 000	股本	1 600 000
其他流动资产	20 000	资本公积	0
固定资产	1 900 000	留存收益	0
资产合计	2 200 000	负债和股东权益合计	2 200 000

国外的公司准改组一般只要向相关政府管理机构办理减资手续即可,它着重于调整公司资产的价值和资本结构,在准改组后,原有经济实体的性质、名称等依然不变。公司准改组虽然实质上不影响债权人的利益,但因其资产和资本的账面金额减少,债权人得到的保证有所降低。由此,准改组也应征得债权人的同意。准改组一般需要公司的主要债权人和股东在协商后以协议的形式确定各自的权利义务,同时还要修改公司章程。

二、破产重整

(一) 破产重整的目的及基本方式

破产重整是企业破产中的一种挽救程序。在法院已经接受某企业的破产申请后,如果债权人认为,让暂时无力偿付其债务的该企业继续生存下去比令其破产更为有利时,他们将与债务人签署一项破产重整协议。然后,债务人要提出破产重整计划,并由债权人同意后,在法院的监督下全面实施重组计划。

在美国,破产重整在 1978 年公布的《破产改良法案》有所规定,破产重整的目的是允许债务人通过按批准的重整计划调整债务,并继续经营。按照这一法律规定，债务人提出重整申请后，将可在一定时期内不受债权人和股东的干扰进行重整工作，在此期间，债权人会议将与债务人协商、制订并实施重整计划。一般来说，在重整计划中债权人要做出一定的让步，如修改债务条件或减免部分债务等，以便债务人有可能继续经营下去。在美国，被申请破产的企业一般都要经历破产重整这一步骤，但有些企业最终能够达成各方同意的重整计划，进入重整程序；有些企业则因无法达成重整计划而被宣告破产，进入破产清算程序。

在我国，破产重整表现为申请破产企业的和解整顿。一般做法是：债务人应在提出和解整顿申请后提交和解协议草案，明确提出企业偿债期限（通常为6个月）；债权人应对债务人提出的和解方案进行考虑，若通过和解协议草案，应向各方通告；债务人在整顿期间要及时向债权人汇报整顿的过程和结果，若整顿成功，能按和解协议的要求清偿债务，法院应终结企业的破产程序；但若企业整顿不成功，法院将终结企业的整顿，宣告企业破产。

在这种重整中，和解的内容主要是对债务进行调整，包括偿还债务时间方面的调整和偿还债务数额或利率方面的调整，也包括用权益性证券与债务进行交换。重整会计的主要工作即表现为这一点。此外，重整会计还要核算重整费用，编制重组整顿期间的财务报告，以反映和解协议和整顿计划的执行情况等。

（二）破产重整各方关系人的权限和责任

各国对破产重整的各方面关系人都有一定的法律约束。从美国的业务实践看，在递交破产申请后的重整活动中，破产法庭应当先指定由几个拥有较大数额债权的债权人组成债权人会议。此外，法院还可以指定另外的由债权人或主要股东组成的其他机构，这些机构与债权人会议共同协商，处理申请破产企业的重组事项。债权人会议或由法院指派的机构有下述权限：选聘和委派代理人、会计师或其他管理人员，由他们来实施债权人会议指定的各项工作；与经管企业的受托人或债务人共同协商各类事项；对与企业破产或重整计划相关的业务活动、管理状况、资产、负债、债务人的财务状况、债务人的经营过程以及企业持续经营下去的可能性等进行调查和了解；参与破产重整计划的编制，为计划的编制提供信息和建议，并将编制的重整计划上交破产法庭；若没有事先指定受托人，还要选聘受托人；为重整过程的各方关系人提供其他服务。在这样的执行过程中，法院既可以让债务人继续掌管其资产和业务，也可以指定管理人来处理这些事项。在美国的破产重整中，如果指定了受托人，其在重整中的主要职责包括：对收到的财产进行记录和保管;核查各项债权,对不合理的债权可以拒绝承认;对利益相关者或机构提供财产和财产管理情况的信息;如果债务人被允许继续经营,向法院和其他机构提供有关经营方面的报告;如果债务人没有得到继续经营的许可,向法院提交债权人名单,以及资产负债情况和财务状况的报告;编制重整计划;在重整计划被认可后,按法院要求向相关人提供有关报告。

(三) 破产重整计划

在美国,由破产企业管理当局或受托人提交给破产法庭的重整计划,要分发给债权人和股东,对于上市公司,还要递交给证券交易委员会。重整计划包括对企业债权人或股东等利益相关人权利的变更与修订等条款。重整计划必须先要由占公司无担保债务2/3以上债权人和占股东权益2/3以上的股东通过,再递交破产法庭获得认可。如果还有少数股东和债权人未收到重组计划,法庭也可在该计划是公允和正当的前提下认定该计划。由法庭认可的重组计划,对企业、债权人、股东以及相关利益人都有约束力。在实际业务中,重组计划一般会包含两方面的安排,一是债务的重整,其中往往包含债权人对债务人所作的让步;二是股东权益的调整,这与前面提到的准改组较为类似。事实上,破产重整与准改组的区别在于,准改组是未经破产法庭正式程序,由公司股东和债权人私下议定的安排;破产重整则要通过破产法庭,并严格按照有关法律进行。

(四) 我国对和解整顿的规定

和解整顿也是我国企业破产过程中的一项重要内容。我国破产法对和解整顿形成的要求是:债务人或者债权人均可以依照破产法的规定,直接向人民法院申请对债务人进行重整;债权人申请对债务人进行破产清算的,在人民法院受理破产申请后、宣告债务人破产前,债务人或者出资额占债务人注册资本十分之一以上的出资人,可以向人民法院申请重整;人民法院经审查认为重整申请符合破产法规定的,应当裁定债务人重整,并予以公告。

我国破产法对和解整顿的执行过程的要求是:在重整期间,经债务人申请,人民法院批准,债务人可以在管理人的监督下自行管理财产和营业事务;在重整期间,债务人的出资人不得请求投资收益分配;除经人民法院同意,债务人的董事、监事、高级管理人员不得向第三人转让其持有的债务人的股权。在重整期间,有下列情形之一的,经管理人或者利害关系人请求,人民法院应当裁定终止重整程序,并宣告债务人破产:(1) 债务人的经营状况和财产状况继续恶化,缺乏挽救的可能性;(2) 债务人有欺诈、恶意减少债务人财产或者其他显著不利于债权人的行为;(3) 由于债务人的行为致使管理人无法执行职务。

重整的核心内容即为重整计划。我国企业破产法规定:债务人或者管理人应当自人民法院裁定债务人重整之日起6个月内,同时向人民法院和债权人会议提交重整计划草案;重整计划草案应当包括债务人的经营方案;债权分类;债权调整方案;债权受偿方案;重整计划的执行期限;重整计划执行的监督期限;有利于债务人重整的其他方案。在各类债务之中,应当划分为对债务人的特定财产享有担保权的债权,债务人所欠职工的工资和各种福利费用,债务人所欠税款,剩余部分为普通债权。上述各类债权的债权人应当参加讨论重整计划草案的债权人会议,并分组对重整计划草案进行表决;若同一表决组的债权人过半数同意重整计划草案,并且其所代表的债权额占该组债权总额的三分之二以上的,即为该组通过重整计划草案;进一步,若各表决组均通过重整计划草案时,重整计划即为通过。一旦获得通过,重整计划将由债务人负责执行;已接管财产和营业事务的管理人应当向债务人移交财产和营业事务;不过,在重整计划规定的监督期内,管理人仍负有监督重整计划执行的责任,债务人应当向管理人报告重整计划执行情况和债务人财务状况。但是,若债务人不能执行或者不执行重整计划的,人民法院经管理人或者利害关系人请求,应当裁定终止重整计划的执行,并宣告债务人破产。按照破产法对重整的要求,债权人只有在其他同顺位债权人同自己所受的清偿达到同一比例时,才能继续接受分配;按照重整计划减免的债务,自重整计划执行完毕时起,债务人不再承担清偿责任。

三、破产重整的会计处理

破产重整会计主要是记录企业债务的重整和股东权益的调整。我国《企业会计准则第12号——债务重组》对企业在持续经营条件下的债务重组进行了规范。鉴于破产重整仍是以企业持续经营为前提的,其有关的债务重组事项,即债权人按其与债务人或法院裁决同意债务人修改债务条件的事项,可以按照债务重组准则进行会计处理。股权权益的调整则可在一定程度上适当参照西方国家准改组的会计处理。

【例14-5】 设前一节提到的Y公司在取得了公司股东和债权人的同意后,向破产法庭递交了重整申请,法庭认可的重整计划主要内容如下:

(1)将已到期的客户未担保应付票据1 000元延期2年支付,原票据利率2%改为3%;

(2)新增发行每股面值1元的股票2 000股,用以抵消未担保的应付票据3 000元；

(3) 与供应商协商，用存货抵偿全部应付账款；

(4) 用全部盈余公积弥补亏损。

重整企业按期执行了上述计划，应作如下会计处理：

(1) 记录延期并改变利率的应付票据

借：应付票据——利率2%，已到期	1 000	
贷：应付票据——利率3%，2年后到期		1 000

(2) 将债权人的票据转为股票

借：应付票据	3 000	
贷：股本		2 000
资本公积		1 000

(3) 按重整条件偿付应付账款

借：应付账款	52 000	
贷：存货		40 000
营业外收入		12 000

(4) 用公积金弥补亏损

借：盈余公积	32 000	
贷：未分配利润		32 000

(5) 支付重组过程中的费用2 000元

借：破产重整费用	2 000	
贷：银行存款		2 000

如果企业在规定期限内没能执行上述计划，则重整无效，法院将终止重整程序，企业进入破产清算程序。

本章小结

本章将企业清算与重组的不同原因和方式，即公司的解散清算、破产清算及公司重整各作为一节，按照讲清基本概念、分清各种情况之间的异同、在此基础上讲明会计处理要求的原则，对企业解散清算、破产清算及重整会计进行了较为全面的论述。

在本章的第一节，我们主要依据我国近期颁布的《公司法》，说明了公司解散清算的条件、内容及其分类；然后，对公司解散的程序、实施内容及其具体的会计处理方式进行了解释说明。在解释中，我们根据一般的企业实践，按照产权转让方式下的清算业务和完全解散方式的清算业务，对这样的会计业务处理要求进行了举例演示。

本章的第二节是关于企业破产清算的解释,主要依据是我国新颁布的《破产法》,重点介绍了破产程序的执行过程以及破产债权、破产财产、破产费用等与破产会计密切相关的重要概念及其以管理人为核心的破产清算业务的会计处理要求。这一节的内容较为重要,需要在学习过程中切实掌握。

本章的第三节是公司重整。这样的内容既与企业的债务重组相近,又与上述破产清算密切相关,且处于不断变化的阶段。为了扩展思路,本节加入了西方国家"准改组"会计的基本内容,以提供参考。本节也属本章必须掌握的内容。

本章主要名词

公司解散　自愿解散　强制解散　清算　清算方案　有财产担保的债权人　无财产担保的债权人　清算费用　清算损益　账面净值法　重新估价法　变现价值法　破产　破产债权　破产财产　破产费用　准改组　破产重整

本章思考题

1. 什么是公司解散？公司解散会由于什么样的原因引起？我国法规的具体规定怎样？

2. 我们应当怎样对公司解散进行分类？可以分成哪些不同的类别？各自之间的区别和联系主要表现在哪些方面？

3. 什么是公司清算？可分为哪两种基本类型？二者间的区别和联系怎样？

4. 公司解散清算的程序一般包括哪些必要步骤？

5. 什么是清算人和清算组？他们在公司清算过程中的职责主要是什么？

6. 在清算财产的分配中,我国对于被清算企业的债务偿付顺序是怎样规定的？为什么要有这样的规定？

7. 什么是有财产担保的债权人？什么是无财产担保的债权人？他们之间的关系怎样？

8. 什么是清算费用？什么是清算损益？它们核算的具体内容各是什么？二者之间的关系怎样？

9. 在产权转让方式下,清算业务的一般要求是什么?一般可采用哪两种定价方法?二者之间的差别主要在哪里?

10. 在完全解散情况下的清算业务有何特点?会计处理的一般要求是什么?会计计价方法属于什么样的方法?具体处理内容怎样?

11. 什么是企业破产?与企业解散之间的关系怎样?

12. 什么是破产申请?由债务人和债权人分别提出的破产申请有什么样的本质区别?各有什么样的要求?

13. 什么是破产债权?主要包括哪些内容?

14. 什么是破产财产?主要包括哪些内容?不能包括哪些内容?

15. 什么是破产费用?主要包括哪些内容?对破产费用的支付有什么样的具体要求?

16. 什么是企业的准改组?美国对企业准改组有什么样的具体要求?其会计处理应当遵循什么样的原则?

17. 什么是破产重整?其目的是什么?在我国怎样表现?会计处理的主要内容是什么?

本章练习题

一、假定A公司营业期满,并决定以产权转让方式进行解散。公司在清理财产和债权债务的基础上,编制清算开始日资产负债表如下:

清算开始日资产负债表 单位:万元

资产	金额	负债及所有者权益	金额
货币资金	130	短期借款	40
应收账款	250	应付账款	160
存货	160	实收资本	200
固定资产原值	200	其中:甲(50%)	100
减:累计折旧	120	乙(50%)	100
固定资产净值	80	资本公积	70
		盈余公积	120
		未分配利润	30
资产总计	620	负债及所有者权益总计	620

在清算过程,A 公司发生的相关业务如下:

1. 支付清算组成员工资 5 万元;

2. 支付其他清算费用 3 万元。

在上述费用支付后,投资者甲又补入货币资金 250 万元,并按照账面价接受投资者乙转让的资本,公司重新进行注册登记,并承接原公司的债权债务。

要求:

1. 根据上述给定资料编制全部会计分录;

2. 编制清算结束日新公司的资产负债表。

二、仍以上述例题中的清算开始日的资产负债表,设 A 公司完全解散,在清算过程发生的业务除上述清算费用的支付外还有:

1. 应收账款收回 240 万元,未收回部分确认为坏账;

2. 库存存货变卖,收回价款 155 万元(不考虑相关税费);

3. 固定资产变卖,收回价款 96 万元(不考虑相关税费);

4. 偿还短期借款 40 万元;

5. 支付所有的应付款项,共支付出 150 万元。

A 公司按照上述业务结算了清算损益,与税务局结清了应缴清算期间所得税的事项(所得税税率为 25%),将剩余财产在投资者甲、乙之间按照股权比例进行分配。

要求:

1. 根据上述给定资料编制分配剩余财产前的全部会计分录;

2. 编制清算结束日的资产负债表;

3. 编制分配剩余财产的全部会计分录。

三、此处设 A 公司近年连续严重亏损,无力偿付到期债务,由债务人提出破产申请,法院调停无效,2008 年 3 月宣告企业破产。

公司在被宣告破产时,经过财产清查,编制资产负债表如下:

资产负债表

2008 年 3 月 31 日　　单位:元

资产	金额	负债和股东权益	金额
货币资金	4 500	应付账款	92 000
交易性金融资产	9 700	应付职工薪酬	18 700
应收账款	38 100	应交税费	3 500
存货	85 000	应付票据——银行	39 000
		应付票据——客户	7 000
固定资产——房屋(净)	72 000	其他应付款——利息	8 300
固定资产——设备(净)	56 000	长期借款	76 000
无形资产	7 600	股本	150 000
长期待摊费用	6 600	资本公积	7 700
		盈余公积	0
		未分配利润	(122 700)
资产合计	279 500	负债和股东权益合计	279 500

在清算开始日,清算组预计账记资产可在 1 个月内变现,预计可变现价值见下表:

预计可变现价值　　单位:元

项目	原账面值	可变现值
货币资金	4 500	4 500
交易性金融资产	9 700	9 700
应收账款	38 100	37 600
存货	85 000	96 000
固定资产——房屋	72 000	98 000
固定资产——设备	56 000	32 600
无形资产	7 600	0
长期待摊费用	6 600	0
合计		278 400

对表内相关项目的解释如下:

1. 公司破产前已经将固定资产(房屋)作为长期借款的抵押项目;

2. 应收账款作为银行应付票据的抵押项目;

3. 存货作为应付账款的抵押项目。

在实际进入清算阶段之后,A 公司又先后发生了如下业务:

1. 变卖交易性金融资产,实际得到银行存款 10 000 元;

2. 实际收回应收账款 37 900 元,记入银行存款账户;

3. 变卖存货,实际得到银行存款 98 000 元,按照 17% 的税率计算增值税;

4. 固定资产(房屋)实际出售得到银行存款 110 000 元,应缴纳的营业税为 5 500 元;

5. 固定资产(设备)实际出售得到银行存款 30 000 元;

6. 无形资产及其长期待摊费用按照账面数额直接计入清算损益;

7. 管理人预计发生清算费用 30 000 元,实际支付清算费用 32 000 元;

8. 按照各个抵押项目及其法定的清偿顺序偿还各项负债并做其他的相关会计处理;

9. 上述清算工作于 4 月 30 日完全结束。

要求:

1. 根据上述资料编制清算开始日资产负债表;

2. 编制清算期间对各个项目实际业务处理的会计分录;

3. 根据会计处理的结果编制清算财产表、清算损益表和偿债前的清算资产负债表;

4. 根据全部处理结果,作出偿债的会计分录,并编制债务清偿表。

本章小资料

小资料之一:

深圳明斯克航母进入破产保护程序

我国首个以航空母舰为主体的军事主题公园——深圳明斯克航母世界进入破产保护程序。前天明斯克常务副总经理王普接受本报记者独家采访时表示,明斯克航母资产被查封是总公司股东"德隆"欠债所采取的资产保护措施,目前明斯克航母经营净现金流就有几千万,盈利绝对没问题。

明斯克:被"德隆"所累

王普在接受采访时开门见山地对记者说,把精力放在主要经营业务上,策划更丰富的活动,这是明斯克航母目前唯一能做的。他告诉记者,明斯克航母由华融资产管理公司进行托管时,连华融他们也很吃惊,要还"德隆"的债务,保证明斯克航母的正常经营,这无论对"德隆"、华融还是明斯克航母都是最负责任的做法。目前,他正全力策划运作各种活动,目的就是让明斯克航母的品牌更响亮。

他告诉记者,从“德隆”出事以来,明斯克航母的高、中层职员至今没有走过一个人,账面上的现金也很充足,所有员工的工资按时足额发放丝毫没有问题。但他同时坦言,目前对明斯克航母发展的前景“有担心”,下一步的计划推迟了,而他更怕的是百姓对明斯克资产被查封一事的不理解,会影响明斯克的正常经营和盈利。

律师:破产是为了“自我保护”

曾与“德隆”系企业有密切接触的法律界人士称,“德隆”自今年6月管理层面临分崩离析,各地债权人纷纷起诉保全其财产。在此情况下,只有司法介入,进入破产程序,才能禁止私自清偿行为,转移、隐匿资产行为,才能停止各地针对“德隆”的诉讼行为,进而追夺保全的资产,控制局面继续恶化,防止损失进一步扩大。

该人士表示,重整就是常说的“破产保护”。对有拯救的企业,给它一次机会,看它有没有复兴的可能。一般来说,特大型企业选择公司重整比较多。因为大型企业涉及的资产、债务链比较广泛、复杂,另外有些权益性资产不好计算,可能需要经过一段时间的运营后才能变现。

从明斯克目前所处的境地来看,作为“德隆”系的下属子公司,明斯克此举有利于保护自身的正常经营,并防止资产被低价处置或者对部分债权人清偿,而损坏其他债权人的利益。

员工:工资、工作一切正常

据介绍,进入破产保护程序后,资产管理公司已对明斯克进行托管。通过规范的资本运作、经营管理,甚至新股东的强势进入,明斯克航母有可能获得更优良的发展。昨天下午,记者致电明斯克航母宣传部郑小姐求证此事时,郑小姐刚下班,接到电话后她很是震惊地对记者说:“不会吧?我不知道呀!”她告诉记者,直到她今天下班,明斯克航母一切都很正常,游客没有减少,也没有任何异常情况,关于今年黄金周航母要进行的“俄罗斯风情节”的策划案、宣传方案都在同步进行,以及几十万元的广告投放工作都正在进行,每月的工资也是按时足额发放。她表示,此事件对其工作没有任何影响。

资料来源:引自于《北京青年报》2004年12月4日,《广州日报》记者:刘畅。

小资料之二：

“北京二汽”被宣告破产

我国最早生产轻型汽车的知名企业北京第二汽车制造厂因产品老化，经营不善，向法院申请破产。日前，北京市第一中级人民法院做出裁定书，依法宣告北京第二汽车制造厂破产。

第二汽车制造厂成立于1955年，是我国最早生产轻型汽车（130系列）的企业，曾为北京市乃至全国汽车工业的发展做出过重要贡献。但是随着市场经济的建立，企业未能适时调整产品结构和运行机制，企业生产的轻型客车老化，严重滞销。企业负担沉重，人工成本高，资金状况紧张，连续十年亏损，无法偿还到期债务。为了最大限度地保障债权人及企业职工的利益，经企业研究决定向法院申请破产。

一中院经审理后认为，北京第二汽车制造厂截止到2005年10月末总资产8 500余万元，负债总额1.4亿元，已不能清偿到期债务，依法应裁定宣告破产，并指定清算组接管破产企业。

资料来源：引自于记者：李罡，通讯员：郭京霞，《北京青年报》2005年11月30日。

小资料之三：

资不抵债28亿　大鹏证券成首例破产券商

深圳市中级人民法院24日宣告，大鹏证券有限责任公司破产还债。法院指定的清算组已到深圳市信兴广场地王商业中心8层对破产企业进行接管，这也是中国内地券商破产第一案。

深圳市中级人民法院审理查明：2005年1月14日，大鹏证券因挪用巨额客户交易结算资金被中国证监会取消证券业务许可并责令关闭，并于1月17日委托中审会计师事务所有限责任公司出具专项审计报告，审计的结果显示：截至2005年1月14日，大鹏证券的资产总额为人民币323 572.19万元，负债总额为人民币601 424.68万元，资不抵债金额为277 852.49万元，资产负债率高达185.87%，已严重资不抵债。

中国证监会于2005年10月13日同意大鹏证券清算组依法申请大鹏证券破产。深圳市中级人民法院认为，大鹏证券被中国证监会依法取消证券业务许可并责令关闭，已严重资不抵债，符合破产法定条件，依法应当裁定其破产还债。本次大鹏证券成为处置高风险券商的范例，一位监管部门负责人表示，这是一次积极的探索。“我们希望，通过大鹏证券的处置，可以克服法律障碍，找出一条合适的路子，从根本上解决危机券商的处置问题。”

资料来源：记者：晓辰，引自于《北京青年报》2006 年 1 月 26 日。

本章参考资料

1. 《中华人民共和国企业破产法》，2006 年 8 月 27 日颁布。
3. 《企业会计准则第 12 号——债务重组》，财政部，2006。

教师反馈及课件申请表

北京大学出版社以“教材优先、学术为本、创建一流”为目标，主要为广大高等院校师生服务。为更有针对性地为广大教师服务，提升教学质量，在您确认将本书作为指定教材后，请您填好以下表格并经系主任签字盖章后寄回，我们将免费向您提供相应教学课件。

<table>
<tr><td>书号/书名</td><td colspan="4"></td></tr>
<tr><td>所需要的教学资料</td><td colspan="4">教学课件</td></tr>
<tr><td>您的姓名</td><td colspan="4"></td></tr>
<tr><td>系</td><td colspan="4"></td></tr>
<tr><td>院/校</td><td colspan="4"></td></tr>
<tr><td>您所讲授的课程名称</td><td colspan="4"></td></tr>
<tr><td>每学期学生人数</td><td colspan="2">______ 人 ______年级</td><td>学时</td><td></td></tr>
<tr><td>您目前采用的教材</td><td colspan="4">作者：______ 出版社：______
书名：______</td></tr>
<tr><td>您准备何时用此书授课</td><td colspan="4"></td></tr>
<tr><td>您的联系地址</td><td colspan="4"></td></tr>
<tr><td>邮政编码</td><td></td><td>联系电话（必填）</td><td colspan="2"></td></tr>
<tr><td>E-mail（必填）</td><td colspan="4"></td></tr>
<tr><td colspan="3">您对本书的建议：</td><td colspan="2">系主任签字

盖章</td></tr>
</table>

我们的联系方式：

北京大学出版社经济与管理图书事业部

北京市海淀区成府路 205 号，100871

联 系 人：石会敏

电　　话：010-62767312 / 62752926

传　　真：010-62556201

电子邮件：shm@pup.pku.edu.cn　em@pup.pku.edu.cn

网　　址：http://www.pup.cn